山东师范大学中国语言文学山东省高水平
学科·优势特色学科建设经费资助

观澜叩寂：语文教育行思录

潘庆玉 著

中华书局

图书在版编目(CIP)数据

观澜叩寂:语文教育行思录/潘庆玉著. —北京:中华书局,
2022.11
ISBN 978-7-101-15040-7

Ⅰ.观… Ⅱ.潘… Ⅲ.语文教学-教学研究-文集
Ⅳ.H19-53

中国版本图书馆 CIP 数据核字(2021)第 012761 号

书　　名	观澜叩寂:语文教育行思录
著　　者	潘庆玉
责任编辑	白爱虎
责任印制	管　斌
出版发行	中华书局
	(北京市丰台区太平桥西里 38 号　100073)
	http://www.zhbc.com.cn
	E-mail:zhbc@zhbc.com.cn
印　　刷	三河市中晟雅豪印务有限公司
版　　次	2022 年 11 月第 1 版
	2022 年 11 月第 1 次印刷
规　　格	开本/920×1250 毫米　1/32
	印张 16　插页 2　字数 372 千字
国际书号	ISBN 978-7-101-15040-7
定　　价	98.00 元

目　录

下编　想象力与教育研究

自 序

　　这是一部论文集,收录了自1997年以来我曾公开发表过的部分论文,大体反映了我学术研究的基本内容。从目录可以看出,本人的研究兴趣主要集中在语文教育、教育基本理论(教育想象力)和高考制度与命题改革几个领域。这与笔者工作及研究的经历有关。硕士研究生毕业后我主要从事语文课程与教学论的研究与教学工作。2003年至2007年攻读教育学原理专业的博士学位,期间承担了山东省教育厅新课程高考方案和基本能力测试科目的研制任务。2008年秋到加拿大西门菲沙大学作了六个月的访问学者,跟随基兰·伊根教授学习"富有想象力的教育"理论,回国后主要从事这方面的理论和实践研究工作。最近几年开始"下水"中学语文课堂,执教各种类型的公开课、研究课,在实践中探索富有想象力的教育之路。我所接触的教育问题范围比较广,既有教育教学理论层面的研究,也有制度和实践层面的探索;既有语文学科方面的研究,有时也会涉及到基础教育的其他学科领域。研究内容"杂"、研究层次"多",对一名教育学者而言,是一种挑战,也是一种学术历练。

　　本书所收录的语文教育研究论文大多数带有哲学研究的性质。从早期的《科学主义语文教育观评析》,到后来的《试论语文教育的存在论方式》《语文教育传统的本体论哲学批评》,再到最近的论述类文本教学核心价值的剖析,都着力于语文教育现象背后的深层次思考和追问,尝试从哲学透析与批判的角度做出自己的回答。可以说,哲学研究取向是我致思语文教育问题的一条主线。教育基本理论的研究主要有两个方面,一是前期有关教学本体问题的研究,包括人格教育中的知识精神价值问题的探讨,教学过程性质、规律的哲学思考,对知识观与课程观关系问题的研究等内容。二是基于认知工具理论的富有想象力的教育问题的研究,主要包括想象力的教育危机与哲学思考、富有想象力的教育策略和方法、游戏沉浸式教学、基础想象力与认知工具的纵向发展等方面。这部分论文是我学习和研究基兰·伊根教育理论、尝试进行本土化探索的成果。高考制度与命题改革的研究主要集中在新课程高考方案与基本能力测试的研制方面。尤其基本能力测试的研究,在国内属于开创性研究,其成果转化为国家政策且付诸实践,产生了重大影响。对我而言,这两个大的研究方向,不是彼此隔离的,而是相互支撑、彼此砥砺的。如果不曾对教育基本理论进行过深入的研究,我的语文教育研究的视野和洞察力就会大打折扣。如果不是因为我主持过高考制度与命题改革的研究,我对基础教育的理解就不会这么全面、深入,就不可能从书斋式的理论研究转向教学实践探索,亲自执教中学课堂,探索富有想象力的教学实践之路。

　　回首自己走过的学术研究道路,有收获,但也有遗憾。人的精力是有限的,一些宝贵的研究机遇也往往稍纵即逝,容易错过。想起曾经写下的雄心勃勃的研究计划,对照最后能够拿出来的差强人意的"成果",再看两鬓渐增的白发,确有时不我待之感。不过,人生不就是这样么？最精彩的一页,还是留待下一次的回眸。

初心仍在,默然前行!

潘庆玉

2019 年 3 月 12 日于师大新村

上　编

语文教学理论探索

关于中学语文核心素养的对话

王克强[*]（以下简称"王"）：潘老师好！我听说您在山东师范大学文学院作了一场题为"语文核心素养是一剂什么药?"的学术讲座。那么，在您眼中，语文核心素养的应有内涵是什么？应如何厘清语文核心素养与语文素养的关系？又应如何在实践层面落实语文核心素养呢？

潘庆玉（以下简称"潘"）：我国提出核心素养是有国际教育背景的。为了积极应对 21 世纪知识经济全球化、信息化的挑战，世界各国从 20 世纪 90 年代末以来就不断地提出新的教育改革理念，改革的重点主要聚焦在对未来人才培养质量的预期与设计上。如经济合作与发展组织（以下简称"经合组织"）发起了关于核心素养的研究，欧盟发布了《知识经济时代的核心素养》及《面向变化中的世界的核心素养》等文件，美国、日本、新加坡等国也发布了相关研究报告，各国都致力于探讨社会变革对于新的人才观、教育质量观的呼唤。"核心素养"很快成为全球范围内教育政策、教育实践、教育研究领域的重要议题，成为一个统领各国教育改革的标志性概念，对课程教材改革、教学方式变革、教师专业发展、教学质量评价等都产生了重大影响。

---

[*] 王克强，博士，江苏苏州相城实验中学语文教师。

我国对核心素养的研究就是在这个时代大背景下发生的,顺应了世界教育改革的潮流。参照其他国家的研究,我国对核心素养的定义是:"学生发展核心素养,是指学生应具备的,能够适应终身发展和社会发展需要的必备品格和关键能力,分为文化基础、自主发展、社会参与三个方面,具体为人文底蕴、科学精神、学会学习、健康生活、责任担当、实践创新等六大素养。"从定义的立意来看,把握核心素养这个概念需要注意以下几点:第一,核心素养是从学生发展的时代内涵的角度来描述教育的总体目标的,体现的是学生为本、终身发展、内涵聚焦的理念。第二,核心素养包含必备品格和关键能力两个基本维度,体现了立德树人、创新发展的价值追求。"必备"和"关键"两个限定词意味着核心素养不是面面俱到、复杂繁密的庞大体系,而是紧紧扣住教育的时代精神,高度凝练与概括的、灵动机敏的指导原则与行动纲领。它的要义是着眼于未来的挑战,而不是局限于当下的现实需求。第三,核心素养不仅具有理论指导意义,还具有课程统摄与学科渗透转化能力。九大素养的提出体现了核心素养对相关课程领域的统摄作用和学科交互渗透能力,但能不能说,核心素养既是一个上位的纲领性概念,也是一个可以向下进行层层分解演绎的推理性概念? 这个问题至关重要,认识不到位将导致教育改革在实践层面上陷入盲目和混乱。

所以,我认为下述三点认识,对于把握语文核心素养具有重要的指导意义。

第一,语文核心素养指向的不应是课程意义上的语文学科知识、能力与素养,而应是学生通过语文教育所应获得的,最具终身发展价值的人格修养与关键语文能力。研究视角由物化的课程转向了生动而具体的人。它不应是大而全的罗列,而应是少而精的提炼与概括,即关键的少数决定核心素养的本质。它着眼于面向未来的带有某种不确定性的发展,而不是现有课程与教材所规定的知识能力体系。

第二,语文核心素养与语文素养不同。语文素养包括语文知识、语文能力、思想情感、语言积累、语感、思维品质、品德修养、审美情趣、个性品格、学习方法和学习习惯等众多方面,泛指一切语文知识、能力与素养,包容性大,外延广。而语文核心素养则不同,它必须聚焦在能促进学生终身发展的人格因素与关键性语文能力上。人格因素是指道德品质与人文素养;关键性语文能力(高中阶段)是指语言建构与运用、思维发展与提升、审美鉴赏与创造、文化传承与理解四个方面。这四个方面的概括是否科学准确,能否体现语文教育的时代精神和学生发展的最大需求,还有待于哲学上的检讨和教育实践的验证。

第三,核心素养作为教育理念是否可以直接在语文学科进行演绎推论,生成庞杂的语文学科的核心素养体系?这个问题不仅是语文学科的问题,也是所有学科在贯彻落实核心素养理念时必须予以正面回答的问题。从核心素养国际研究的趋势来看,核心素养的根本特征是跨课程领域的知识、能力与素养的渗透与融合,研究的方向不是知识体系导向,而是社会需求导向、问题解决导向和未来预测导向。我国目前有些学者,甚至有些教育主管部门的领导主张让基础教育阶段的所有学科都建构出本学科冠以"核心素养"的庞大的知识体系,这既不现实,也从根本上违背了国际社会提出核心素养的初衷。即便做出来也无非是在原有学科知识体系上动动手脚,贴贴标签,或是张冠李戴,或是削足适履,不会有太大的价值。从这个意义上来说,各学科更应该关注的是如何在课程建设、教材编写、教学实施、教学评价、课程资源开发等环节把核心素养的要求放在首位来考虑和观照，而不是把核心素养本身变成课程、教材、教学与评价的具体组成部分。如果把核心素养从形而上的统摄与纲领地位上拉下来，变成形而下的名目繁杂、各自为战的学科核心素养大杂烩，那就从根本上失去了它存在的意义。但需要注意的是，为了在学科层面推进核心素养的深入研究，使用学科核心素养的概念其实无可厚非，但关键是如何界定和理解这个概念。我认为，提倡语文核心素养，并不是要机械化地建立一个层层分解演绎的知识、能力与素养系统，而是要明确时代精神对学生语文素养提出的最大挑战是什么，我们应该如何应对。抛开原有的语文课程标准另搞一个"新"的语文核心素养知能体系，不仅徒劳，而且会产生误导作用。我们要做的应是在语文课程标准（可根据核心素养的要求进行修订）的基础上进一步凝聚和提炼语文教育的时代精神，预测未来挑战，让语文课程目标更清晰，内容更精准，力量更强劲，而不是简单地取代和否定它。

王：我特别认可潘老师您所强调的"语文核心素养指向于通过语文教育所获得的，最具终身发展价值的人格修养与关键语文能力"这一观点。同时，对您所言的"我们要做的应是在语文课程标准（可根据核心素养的要求进行修订）的基础上进一步凝聚和提炼语文教育的时代精神，预测未来挑战"，也有补充意见。

我认为，提炼语文教育的时代精神是必要的；而在语文教育中传承并弘扬传统文化，对于学生获得最具终身发展价值的人格修养与关键语文能力，同样意义重大。

中华传统文化是我们的民族之魂，是中华民族生存发展的精神纽带。在语文教育中，师生都要心存温情和敬意，担负起传承和弘扬它的责任。在文本研读中要深入学习和领悟传统文化精髓,从而实现"学以致用、用以促学"。从实践层面而言,传承民族文化之"继往"与迎接时代精神之"开来",是可以相向而行,直至水乳交融的。发展学生核心素养强调社会需求导向、问题解决导向和未来预测导向。语文教育者应大力挖掘文本中"天人一体"的宇宙情怀、"天下一家"的人文关怀、"推己及人、尽己为人"的忠恕精神以及"持中贵和"的协调智慧,让学生理解之、传承之,从而为文明对话以及合作共赢提供精神动力。我们这个时代特别需要"敬业爱岗、敬师爱生、敬老爱幼、敬天爱物、济困扶弱"的精神,而这种时代精神的源头正是来自传统文化"仁民爱物、心怀天下、崇德奉献"的价值追求。因此,在语文教育中培育新人文主义精神能让学生获得最具终身发展价值的人格修养与关键语文能力。

比如,赏读余光中的《乡愁》,初中生的文化价值及精神旨趣追求与高中生肯定是不同的。遍览中国文化元典,我发现中华传统乡愁文化有四大要素:分离焦虑,家国情怀,安土重迁意识,精神家园情结。初中生的文化价值追求必然落实到"我在这头,母亲在那头"的分离焦虑以及"我在这头,大陆在那头"的家国情怀上。而高中生则应该有更高远的精神旨趣追求,这种追求建立在理解与传承乡愁文化的基础上,同时也锁定构筑物质时代的"精神家园"这一方向。余光中创作《乡愁》时身处"政治整肃"的台湾,其精神家乡正是"思想自由、信仰多元而精神张扬"的先秦文化。"精神家园"生长着情感、智慧和力量,寄托着人们对未来的希望,凝聚着发展的共识。通过语文教育,将乡愁文化中的"精神家园情结"与构筑"精神家园"的时代精神融会起来,就能使学生的终身发展拥有持久的活力。

潘老师,上面我们主要从核心素养的根本立意的角度,交流了各自对语文核心素养应有内涵的一些看法。如果从国际社会对核心素养的认知角度来考量语文核心素养的构成,潘老师您有何见解?

潘:国际社会对核心素养的研究已取得了重要的成果,对我们进行语文核心素养的研究具有启发价值。从语文学科的视角来看,国际核心素养的研究主要关注以下几个方面的能力及素养。

第一,高水准的认知、思维与反思能力。1966 年,联合国教科文组织出版的《教育——财富蕴藏其中》中首次提出了"教育的四大支柱",第一项即"学会认知"。经合组织在 1997 年时启动了一项"素养的界定与遴选:理论和概念基础"研究计划,指出 21 世纪核心素养的核心是反思精神。美国学者伯尼·特里林和查尔斯·菲德尔在 2011 年提出了"21 世纪知识技能彩虹结构图",认为 21 世纪的认知技能包括知识、批判性思维、问题解决、分析、逻辑推理、解释、决策、执行功能和创造力等。经合组织在 2012 年 3 月发布的《为 21 世纪培育教师和学校领导者:来自世界的经验》研究报告中明确指出,21 世纪学生必须掌握以下思维方式,即创造性、批判性思维,以及问题解决、决策和学习能力,并指出,掌握无定式的复杂思维方式和工作方式最为重要,这些能力都是计算机无法轻易替代的。2014 年,联合国教科文组织发布《全民教育全球监测报告》,强调教育须培养学生的批判思维。

第二,沟通能力、异质互动能力、合作能力和媒介素养。经合组织进行的"素养的界定与遴选:理论和概念基础"研究计划提出异质互动能力,即能在异质群体中进行互动,包括三项素养:了解所处的外部环境,预料自己的行动后果,能在复杂的大环境中确定自己的具体行动;形成并执行个人计划或生活规划;知道自己的权利和义务,能保护及维护权利、利益,也知道自己的局限与不足。2012年联合国教科文组织发布的《全民教育全球监测报告》明确提出，所有年轻人都需要具备有效地交流思想和信息的能力。伯尼·特里林和查尔斯·菲德尔提出的"21世纪知识技能彩虹结构图"中，认为21世纪的人际技能包括共情、沟通、团队合作、信任、协商、解决冲突、服务导向、人际互动和领导力。美国"21世纪素养"框架提出信息、媒体与技术技能，包括信息素养、媒体素养、信息交流和科技素养。

第三，价值观与情感素养。2012年联合国教科文组织发布的《全民教育全球监测报告》明确提出，所有年轻人都需要具有领导力和责任感。2013年联合国教科文组织发布报告《走向终身学习——每位儿童应该学什么》，该报告立足人本主义思想，提出教育应从"工具性目标"转变为"人本性目标"，使人的情感、智力、身体、心理诸方面的潜能和素质都能通过学习得以发展。2010年新加坡教育部颁布了新加坡学生的"21世纪素养"框架。其中，核心价值观包括尊重、负责、正直、关爱、坚毅不屈、和谐。社交与情绪管理技能包括自我意识、自我管理、社会意识、人际关系管理、负责任的决策。公民素养、全球意识和跨文化交流技能包括活跃的社区生活、国家与文化认同、全球意识、跨文化的敏感性和意识。

我国语文核心素养的建构，应从上述国际研究成果中汲取经验。考虑到我国语文教育长期以来深受应试教育影响，对学生的价值观教育、人格教育、批判性思维教育都存在不同程度的忽视现象，我认为，我国的语文教育应该培养学生以下核心素养：批判性思维能力、无定式的复杂思维能力、预测与想象的能力、精准的表达能力、良好的沟通与交流能力、反思能力、审美能力与人文情怀。

王：我觉得潘老师您对语文核心素养的构成概括得非常精

当。"精准的表达能力、良好的沟通与交流能力"这类语言的建构与运用是语文核心素养整体结构的基础。批判性思维能力、无定式的复杂思维能力、预测与想象的能力、反思能力、审美能力与人文情怀的形成及发展,乃至对中华优秀传统文化的传承与理解,都是以语言的建构与运用为基础,并逐渐在学生个体言语经验的建构过程中得以实现的。

基于核心素养的语文教学,牢牢守住学习语言文字运用这一根基,是正确的选择。但当下许多中学语文教师在教学中也存在着"唯语言文字运用"的倾向——引领学生反复揣摩语言,分析写作手法、作者观点及情感,然后用个体言语加以表述。至于语言深处蕴藏的文化大视野、文化自觉意识和文化自信态度则基本不涉及、不挖掘。这其实是传统的只注重语言知识传授与语言能力训练的教法,这种教法正使语文课堂失去活力。在鲜活、生动的语文课堂中,语言的建构与运用当然重要,而将学生引领到一个更高、更新的高度则更重要,因为在这一层面上学生能发展批判性思维能力、无定式的复杂思维能力、反思能力、预测与想象的能力,能够进行个性化审美,能够体验到丰富多彩的文化。

潘:是的,语文教师要从发展学生的语文核心素养出发,通过"语言"的阶梯,循序渐进地培养学生精准的表达能力、良好的沟通与交流能力、批判性思维能力、无定式的复杂思维能力、预测与想象的能力、反思能力、审美能力与人文情怀,并在此基础上追求优秀的文化。这其中有一个重中之重,就是如何发挥语文核心素养的引领渗透作用。而语文核心素养的引领渗透与语文课程目标的设置息息相关。

语文核心素养与语文课程目标是什么关系? 一般认为,语文核心素养是语文课程目标的上位观念,是指导语文课程目标制定的重要依据。《普通高中语文课程标准(征求意见稿)》提出的基本理念,前两条都在讲核心素养。"坚持立德树人,充分发挥语文课程的育人功能"讲的是必备品格的问题;"推进语文更深层次的改革,着力提高学生学科核心素养"讲的是语文核心素养的四个具体方面。高中语文课程标准把核心素养的每个方面发展为 3 项具体课程目标,四个方面共拓展出 12 项课程目标,又根据课程内容设计出 15 项学习任务群来具体落实核心素养的要求。可以看出,核心素养为语文课程目标体系的建构提供了基本框架和拓展思路。

在把握语文核心素养与课程目标的关系上,需要注意以下几个方面。

第一,处理好语文素养与语文核心素养的关系,就要处理好语文能力与素养的全面发展和关键能力重点发展的关系。原高中语文课程标准强调"充分发挥语文课程的育人功能,全面提高学生的语文素养及整体素质"。全面发展不能取代有选择的关键能力的重点发展。抓住了核心素养的关键能力实施重点发展,也就抓住了当前学生语文学习的主要矛盾和矛盾的主要方面,学生的语文个性发展才能真正实现。同样,核心素养所倡导的关键能力的发展必须以语文素养的一般发展为前提,没有良好的语文素养做基础,关键能力的发展就会受到局限,缺少后劲。我们用"一般发展",不用"全面发展",旨在更客观地反映学生语文学习的现实状况。

第二,处理好语文课程中的核心素养发展与学生的终身发展之间的关系。核心素养提出的初衷是发展学生迎接未来社会挑战的生存能力、问题解决能力与实践创新能力,培养他们直面不确定性问题时能够运用复杂思维、反思精神、批判意识的能力。

因此,语文核心素养的发展不应封闭在语文课程的范围内,而是要渗透到其他学科课程中去,延伸到社会生活中去,指导学生广泛运用批判思维、精准表达、反思精神,在广泛的学科互动、社会实践、问题解决中获得实质发展。

第三,核心素养包含必备品格和关键能力两个维度。在语文教学实践中,关注较多的往往是明确表述的四个方面的素养,常被忽视的是隐蔽性的必备品格。语文课程目标从基础知识、基本技能的双基目标,到知识与技能、过程与方法、情感态度与价值观并举的三维目标,再到语言、思维、审美与文化四个方面协同发展的语文核心素养的四维目标,品格因素历来不受重视,常被架空。尤其现在,语文教育界盛行一股形式主义的潮流,过度夸大语文形式方面的作用,似乎一讲语文教育的人文性就不是真语文,就没有语文味,就"耕了别人的田,荒了自家的地"。这些认识是肤浅的,经不起批驳。人格因素是内在于语文核心素养的首要属性,它是语文课程育人价值的根本体现。没有人格因素的语文,是不存在的。语文素养的四个方面,背后都深蕴着灵动的人格因素——语言是人存在的家园,思维是人把握世界的基本方式,审美是人体验世界的情感过程,文化是人格力量的历史凝聚。语文核心素养的哪一项能摆脱人格的渗透和影响?

王:赞同潘老师您的"人格因素是内在于语文核心素养的首要属性"这一观点。的确,在语文课程目标的设置上,核心素养所包含的必备品格和关键语文能力这两个维度,必须予以重视,尤其在必备品格的培养方面。

我觉得孔子在教育中就始终重视人格因素的熏染:

比如说坚持理想道义,孔子教育学生"君子谋道不谋食","君子忧道不忧贫"(《论语·卫灵公》)。他在教学中引导学生做有理想的君子，即便是粗茶淡饭，曲臂而枕，也乐在其中——"饭疏食饮水，曲肱而枕之，乐亦在其中矣"（《论语·述而》）。在这里，孔子注重核心理念（君子之道）在日常教学中的渗透。

又如倡导"仁"的品格。什么是"仁"？孔子在教学中，根据学生的特点予以不同的点拨。樊迟问仁，他说："爱人。"（《论语·颜渊》）他还在不同场合教育其他学生求"仁"，他说"孝弟也者，其为仁之本与"（《论语·学而》）；"克己复礼为仁"（《论语·颜渊》）；"己欲立而立人，己欲达而达人"（《论语·雍也》）；"己所不欲，勿施于人"（《论语·卫灵公》）。

孔子认为仁德离我们不远，做到"仁"要依靠自己的努力。他说："仁远乎哉？我欲仁，斯仁至矣。"（《论语·述而》）在这里，孔子注重因材施教在日常教学中的运用。孔子还教导学生要发扬颜回"不贰过"（《论语·雍也》）的精神，不重蹈覆辙，直至"敏而好学，不耻下问"（《论语·公冶长》）。这样就能向着理想人格迈进，促进理想人格的形成。在这里，孔子通过亲身示范、躬行实践，在日常教学中给学生的素养发展、人格形成提供了一条可靠有效的路径。

我觉得，语文教师应该向孔子学习，在日常教学中要注重必备品格的培养。因为语文核心素养中的必备品格如愿景、仁爱、诚信、反省等，能凭借语文文本中古人的互相砥砺、躬行实践、气节相尚的操守传递出来，与时代精神相融合，从而激发学生的奋斗意志。这样不仅有利于提升语文能力，提高语文学习效能，而且能使学生为实现人生理想而积极进取、不屈不挠。

（原载《语文教学通讯·高中》2017 年第 10 期）

哲学空场与出场:语文教育研究的历史反思与当下选择

一

我国语文教育有着古老的历史和悠久的传统,但作为学科意义上的语文教育则仅有一百余年的历史。近百年来,语文教育在时代的风云变幻中潮起潮落、迂回前行,几经跌宕与沉浮,历尽洗礼与荣辱,历史地成为中国现代化进程中文化变迁与传统嬗递的时代征候。而语文教育的理论研究,自现代语文教育诞生之日起,便自觉地充当起鼓动与激发历次语文教育变革的力量。从读经修身到统一国语,从白话文运动兴起到读经复古回潮,从大众语文到十教授"中国本位的文化建设宣言",从语文载道论与工具论之争到语文教育科学主义与人文精神的对峙与融合,再到当下对语文教育文化价值的张扬,每一次变革尽管都带有时代躁动的痕迹,但其根本的动力无不来自语文教育的理性反思与学术批评。

语文教育理论研究历经百年的探索与积淀,已经形成了相对独立的学科体系,构建了较为完整的理论框架,也赢得了相应的学术声誉和尊严。更重要的是,随着研究视角的不断转换,理论方法的广泛吸纳与融合,研究层次与境界的逐步提升,语文教育的研究视野和思考空间已经从诞生之初狭窄的国文教学法的"天井"中超越出来,不断地扩大与敞开。研究者逐步从泛滥的经验主义、廉价的概念移植、生硬的理论借鉴中破茧而出,进入愈来愈开放与自由的"发现"与"创造"境域,展露出学术理性的生机与希望,支撑起越来越辽阔敞亮的思想空间。

语文教育哲学研究是对语文教育研究的元研究,是对语文教育思想的再思想。从某种意义上来说,任何语文教育理论研究都带有哲学的性质,因为任何研究都必须奠基在一些不言自明或难以言说的前提性假设之上,遵循一些只能诉诸信仰而不可证实的价值原则,无论这种原则是建立在理性之上还是建立在情感之上。但是,在多数情况下,语文教育理论研究的哲学性格往往被一些更为迫近、更为功利的目标和愿望所遮蔽和掩盖,造成了哲学的"空场"。也就是说,哲学往往成为语文教育理论研究中的隐性因素,或多或少、或明或暗地渗透在语文教育科学研究、历史研究、实验研究、比较研究乃至应用研究中。在这些汗牛充栋的研究成果中,哲学尚不是一种自觉的力量,远远没有构成语文教育理论中的基本内核。即便是在一些带有较强的哲学思辨色彩的有关语文教育性质、价值、目标等问题的研究中,研究者也较少地借助于哲学作为一种基础方法论的力量来分析问题,更多地还是从政治学、社会学、教育学、心理学甚至是经验与效用的角度来思考和研究。因此,哲学作为一种"迟到"的智慧,就像密纳发的猫头鹰一样,"要等到黄昏到来才会起飞"。语文教育哲学研究,作为对语文教育历史与实践、理论与方法的整体性反思与批判,对语文教育本体论、价值论与实践论的揭示与澄明,必将紧紧尾随在语文教育的实践与研究之后。但是,这并不意味着"迟到"的就是落伍的,正是这种"迟到",才能更深刻地揭示未来,预示希望。

二

在我国漫长的古代语文教育发展长河中,语文教育的专门性研究一直是在小学的范围内进行的,这在某种程度上限制了语文教育研究的理论视野和研究方法。小学是相对大学而言的。大学是心性之学,关乎道统承传和人伦教化,因而在中国古代教育中处于核心地位;小学不过是为大学服务的疏通语言文字的工具性学问。这种"文以载道"的传统使小学很难获得相对独立的地位,因此小学的研究被牢牢地限制在文字、训诂、音韵三个领域。不过,我们还应看到,我国的小学研究尽管达不到西方语文学研究的形式化高度,但确实适应了我国语言文字,尤其是文言系统的文化特征。也可以说,正因为中国有这么漫长而执着的注疏传统,我国的语文教育才得以保持了它在人文文化上的高度繁荣,古代的经典著作才得以在每一个时代都能不断地上演着时尚话题,成为阅读热点。也正因为大多数学者经过了这种小学上的训练,才对语言文字产生了无比丰富细腻的心理—文化感觉和理性省悟,因而文字在他们的笔下便常常跳出能指的局囿,获得丰厚的文化与历史内蕴。总的来看,古代小学传统在语文教育研究方面有以下几点须引起注意。一是对语言文字的不信任态度。无论是轮扁斫轮的典故,还是言意之辨、象意之辨,以及佛家的不立文字,都植根于对语言文字作为思想工具的普遍性、准确性、确凿性的反思和怀疑。二是正因为对语言文字怀有这种不信任的态度,因而才加强了对语言文字的形、音、义的研究。只不过这种研究是出于实用的目的,带有较强的技术性,从而使小学发展成了绵密而庞大的注疏体系。三是因为语言文字研究需要理性的分析与推理训练,这使得小学带有了某种科学实证色彩。但由于在形而上方面缺乏更为开阔的研究视野,缺乏学科独立意识,在形而下方面缺乏形式逻辑这一重要的分析工具的帮助,因而小学研究很难达到较为成熟抽象的理论高度,经验性、内省性、离散性构成其基本特点。作为有益的补充,这些理性上的缺陷却在文学家、著作家的笔下变换成了瑰丽奇妙的诗性特征,使中国的文论研究走上了以体验感悟、诗意想象、意境构造为中心的阐释道路,给我们留下了弥足珍贵的思想财富。

传统语文教育研究的小学传统在激进的五四新文化运动的时代狂飙中无奈地画上了休止符。尽管自清末以来语文教育就开始了白话文转向,逐步迈上了现代学科意义上的语文教育的现代化之路(清末新学制的推行标志着语文教育作为现代学科在中国的诞生),但是文言仍然是当时语文教育的霸权话语。随后掀起的白话文运动,才算得上是现代语文教育诞生的真正标志。在科学与民主时代旗帜的召唤下,语文教育逐步走上了以白话文为主体,以工具性、实用性为价值观,以课堂班级授课为主要教学模式的现代语文教育之路。不仅语文作为学科是西方教育体制影响下的产物,现代语文教育研究,从它产生之日起就是西方教育科学文化的模仿物。尽管语文具有深刻的民族性和丰厚的文化性,但它们常常被排除在研究者视野之外,研究者关心的是如何基于从西方(先是通过日本)引进的心理学与教育学理论构建全新的语文教育理论与实践框架。新中国成立前语文教育研究主要体现在"国文(国语)教学法"的理论构建上,对语文教育学科的基本范畴、基本问题、基本方法进行开创性的研究。其最重要的贡献在于确立了白话文在语文教育中的主体地位,形成了以"科学""民主"为价值导向的现代语文教育观,初步划定了语文教育研究的学术范围,尝试构建了语文教育学科的理论体系。当然,任何时代的研究都是一种多元矛盾的统一体,在科学化的语文教育研究思潮开始形成并逐步成为时代主流的时候,传统教育的观念和意识则以一种或激进或温和的态度在边缘地带对"数典忘祖"的进步潮流进行反思和批评。在历史的不同时期,这种辩论和斗争虽有不同程度的表现,但基本上摆脱不了实用与文饰、进步与复古、科学与玄学、大众与经典等范畴的争论。这样一种对立和互动的倾向,在新中国成立前还处于比较均衡和开放的态势,然而从建国初期至 20 世纪 80 年代,由于各种政治和社会因素的强烈干扰,则呈现出了比较单一的工具论趋势,研究范围主要局限在"语文教学法"的学科建设与语文教学具体问题的研究上,尤其以优秀语文教师的教学经验的总结与宣传为多。

　　90 年代以来,语文教育研究的理论深度与广度都增加了,逐步从语文教育的方法论层面深入到语文教育的本体论、价值论、文化学层面,研究视角也从单一的经验与思辨研究发展到从众多相邻学科角度来分析阐释语文教育的问题,尤其是从系统科学、西方文艺理论、阅读学、写作学、文化语言学、应用语言学、心理语言学、现代教学理论、教育人类学等学科的角度去阐释。知识与理论在语文教育研究过程中的渗透和借用已经使语文教育研究开始散发出较浓的哲学味道。20 世纪末由《北京文学》杂志所发起的一场语文教育的大讨论更是对语文教育实践与研究活动的一次较为彻底的清洗与批判,它所达到的哲学反思高度与批评深度都是史无前例的,似乎又让我们重温了"五四"白话文运动时期文白论战的那种极端冲突和矛盾状态。这一时期语文教育研究的哲学性成果主要表现在对科学主义语文教育观的反思与批评；对语文教育价值观功利主义导向的反思与批评；对语文教育人文性的呼吁与辩护；对语文本质内涵的重新思考和探讨；关于语文教育学科性质"工具性"与"人文性"的争论；对汉语文民族特性的认识与挖掘；对削足适履的语法教学的批评；对丧失诗教传统的文学教育的反思；对"假大空"写作教学的批评；对机械性阅读教学的反思；对著名语文特级教师教育思想的反思与批评等诸多方面，可谓全面开花。这些研究成果尽管尚构不成完整而系统的哲学研究，但却打开了通向语文教育哲学研究的许多重要关口。

三

　　通过以上简单的历史回顾，我们不难发现，语文教育并非没有进行过哲学性的思考，并非缺乏形而上学的冲动，也并非缺乏走上哲学思考之途的契机。那为什么我们把这种状况称为哲学的空场？问题在哪里？是为了哗众取宠、标新立异，还是另有深意？笔者认为，客观地讲，历史上不乏对语文教育的哲学性思考和研究，但是作为一项严肃而独立的系统性的哲学研究课题，尤其是作为教育科学体系内的学科教育哲学来讲，语文教育哲学确实还尚未发生。这是因为，传统的研究一直没能建立起系统的哲学思辨框架和分析范畴。尤其是最近一个世纪语言哲学的研究成果和思想方法在语文教育理论领域没有产生它应有的影响。语文教育所使用的基本概念和理论方法也普遍缺乏哲学意义上的分析和论证。从我国语文教育研究的主流传统来看，以下因素是影响语文教育研究的主导价值取向，它们也是造成语文教育哲学研究空场的主要原因。

一是文以载道的教化工具观的影响。文以载道是我国古代文化与教育的核心价值观。这种观念认为，语言文字是载道的工具，道是根本，文是枝叶。因而语文教育的价值在于"传道、授业、解惑"，它只能作为"尊德性"的途径——"道问学"才能体现其自身的价值。因而，在古人那里，谈论"道"的心性之学才是大学、哲学和智慧之学，而语言文字之学是小学、技艺之学，是登不了大雅之堂的。从科举考试的科目设置来看，小学也是不受重视的。在这种观念支配下，语文教育研究长期以来重视读写技艺的训练，很少关心语言背后的思维过程、逻辑图像、文化景观的作用。因此，哲学研究的抽象化、普遍化、范畴化要求很难成为语文教育研究的自觉意识。

二是现代语文教育研究中广泛存在的本质主义的追问方式对语文教育存在论造成了严重遮蔽，使语文教育研究很难达到人文学科研究理应达到的哲学高度。本质主义是一种主客二分的唯科学认识论模式。研究者无视语文教育作为一种存在论意义上的历史文化过程的实践生成性与意义可塑性，陷入了对语文教育的本质、内涵、规律、原则进行抽象还原的"形而上学"的思维泥潭，妄图从纷杂的语文教育现象背后发现一个超验的、静止的、永恒的本质，这是把语文教育当作一种"物"来对待的必然结果，割裂了语文教育与社会历史、文化生活、生命体验的有机联系，掩盖了语文教育问题发生的真实境遇，使语文教育的理论研究滑入"玄学"的怪圈，偏离了智慧之学的轨道。

三是经验操作主义的思维定式对哲学研究抽象性、超越性、解释性的漠视。经验主义者对语文教育的理论研究缺乏足够的理解和信任，常抱着效用主义的态度来衡量和评价理论的价值，认为只有那些具有操作性的经验总结才是有效的理论，而那些哲学性的反思与批评性研究除了带来思想的混乱和冲突,并不能提出具体可行的建议和做法,因而无助于语文教育实践水平的提高。这种功利主义的评价标准应当抛弃,它是目前制约语文教育研究走向深入的一个心理障碍。须知理论的价值在于阐明和启示,操作问题属于实践智慧,二者的作用是不能混同的,不能用其中的一个取代另一个。如果对语文教育的基本问题缺乏哲学高度上的揭示和阐明,实践就会陷入盲目、短视和随波逐流的状态。

四是实用主义的研究态度对语文教育价值论研究的扭曲。实用主义研究主要不是从学术发展的内在需求出发来研究语文教育问题,而是常常从思想政治教育立场、伦理道德教育角度和应试教育功利主义目的出发来对待和研究语文教育问题,忽视了语文学科性质、价值及其特征对语文教育实践的内在决定作用,使语文教育研究丧失了学术独立性和现实超越性,成为研究教学技巧与训练技术的单纯应用性研究,舍弃了学术研究的内在标准,语文教育也就沦为了政治教化与应试教育的双重"工具"。这种研究取向除了对语文教育功利主义行为起着推波助澜的作用外,几乎没有多少真正的学术价值。

四

语文教育研究走向系统的哲学思考和建设,当是一种必需的、明智的选择。在笔者看来,语文教育哲学主要应探讨语文本体论、语文教育价值论、语文学习过程论、语文教育方法论等基本理论范畴。围绕这些基本范畴,应展开以下重要学术课题的研究:语言的本质——语言与语文的关系——语文的本质及其构成——语文的文化与民族特征——语文教育的价值分析——语文学习过程及其本质——语文课程与教学的哲学分析——语文教育的文化使命。语文教育哲学除了进行这种宏观的理论建设外,还应进行纵深的学术探索,触及并锁定在那些隐含在语文教育历史发展中的核心问题、难点问题和热点问题上。例如,汉语文本体的演变对中国人文生态的影响;文言符号系统及其思想与文化功能对古代与现代语文教育的影响;白话文运动在中国现代思想与文化建设中所作的历史贡献及其对现代语文教育的奠基与规约作用;现代汉语的欧化对中国现代思想与文化发展的作用及其对语文教育的影响;网络语言及网络文化对当代文学创作、传播的影响及对语文教育的挑战;汉字书写方式及信息传播方式对语文教育的影响;中国古典语言及文化在当代语文教育中的地位与价值;教育理论在语文教育中运用的历史考察与哲学反思。语文教育哲学要成为真正的"语文教育"的哲学,是绕不开这些具体问题的。因为这些问题的解决不仅关系到语文教学在实践上的成败得失,更关系到中国文化建设与发展方向的选择及思想力量的储备,关系到中国传统文化的现代化转换与创新,关系到当代中国人文生态的孕育与建构。但是,如果语文教育哲学研究缺乏广阔的学术视野和当代哲学智慧的支撑,仅仅局限在语文教育理论的思想资源内思考上述问题,恐怕是难以胜任的。因此,语文教育哲学研究,必须超越传统狭窄的学科意识,置身在当代哲学与文化发展的广阔视野中,借他山之石以攻玉。

语言哲学,应是它必然的、第一位的选择。

语言与哲学相缠绕,形成人类的冥思玄想永远解不开一个的"结"。人类在 20 世纪初期才开始焦虑地意识到语言作为符号的系统、认识的中介、存在的家园而带来的本体论、认识论与实践论的重新观察与解释问题。人类最熟知的语言似乎在人类的思想中沉睡了漫长的历史岁月之后才从世界的幕后慢慢转出身来,从思想的洪流中浮出神秘诡异的踪影。哲学终于发生了"语言"的转向。

语言哲学作为人类在 20 世纪哲学领域取得的最大成就,其影响几乎辐射到了所有人文社会科学研究,甚至还渗透到了计算机语言的设计与研制等艰深的科学技术领域。语言哲学作为 20世纪哲学发展史上最辉煌的一页,无论是其解构与颠覆传统形而上学的摧毁性力量,还是其从现象学的立场重构生存论哲学的思想突破,都极其有力地拓展了人类思辨理性的疆界与空间。语言哲学所采用的逻辑分析、结构生成、现象还原、文化阐释等研究方式方法,抵挡住了来自外界的对人文学科科学性与客观性的诋毁,捍卫了人文学科的尊严,成为人文与社会科学研究中普遍的方法论典范。语文教育哲学研究作为人文社会科学领域中同语言问题与哲学问题都紧密相关的领域,如果回避人类在语言哲学研究中已经做出的艰苦努力,无视已经取得的研究成就和已经开辟的广阔视野,萎缩在故步自封、坐井观天的"小国寡民"状态,那将极大地贬损语文教育哲学研究的学术品格,消解掉语文教育哲学研究本应具有的理论深度和思想厚度,降低语文教育哲学研究的反思力度与批判效力。

从语言哲学所敞开的无限视域来对语文教育进行反思与辩护,将极大地扩展语文教育的学术视野,提升其哲学研究的层次与境界,促进语文教育研究的真正"哲学"转向。语言哲学的基本思想与观念将成为展开语文教育哲学研究的参照框架。语言哲学在语言与哲学关系问题上的精深研究与独到发现,将为我们进行语文教育哲学反思与建构搭建坚固而超拔的形而上"支架"。语言哲学所触及的语言与世界、语言与思维、语言与交往、语言与实践、语言与精神、语言与存在、语言与文化等诸多理论领域,必将为语文教育研究敞开一种更为广阔和澄明的思辨空间。因此,把语文教育置入语言与哲学的交互视域,借助语言哲学那富于启发与昭示的力量,我们将获得一种透彻而深邃的洞察力,会目睹更加奇幻瑰丽的"语言·文化·精神"景观。

从语言哲学的角度探讨语文教育哲学,其用意不在于把语文教育捆缚在普罗克拉斯蒂的铁床上进行学理的透视与解剖,机械地套用语言哲学的概念和原理来加固和粉饰语文教育的理论大厦。这种研究,由于先天性地遭受概念扭曲、思维方式错位、价值导向混乱的影响,并不能真正地深入语文教育学科的内部,有效地解决语文教育的理论和实践问题,充其量只是徒增一些无足轻重的学术泡沫而已。这种研究风气应当制止。因此,从语言哲学的角度研究语文教育,应力避上述"移植"式研究的积弊,通过对语言与哲学互动视域的构建、敞开来拓展语言哲学之于语文教育哲学研究的可能空间与阐释向度,铺展一条把语文教育理论研究导向哲学澄明之境的道路。这里,我们首要关心的不是语言哲学自身的发展与建构,尽管这是本研究中极其重要的一部分,因为它们将是构建语文教育哲学研究视野的基础。我们所要着力论述的是,语文教育哲学研究在语言哲学的视野下何以可能,有何所思? 何所见? 有何所为? 因此,语言哲学可以构成我们进行语文教育哲学思考的学理背景和知识基础,成为一个不断生成的、流转变换的参照镜像,为我们映照出一面面通向语文教育哲学思考领域的门窗。

立足语言哲学的思想方法,我们可以对语文教育的基本理论进行积极的改造和建构。立足语言哲学的启示,我们可以对语文教育的本体论、价值论、实践论进行理论的清理与重构:从语文本体历史演变的内在轨迹、语文本体的形而上追溯、语文教育的存在论价值与功能辩护、语文教育的实践论路向等多个维度来观照与审思语文教育的理论与实践问题,探索语文教育这一特定教育与文化现象的本体论架构与实践论指向。因此,语文教育哲学研究将不仅进行严谨的学理分析与理论考辨,而且还致力于拆除研究者思想中的栅栏,扫荡其方法论的迷雾,激发人们对语文教育的最大想象力,唤醒诗意创造的激情。语文教育哲学研究将把我们的目光从对语文教育外部现实形态的关注上逆转过来,重新回到语文教育的"问题"本身,去关注那些真正困扰语文教育实践但却又深藏不露的问题。

借助语言哲学的思辨力量和阐释空间,我们可以对语文教育中一些重大的基本理论问题进行全面深入的专题性研究。如,从语言哲学的角度解读与把握语文的内涵,我们就能超越原来纠缠于语言文字、语言文学、语言文章、语言文化、言语语感等具体范畴的平面视野,打破非此即彼、主客二分的二元论思维方式,获得一种更为宏阔的研究视角,实现从"实体性"思维向"关系性"思维的转变:不是从语文的外在表现形态来界定其本质内涵,而是深入所有这些外在表现形态的内部去分析其共同的结构基础和内在功能关系。在语言哲学看来,语言不仅是一套独立的符号系统,具有多样化的文体特征,而且还与人内部的思维情感紧紧相连,语义中折射着特定的民族思维方式,系连着情感表现的类型,沉淀着深厚的历史文化内蕴。也就是说,语言是有深度的、丰富的人性的表现。如果脱离语言的人性特征来界定语文的内涵,语文将失去最迷人的魅力、最生动的表现力和最基本的生命力。可见,语言哲学作为我们进行语文教育哲学反思的一把方法论钥匙,将为我们打开一把把困扰语文教育基本理论深入发展的思想之锁,借助语言哲学的智慧,我们将步入语文教育理论研究的新天地。

　　　　（原载《山东师范大学学报》社会科学版 2005 年第 5 期,
《高等学校文科学术文摘》2006 年第 1 期主体转载）

参考文献

[1][德]海德格尔.诗·语言·思[M].彭富春译.戴晖校.北京:
　文化艺术出版社,1991.
[2]陈嘉映.语言哲学[M].北京:北京大学出版社,2003.
[3]王健平.语言哲学[M].北京:中共中央党校出版社,2003.
[4]钱伟量.语言与实践——实践唯物主义的语言哲学导论[M].
　北京:社会科学文献出版社,2003.
[5][德]卡西尔.人论[M].上海:上海世纪出版集团,2003.
[6]张世英.哲学导论[M].北京:北京大学出版社,2002.
[7]刘放桐.现代西方哲学[M].北京:人民出版社,1990.
[8]申小龙.汉语与中国文化[M].上海:复旦大学出版社,2003.
[9]韩立群.中国语文革命:现代语文观及其实践[M].北京:中央
　编译出版社,2003.

语文教育研究的语言哲学路向

引 言

语言哲学作为 20 世纪哲学发展史上最辉煌的一页,无论是其解构与颠覆传统形而上学的摧毁性力量,还是其从现象学的立场重构生存论哲学的思想突破,都极其有力地拓展了人类思辨理性的疆界与空间。从语言哲学所敞开的无限视域对语文教育进行反思与辩护,将极大地扩展语文教育的学术视野,提升其哲学研究的层次与境界,促进语文教育研究的真正"哲学"转向。

语言哲学之于语文教育研究的启示与贡献,概言之表现为三个互相关联的层面:语文本体的结构—存在论、语文教育的功能—价值论、语文教育的过程—方法论。从语言哲学的视角来看,语文本体不是一种单纯的交际符号和思维工具,而是一种独特的民族(个体)精神架构和文化历史(个体)的存在与表达方式。语文的本体论研究必须打破传统观念中单一的"物质化"本体论范畴,把语文本体放入个体、历史与文化的各种互动关系和作用过程中进行观察和描述。语文本体不仅具有从逻辑的角度进行结构分析与把握的可能性,而且从本质上还呼唤研究者从人的存在的语言性角度展开语文的对话过程,敞开语文的历史与文化空间。因此，语文本体不是封闭的、静止的、超验的彼岸世界，而是开放的、发展的、经验的、与人的存在在本质上相关联的无限敞开的澄明世界。同样，从语言哲学的视角来观察，语文教育的功能—价值论的研究应当以语文本体的结构—存在论为基础，超越工具主义的有限视野，站在精神生成与表现、文化存在与创造、历史对话与再生的高度，激扬语文教育的本体价值，确立语文教育的目标体系，释放语文教育的多维功能。从语言哲学的角度，再来看语文教育的过程—方法论。在传统语文教育研究中，语文教育的过程—方法论更多是从语文教学的程序与方法的角度进行分类与建构，更多地关注具体的教学方式、方法、技术和技巧。从语言哲学的角度看，语文教育的过程—方法论的构建必须超越"形而下"的技艺局限，把语文教育过程与方法纳入个体存在与发展的视域，从语言与存在的同根性上揭示语言作为个体存在方式的内在规定性及其发展性，即语言学习过程不仅是个体获得自我意识逐步形成客观世界镜像的精神孤立化过程，而且是个体在自我反思中不断超越精神的孤立化，在"诗"的语言的引领下进入存在的场域，获得历史与文化的居住权与话语权的精神敞开与澄明的过程。因此，从语言哲学的视角阐述语文教育的本体结构—存在论、功能—价值论、过程—方法论，必将把语文教育的哲学研究带入一个开放而广阔的视野中。

一、本体论：反思与重构

语文教育的理论研究向来存在重方法轻本体、重效用轻理据、重结果轻过程的倾向。因而，作为语文教育研究最关键的核心词"语文"，历来说法各异，归属不一。本属哲学层面的语文本体论问题,常常被研究者无意识地放逐贬抑到形而下的层面,在技术规范领域进行姓甚名谁的争论。研究者的着眼点仅仅是给语文教学找一个"名正言顺"的依据,因而才会出现语文姓"语"还是姓"文"、学"文"还是载"道",是语言文字、语言文章、语言文学还是语言文化的争论。可以说,语文本体的晦暗不明与变幻不定,一直是引发语文教育理论分歧与纠纷的首要原因。客观地讲,语文本体论之所以成为问题,一方面是因为人们感觉对语文太熟悉太了解以致不以之为问题而擅发议论,造成对语文一词学术性解释的遮蔽,似乎这已是一个不言而喻的既定事实。另一方面则是研究者已经深深地意识到语文一词的身世辗转变迁之谜而又苦于找不到解析透视的方法和锁钥,只好姑且论之。毕竟,语言哲学作为理论系统输入我国,是 20 世纪 80 年代中后期以来的事情,且是作为一种专门哲学引入的。因而,要从哲学的角度把握语文的本体,并不是一件轻而易举的事情。它不仅需要一定外部条件,而且需要研究者具有时代的眼光和敏锐的学术直觉。以语言哲学的观点和立场审视汉语文本体,可以从以下几个方面进行观察和描述。

首先,汉语文作为目前唯一—仍然在现实生活中使用的古老的活文字,无论是形体还是内涵都经历过许多重大变革。时间的距离与空间的隔断使得汉语文的古今字形字义都发生了根本性的变化。汉语文作为文化载体,其历史变迁深刻地规约着汉民族的深层思维范式的演进,隐秘着汉民族的情感与审美基调。它不仅积淀了五千年的文化底蕴,而且孕育了汉民族丰满而刚健的文化性格。对这种历史空间跨度如此之巨的语言的把握,仅仅从西方意义上的语言学的角度进行解析概括,只能得其形似,难以达其精髓,这是我国近百年汉语研究的基本共识。从语言哲学的角度来观察与思考汉语文的本体,是超越单纯语言学研究视野,把语文本体研究引入历史理解、文化批评与哲学检讨论域的有益尝试。在这里,时间的间隔与空间的阻碍非但不再是观察的局限、研究的障碍和束缚,相反,却变成了进行哲学思考与历史文化审视的前提与背景。正是凭借对汉语文所浓缩与蕴含的历史文化空间进行的解释、再现、对话、生成过程,汉语文本体才从工具与技术的操作作坊步入照亮与澄明的开放视界,汉语文本体才完成了自身本—末、体—用的转换。

其次,汉语文自身所具有的独特的文化历史意蕴与审美特征,使其成为一种以现代语言学的观念看来颇具争议的语言文字。按照现代语言学的一般标准,中国语文,尤其是文言文,实在是一种极不准确、规范、科学、实用的语言系统。语言学家一般认为,人类语言文字大都经历了从象形文字到拼音文字的发展的道路,拼音文字被看作人类语言文字发展的最高阶段,具有高度的抽象化、科学化和实用性。而汉语在从象形文字向拼音文字发展的道路上刚刚起步就停止了,即汉字发展到形旁与声旁分化之后就基本停止前进,这使得汉语文没有真正走上拼音化的道路。因此,汉字的象形特征被顽固地保留下了,在其后漫长的历史岁月里,非但没有消失,而且还进一步固化为汉字汉语的深层意义,形成汉文化的思维密码。汉字的这种象形特征,使得汉语的发展受制于汉字的约束,故而最终形成了言文不一的文言文系统。关键是怎样来看待汉字的象形特征,为什么汉字没有进一步的拼音化?传统语言学把这些特征看作是汉语汉字的病状和赘疣进行贬斥,书面汉语近一百多年来的发展变化多少是在这种心态下进行的。在语言哲学看来,汉字汉语的这种独特性不仅不是一种落后和病态的表现,从更深的意义上来看,它才是构成汉民族历史文化与民族精神存在的独特方式,是中华文明展示魅力、敞开自我的独特窗口。正是因为汉字具有的意象性特征,才为我国古代的书画艺术、文学创作、哲学发展奠定了基础。在现代语境中,汉字意象性特征非但没有成为阻碍社会进步与科学发展的障碍,恰恰相反,正是凭借着以象形特征为基础的"意合"构词造句原则,古老的汉字被激活为新词汇的源头活水,为现代汉语不断地适应时代需要创造丰富的新词汇提供了不竭的资源与动力。由此可见,汉字的本质超越了单纯的表音符号,它是心灵的图画,精神的意象,情感的容器,历史的记忆,文明的化石。每一个汉字都浸润了五千多年的历史风雨,历经了无数心灵的磨砺和吞吐,涵纳了人世间的千变万化。因此,语言哲学,将为我们揭开汉语文的文化幕布、审美面纱和那幽闭着的情感之门。

再次,语言哲学有助于我们从符号学的高度认识语文作为工具的意义,从而辩证地把握语文本体的双重属性,为我们走出汉语文工具性与人文性之争的陷阱提供方法论支持。语文是一种很特殊的工具,它的本质不在它的物质外壳,而在这种物质外壳所引起的心理反应。它的本质不在于作为人的交际的工具,而在于它本身构成了交际。它的本质不在于传递某种信息,而在于通过言辞构成和呈现了信息背后的意义。与其说我们在说语言,毋宁说我们把自己诉诸语言,让语言来暴露、呈现,继而隐藏我们。我们对他人说话的同时,语言也反身回来照亮我们。语言不是专属于任何人,但又必须经由任何人才能不专属于任何人。语言不因我们肉体生命的短暂而短暂,却因我们精神生命的永恒而永恒。因此,语言构成了我们存在的家园,成为我们"思"想的道路,"诗"翔的天空,它见证着我们精神的力量,塑造着我们人格的形象,敞开着无限神秘的思想诱惑。语言哲学对语文的符号性解读,有助于我们从学理上揭示汉语文工具与人文的内在统一性,有助于我们从根本上确立语文教育的工具价值与人文价值的协同关系。

二、价值论：阐释与辩护

在传统语文教育的语境中，语文教育的文化价值向来被高扬到关系民族存亡与国家兴衰的高度，而其实用价值乃至文学价值则被看作雕虫小技。语文教育的工具与人文双重价值由此发生了严重偏斜，形成了多样化与统一性共存的价值体系：文以载道的神圣价值论、学而优则仕的功利价值论以及识文断字的生活价值论。三者之间是同心圆的关系。其中，文以载道是价值观的根本和核心，是最里边的圆圈。学而优则仕是围绕文以载道而展现的第二道圆圈，属于功利价值观。识文断字则是最外层圆圈，属于实用价值观。古代语文教育价值观主要侧重在语言文字的社会教化功能与满足日常生活实际需要方面，较为忽视语言的逻辑性格与思想力量。现代语文教育关于价值论的探讨，长期以来是局限在语文学科内部进行的，语文教育的核心任务就是通过各种各样的途径和方法培养学生听说读写思的能力。配合这些任务的完成，语文教育也进行一定的情感教育、品德教育、人格教育、思想政治教育。与语文教育的物化本体论相对应，现代语文教育重视交际工具价值而忽视存在本体价值，重视生活实用价值而忽视文化陶冶价值，重视世俗功利价值而忽视神圣超越价值。这种价值界定固然是语文学科边界意识觉醒、学科知识体系成熟的表现，是语文学科从传统的经学教育中独立出来的标志。但是，这种价值论却把语文课程对于中国人而言所独具的特殊含义和深远影响给遮蔽了。在我国，语文课程除了让学生掌握语言这个工具之外，实际上还承担着哲学启蒙、科学思维训练、民族文化传承、生活方式习得、审美情趣培养等多方面的任务。这些任务在一定的学段其重要性甚至远远超过了语文能力自身的要求，尽管它们的培养必须经由语文能力发展的渠道。虽然我国中小学按照国家课程标准或教学大纲普遍开设了品德与生活、品德与社会、思想政治、历史、艺术等人文学科课程，但实际上，学生通过语文课程潜移默化地学习到的价值观、人生观、历史观、文化观、审美观，有时远比从政治课、历史课、艺术课中学到的这类知识还要自然深刻、细致入微、经久不忘。因而，学习语文，对于中国的学生来说，精神的需要远远大于实际的需要，文化的需要远远大于生活的需要，审美的需要远远大于工具的需要。因此，简单地效法西方语文教育是不能解决中国自身语文教育问题的。有人说，要给语文"减负"，要给语文"瘦身"，要让语文姓"语"，其本意是好的。但是，我要说的是，要给语文减去那些不必要的繁难琐细的训练的"负"，要给语文增加那些很重要的、语文本身所承载的思想、文化与审美的"负"。我们立足上述语文教育价值论的历史形态与现实境遇，从语言哲学的角度，试图对语文教育的价值观进行哲学的阐释和辩护。

语言哲学从语言与人的内在关系入手，阐明了语言作为存在之家的根本性意义。从语言哲学的视角看，汉语文作为逻辑的构造、文化的表达、历史的再现、人的栖居地，蕴含着无限广阔的价值创生空间和无比丰富的价值实现方式。汉语文以形写意、得意忘形的独特逻辑构造方式，使它形成了世界上最为简洁优美含蓄的意义表达形式，进而使得中国人的思维方式在重视直觉和概括的基础上精于想象传情而疏于推理分析。因此，汉语文教育应在尊重传统语文教育诗性思维特征的基础上开创理性思维发展的空间和渠道,让学生获得健全的思维训练和心智发展。汉语文作为汉文化的载体和表达方式,不仅蕴含着丰富的民族精神和民族情感,而且自身已经构成了汉文化的重要组成部分,成为中国文化最具民族传统特色的代表。汉语文的学习过程,其实就是汉民族生活方式、价值观念、审美意识的习得与发展的过程,就是民族精神与民族情感的培育、民族文化的继承和发展过程。汉语文文本不仅是语言产品,更是历史产品。语文文本的历史性使得语文教育成为激活历史意识、再现历史真实、生成历史意义的过程,成为通过个体与历史的对话敞开存在的无限性,照亮个体生命意识、历史意识盲区的过程。语言作为人的栖居地,是人之所以为人、存在之所以存在的依据,因此,人是此在,住在存在的近旁。人因为此在,所以经常忘记存在,把自身放逐在人生意义的边缘。语文教育,应该把人从意义的边缘唤醒,把他引到回家的道路上来。当我们把语言当作工具来掌握时,语言就成为我们的对立面,成为我们要征服与驾驭的对象。当我们自以为驾驭了语言时,我们已经真正地成为语言的奴隶,我们已经深深地陷入了语言的陷阱。我们除了通过语言,已经再也找不到回家的路。因此,我们必须转变我们与语言的关系,语言不再是外在于我们的他在,而是植根于我们存在深处的一种唤醒与照亮的力量。语言不再是我们征服的对象,不再是我们口中与手下的一个工具,而是我们自身栖息与思考的家园,是我们赖以存在与得以存在的基础。语文教育,应该把每一个人召唤进存在的家园,感受语言的人性温暖,聆听语言深处神秘力量的召唤。因此,语文教育是敞开与去蔽的过程,是召唤与引领的过程,是个体生命之旅到达存在整体的历史性进程。

三、方法论:批判与建设

　　古代传统语文教育在教育方法上积累了丰富的经验,探索出了一套适合文言文语言和文体特征的教学模式和方法。总的来看,在语文教育内容的撰写上坚持综合性,融文史哲经于一体,文化历史视野相当开阔;在语文教育过程上强调整体性,诵读、写字、作文、赋诗交叉进行,齐头并进,互为推动;在语文教育方法上重视从汉语文本体特征出发进行语文训练,属对、作文,少讲多练,化习惯为自然。自从以白话文教学为时尚的现代语文教育产生以来,传统语文教育中的许多优秀的传统逐渐地消失了,代之以具有严格的学科化意义的现代语文教育教学方法论体系。现代语文教育过程与方法论的基础是心理学有关人的认知过程与阶段的理论。无论是赫尔巴特的教学阶段论,凯勒夫的教学阶段论,还是当今流行于教育界的建构主义,都是依据人的一般心理认知过程而设计的。这种研究固然揭示了一般心理认知规律,但是,却忽视了教学内容对人的心理认知的特殊要求和影响。更重要的是,有些学科的学习过程是以实践为基础而不是以认知为基础的,实践不是在认知指导下的具体应用而是认知的前提和条件,是认知发生的经验基础。因此,单纯的心理学尤其是认知心理学的研究不足以为教学过程奠定宽厚的理论基础。在我看来,在教育界长期以来盛行的迷信教育理论、忽视教学实践经验的风气是有害的,它使得真正的原创性的教育思想被五花八门的理论名词掩盖遮蔽了。丰富的教育经验不只是有待研究者挖掘的理论矿藏,它本身就是一种原生态的实践性理论,它比专家们提出的精致的教育科学理论更加包容,更具有原创力,更具有适应性,它乃是孕育一切理论形态的温床。基于此,语文教育过程与方法论研究,一方面要破除对一般教育过程论研究的盲目依赖,确立学科本位的研究立场,探索语文学科自身的认知与实践规律,揭示语文学习过程的本质及语文能力发展的规律;一方面要立足我国数千年积累下来的语文教育实践经验,探索符合汉语文本体特征的语文教学过程与方法论,廓清语文教育方法论与语文本体论、价值论的关系,实现语文本体论、价值论与方法论之间的对话与互动,构建富有生机与活力的语文教育方法论体系。

从语言哲学的视角看,语文教育过程与方法论的研究应从揭示语文学习的本质与语文能力发展的规律入手,以此为基础来构建语文教学的过程—方法论体系。卡西尔指出,人是符号的动物,这一论断揭示了人类学习和创造的本质,也从根本上论证了语文学习对于个体社会化而言所具有的本源性意义。在语言哲学看来,语文学习的过程是学生通过习得语言进入符号世界的过程,即从生物体的蒙昧状态标志性地进入人类社会进而获得生命话语权的过程,故儿童早期的语文教育向来被称之为启蒙和发蒙。语言能力的发展一方面是工具性的发展,一方面则是精神丰富性的发展,这主要源于符号世界与人的精神的多重联系。语言符号不仅是交际的工具、思维与情感的表达传递方式,而且是文化的表征。在语言符号的下面,蕴含着思维的流程、情感的意向和一定的文化范型。学习语言,不仅是在学习交流,学习思考,学习表达情感,而且还是越过语言的樊篱迈入一种文化传统和民族精神的世界,感染、认识、习得一种特定的生活方式、思维方式和价值观念的过程。因此,语文学习,是人们通过语言对世界的持续敞开和去蔽作用,不断地构筑、更新自身的生命视界和精神家园的历程。基于此,语文教育的内容就不仅仅是语文学习和训练的材料,而且是个体即将进入由语言的理性之光、情感之火照亮的思想与文化世界。因此,语文教育的内容不仅要囊括百典,包容众家,而且还要充满理智与情感的双重力量,为个体敞开历史与人生的丰富意蕴;语文学习的过程不仅要让学生获得语文能力的发展,而且还要实现其生命视界的不断开阔,精神世界的不断超越,人格修养的不断完善;语文教学的方法不仅要重视提高学生的学习效率,而且还要关注过程本身的人文价值和情感体验。

(原载《山东师范大学学报》社会科学版 2009 年第 4 期)

参考文献

[1][德]恩斯特·卡西尔.人论[M].甘阳译.上海:上海译文出版社,2003.

[2][德]海德格尔.面向思的事情[M].陈小文,孙周兴译.北京:商务印书馆,1996.

[3][法]列维-布留尔.原始思维[M].丁由译.北京:商务印书馆,1981.

[4][法]米歇尔·福柯.词与物:人文科学考古学[M].莫伟民译.上海:上海三联书店,2001.

[5]徐友渔,周国平,陈嘉映,尚杰等.语言与哲学——当代英美与德法传统比较研究[M].北京:生活·读书·新知三联书店,1996.

[6]陈嘉映.语言哲学[M].北京:北京大学出版社,2003.

[7]王健平.语言哲学[M].北京:中共中央党校出版社,2003.

[8]钱伟量.语言与实践[M].北京:社会科学文献出版社,2003.

呵护心灵的惊异与渴望

—符号世界的发现及对语文教育的启示

引　言

　　说语言是一种符号系统,乃是一种人学的重要理论发现。符号世界的发现不仅导致了对外部世界的重新解释,更导致了对人与世界关系的重新认识,从而在某种意义上又重新发现了人自身——人,制造并利用符号的动物。"惊异"是符号本身带给人的一种无形的思想力量,是人类真正思索的开端,也是人类创造力的源泉。语文教育应当开启语言作为符号世界的惊异力量,唤醒人自身的创造精神和自由意志,激发人们对于未知世界与神秘事物的无限渴望。

一、符号的诞生与属人世界的降临

　　卡西尔在《人论》中通过对哲学史上关于人之本性问题的考察,最终放弃了"把人定义为理性的动物"的经典说法,鲜明地提出"应当把人定义为符号的动物"①。这一论断无疑使语言哲学的探讨面临一个新的起点,人们不得不从语言与人之为人的关系的角度重新评估语言的价值与作用。卡西尔之所以用"人是符号的动物"取代"人是理性的动物",乃在于他发现了理性其实是符号的一种功能,而符号本身通过理性——人类自古以来最为重要的人性定义——并不能很好地得到说明。因为理性已经被西方的形而上学从现实世界中分裂出去,成为一种高于人性的、外在于人的、绝对的、静止的、彼岸的东西。人只能匍匐在理性的最高代表——上帝或者科学的脚下,聆听那神秘者的旨意。而符号则不同,它乃是人自身的创造,并非出自上帝之手。因此,符号的创造反映的不是上帝的伟大,而是人类自身的骄傲。由于符号的出现,世界从动物感觉经验的飘忽不定中被置入一种新生的秩序与框架而获得意义,符号遂成为插入人与世界之间的无形之维,万物之家。

在符号哲学的视野中,人与自然世界的关系将得到新的解释。人正是通过符号而创造了文化,符号使自然世界成为属人的世界、文化的世界,使自然人成为文化之人,从而把人与动物真正地区分开来。在卡西尔看来,人、符号、文化,是三位一体的东西。人在面对客观世界的实践活动中,通过制造符号,既反映世界又解释世界,还把握世界。世界只有通过符号才能为人所理解,人只有通过符号才能使世界成为只能为人所理解的世界。因此,符号不仅是记号,不仅是标出事实,更主要的是,符号能通过自身稳定的秩序和组合规则对事实与思想进行重新编码,把事实与思想放进一套由有限规则组成的包含无限组合变化的语言体系中,使

---

① [德]恩斯特·卡西尔.人论[M].甘阳译.上海:上海译文出版社,2003.

变动不居的感觉经验世界具有了确定的意义。因此,符号不是实体性的,而是功能性的,符号体现的是人与世界之间的各种复杂的可能关系。"因为有了符号,人不再把世界看成是互无关系的、零乱的世界,而看成是相互关联的、整体的、统一的世界。可以说,符号是一个整体框架,是一个关系系统,是一套意义系统。世界只有在符号的这种整体框架、关系系统、意义系统中才能呈现出来。因此,世界既是客观的又是符号的,只有存在一个客观世界,我们才能把它符号化,只有通过符号化,我们才能认识客观世界。"①同一个世界,在不同的符号系统中将呈现出不同的意义和秩序,人通过某一种符号所看到的世界镜像,只是世界无限复杂性所呈现出的可能性之一种。

　　与其他动物相比,人在符号世界里陡然看到了一个不同于原有感觉经验世界里的现实世界,在不同的符号世界里看到了同一个世界迥然相异的秩序和面貌,这怎能不是一个充满惊异与新奇的发现?卡西尔在他的著作中不无感慨地写道:"与其他动物相比,人不仅生活在更为宽广的实在之中,而且可以说,他还生活在新的实在之维中……人不再生活在一个单纯的物理宇宙之中,而是生活在一个符号宇宙之中……在某种意义上说,人是在不断地与自身打交道而不是在应付事物本身。他是如此地使自己被包围在语言的形式、艺术的想象、神话的符号以及宗教的仪式之中,以致除非凭借这些人为媒介物的干预,他就不可能看见或认识任何东西。人在理论领域的这种状况同样也表现在实践领域中。即使在实践领域,人也并不生活在一个铁板事实的世界之中,并

①张法.20 世纪的哲学难题:符号世界的发现及其后果[J].中国人民大学学报,2001,(4).

不是根据他的直接需要和意愿而生活，而是生活在想象的激情之中，生活在希望与恐惧、幻觉与醒悟、空想与梦境之中。正如爱比克泰德所说：'使人扰乱和惊骇的，不是物，而是人对物的意见和幻想。'"[1](P40) 可见，符号世界，本就不是冷冰冰的、机械的、镜子映物般的死寂世界，而是充满了惊异、希冀、激情与渴望的生机勃发的创造世界。

二、洞悉语言及文字的秘密：
被刹那间照亮的惊异

语言的产生无疑是人类步入符号世界的第一步，尽管在原始神话世界里我们看到的更多的是一个诡秘的、巫术的符号世界，理性似乎还没有从沉睡中苏醒。但神话语言的神秘非但没有把刚刚从瞬时的感觉经验中走出的符号世界淹没掉，反而在一代又一代人的诉说与传播中不断地强化着符号世界的想象力和创造性，肆意展示着语言的魅力与魔力，使语言的世界慢慢从历史的幻象与巫术的神秘中浮现出理性的光芒，以至在古代西方，语言几乎成了理性的代名词，这一思想后来进一步演变为概念形而上学。语言的产生对人类文明进步所产生的影响和作用被给予多么高的评价都是不过分的。

《旧约》第一章《创世纪》开宗明义地讲道："上帝说，要有光，于是就有了光……"上帝说出一个词，立刻就出现这个词的对象或曰对应物；上帝说出一切词，于是便有了一切物。先有词，后有物，这就是语言产生后人们对语言与世界关系的一种最初解释。这个"词产生物"创世神话故事，相对于人们关于语言与世界关系的日常经验而言，具有极其强烈的颠覆性和震撼性。语言本来是人的一种创造和发明,但在这里却摇身一变成为与上帝同在的神秘的创造力量。当人们从最初的对这种力量的震惊中平静下来而转身斗胆要求驾驭这种神秘力量来创造人类自己理想的世界——巴别塔的时候,上帝震怒了,派使者下凡人间变乱了人类的语言,使其彼此不能交流和沟通,从而造"通天塔"的计划就永远地搁浅了。这个神话具有多重深刻寓意,但都绕不开人类通过语言而重新发现自身的这个母题。人们从创世神话中发现语言世界拥有一种神秘的力量。

卡西尔在探讨语言与神话关系时发现,人类在从神话主宰的世界进入现实的语言的世界的时候,体验到了一种深刻的心理变化,发现了语言的巫术之外的另外一种力量——逻辑。从物理上讲,语言只是声音微弱的震动和一阵空气的轻微波动;但是从逻辑上讲,语词被提高到了更高的甚至最高的地位:逻各斯成为宇宙的原则。当人们对语言超越各种现实因素与时空限制的纯粹逻辑力量有所觉醒并开始为之倾倒的时候,正是人类理性时代的到来。从那时起,语言传达情感意愿的功能慢慢地让位于描述、认识与推断现实世界的功能。人们虽然不再惊异于语词的巫术力量,但却发现了一个更令人惊异和兴奋的逻辑世界,在这里所看到的乃是一种真正的思想的力量。赫拉克利特写道:"不要听从我,而要听从语词——逻各斯,并且承认一切是一。"[1](P176)因此,在西方哲学中,逻各斯本身既指理性,也指言语。相对于对语言的巫术信仰与魔力崇拜,逻辑是一种只靠其自身规则的完满而无须诉诸任何主观想象和猜测就足以取信于所有人的可靠的认识世界的工具。这一力量的获得无疑是人类在语言言说的道路上收到的最为巨大的精神财富。对语言逻辑理性的崇拜和重视,几乎贯穿了整个人类教育的历史。

　　除了上述宗教传说和神话学解析,我们还可以通过人类学家的研究,进一步从一些特殊生命个体最初洞察语言作为符号而具有如此奇妙的功能时所发生的微妙的心理变化的角度,感受、体验并反思这一过程中人的心灵所经历的深刻变化。海伦·凯勒的故事曾被人类学家们不厌其烦地反复引用,我们不妨再重提一下这个在人类学意义上具有决定性意义的时刻。因为这里面蕴含着一直以来不为人所重视的语文教育的秘密。由于疾病,海伦·凯勒从幼年起就失明失聪,她是在未曾与任何人进行符号交往的状态中成长起来的。在七岁那年,她的老师沙利文女士来到她家,在沙利文看来,这时的海伦完全不具备人的属性,是“一只任性的、未驯化的、难以驾驭的小动物”。在教育的开始阶段,沙利文教给海伦认识一些字,尽管她认识了几个字,但她却“无从想象如何运用他们,不懂得每件事物都有一个名称”。海伦把标志“水杯”和“水”的字眼混淆起来,因为这两个字都与饮水有关。沙利文几次试图澄清这种混淆,但都未奏效。然而,大约在沙利文到达一个月后的一个早晨,她俩一道来到花园水泵旁边时,却发生了戏剧性的一幕。沙利文写道:“我们走出去到了井房,我让海伦拿杯子接在水管喷口下,然后由我来压水。当凉水喷出来注满杯子时,我在海伦空着的那只手上拼写了‘W—a—t—e—r’。这个词与凉水涌到她手上的感觉是如此紧密相连,看来使她大吃一惊。她失手跌落了杯子,站在那里呆若木鸡,脸上开始显出一种新的生气。她拼了好几次‘Water’。然后她跌坐在地上问地板的名称,又指着问水泵和井房棚架,突然她转过脸来问我的名字,我拼了‘teacher’(教师)一词。在回家时她一路上都处在高度的兴奋状态中,并且学着她碰到的每样东西的名称,这样在短短的时间内她的词汇量增加到三十个。一旦她有了语词来取代她原先使用的信号和哑语手势,她马上就丢弃了后者,而新语词的获得则给她以新生般的喜悦。我们都注意到,她的脸一天天变得越来越富于表情了。"[1](P55)

沙利文以一个旁观者的角度客观地记录了一个生命从蒙昧状态一瞬间闯入人的符号世界时的转变过程。语言的人性光芒在海伦小小的心灵里撒播下了对世界充满惊异和渴望的种子。对语言秘密的洞察使这个可怜的小生命开始了新奇而又充满了欢快和希望的思想旅程。儿童们在这一刻的真正发现是什么呢?海伦·凯勒在此以前已经学会了把某物或某一事件与手语字母的某一信号联结起来。在这些事物与某些触感之间的一种固定联结是在此以前就被建立起来了的。但是一系列这样的联结,即使被重复和扩大,仍然不是对人类言语及其意义的理解。"要达到这样一种理解,儿童们就必须作出一个新的和远为重要的发现,必须能理解到:凡物都有一个名称——符号的功能并不局限于特殊的状况,而是一个普遍适用的原理,这个原理包涵了人类思想的全部领域。"[1](P55)这种突如其来的发展,使孩子开始用一种新的眼光来看待世界了:词的用途不仅是作为机械式的信号或暗号,而是一种全新的思想工具。一个新的天地展现在眼前,从今以后这个孩子可以随心所欲地漫步在这无比宽广而自由的土地上了。语言的秘密一旦被发现,整个世界都得到了新生。

相对于语言的产生,文字的发明对人类文明的进步所产生的推动作用是更直接、更巨大的。严格地讲,文字的发明才是人类精神文明的真正开始。据人类学家研究,口语的发生可能在距今十万年左右,而文字的发明据目前所发现的最早的考古资料显示也还不到一万年(在河南舞阳贾湖裴李岗文化墓葬中出土的龟甲等物品上面的刻划符号,是公元前 6000 年左右的文化遗迹,是目前发现的最早的古文字资料),较成熟的古老文字一般都距今五六千年。而正是在这短短的数千年,人类所取得文明成就与数万年漫长的口语时代的文明成就相比,简直是天壤之别。口语的产生打开了人类通向符号世界的大门,但真正符号时代的到来,还是文字发明以后的事。口语因其瞬时性和流动性,很难成为人类自身反思的对象,从而限制了人们对语言逻辑性的认识,语言的秘密只能心领神会而难以客观化为认知外部世界的力量。口语的符号世界是植根在人类的感觉与经验中的,没有独立出来成为一种外在于人类个体的、公共的、普遍的、客观化的精神实体。而文字的发明则慢慢改变了人类的符号世界的发展方向,世界逐步从个体的感觉与经验的流变状态进入通过特殊的物质手段而保留下语言痕迹的文字世界。听觉经验被置换为视觉经验,思想的对象从瞬时的体验转换为永恒的凝固的文字。"对话各方在成文的语篇里不再露面,跟话语场景的联系疏远;与文字所复制的话语正相反,成文的语篇变成了块块遭到废弃的耕地,一种远距离对话,口、耳、眼的比邻性全部荡然无存。同时也恰恰出于这一特点,文字将自身的篇幅和密度不加区别地提供给任何读者。文字是在一方空间上铺展开来的,因此允许各种组合和回返,各种随心所欲地卸下换上;它用可供每个读者瞩目端详的固定的笔画代替用不着出现的事物和口头说出的词语;而词语在次第而出的话语里,后说出的总是不断地把先说出的顶替掉。文字因之具有推动思考的力量,也许还有助于发展分析和抽象的能力。"[3](P82)

人类对于文字的发明所产生的惊异之情丝毫不亚于对语言的发明产生的惊异。世界上几个代表性的古老文明对于文字的发明都有自己的神话传说,几乎都把文字的发明权让渡给人之外的神异力量。古巴比伦的楔形文字传说是命运之神那勃所造;埃及圣书字传说是知识之神托特所造;中美玛雅字传说是日眼大神的发明;古印度把婆罗米文字的发明归功于天神,而将佉卢文字的发明归功于驴唇仙人;日耳曼人将鲁纳(神秘的意思)字母的发明归功于斯堪的那维亚半岛神话中的最高神奥丁;爱尔兰的欧甘字"欧甘"就是一位神话英雄的名字;希腊人把腓尼基王子卡德摩斯看作希腊文字的创造神,因为他带来了当时不为希腊人知道的字母[4](P158);汉字则传说是黄帝史官仓颉所造。在诸多文字发明里汉字的发明应该说独树一帜,影响最为深广,因为直到今天它还是占全世界近五分之一的人口所使用的文字,保留着世界上最系统最古老的文献。而其他古老文字,或早已销声匿迹,或仅仅躺在博物馆里供后人瞻仰和感叹。许慎在《说文解字叙》中对汉字发明的过程作了如下叙述:"古者庖羲氏之王天下也,仰则观象于天,俯则观法于地,观鸟兽之文与地之宜,近取诸身,远取诸物,于是始作《易》八卦,以垂宪象。及神农氏结绳为治而统其事,庶业其繁,饰伪萌生。黄帝之史仓颉,见鸟兽蹄迒之迹,知分理之可相别异也,初造书契。"读这段文字,我们大致可以得出这样的认识:汉字的发明不是一件孤立的事情,而是与中国古代朴素的哲学思想的发展紧密相关的。《易经》生生不息的"以简易统领繁复"的哲学精神在汉字发明过程中得到了深刻体现。从这段话还可以看出,仓颉造字的原理不是简单的模仿自然,而是发现并充分利用了符号的象征性特征。"见鸟兽蹄迒之迹,知分理之可相别异也"一句,乃是一种哲学的洞见和精神的创造。这句话意味着,古人在最初造字时绝对不是对着客观对象进行简单的外形描摹,固然确实有不少象形字同它所描绘的客观事物在外形上是那么的一致,但这并不能掩盖这样一条分界线：文字不是因为记录视觉中的形象而成为文字，它们之所以是文字乃在于他们记录的是事物在人们的观察与思想中概括出的特征，且仅仅凭借这些被抽象出来的特征之间的差别就能把所有事物区分开来，这正是符号学的基本思想。符号不是实体，也不是实体的描摹，而是通过象征的手段区分事物的有序列的差异系统。在口语里，语言的这种特征往往是隐而不现的；在文字里，强化并改进书写符号对事物特征的表达和区分，乃是一个不断完善的公开化的理智过程。尽管世界各地最古老的文字都是象形文字，但随着后来的发展绝大多数都流变成了拼音文字，唯有汉字历经时光的无情淘洗仍然还坚守着意象性特征。文字在从象形发展到拼音的过程中它符号的本质并没有变化，但却带来了思维类型、文学风格与文化传统上的差异，对语文教育与文化事业的发展产生了根本性的影响。通过对文字发明的神话学解析，我们应该得到深刻的启示：文字的发明确乎是一件惊天动地、乾坤再造的大事。英国哲学家波普尔也曾将世界分成三个层面：人、物质世界与书面符号世界。在他看来，如果人类不幸丧失了物质的世界，我们还可以凭借书面符号的世界在较短的时期内重建我们的文明；如果我们不幸丧失了书面符号的世界，即便我们拥有再发达的物质文明和社会财富，我们也阻止不了人类智力的迅速衰退。是的，尽管今天的世界各种介质的书面符号近乎泛滥成灾，我们也早已不能感受到人类造字之初的惊异和欣喜，但如果我们要想一直永葆旺盛的创造力，还必须反身回到文字创生的开端处去触摸和重温这段历史，以唤起对文字世界久违了的尊重和想象。

三、通过语词重新发现世界：
语文教育的人学关怀

　　"人是符号的动物"的人学发现，为我们重新理解语文教育打开了一扇通向惊异与渴望的窗户。人类在最初发现语言与文字的秘密时所经历的思想的惊异和震撼，应当作为永恒的思想源泉和创造动力化为语文教育的内在价值追求。在人学的视野里，语文教育的神圣使命不仅是掌握语言文字这个符号和工具，更是要致力于唤醒和激励人们通过开启语词和文字的惊异之门重新发现意义的世界，重新发现人类自身。这是语文教育的人学使命，也是语文教育较之其他学科而优先具有的一种荣光。符号世界的发现肯定了人的自由创造，语文教育不是要在个体心灵中置入符号的栅栏，而是要通过符号世界的唤醒与惊异力量解放沉睡在人性中的自由意识和创造精神。现在我们不妨以语文教育的人学视角考察和反思我们当前的语文教育观念和实践，检讨那些我们早已习以为常的语文教学原则和模式，我们很快就会被以下这个突如其来的发现所震惊。我们在语文教育上所作的所有努力似乎都有意无意地指向了同一个目标：消除符号世界给人的精神带来的惊异和渴望。这是一个可怕的信号，我宁愿相信这个发现是错误的。但是，语文教育沉痛的历史和现实以及由此而带来的在理论上的痛苦挣扎，使我们不得不正视这一基本事实。尽管中庸者会说我们语文教育的成绩是有目共睹的，主流是好的。但我们必须反思和追问：语言文字本身所固有的用以唤醒灵魂的惊异与渴望的力量为什么在现代语文教育中消失了？是什么样的观念和信念把语文教育最神圣的使命给边缘化得如此彻底、如此干净,以至于我们都毫无觉察。

　　要想解开这个谜底其实并不难。哲学史上已经发生的类似的一幕就是引领我们解开这个谜底的最好的钥匙。我国著名哲学家张世英先生在其晚年名著《哲学导论》中专门探讨了哲学史上的"惊异"问题。概而言之,西方哲学开始于惊异,可后来走上了对惊异的拒斥和消除的道路,现在则又回归到了对惊异的尊重和渴望。这正好经历了一个辩证的正反合的过程。亚里士多德说过:"由于惊异,人们才开始哲学思考。"[5](P5)但是,追求知识必然引导到惊异开始时的反面,即不再惊异,不再无知。这样,惊异在本质上就与无知联系在一起,"最终,知识与惊异相对立"[6]。黑格尔对此问题有一段系统的论述:"希腊精神之被激起了惊异,乃是惊异于自然中自然的东西。希腊精神对这自然的东西并不是漠然把它当作某种存在着的东西就完了,而是把它视为首先与精神相外在的东西,但又深信和预感到这自然的东西中蕴含着与人类精神相亲近和处于积极关系中的东西。这种惊异和预感在这里是基本的范畴。但希腊人并不停滞在这里,而是把预感所追寻的那种内在的东西投射为确定的表象而使之成为意识的对象……人把自然的东西只看作是引起刺激的东西,只有人由之而出的精神的东西才对人有价值。"[7](P136)张世英先生认为,在黑格尔这里,显然是把惊异理解为只是激起精神的东西的开端,而不是对人真正有价值的、值得追求的目的及精神的东西本身。惊异意味着刚刚从无自我意识中惊醒,至于真正的清醒状态,即精神的东西本身,则不属于惊异。黑格尔非常强调认识进展过程中的否定性的作用,认为"推动知识前进的,不是惊异,而是否定性的力量"[7]。哲学发展到海德格尔这里的时候,被知识所贬斥的惊异获得了新生。他指出:"说哲学开始于惊异,意思是:哲学本质上就是某种令人惊异的东西，而且哲学越成为它之所是，它就越是令人惊异"[6]，尤有进者，越是真正的哲学，越令人惊异。自柏拉图以来，存在被遗忘了，海德格尔恢复了存在，恢复了惊异，从而也恢复了哲学的生气和美妙。"在惊异中，最平常的事物本身变成最不平常的。"[6]正是这种不平常性，敞开了事物之本然——敞开了事物本来之所是。当代德国海德格尔哲学专家 Klaus Held 教授说，"惊异使世界变得好像是第一次出现的"，"惊异使人的经验恢复到了新生婴儿一样，世界的光亮才刚破晓"[8]（P294）。可见，世界本是一个人与存在相契合的整体，在这个整体中，事物的意蕴是无穷的，只因人习惯性地以主客关系的态度看待事物，总爱把事物看成主体私欲的对象，对这样观察下的事物熟悉到了麻木的程度，以至受其遮蔽，看不到这平常事物中的不平常的魅力和惊人之处。

"惊异"在哲学史上的经历反映了人类思想发展状况的一个侧面，这对于我们把握惊异在语文教育中的命运具有深刻的启示意义。语文教育之所以背弃了本身所固有的唤起灵魂惊异的精神力量，乃在于语文教育的哲学基础、价值追求、审美态度都严重地被符号工具论和知识至上论的哲学偏见所扭曲和遮蔽。把语言文字看作思想和交际的工具是一种根深蒂固的传统，把语文教育看作通过语文知识的学习和实践来掌握这个工具是语文教学一贯的基本态度。在这种哲学背景下，语文是一种知识系统，而不再是符号系统。这其间的差别在于，知识是人类认知世界的一种结果，是符号实际运用的一种具体表现；而符号系统则主要体现为一种潜在的"能"，一种尚未实现的可能性。人之为人，不在于人的完成性，而在于人的未完成性。由于传统哲学仅仅把惊异看作知识开端的偏见，把消除惊异作为自己的目标，因而在知识论主宰的语文教育思想中,通过语文知识的学习消除"陌生的"语言所带来的惊异和"误解"乃是题中之意。在这种语文教学中,儿童与生俱来的面对外部世界所产生的强烈的"命名"渴望和"诗意"想象被冷冰冰的"专家语法"规则所弹压和屏蔽。引诱甚至强迫儿童接受既定的成人世界的语言现实和各种规则成为压倒一切的教育愿望,消除一切因心灵的惊异和渴望而产生的对语言规则的误用和破坏,藐视一切个人体验的差异性和多样性,成为语文教育一贯被滥用的"合法"权利。语言在语文教育中,从一种唤起心灵惊异与渴望的精神力量渐渐演变为一种精致而考究的精神负担,阻塞着自由的思考和创造。

这种语文教育的工具论与知识论倾向最大的问题在于它只看到了语文教育有限的实际价值,而忽视了语文教育无限的人学价值。在这种语文教育观指导下,语文教学慢慢地远离了精神的惊异和渴望,成为通过学习语言文字这个认知世界的工具而逐步克服心灵世界的惊异感以获得各种各样的知识的过程,成为通过对语言文字进行的符号学尸体解剖而学习语言构造的机械原理和僵死规则的过程,成为通过对符号世界的认识论解读来压制活生生的心灵面向生活世界敞开的生命体验与冲动的过程。在语文教育中,符号不再是功能性的,而是实体性的;不再是引领世界进入心灵的向导,而是以自身的话语霸权取代了沉默的世界;人不再是符号的主人,而变成了符号的奴隶;人与世界的关系不再是敞开的、充满无限可能的、隐含着惊异与渴望的,而是封闭着的、单一的、认识论的、外在的。符号不再是人类创造性的证明和骄傲,而是人难以超越和摆脱的精神围城。

语文教育必须走进人学的视野,应当教会孩子们通过语词的惊异重新发现世界,而不是迷失在符号的迷宫中。我们常常感叹,孩子在没进入学校之前,头脑里常常充满了各种各样的问号,可是一旦进入学校后,原有的明亮而天真的目光渐渐地暗淡,满腹经纶、老成持重的态度却渐渐养成。在语言学习上,孩子几乎毫不费力地在三岁之前就能顺利掌握口语,而在学校里却花费了十多年时光还没有把文字搞通。这里固然有生理的与文化的多种原因,但我们是否反思过我们的语文教育自身存在的问题:我们已经背离了语言学习的自然规律和心灵的需求,误入了一条表面上看科学可靠但事实上却事与愿违的歧途。事实上,我们不但不觉悟反思这条道路,反而还想方设法来辩护和捍卫这种积习已久、习惯成自然的错误。为什么那么多的学生正是在学校里的语文课上渐渐失去了对语文的兴趣,而又有那么多的作家在回忆自己语文学习经历时都普遍怀疑自己曾从语文课堂上获得多少有价值的教益。我也曾通过对自己女儿的观察深入思考过这个问题。记得我的女儿在三岁左右的时候,有一次给了我一个意外的惊喜。事情是这样的:我们平时常带孩子去酒店吃饭,饭前按例带着她到洗手间洗手。洗手间的门上贴有男女性别的标志图。男士一般用一个直立的人形简图表示,女士一般用直立的留着长发且穿着短裙的人形简图表示。我们告诉她怎样根据这些标识区分男女性别,孩子很快就能领会并记住。一次晚饭后,我带着她在校园里的小路上散步,她突然停下来拉住了我的手说:"爸爸、爸爸,快看,那里有一个'男'垃圾箱!"孩子的话使我震惊了。"'男'垃圾箱!"一个多么莫名其妙的组合。我顺着她的手指看去,不远处的路旁有一个垃圾箱,它的上端赫然印着一个人形标志——一个人侧身站立,正把手中的垃圾投向下方的盒子。哦!我明白了,原来这个标志中的人没有留着长发,也没有穿着短裙。"'男'垃圾箱",在成人的语言世界这是一种典型的语法错误,因为它违反了常识和逻辑。但是,我要说的是,在孩子的世界里,这乃是一种重要的发现和积极的创造,是创造性地以自己的方式给世界"命名",这是人所独享的尊严和权利。也正是这种在成人和语文教师看来不可理喻的错误,真正显现了符号世界对人的心灵的唤醒和照亮。也正是在这种错误中,语言的诗意才得以发生,世界的多种可能性才得以敞开,我们早已麻木和迟钝的眼睛才能从平淡乏味的世界里触摸到世界本身的复杂微妙和变化万千,我们疲劳的神经才能得到一次新鲜的感觉激励和想象力的锻炼。其实,所有的文学作品,都离不开这种对语词惊异力量的发掘和拓展。柯勒律治说:"渥兹渥斯先生给自己提出的目标是,给日常事物以新奇的魅力,通过唤起人对习惯的麻木性的注意,引导他去观察眼前世界的美丽和惊人的事物,以激起一种类似超自然的感觉;世界本是一个取之不尽、用之不竭的财富,可是由于太熟悉和自私的牵挂的翳蔽,我们视若无睹,听若罔闻,虽有心灵,却对它既不感觉,也不理解。"[7](63)无论一个字、一个词、一句话、一首诗、一篇文章,还是皇皇巨制,离开了语词的惊异与渴望的力量,都将只是一堆符号的陈尸。一个汉字,隐含着一个世界;一首诗,隐含着一段生命的经历。我们应该通过语词惊异的入口,引领儿童去发现生命自由创造的奥秘。一个"山"字,历经刀刻斧凿,穿过《诗经》楚辞,浸润唐风宋韵,沐浴无限风流,汇集千言万语,而自岿然不动,亘古如一。一个"水"字,源远流长,江河湖海,汪洋恣肆,自古而今,奔腾不息,纵有万种风情,也难抵一江春水东逝。面对我们古老而常青的汉字,如果不能激起生命的惊异与渴望,那简直是一种文化的罪过。古人在数千年前就已经写下了这样震古烁今的诗句,放声弹唱出了生命的最强音:"断竹,续竹,飞土,逐宍。"(《吴越春秋》)在这里,你看不到狩猎时与野兽搏杀的恐惧和惊险,却意外地感受到了一丝豪情和浪漫。那身形如此刚健矫捷,动作如此勇猛迅疾。八个神秘的方块字偶尔的相聚,便在刹那间喷涌出一股不可遏制的生命洪流,爆发出催人奋进的精神力量。"诗"的声响,如霹雳,震撼了远古文明的沉沉黑夜,燃亮了中华文明通向人文诗境的超越之路,也开启了中国文化重视诗教的优良传统。在诗教的传统里,语言的惊异力量被诗歌雄浑高亢的铿锵之声所高扬,以致诗人们都把追逐语词的惊异和新奇看作生命的最高文化价值。"语不惊人死不休","吟安一个字,拈断数茎须",何等的顽固和执着!

让我们再一次回首海伦·凯勒的故事,我们也许会感谢上帝,我们大多数人都拥有健全的身体和心智,没有经历过那梦魇般的徘徊在符号世界大门之外的经历。但是,我们也许更要感谢海伦·凯勒,她的故事将永远是对从事语文教育的工作者的一种激励,我们应从她的身上看到生命因洞察语词的秘密而获得的异样的魅力。正如海伦·凯勒的事例所证明的:"人能以最贫乏最稀少的材料建造他的符号世界。至关重要的事情不在于个别的砖瓦而在于作为建筑形式的一般功能。在言语的领域中,正是言语的一般符号功能赋予物质的记号以生气并'使它们讲起话来'。没有这个赋予生气的原则,人类世界就一定会是又聋又哑。有了这个原则,甚至聋、哑、盲儿童的世界也变得比最高度发达的动物世界还要无可比拟的宽广和丰富。"[1](P57)我们的语文教育,为什么总是想方设法地低估和践踏人类自身的符号能力,甚至还沉醉于通过某种科学而正确的训练途径挖空心思地消耗和抵制这种人之为人的底线?

(原载《山东师范大学学报》社会科学版2008年第53卷第4期)

参考文献

[1][德]恩斯特·卡西尔.人论[M].上海:上海译文出版社,2003.

[2]张法.20 世纪的哲学难题:符号世界的发现及其后果[J].中国
人民大学学报,2001,(4).

[3][法]海然热.语言人:论语言学对人文科学的贡献[M].张祖
建译.北京:生活·读书·新知三联书店,1999.

[4]李保嘉.理论语言学[M].南京:江苏古籍出版社,2001.

[5][古希腊]亚里士多德.形而上学[M].吴寿彭译.北京:商务印
书馆,1995.

[6]J. Sallis, *Double Truth* . State University of New York Press,
1995. P. 194.

[7]张世英.哲学导论[M].北京:北京大学出版社,2002.

[8]Klaus Held. 基本情绪和海德格尔对当代文化的批判[J].
J. Sallis Reading Heidegger , Indiana University Press, 1993.

[9]刘若端.十九世纪英国诗人诗论[M].北京:人民文学出
版,1984.

试论语文教育的存在论方式

引　言

语文教育因其植根于语言的生活土壤,在所有教育科目中优先具有进入存在论境域的发言权。不同的语文教育立场和观念意味着不同的存在论方式,不同的语文教育存在论方式则决定了人在世界与语言之间的不同位置和地位,也决定了人的不同的语文生活和精神特质。因此,探讨语文教育的存在论方式,无疑是语文教育哲学研究的一项重要内容。

一、存在论方式:语文教育哲学思考的
一个新维度

语言与存在的关系在不同的哲学语境中具有不同的本体论—认识论立场。在以主客对立为立场的认识论视野中,语言是存在(在海德格尔看来其实是存在者)的一种思想镜像和逻辑图画,是存在于语言思维中的逻辑投影,逻辑乃是沟通存在与语言的客观基础。在以人与世界相联属为立场的存在主义现象学看来,语言是存在的家,语言使存在显现出来,唯一能被理解的存在

就是语言。由此,语言也就获得了本体论地位。在结构主义语言哲学看来,语言是一种内部诸要素互有差等的符号系统,符号与世界之间的意指关系是约定的。也就是说,语言是与现实世界相平行的一种结构投影,现实世界中的意义差别决定了语言的内部结构差别。

在中国传统哲学的名实之辩中,名与实的关系就是语言与存在的关系。不过,实既可以指客观世界,也可以指社会实践,因此语言既可以"极天下之赜",又可以"鼓天下之动"。名与实的关系更多地带有实践哲学的意味,较为注重语言的社会规范功能与实践导向价值。

在马克思主义实践论的语言哲学看来,语言与存在的关系并不神秘,语言是人与现实世界打交道的手段,语言活动其实就是一种交往实践。语言与存在的关系由这种语言交往实践的对象性与交往性双重属性确定,语言处在对象性与交往性的十字路口,存在通过它进入个人意识和公共意识,存在由此既成为可以被认识的对象,又成为可以被彼此谈论的对象。

总的来看,语言哲学在语言与存在问题上的争论,很大程度上取决于对"存在"一词的理解和认识。如果把存在看作是与人相对立的一种客观实在,则语言与世界的关系更多的是一种镜像关系,这个镜像可以是事实的逻辑投影,也可以是事实的结构投影;如果把语言与世界的关系看作是人与世界相联属的关系,语言与世界的关系更多的是一种揭示与被揭示、遮蔽与被遮蔽的澄明—晦蔽关系。如果把存在看作孕育万物又超然于万物之上的"道",看作世界的根源与基质,那么,这个"道"在中国古人看来是难以言说的,即"道可道,非常道。名可名,非常名";"天何言哉?四时行焉,百物兴焉,天何言哉!"而在古希腊人看来,这个"道"恰恰就是言说。在希腊文中，"逻各斯"一词既指理性的"道"，又指"言说"，这奠定了自柏拉图以来的概念形而上学基础。因此，中国的"道"常常保持着形而上的神秘色彩，而西方的"道"常常诉诸理性和语言的辩护。如果把存在看作唯物主义的客观世界，语言则是意识对世界对象化的反映和表达。这种反映与表达的合法性和正确性要放到交往实践的过程中去考察，而交往实践是裁定语言与世界相互关系的执行者。可见，对存在的理解是见仁见智的，我们通过哲学思考不是要取消这么多的差别，而是要更加丰富这些差别，并进而阐明其中的哲学精神与实践意义。

　　语文教育作为直接同语言打交道的精神互动过程，无论其观念状态还是其实践形态都必然隐含着其所立足的存在论立场。但是，在语文教育的理论思考与实践过程中，由于语言自身的遮蔽与自我缠绕的作用，人们往往忽视了这个立场的存在。以语言哲学关于语言与存在的关系为分析框架，语文教育的存在论方式将不再隐蔽，语文教育的各种不同价值指向会一步步明晰起来。根据语文教育观念形态的不同，我们大致可以把语文教育的存在论立场分为主体—客体的存在论方式、在场—不在场的存在论方式和交往—实践的存在论方式。

二、语文教育的主体—客体存在论方式

　　语文教育的主体—客体的存在论方式是我国现代语文教育的基本存在论方式，它以主客对立的认识论立场与结构主义哲学为基础。现代语文教育是我国现代教育体系中的一个基本组成部分，是我国近代以来效仿西方教育制度建立自己的现代教育制度的必然产物。这一制度基本上是以经典物理学所奠定的主客二分的科学思维模式为基础建立起来的,体现了近代工业社会追求功效的观念与科学主义主张机械决定论的一系列特征。其基本特点是以主客二分的立场看待教育的知识内容与学习者的关系,把自然科学知识和人文科学知识的传递作为学校的首要任务。在这种教育体制内,知识世界是独立于人之外的一个封闭的符号世界,教育的使命在于使人通过理性思维的过程认识并接受这个世界的秩序和法则。在这种观念的影响下,教育的本质就是认识的本质,教学就是一种特殊的认识过程。这几乎是自夸美纽斯提出"把一切知识教给一切人"以来,在西方占主流的教育思想,这一认识论倾向在后继的赫尔巴特、杜威那里又都有了新的发展。尤其是"凯洛夫教育学"把这一理论上升到马克思主义教育理论的高度之后,对我国产生了极其深刻的影响。

对语文教育而言,语文教学(学习)的过程就是以主客对立为基本存在论立场的一种特殊的认识过程,即学生在老师的指导下通过学习语言文字认识外部客观世界的过程。语言文字自身仅仅是一个认识的工具。为了掌握这个工具,语言文字自身也成为教学的认识对象,即一种外在于人的客观的封闭世界。教学的任务就是指导学生掌握这个封闭世界的结构规律从而驾驭这个世界。人们坚信,一切都在科学的分析与掌握之中,没有什么可以逃脱科学理性的审判。语文教育中一切神秘难解、精微古奥、繁复深邃的东西都被严谨而执着的科学认知与分析精神所俘获和修正,不仅语文课堂教学成为一种可以被科学地加以控制与调节的模式化的公共程序,而且语言自身也在这种主客二分的认识论压力下渐渐失去了诗意的生命活力,蜕变为口号式的、标签化的"符号垃圾"。人的主体性在语文教育中被压制,语言的客观性与对象化被过分地加以抬高和强化,成为一种凌驾于人精神自由之上的"符号暴力"。

　　其实,主客二分是人类思想发展必须经历的阶段,是自然科学思想发展的原初动力。尽管它具有自身的局限,但也具有其"片面"的深刻性。但这一点在语文教育中往往被"科学的激情"给掩盖了。如果我们对它具有充分的认识,语文教育的主客二分的存在论立场就并非仅仅是一个灰色的死寂的世界,这里始终蕴含着许多令人惊异的发现和洞见,人的理性精神应该在这里得到应有的尊重和确认。从主客对立的认识论立场来看,语言是意识得以实现客观化的决定性力量和表征方式,正是凭借对这一力量的发掘与张扬,才形成了西方社会源远流长的概念形而上学和理性至上的传统。一切意识与思想都是主观的东西,"问题不在于把主观同客观区别开来,而在于懂得如何使自己摆脱主观而达到客观陈述"①。语言在这里起到了关键作用。因为"符号是人与人之间传达的运载者,因此对于客观知识的可能性来说是决定性的"②。可见,语言通过逻辑的力量把实在建构为客观的东西,把实在作为客观静止的本质凝结为语词的意义。是语言构造了实在,并赋予了实在以某种形式上的客观性,但同时也把意识与实在隔离开来,使实在只能通过语言才能为意识所把握,使意识也只能通过语言才能作用于实在。可见,语言对实在的构造是人的能动性的深刻体现,也是人性首先是语言性的根本原因。没有这种能动的构造能力,语言的世界只能是一个灰暗的记号与符号的世界,一个呆板的静止的没有生气的镜子般的世界。

　　由于主客二分的语文教育观念缺乏对这一问题的意识和反

<hr>

① [英]M.波恩.我的一生和我的观点[M].北京:商务印书馆,1979:89.
② 周昌忠.中国传统文化的现代性转型[M].上海:上海三联书店,2002:313.

省,能动的语言世界渐渐地蜕变为机械的符号世界,语言的心灵唤醒与激发的力量逐渐变成了对个体心灵的遮蔽与压制力量。语言因失去理性的反思而演化为一种话语与价值的霸权。在这种状态下,语文教育渐渐背离了唤醒人的精神创造性的发展道路,原本充满逻辑张力的理性反思精神被无情地转化为机械僵化的教学规律与方法教条。语文教学由此演变成了记忆之学、技能之学、训练之学,从根本上背离了人的精神发展而变成了精神发展的桎梏。原本离人的性情最近的最富哲理启示、生活情趣与审美快感的陶冶课,变得枯燥乏味、死气沉沉。显然,只有超越这种主客对立的语文教育存在论立场,语文教学才能真正打破语文教育知识论的虚幻景象,把被静止的知识世界所遮蔽着的鲜活的存在揭示出来。

三、语文教育的在场—不在场存在论方式

如果说语文教育主客二分的存在论立场反映了语文教育对知识与真理世界的镜像化认识与追求,高扬知识的客观性而贬低了人自身的主观创造力,那么,语文教育的在场—不在场的存在论立场则揭示了语文教育开始关注通过语言的诗意创造发现人类精神家园的意识。

从人与存在相联属的现象学存在论的角度看,人与存在不是主客对立的认识主体与对象客体的关系,而是通过语言构成的居住者与栖息家园的亲密关系。主客对立的认识论错把存在者当作了存在,以存在者为中心的概念形而上学或在场形而上学掩盖了语言与存在原始的联属关系。在现象学存在论看来,语言原始地同存在本身相联属,语言的本质特征地位处于存在

论层面。之所以如此,乃在于海德格尔把语言看作使存在者向存在敞开的力量,"语言是一种根本上的'让……显现或到场'"①,因此,"在没有语言的地方,比如,在石头、植物和动物的存在中,便没有存在者的任何敞开性,因而也没有不存在者和虚空的任何敞开性。由于语言首度命名存在者,这种命名指派存在者,使之源于其存在而达于其存在。这样一种道说乃澄明之筹划,它宣告出存在者作为什么东西进入敞开领域"②。语言把此在与存在联系起来,语言成为存在的家,存在通过语言对存在者的敞开,构成了此在作为其他存在者存在依据的视域。这种存在主义的哲学立场被称之为"在场—不在场",意指在场的有限的东西和敞开的那不在场的东西,在语言的吁请下通过有限的在场的存在者抵达不在场的即将敞开的存在。在这里,在场的东西不仅指感性中的具体的东西,更指那些概念的与观念的东西,因为它们的在场是一种更具遮蔽力量的在场,是更值得注意排解和消除的压制力量。

从在场—不在场的哲学立场来看,语文教育的在场—不在场的存在论立场正是对主客二分立场的一种超越。但它并不完全否定语文教育的认识论功能,也不完全否定逻辑在构造知识世界时的决定性力量,而是要努力把这种关于世界的对象性认识植人人与世界的对话关系之中来把握,把被知识的客观性排挤到哲学边缘的人的主观创造精神召唤回来,把存在者从片面的知识镜像中带人人的整体意识的能动的显现之中,带入语言的无限敞开之中。"从在场到不在场的'横向超越'决不排斥平常讲的从感性到

①［美］杜威.艺术即经验［M］.高建平译.北京:商务印书馆,2005:45.
②［德］M.海德格尔.林中路［M］.孙周兴译.上海:上海译文出版社,2004:57.

理性认识的过程，它只是把这一认识过程纳入'横向超越'之内，认为在通过这一认识过程达到了对普遍性和事理的认识之后，还要更进而超越这在场的'事理'，进入不在场的'事理'。"①在思想从在场的东西超越到不在场的东西的过程中，人们将体验到意义世界翩翩降临。换句话说，在主客二分的语文教育存在论立场里，世界的意义作为认识的对象是一种外在于人的客观事实，而在在场—不在场的立场里，意义世界是此在对存在的敞开和体验。

在在场—不在场的语文教育存在论立场里，语文教育的价值与过程将得到一种全新的诠释。语言文字不再是一种单纯的交际符号和思维工具，而是一种独特的民族（个体）精神架构和文化历史（个体）的存在与表达方式，是引领我们通过有限的在场者抵达存在整体的路标。语文本体的研究必将打破传统观念中单一的"实体性"本体论范畴，把语文本体放入个体、历史与文化的各种互动关系和作用过程中进行观察和描述。语文本体不仅具有从逻辑的角度进行结构分析与把握的可能性，而且从本质上还呼唤研究者从人的存在的语言性角度展开语文的对话过程，敞开语文的历史与文化空间。因此，语文本体不是封闭的、静止的、超验的彼岸世界，而是开放的、发展的、经验的、在本质上与人的存在相关联的无限敞开的澄明世界。同样，语文教育的功能价值论也应超越工具主义的有限视野，站在精神生成与表现、文化存在与创造、历史对话与再生的高度，激扬语文教育的本体价值，确立语文教育的目标体系，释放语文教育的多维功能。在传统语文教育研究中，语文教育的过程方法论更多地从语文教学的程序与方法

---

① 张世英.哲学导论[M].北京：北京大学出版社，2002：35.

的角度进行分类与建构,更多地关注具体的教学方式、方法、技术和技巧。

从在场—不在场的立场看,语文教育的过程方法论的构建必须超越"形而下"的技艺局限,把语文教育过程与方法纳入个体存在与发展的视域,从语言与存在的同根性上揭示语言作为个体存在方式的内在规定性及其发展性,即语言学习过程不仅是个体获得自我意识并逐步形成客观世界镜像的精神孤立化过程,而且是个体在自我反思中不断超越精神的孤立化,在诗意的语言的引领下进入存在的场域,获得历史与文化的居住权与话语权的精神敞开与澄明的过程。因此,从这种全新的视角阐述语文教育的本体性质、功能价值与过程方法,必将把语文教育的哲学研究带入一个充满希冀与惊险的开放地带。

一言以蔽之,语文教育应把人从存在的有限性和陷溺利欲中解救出来,进入精神自由的澄明之境。通过这种语文教育,个体才能超越主客二分的单一认识论立场,抵达人的精神家园——存在的整体。因此,语文教育的使命在于把人类的精神从有限的肉体生命里拯救出来,把人类的历史融会贯通成一个存在的整体。每一个个体只有通过语文教育的过程才能达到存在的整体。从而,人不再仅仅是短暂的现实性存在,也是永恒历史性的存在;不仅是自然生物性的存在,也是文化价值性的存在;不仅是消极被动的存在,而且也是自由意志的存在。世界在语言中在场,道在语言中敞亮,而人则在语文学习历程中发现自我,确立起人生的意义和价值的标准。因此,语文教育是生活实践的向导、生命意义的源泉、精神成长的家园。

四、语文教育的交往—实践存在论方式

当代马克思主义的语言哲学坚持交往—实践的存在论方式,这一哲学立场深刻地揭示了语言的社会本质和交往属性,对语文教育具有重要的指导意义。

从交往—实践的角度来把握语文教育的立场和方法,是当前语文教育正在努力实践和探索的方向,是对过去长期以来所奉行的认识论语文教育模式的一种积极批判,也是对存在主义语文教育立场忽视语言的实践倾向的一个有力矫正。坚持语文教育的实践性,不但是当前语文教育理论界的一个新认识,同时也是对传统语文教育思想的回归与确认。从交往—实践的立场把握语文教育,意味着不仅要超越主客对立的认识论立场,而且还要超越脱离了社会实践基础而只在精神层面超越主客对立思维方式的在场—不在场的语文教育存在论方式,把语文教育中的认识功能、诗意体验置入到人的交往实践过程中去把握,这样,语文教育才能从根本上真正摆脱形而上学片面的静止性,获得辩证发展的思想启示。

无论是认识论语言哲学还是存在论语言哲学,在探讨语言与存在的关系时往往都忽视了一个重要的问题,即仅仅把语言当作对世界的客观描述和记录,或者把语言理解为通过在场的东西意指不在场的东西,而语言的其他功能则隐而不显。其实,语言不仅是一种认识世界与陈述事实的工具,也不仅是敞开和照亮人的意识世界的光束,而且从根本上来说是一种通过符号展开的交往实践过程。把握语言的实践性,必须理解马克思主义关于社会实践的二重性特征。实践唯物主义认为,实践既是主体能动地变革客体的对象化活动，又是主体和主体之间的交往活动。对象性与交往性是"同一实践活动的两个不可分割的方面"①。实践的这两个特征是相互交织、相互影响的，交往性特征是对象性活动得以发生的条件和原因，而对象性特征又是交往性活动的客观内容。没有交往性，对象性就是空中楼阁，没有对象性，交往性就空有皮囊。

　　语言交往作为一种以改变人际关系为目的的交往实践，也具有交往—实践的双重特征。完整的言语行为是由不可分割的两个基本因素——语旨力与命题内容——构成的，言语行为包含有两种不同的意向，即在言语中表达的意向与说出这句话的意向。语旨力与说出这句话的意向指的是语言交往实践的交往性，命题内容和言语中表达的意向指的是语言交往实践的对象性。因此，语言交往在形式上与整个人类的交往实践应当是同构的，在语言交往活动中，描述和呈示外部事物的命题活动是从语言的交往活动中派生出来并相对可区分的，并且语言的命题活动只有返回到交往活动中才能在异质主体间获得客观性。也就是说，语言交往活动是语言命题意义得以理解和确认的基础，语言的认知功能和表达功能依赖于交往功能，并以人类的整个交往实践为基础。

　　与语言活动形式的双重结构相适应，语言意义也具有与之一致的双重结构：语言的交往意义与陈述意义。语言的陈述意义从属于语言的交往意义，二者可以相对区分。因此，存在不仅可以被认识、被显现，而且还可以通过语言的交往构成一种超越个体局限性的主体间的交互视域与思想空间。客观地讲，语言的认识世界与陈述事实的功能是较晚才成熟起来的，是伴随着人的逻辑

----

① 钱伟量.语言与实践[M].北京：社会科学文献出版社，2003.314.

能力的发展而发展的,而语言的表现与交流功能则可以看作是一种更为原始的功能,是语言的根与源,是沟通人与世界关系的最为基础的手段。但是,随着理性力量的逐步壮大和人类知识的迅猛增加,作为知识记录的语言则不断地被抬高到知识的地位,成为一种远离日常生活与情感世界的理性化的符号,语言的诸多功能被慢慢地消减为一种单调而平面的科学事实的表达与记录。语言丰富多样的作用被遮蔽了。尽管在日常生活中我们还在说着语言,但这种日常语言已经被科学文化排挤到了文化的边缘。在漫长的教育生活中,日常语言是没有地位的,科学语言与逻辑语言占据了绝对的优势,成为一种霸权话语,使得母语教育甚至都出现了科学化倾向,语言多向度的功能和生命力在语文教育中常常不是被有意识地发掘和培植,而往往是遭到排挤和扼杀。因此,不能把语言与世界的关系仅仅局限在认识论和存在论的角度来探讨,还应有更多的视角。世界不仅是我们认识的对象,而且还是我们交往与实践的场域。只有在交往—实践的语文教育立场中,我们才能发现日常语言的价值与意义,才能理解日常语言相对于科学命题语言的优先性和始基性。

　　从以上论述可以看出,坚持语文教育的交往—实践论立场,就是要从人的交往—实践的立场重新定位和阐释语文教育的客观认识论和现象学存在论方式。在交往—实践论看来,语文教育的知识世界是一个由无数命题所构成的内容的世界,在这些命题的背后隐含着无数的语旨力,因此,洞察命题内容背后的语旨力是语文教学的一个必需部分,是通过语言揭示人的社会交往本质和实践性的必由之路。同样,从交往—实践的存在论立场来看语文教育的在场—不在场的存在论立场,如果离开了人的交往—实践基础,由在场者向不在场者的超越只能仅仅停留在人的内部思想的层面上,因而只能是个人性的、偶然的、不发展的东西。如果把这种横向超越置入交往—实践的立场来看,不在场的东西不仅是想象的、个人的、静止的东西,而且具有通过实践不断超越自身的可能性和通过交往不断扩展的共享性。总之,在交往—实践论视野里,语文的知识世界不只是静止的命题陈述,而更是人的情感与意志的表达;语文的想象世界不只是预设的可能性,更是被实践不断创造并超越自身的可能性;不只是个人的思想内部的超越,而且还是主体间的共同超越。

　　语文的交往—实践论立场在当前语文课程改革中获得了一定的重视,通过交往—实践学习掌握语文逐渐成为教学的主流观念。语文教育作为母语教育,实践性是其与生俱来的固有属性。语文课程要打破"知识中心论"的拘囿,加强语文教学与生活的联系,通过学生的语文实践活动来培养其语文能力。《义务教育语文课程标准》也明文规定:"语文是实践性很强的课程,应着重培养学生的语文实践能力,而培养这种能力的主要途径也应是语文实践,不宜刻意追求语文知识的系统和完整。语文又是母语教育课程,学习资源和实践机会无处不在,无时不有。因而,应该让学生更多地直接接触语文材料,在大量的语文实践中掌握运用语文的规律。"但是,传统语文教学却严重地忽视了这一特点,割断了语文教学与广阔的社会生活的联系,把语文教学局限在书面语言的学习上,忽视了语文的交际性和生活性,使语文教学失去了源头活水,成为脱离语言实际运用的机械训练。

(原载《教育研究》2008 年第 1 期)

语文教育传统的本体论哲学批评

一、本体论的缺失与中国哲学的 "受指主义"气质

中西哲学大异其趣,从哲学精神、观念方法到语言表述都存在着根本性的差别。从哲学史的角度看,中西哲学最重要的差别乃在于中国传统哲学没有产生西方哲学的概念形而上学观念,亦即中国哲学没有西方哲学所特有的"本体论"。中西哲学精神的差异在一定程度上塑造了中西语言的不同哲学性格,同时也孕育了不同的语文教育传统。哲学、语言与教育,具有一以贯之的内在思想主线。语文教育在实践的层面也深刻地影响着不同语言主体的哲学气质的形成。所以,从哲学精神的角度看待语文教育的传统,把握语文教育的文化特征和思维倾向,是把语文教育的哲学研究深入推进的一个发展方向。

从中西哲学精神的比较中我们得知,中国哲学缺乏西方哲学的本体论思维,没有在经验与现象世界之外形成一个独立的概念形而上学。本体论这种特殊形态哲学的实质,是靠从概念到概念的推演构筑起来的先天的原理系统,是思想通过语言的逻辑规定而建构起来的概念几何学。因此,在这种哲学里,语言的逻辑意

义被抬高到脱离事物本身而成为恒久不变的本质规定,具有逻辑上的必然性,而语言的对象意义被认为是变动不居的,不值得信任的东西。从语言学的角度看,这就是以"能指"为中心而贬低"受指"(对象)的地位。能指是从概念相互之间的逻辑的规定性上获得其意义的。比如"大"这个能指所表示的概念,它并不是指具体的事物的大小,无论一个具体的事物的体积有多大也无法代表"大"的概念,因为大的概念并不"大",它只是从逻辑上相对于"小"的概念而言才获得"大"的意义。也就是说,"大"不是一个孤立的具体的逻辑孤岛,而是整个逻辑网络中的一个节点。没有整个逻辑网络的存在,"大"就得不到逻辑上的规定。这样,由于把语言中的逻辑要素抬高到语言本质的地位,把语言的逻辑演绎构成的世界看作是理念的绝对世界,人们相信语言的逻辑的力量,从而对语言发生崇拜心理,把语言看作世界的本质,把逻辑看作探求真理的唯一合法渠道,由此形成西方社会理性至上的精神气质。

与西方"能指主义"的语言哲学观不同,中国哲学具有"受指主义"的精神气质。汉语由于缺乏印欧语的形式化特征而无缘概念形而上学,中国哲学部分地由于语言的原因,没有走上这条概念形而上学的道路。与西方本体论把世界分为理念的先验世界与现象的经验世界不同,中国哲学不主张在我们生活在其中的世界之外再分离出另一世界,因而不可能产生一种存在于经验之外的独立的理论领域。事实上,中国传统哲学也根本就没有开辟出和进入过一个纯粹靠概念思辨的领域。中国哲学中倒是有一种普遍流行的观点,叫作"道不离器",或曰"理在气中",它鲜明地体现了中国哲学一体性的形态特征。所以,中国哲学并不以追求建立在逻辑推理基础之上的真理为目标,而是以体验"道"为最高目的。中国哲学对道的追求与其说是认识真理,不如说是要体验一种高超的人生境界。"道"不是像西方哲学中的那种作为认识对象的真理,即那种以概念的演绎来表达的绝对真理。中国古代的哲人们虽然否定道是可以言说的,但是他们肯定道的存在,认为道是可以被人直接体察到的。人能够体察"道"的根据在于"理一分殊"、"月印万川"、"道在器中"。道是遍及一切的,也渗透在人的生命过程中。人作为万物之灵的优越性就是可以通过自己的生命过程去追求道、体察道,即"反身而诚"、"道问学"、"尊德性"。只是老百姓习焉而不察,日用而不知罢了。

二、"受指主义"语言观对语言逻辑力量的漠视和否定

就语言而论,本体论使用的是经过哲学家改造了的语言,其概念的意义不在于这个词指的实际对象,而是通过概念之间的相互关系得到规定,这样的概念就是具有逻辑规定性的范畴。而中国哲学中的名正好相反,名必副实,这就是说,名始终应当是依赖于实际事物的,离开了实,名就不正了,就没有意义可言了。这一点在先秦几乎是普遍的共识。站在中国哲学名实相副的立场上去看,本体论中的范畴显然是些与实不符的概念。因为这些概念脱离了现实的内容,只能凭这样的概念之间的相互关系来确定其意义。与之相比较,中国哲学中的名作为"实"的标志是从实际的方面取得自己的意义的。这样的名当然难以脱离经验事实作纯粹的逻辑推论,即使作了推论,在人们的思想习惯上也总是把它当作事实的一种关系,而不会理解成是脱离了事实的一种形式的关系。也就是说,名的背后永远都隐藏着实,名之所以是名,不在于它具有逻辑上的规定性,而在于它始终与实相关联,与感性世

界相对应。当然,中国古代哲学中也讲到了达名、类名和私名,但它们仅仅是对事物本身的抽象,同样不具有逻辑上的规定性。达名、大共名其实还是指"物",不能脱离开"物"。这说明哪怕是最普遍的名,也指示着与之相应的实。然而在本体论中,最普遍的概念"是",它并不指示任何实际事物,它的意义在于,作为最普遍的概念,它逻辑地包容一切其余的概念,而自身却不能是任何特殊的概念,即它没有任何特定的规定性,以至于它便等同于"无"。总之,中国哲学是以"受指"为中心的,很难脱离开具体的感性事物谈论"道"的问题,语言的逻辑价值没有得到承认,相反,语言的类比与隐喻功能却得到了无限制的发挥,以致哲学史上最玄妙的哲学辩论——鹅湖之会——不是靠逻辑推理而是靠"对诗"的形式来完成的①。因此,西方人根本不能理解中国人和东方人的非(逻辑)语言思维,所以在他们看来,一切中国思想都是"东方神秘主义"的产物。当维特根斯坦说出一句在中国妇孺皆知的普通常识"对于不可言说的东西,我们只能沉默"时,西方人被震惊了。因为在他们眼里,语言就像上帝一样是全知全能的,世上根本不存在不能用语言以及数学精确表述的东西,更不能设想这种东西还能被人用"非(形式化的)语言"来进行思维。而在中国人看来,"得月忘指"、"得意忘言"、"言不尽意"乃是哲学最高境界,执着于语言,反而是缘木求鱼。从哲学史上看,这种对语言的不信任与怀疑基本上是一种普遍的态度,除墨家极力推崇语言的逻辑理

①宋淳熙二年(1175年)六月,吕祖谦为了调和朱熹"理学"和陆九渊"心学"之间的理论分歧,使两人的哲学观点"会归于一",于是出面邀请陆九龄、陆九渊兄弟前来与朱熹见面。六月初,陆氏兄弟应约来到鹅湖寺,双方就各自的哲学观点通过对诗的形式展开了激烈的辩论,这就是著名的"鹅湖之会"。

性,提出"言有三表"外,无论是道家还是儒家,对待语言都是一种颇为怀疑的态度。这是因为,西方哲学把本体论落实在了语言的逻辑的规定性上,因而语言成了本体,成了可以信赖的上帝。而在中国哲学中,语言始终处于"载道"的"工具"的层面,道的不可言说的神秘性与体验性是超越了语言的表达能力的。即便语言能表达"道"的存在,也不是以逻辑推理与证明的方式,而只能是以隐喻与类比的意指与暗示方式来表达。因此,孔子说"举一隅不以三隅反,则不复也"①。从"一隅"到"三隅",孔子使用的不是逻辑的推理的方式,而是联想领悟的方式。因而那些悟性较差的人在"一隅"面前就停止了,因为他不能由眼前的有限的东西超越到那不在场的东西。但如果是按照西方数理逻辑的方法来思考则不然,因为从逻辑上讲,在一个方形内,必定有四个直角。如果给出了一个直角,并指出这是一个方形,根据逻辑规则,那么其余三个必定也是直角。这是一种再简单不过的逻辑游戏。但是,在不讲逻辑规则的中国哲学中,从一个在场的直角到三个不在场的直角,靠的不是逻辑的必然性,而是人的经验上的联想能力,因而这种思维带有偶然性、不确定性。所以,孔子的"不愤不启,不悱不发"的启发式教学,与苏格拉底的"产婆术",存在着本质的差别。苏格拉底靠的是逻辑上的下定义与推理的方法,而孔子靠的是感悟体验与想象的方法。至于老子的"道可道,非常道,名可名,非常名",庄子的"轮扁斫轮",禅宗的"不立文字"等,更是直截了当地表明了对语言的客观力量不信任的态度。张远山先生感触很深地说:由于不相信能指的客观真理性,儒、道两家最典型的思维方式是从物到物或从词到物的非逻辑思维跳跃。比如《礼

---

① 《论语·述而》。

记·大学》:"古之欲明明德于天下者,先治其国;欲治其国者,先齐其家;欲齐其家者,先修其身;欲修其身者,先正其心;欲正其心者,先诚其意;欲诚其意者,先致其知;致知在格物。"又如《老子》二十五章:"人法地,地法天,天法道,道法自然。"不难发现,在这种超越形式逻辑的典型中国式思维中,由前一项到后一项,思维动力来自顶针式的语言惯性,是毫无推理论证过程的"启示"式表达法。这样的思维杂耍在中国典籍中可谓满谷满坑,触目皆是。对这种表达你除了信从和不信从(但一旦不信从则有王法伺候,因此不信从者也只能假装信从),根本不可能对之质疑、与之辩难,因为它根本不讲逻辑,所以也就没有逻辑漏洞。张先生的这些见解,可谓入骨三分。

　　中国哲学对语言所持的怀疑态度,使得中国古人在理论思维上始终难以超越物质世界的感性特征,在知识表述上始终难以脱离具体经验进入纯粹的逻辑演绎世界。中国人对语言和能指的高度不信任与怀疑,直接导致了精神生活方面的内省传统、社会制度方面的心裁传统,以及知识艺术领域的寓言传统①。中国哲学在语言上的这些缺陷,在文学艺术领域反而得到了充分的补偿。"得意忘言"、"得月忘指"的寓言原则在艺术领域,尤其是诗歌领域找到了独擅胜场的自由天地而大放异彩,创造出中华古文明中最足以傲世骄人的一个恢宏绚烂的诗意宇宙。如前所述,西方"能指主义"文明贬斥日常语言所固有的感性经验的多义性和歧义性,在语言的逻辑意义与感性对象之间画上了一个不可逾越的鸿沟,思想也随之脱离感性世界与生活世界的基础,自我沉醉在封闭的逻辑世界里,在强大的思维惯性作用下波及艺术领域,

---

① 参阅张远山.文化的迷宫[M].复旦大学出版社,2005:97.

尤其是文学领域,使基督教世界在文艺复兴以前几乎是一片艺术荒地,文艺复兴以后的艺术和诗歌中依然充满了能指化、概念化、科学化的说教和训诫,只有本身就是能指艺术的音乐得到了空前的发展。与之相反,中国"受指主义"对能指的客观真理性的怀疑,正是植根于对语言客观存在的多义性和歧义性的认识。与能指主义文化截然相反,中国人认为主观寓"意"高于客观语"义",也就是人对世界的感性体验与把握是达到"得道"境界的必由之路,因为道就隐含在感性世界之中,而不是存在于语言的逻辑规定之中,因而"格物"而后才能"致知",对物的观摩与想象是首要的,语言对物的逻辑规定相对于具体的物并不具有优先权。这种对现实世界的关注和重视,在文学上就体现为"诗言志"的传统。"在'寓言——得意忘言'原则指导下,中国古典诗歌杰作的每个字都是微妙鲜活、韵味无穷的,有诗为证,无须辞费。对语言的非功利的、纯游戏的审美态度,使最轻视语言客观真理性的中国人创造出了世界上最丰富多样的语言艺术品类,除先秦寓言、楚辞、汉赋、六朝乐府、唐诗、宋词、元曲、明清小说外,还有对联、谜语、回文、藏头诗、歇后语、绕口令等等,不胜枚举。它对提高中国人的想象力、理解力和幽默感也是功德无量的。"①但是,由于受中国哲学这种"受指主义"的影响,文学对形而上学缺乏应有的哲学冲动,长期沉醉在对日常生活的描写与人生感悟的抒发中,导致文学的虚构功能没有充分发展起来。日本学者吉川幸次郎说:"(中国)诗歌净是抒情诗,以诗人自身的个人性质的经验为素材的抒情诗为其主流。以特异人物的特异生活为素材,从而必须从事虚构的叙事诗的传统在这个国家里是缺乏的。散文也是以叙

①张远山.文化的迷宫[M].复旦大学出版社,2005:102.

事实在事件的历史散文或将身边的日常事情作为素材的随笔式的散文为中心而发展下来的。总之,无论诗或散文都不需积极的虚构。……戏曲、小说这样的虚构文学的产生和发展,是这个国家长达三千年的文明史中最后一千年的事。最早的像小说样子的小说《三国志演义》、《水浒传》是在十四世纪写的……而且还没有成为文学的中心体裁。小说成为文学的中心,是到本世纪(笔者注:20世纪)才开始出现的。"①日本学者的评论切中了中国古代文学的要害。

三、传统语文教育的哲学性格

在这样的哲学气氛与文化传统下,中国古代的语文教育形成了自己独特的传统。概括地讲,在哲学气质上,中国古代语文教育缺乏对彼岸的真理世界的渴望与追求意识,相对于刻板的逻辑规定,更关注对现实人生存在的体验性思考;在语文教育功能上,对语文教育的情感的唤醒与伦理的规范力量有着更为深刻的意识,因而更关注语文教育的社会教化与伦理传承价值,忽视了语文教育的认识论价值,有辨而无辩。在语文教育方法上,反对理性主义的分析精神与精确观念,采用反刍的、模仿的、感悟的、实践的学习方法。

中国语文教育的哲学气质最根本的一点就是缺乏独立的理性精神,这是由于中国哲学没有形成概念形而上学的本体论思想倾向。说中国古代语文教育缺乏理性精神,不是说中国古代的语文教育不注重对人的思辨能力与批判意识的培养,不重视对于理

---

① [日]吉川幸次郎.中国诗史[M].上海:复旦大学出版社,2001:1.

论问题的探讨。主要是说这种理性展开与培养的过程本身就是非理性的。严格来讲，纯粹的理性精神是不能离开逻辑的支持的，理性之所以成为纯粹理性，乃在于只有通过语言或数理的逻辑推理的方式才能彻底克服主观的不确定因素在探讨真理时的消极影响，从而使探讨知识或真理的过程能够凭借逻辑自身严格的必然性和普遍性成为公众参与的过程，使所有神秘的、不确定、偶然的、个人的意见和情感从知识生产的过程中清除出去。理性从本质上就意味着公共精神、普遍意识和平等观念，就意味着对各种神秘因素的消除。而在中国古代语文教育的实践中，师生围绕文本展开的对话与探讨，基本上是以个人的体验与感悟为基础，通过教师的类比启发而展开的。在蒙学时期，甚至是反对对文本进行质疑和探究的。在很大程度上，人们阅读经典的目的不在于利用理智的逻辑的工具从中获得多少真理性知识，而是力图通过个人的主观努力在感悟和想象中揣摩并贴近古人的原意。很多时候这种思想上的接近乃是一种理智的折磨。明代著名心学家王阳明早年研读儒家经典的经历就是很好的例证。《大学》里边讲到"格物致知"，王阳明不明白，在"格物"的过程中怎样才能得到关于道的"知识"，他于是按照圣人的教导实践这种哲学主张，在书院的院子里不吃不喝开始"格物"——观察竹子。但是一连"格"了七天七夜竟然毫无收获。后来他在龙场悟道时豁然贯通，原来，格物能否致知，关键要看自己是否超越了眼前的物，在自己的主观想象——心——中领悟到物中的"道"，而并非那个道真的就在"物"中。因此，中国人得"道"基本都是神秘主义的、体验的、不可言传的、偶然性的，没有任何理智上的保障。在这种语文学习的观念中，以求知为目的的理性精神最终也只能变成神秘的、不可言传的东西。这样的语文教育思想，直接导致了中国古

人对建立在逻辑思想之上的理性精神的排斥和贬抑。语文教育
中有意无意地对理性精神的遮蔽,已经成为一种心理的定式。西
方早在古希腊时期,毕达格拉斯就通过数学研究发现了神秘的黄
金分割点——0.618,为神秘的美感找到了逻辑上的永恒的本质。
但在我们的文化中,对于美的描述可谓曲尽言语的类比刻画之能
事,但却难以有这样的"真理"发现,即便直到今天,我们也很难理
解在变幻不定的美背后还隐藏着逻辑与理性的秘密,而古希腊人
居然通过有效的途径找到了它。不仅古代语文教育忽视了理性
精神的培养,现代语文教育在这方面也存在很严重的问题。尽管
追求理性是现代教育的基本价值观,但在现代语文教育中,理性精
神往往被静止的知识观念所遮蔽,理性的批判性与公共性往往被权
威意识与霸权话语所遮蔽。在很多课堂上,对语文知识的过分尊重
和崇拜已经颠覆了知识背后的理性价值。语文教育上的很多问题
都来自借助于教育科学名义而对理性的滥加使用,使得语文教育失
去了宝贵的批判性,成为一种廉价的、蹩脚的、反理性的知识之学。

　　中国语文教育对自身功能的定位显示了中国语言哲学对语
言的社会交往与规范价值的重视,另一方面也证明了对于语言的
客观描述与逻辑指称功能的淡漠。概而言之,中国语文教育的价
值追求是"文以载道"、"化民成俗"。尽管"文以载道"的思想提出
较晚,但在先秦时期,就得到了足够的重视。诸子百家的语言哲
学与语文教育思想,无不深刻地体现出了高度的文化自觉和干预
社会现实的教育信念。古代哲学家们对语言的局限性有着深刻
的洞察和了解,深感"人心惟危,道心惟微"①,因而对语言的教化
功能尤为重视。先秦语言哲学的"名实之辩"之所以发生,根本上

----

① 《尚书·大禹谟》。

就是为了政治伦理和社会实践的目的。是"以名正实"还是"取实予名",是"名实相离"还是"名实相副",是"听其言而观其行"还是"听其言而信其行"? 这些问题都涉及对语言与实践关系的根本看法。可以说,语言不仅是存在的家园,而且是实践的管规;不仅能烛照存在使之敞亮,而且还能够唤醒实践的意志,产生变革与建设的力量。《易经·系辞传》说"鼓天下之动者存乎辞";后人形容孔子编撰的《春秋》"一字之褒,荣于华衮;一字之贬,严于斧钺"①。语言的力量,可谓大矣。古代语文教育为什么提倡文要载道? 因为担心文在大多数情况下载不了道。其原因除了在客观上受到语言表达力的局限,即"道可道非常道",在主观上还因为语言常常歪曲天道而产生"邪说"和"荡口"。因而,"文以载道"就变得不是可有可无、无足轻重,而是十分迫切和紧要了。当孔子说"言之无文,行而不远"②的时候,与其说是在强调"文"的重要性,毋宁说是他在担心道会因为受到语言的陷溺和扭曲而得不到流传和伸张。因此,"文以载道"为语言及语文教育树立起了一个文化与价值的标准,把语言及语文教育的价值坐标提升到了为了最高的社会伦理需要必须超越现实功利的境界。在先秦历史文化语境中,天道是最高的价值,它超越了宇宙时空的限制,也超越了世俗王权和现实利益的拘泥,成为士人的价值归宿和精神依托。因而,语文教育的最高价值就是缘天道而教化,而决不单单是为了迎合世俗的君王利益而教化。"天下有道则见,无道则隐"(《论语·泰伯》),"天下有道,以道殉身;天下无道,以身殉道";"以有道伐无道,革替天命"(《孟子·尽心上》),甚至提出"民为

———————
① 《幼学琼林》。
② 《左传·襄公二十五年》。

贵,社稷次之,君为轻"(《孟子·尽心下》)的主张。作为士人,如果为了暂时的世俗利益而"离经叛道"、"助纣为虐",则将为世人所不齿。因此,古代语文教育常常以培养"帝王师"为己任,自觉地承担起推行"圣人之教"的文化使命和伦理责任,确立了语文教育的文化自信和价值自尊。其实,语言自身并没有什么神奇的魔力,语言的这种教化及规范力量并不是来自语言的物质属性,而是来自隐含在语言中的价值传统和文化信仰。因此,孔子说"有德者必有言,有言者未必有德"(《论语·子路》),只有有德者的"言",才能名正言顺而事有成,否则"名不正则言不顺,言不顺则事不成"。言辞只有合乎天道人心,才能有助于社会治理和人生实践。荀子更进一步看到"名"仅仅"正"并不一定能保证其实践效力,单靠史官的一字褒贬也绝不可能达到正名的目的。要真正地实现"正名为教"的理想,必须诉诸国家意志和政治权力,即把社会上已经通行的"名"用国家法令制定下来,制定之后不得更改。这样,"其民莫敢托为奇辞以乱正名,故一于道法而谨于循令矣。如是,则其迹长矣。迹长功成,治之极也"(《荀子·正名》)。这种强调语言实践意向和伦理约束力的语言哲学思想,使得中国古代的语文教育肩负着重要的社会责任与文化使命,但也使得语文教育的科学认识价值遭到漠视,植根逻辑推理的辩论精神在中国语文教育中基本上属于一种稀缺资源。中国语文教育其实并非没有理智的辩论以及对雄辩能力的培养,问题在于,中国式的辩论依据的往往不是通过下定义而展开的逻辑推理的法则,而是类比与反讽的智慧。在这里,语言的逻辑力量是缺席的,语言的情感鼓动与暗喻劝诱的力量却得到了充分发挥。这种辩论,称之为诡辩也不为过。以战国时期著名纵横家鬼谷子为例,在他所著的《鬼谷子》一书中,关于辩论的原则有下面一段话:"故与智者言,依于博;与拙者言,依于辩;与辩者言,依于要;与贵者言,依于势;与富者言,依于高;与贫者言,依于利;与贱者言,依于谦;与勇者言,依于敢;与过者言,依于锐;此其术也,而人常反之。是故与智者言,将以此明之;与不智者言,将以此教之;而甚难为也。故言多数,事多变。故终日言不失其类,而事不乱;终日不变,而不失其主。故智贵不忘。听贵聪,智贵明,辞贵奇。"这里讲到的辩论法则基本上都是辩论经验的总结,是针对各种不同辩论对手和辩论情境而应采用不同辩论策略的建议,这里与其说是辩论的法则,不如说是对辩论对手进行的心理学分析更为合适。《战国策》记载着很多古人辩论的故事,在里边几乎看不到苏格拉底与其弟子辩论时的对逻辑力量的自觉运用。如下面这个故事:淳于髡等稷下先生设法为难齐相邹忌,曰:"狐白之裘,补之以弊羊皮,何如?"邹忌曰:"敬诺,请不敢杂贤以不肖。"淳于髡等曰:"方内而员釭(内方外圆),何如?"邹忌曰:"敬诺,请谨门内,不敢留宾客。"淳于髡等曰:"三人共牧一羊,羊不得食,人亦不得息,何如?"邹忌曰:"敬诺,减吏省员,使无扰民也。"淳于髡等三称,邹忌三知之如应响。淳于髡等辞屈而去。邹忌之礼倨,淳于髡等之礼卑。看这段著名的哲学家们的辩论,不熟悉中国辩论套路的人会有坠入云里雾里摸不着头脑的感觉。这里是天马行空般的隐喻与想象的天地,哪里容得下逻辑推理的笨重的机械步骤。因此,中国语文教育的这一传统是由来已久、深入骨髓的东西,值得我们重视和反省。

四、语文教育呼唤健康的理性精神

语文教育的哲学性格对语文教育实践有着深远的影响。我们在语法教学上的无所适从,在语文知识教学上的回返往复,在阅读教学理解标准上的非此即彼,在写作教学上的八股心态,都与我们对语文教育哲学性格的体认与把握有着内在的联系。当把语文看作有着严格的逻辑关系的知识学科时,强调语法、重视知识、主张阅读理解的一元标准与写作训练的体系化就开始抬头;当把语文看作是基于直觉思维的文学创作时,否定语法、淡化知识、重视多元解读与文无定法的主张就开始流行。语文教育的理性认识价值与感性创造价值似乎永远处在一种对立的状态。要解决这个问题,还得从哲学入手。张远山先生把相信"真理越辩越明"的基督教能指主义文明称为"文化的文明",而把相信"事实胜于雄辩"的中华受指主义文明称为"诗化的文明"。这两大文明的全面差异恰恰是由于各自思维层次、文明本位和语言观、世界观的基本不同。这两个文明的冲突应如何解决?"可以断言,在不改变各自一元化思维层次和偏执性思维方式的情况下,试图全面克服和超越各自本文明的根本局限,切实吸收和移植其他文明的内在精华,不过是违反思维规律和文明本性的空洞口号,因而必将归于失败。如果企图以彻底抛弃自身文明固有的思维方式并不加批判地全盘接受另一种文明的思维方式来达到文明转型的目的,那么一方面,彻底抛弃自身文明必然是以否定其精华开始(否则否定就软弱无力),以丧失其精华告终,而固有文明的局限不但不会轻易克服,反而将因为失去制动闸而恶性地泛滥;另一方面,全盘接受另一种思维方式及其文明又总是以崇拜其糟粕开始(否则转型就无法启动),以迷恋其糟粕告终,而异质文明的原有美质不但不会得到发扬光大,反而因为

改变了语言载体而恶变为畸形。"①这一见解是深刻的。我国的
语文教育尽管背负了很多负面的传统,具有自身不可克服的缺
陷,但这并不意味着抛弃我们的传统盲目地照搬西方模式就能
获得西方文明的精髓。这在理论上是错误,实践上也被证明为
是失败的。其实,西方的本体论思维方式尽管对西方的科学技
术的发展起到了一定的促进作用,但是,这种概念哲学对生活世
界的漠视,对人类存在意识的遮蔽,对道德意识与审美能力的负
面作用,同样已经造成了西方的文化灾难。因此,语文教育不能
用一种一元化思维代替原有的一元化思维,用一种片面性否定
另一种片面性。今天的语文教育哲学,应该建立新的整合多元
思维方式的世界图式,"也就是建立一个能够包容经过批判性改
造的中西乃至其他可能的思维方式的新的形式化系统,其中每
个层次的不同思维方式都各有其独擅胜场的领域,而又互不对
立、互不排斥,具有井然有序的有机联系"②。在这种哲学视野
中,任何对立的观念都是人类思想的产物,都具有自身存在的合
理语境。因此,汉语的直觉思维固然是我们的优势,需要继续保
持并不断拓展新的想象与体验空间,但是逻辑思维同样也应得
到足够的重视,因为这向来是我们语文教育的"软肋"。但是,重
视逻辑不等于把汉语语法知识当作语文学习的核心,也不等于
掌握了语法就等于掌握了语文,这些见解是片面的,也是错误
的。我这里讲到的重视逻辑,恰恰不是要把作为对语言进行逻
辑思维的结果的语法作为真理来接受,相反,我们要从逻辑分析
与推理的角度让学生清晰地看到语法知识的本质——语法仅仅

---

① 张远山. 文化的迷宫[M]. 复旦大学出版社,2005:103.
② 张远山. 文化的迷宫[M]. 复旦大学出版社,2005:103.

是语言逻辑思维的一种结果,而不是语言逻辑思维的起点。而且,语法本身并不能代替逻辑,语法比逻辑更宽容,能容忍更多的不符合逻辑的东西。也就是说,在逻辑上不成立的句子,在语法上却并不一定错误。而且,文化因素对语法的影响是根本性的,不洞察语法与文化的内在关系,也就理解不了语言的作为符号的本质。所以说,语文教育要重视对基于逻辑推理的理性精神的培养,并不简单地等于就是要加强传统的语法、词法、文法等知识的学习,而是要通过对这些知识本身的逻辑反思获得一种全新的发现。理性精神的获得不是学习知识的结果,而是思想在逻辑的道路上不断获得新发现的体验。

（原载《山东师范大学学报》社会科学版 2007 年第 5 期）

先秦语言哲学与语文教育智慧

引　言

先秦语言哲学包含着丰厚的语文教育思想和人生智慧。从语言哲学的角度解读先秦语文教育，阐释其文化意蕴和哲学精神，是语文教育哲学研究的一个重要课题。一旦我们把语文教育纳入先秦诸子语言哲学论争的宏阔视域来观照和审视，语文教育理论研究的哲学品位和文化性格就会凸显出来，这一研究对于开阔当前语文教育理论研究的学术视野，提升其思想境界，将有所裨益。

一、先秦诸子语言之思的历程

语言是先秦诸子共同的思想枢纽。围绕"名"与"实"、"文"与"道"、"言"与"意"、"物"与"指"等范畴，哲学家们展开了漫长而又激烈的辩论，历时数百年之久，直至今天辩论的余音还不断地在哲学领域回荡。几乎是所有的学派和大师，都没能逃脱语言之思的"牢笼"，被它那神奇的力量所吸引，深深地陷入关于语言与存在关系的思索中。我们不妨穿过中国哲学史的幽径，去聆听回荡在先秦大师们的语言之思旅途上的脚步声。

(一)孔墨先声

孔子以"正名主义"开启了先秦语言哲学的先声,拉开了名实之争的历史序幕。在孔子眼里,名,也就是语言,不是静止的符号,而是政治实践的利器:一方面,它可以"鼓天下之动"(《易经·系辞传》),另一方面则可以"理财正辞,禁民为非"(《易经·系辞传》),难怪孔子编撰《春秋》时,语言在他手中就变成了可以"使乱臣贼子惧"的思想武器。墨子作为儒家思想的批判者,从经验主义和实利主义哲学观出发,提出"取实予名"的观点,认为要根据实践的需要、实际的状况来给事物命名,而不是相反,通过改造实来符合名。同孔子一样,墨子也关心语言的意义标准问题,不过,孔子注重从先验的历史规定性上来判定名的标准,而墨子则提出了系统的"言有三表"的标准理论,他更强调从当前社会实践的效果对名与实进行判断。可见,墨子较之于孔子,是一个更相信实际经验和实践效果而不拘泥于语言先验规定的哲学家。

(二)尚道废名

杨朱是早期道家的代表人物,较之墨子的重"实"轻"名",他更有过之而无不及,鲜明地提出了无名主义。在他看来,一切名都是人造的,没有实际的存在。名与实的联系被他彻底斩断,语言与世界就属于两个完全不同的东西了。"实者,固非名之所与也"(《列子·杨朱》)。杨朱对语言的怀疑态度在后继道家老子那里得到了进一步的发挥。"道可道,非常道,名可名,非常名。无名,天地之始,有名,万物之母。故常无,欲以观其妙,常有,欲以观其徼。"(《老子》)在老子看来,用语言来表达玄之又玄、深不可测的"道"是靠不住的,但又是必需的。因为"道"只能在语言中显现,在语言中在场,尽管在语言中现身的"道"已经不再是那个深不可测、不可捉摸的"道"了。万物本来是没有名字的,在没有被命名之前,世界处在"惚兮恍兮"、"绳绳不可名"的混沌状态,它是微妙的,包含着无限的可能性。当我们对这个世界开始命名的时候,万物得到"名"的召唤才从混沌中纷纷现身和在场。可见,名是知识的"利器",使世界从"无"的黑暗走向"有"的光明。"吾何以知众甫之然哉,以此(名)。"(《老子》)不过,老子却惧怕语言的光明给统治者带来不必要的麻烦,因而主张"绝圣弃智",提出废"名"。从孔子的正名到老子的废名,可以看出,对语言与存在、语言与实践关系的认识发生了根本性的变化。

(三)得意忘言

庄子是一个语言大师,在语言哲学上有着独到的思考和发现。与墨家坚信通过"言必立仪"的论辩可以定其是非的观点不同,庄子则主张言不尽意,意不尽道,进而把道看作超越有限的最高存在,非言辞可以穷尽其妙。因此,应该达观万物,"与其誉尧而非桀,不如两忘而化其道"(《庄子·大宗师》)。在庄子看来,物之粗者可以通过语言来传达,物之精者须经由心意体察方可悟得,而"道"则超出了"精"、"粗"之限以至于"言不能论"、"意不能察"。这样,人只有通过静观自然,游心天道,才能达到"物我合一"的"大美"之境。也许庄子对语言的局限性有太深的感受和洞察,所以才会更着意于语言的运用,通过扩充和张扬语言的诗性而达到"道"的彼岸。

(四)形上析名

公孙龙是名家的代表,在语言哲学上达到了相当高的成就。他通过区分名的共相和自相而提出了"白马非马"与"离坚白"等著名哲学论断。公孙龙发现了语言的本质在于"指",从而超越了前人"名实之争"的局限,在更高的水平上展开了他的哲学思辨。公孙龙不用"名"而用"指"来说明语言与世界的关系,指出"实"之所以为"实",正是因为它可以"被指","实"在"被指"中获得了"能指";名之所以为名,是因为它具有"能指",在"能指"中它抵达了"所指"。这样,"指"把名实统一起来,在统一的过程中又不断地调节着名与实的误差。公孙龙并非为了"名"而辩名,而是为了"正名实而化天下"(《公孙龙子·迹府》),同样体现了语言哲学的伦理实践取向。

(五)正名为教

荀子是战国末期诸子思想的集大成者,与孔子用旧名正新实的保守主义不同,荀子以发展的眼光看待名与实的辩证关系,提出了"法后王"的价值导向和"约定俗成"的制名原则,超越了早期儒家在名学问题上的先验性和保守性的缺陷,体现了语言哲学的实践精神和经验色彩。在荀子看来,语言是人之所以为人的根据,"人之所以为人者,非特以二足而无毛也,以其有辩也"(《荀子·非相》)。因为只有人才能通过语言来认识和把握名分和礼教,即"别同异"、"明贵贱",因此,语言具有重要的社会规范与人文化育功能:"名定而实辨,道行而志通,则慎率民而一焉。"(《荀子·正名》)语言不仅关乎社稷安危,而且还是维护社会伦理价值、实现人生意义的重要途径,"凡人莫不好言其所善,而君子为甚。故赠人以言,重于金石珠玉;劝人以言,美于黼黻文章;听人以言,乐于钟鼓琴瑟。故君子之于言无厌"(《荀子·非相》)。

二、先秦语言哲学的基本精神

先秦语言哲学所涉及的内容和范围相当广泛,取得的成就也非常之大。要全面把握先秦语言哲学思想,不是一件容易的事。下文我们将围绕语言与存在、语言与思维、语言与实践、语言与主体等几个基本命题来讨论先秦语言哲学的基本精神。

(一)语言与存在

当人类张口说出第一个词时,语言与存在就紧紧地纠缠在了一起。人以思维的理性之光为万物赋予了永恒的"名",从此万物就不会因为太阳的落山而消失在意识的黑暗中了,"名"使它们超越了现实感官的限制而成为可以为思维所直接把握的对象。因此,万物在得到命名之后,就隐匿在语言中了。语言"藏天下于天下而不得所遁"(《庄子·大宗师》),语言成为存在之家。

名与实,即语言与存在或与世界的关系问题,是先秦哲学家关注的首要语言哲学问题。在先秦哲学里,"名实之辩"更多地指向实践领域而不是思辨领域,更多地表现为政治哲学而较少表现为语言哲学。"名"在哲学家眼中不仅是事物的命名,交际的工具,记录思想和文献的载体,也不仅仅是用来表情达意的符号,而且从根本上更是事物之所以如此的根据,即存在的根据:它包含着某一事物的永恒本质及其实践性要求。从表面看,孔子与墨子在名实关系上是对立的,前者"以名正实",后者"取实予名",但从深层看,二者是一致的,都是追求名实相符,把名与实的统一作为自己哲学努力的目的,只不过孔子是保守主义的,墨子是经验主义的。老庄哲学表面上看是忽视语言强调存在,认为语言的局限性很容易使存在迷失,从而提出"废名"。但是,从另一角度看,老庄一派是在追求更高层次上的名实统一,是在追求那种突破现有语言的限制而可以达到"得意忘言"境界的"言",因此,老庄一派在语言艺术上的创造要超过儒家和墨家。名家也讲名实统一,不过他们主要是从概念分析及心理分析的角度来分析名实之间的复杂关系,从而得出了貌似诡论的结论,这其中也与古汉语自身的表达局限性有关。

　　言与道,指的是语言与最高存在之间的关系。道不是一种具体的事物,而是万物之所以为万物者,即最高存在者。语言与现实世界的关系已经是很微妙的了,言与道的关系就更加难以把握。道隐身在万物之中,而万物又隐身在语言之中,因此,道是隐身在语言最深处、扑朔迷离的"难言之隐"。通过语言明道,就意味着让思维潜回到语言之所以为语言的最根本处。在语言的最深处人们所能观察到的,是逻辑。因此,古希腊的"逻各斯"一词,既指言说,同时又指逻辑。言说之所以成为可能,正是因为它符合逻辑。当语言违背了逻辑的最基本的要求而成为思维的碎片,存在的统一性也就残破了、消失了。但是,道不仅是逻辑的,还是直觉的,意境的,在逻辑的背后还存在着逻辑所不能穷尽、不可企及的东西。《老子》讲"道可道,非常道;名可名,非常名",既看到了"道"的合乎逻辑性,更看到了"道"的超逻辑性。因此,语言可以"言说道",但那最神秘的"道",即非逻辑可以把握的,只能靠直觉、顿悟、体验来体认的"道"是不可言说的。从这个意义上讲,轮扁斫轮的故事就为"道之不传"作了最生动的注解。孔子也讲:"天何言哉! 四时行焉,百物生焉,天何言哉!"(《论语·阳货》)天不言,不仅是因为天有大德,而且是因为天道的最高境界是不可言说的。可以看出,言不尽道,语言不能穷尽存在的无限性,这是一个基本的语言哲学事实。

(二)语言与思维

语言作为无实际意义的符号而能使存在得以传达和澄明,并非因为语言与存在之间存在着自然的或现实的联系,而是因为存在只有通过语言的唤醒和象征作用才能进入人的思维过程。世界万物因为语言的召唤和汇集而成为思维可以直接把握和观照的对象,思维则通过语言的组合变化来赋予万物以存在的秩序和不尽的意义。因此,语言是思维活动的记录和产物,更是思维过程不可或缺的要素和条件。离开语言,朝向思维之途的存在之门就会慢慢关闭,思维就会被搁置在"失语"的中途。

《易经》中的语言哲学思想从本体论的高度深刻地揭示出了语言与思维的辩证关系。"象"思维是贯穿《易经》始终的思维方式。《易经》认为,天地万物都是处在生生不息的变化过程之中的,而"象"则是变化的依据和法则,也是变化的动因,即"象生而后有物","象"是原本的模型,物则是仿效这个模型而成的。据说,庖牺氏观察各种"自然之象"受到启发而形成种种"意象",并用"卦"符来表示各种意象,于是形成"卦象",它的作用就在于"以通神明之德,以类万物之情"(《系辞传》)。卦象的抽象性、模糊性、多义性、变动性,使人的思维陷入了"恍兮惚兮"的困境。因此,只有求助于语言的阐释,卦象的丰富意蕴和无限可能性才可以成为被人的思维所把握的对象。因此,语言就在"象"与思维的紧张关系中出场,通过语言的阐释,"象"在思维的潜流中逐步凸现和展开,随着思维的运动而变化发展,语言也就成为穷尽万物之妙的显微镜和望远镜:"致广大而尽精微"(《中庸》),"各指其所之"(《系辞上传》)。这样一种思维模式投射在古汉语的语言结构和语法构造上,形成了独特的语法现象。例如,古汉语词性分为实词与虚词两大类;名词可以活用作意动词和使动词;句子结构除了"主—谓"式还有"话题—说明"式等等。这些独具特色的语言构造,反映了汉民族整体性、混沌性、全知视角的思维方式。客观地讲,它在一定意义上也阻碍了中国形式逻辑的发展。名家的"名辩之学"被称为诡辩,墨家的辩论之术"墨辩"在后世失传,与此关系甚密。

(三)语言与实践

从社会发展的动因来看,先秦语言哲学的"名实之辩"之所以发生,根本上是为了政治伦理和社会实践的目的。是"以名正实"还是"取实予名",是"名实相离"还是"名实相符",是"听其言而观其行"还是"听其言而信其行"? 这些问题都涉及对语言与实践关系的根本看法。可以说,语言不仅是存在的家园,而且是实践的管规;不仅能烛照存在使之敞亮,而且还能够唤醒实践的意志,产生变革与建设的力量。《易经·系辞传》说"鼓天下之动者存乎辞",孔子著《春秋》"一字之贬,严于斧钺;一字之褒,荣于华衮"。语言的力量,可谓大矣。

其时,语言自身并没有什么神奇的魔力,语言的这种教化及规范力量并不是来自语言的物质属性,而是来自隐含在语言中的价值传统和文化信仰。因此,孔子说"有德者必有言,有言者未必有德",只有有德者的言,才能名正言顺而事有成,否则名不正则言不顺,言不顺则事不成,言辞只有合乎天道人心,才能有助于社会治理和人生实践。荀子更进一步看到"名"仅仅"正"并不一定能保证其实践效力,单靠史官的一字褒贬也绝不可能达到正名的目的。要真正地实现"正名为教"的理想,必须诉诸国家意志和政治权力,即把社会上已经通行的名用国家法令制定下来,制定之后不得更改。这样,"其民莫敢为奇辞以乱正名,故一于道法而谨于循令矣。如是,则其迹长矣。迹长功成,治之极也(《荀子·正名》)。这种强调语言实践意向和伦理约束力的语言哲学思想,不仅对后世的国家典章制度与法令文书的创制编纂产生了直接的影响,而且还对我国古代文学艺术的发展产生了深远的影响。"文以载道"的文学目的观、尊经史贬子集的文化价值观、敬惜字纸、崇拜经典的文化心理等方面,都与这种重视实践导向的语言哲学有关。

(四)语言与主体

名家的唯人有"指",让我们看到了语言朝向存在的门窗,墨家的"言有七辩",让我们看到了语言抵达思维的路径,荀子的"惟人有辩",则让我们觅到了语言通往实践的桥梁。语言与存在、语言与思维、语言与实践等诸多关系都是由人与语言这一根本关系所决定、所派生出来的,没有人这一主体,语言便无从创制和产生。但当人类一旦发明创制出了语言,语言的一端就深深地嵌入进了人的自我意识,变成了人自身的一部分,挥之不去,欲罢不能;而另一端则融入了人类历史,演变成为一种不以人的意志为转移的客观存在物。借助于语言文字,人类迈进了文明世界的门槛,踏入了一个无限敞开、不可穷尽的精神世界,从此,人就永远地把自己放逐在言说的中途。而语言自身,则像一条川流不息、奔腾不已的长河,一代又一代的言说者被它无情地抛在身后,而它则独自吟唱着时代的歌谣,不知疲倦地涌向存在的彼岸。当海德格尔说"不是我们在说语言,而是语言在说我们"时,我们真正地陷入了人性的悲哀之中:世间万物都不能逃脱有限性存在的命运,都会被时间车轮无情地碾碎,销蚀在茫茫宇宙之中,人类自身也在劫难逃。然而,语言,人类最伟大的发明,却从时光的魔掌中逃脱了,隐身在文字的不朽之躯中,隐身在一代又一代人的言说中,获得了与天地同在的永恒性,因而语言"与天道并立,言之文也,天地之心哉"(《文心雕龙·原道》)。语言是常用常新,与时俱进的,人类在创制它时却忘记了给它携带上衰老基因。生命之树不常青,而语言的家园则青春永驻,因此,语言把人类从有限的生命里拯救出来,把人类的历史连接成一个存在的整体,而每一个个体也正是通过语言的隧道达到了存在的整体。因为语言,人不仅是短暂现实性的存在,也是永恒历史性的存在,不仅是自然生物性的存在,也是文化价值性的存在;不仅是受动的存在,也是自由意志的存在。

三、先秦语文教育智慧管窥

先秦语言哲学所蕴含的丰厚语文教育思想及先秦诸子在语文教育实践中所生成的教育智慧,有待于我们系统深入地发掘和整理,本文中仅就笔者所感最深者略述一二,以抛砖引玉。

(一)恢宏廓大的文化气象

如果从先秦语言哲学所敞开的文化视野和精神空间来考察其语文教育思想所达到的高度和智慧水准,作为今天语文教育课程改革以资借鉴的思想资源,那么,我们必须跳出现代语文教育研究的促狭视域和评价标准。否则,先秦语文教育思想中最宝贵的东西就可能遭到忽视和遗漏。

在先秦历史文化语境中,教育是一个尚未分化的整体性的文化过程,语言是这个过程中唯一的主角。离开语言,我们无以言说,教育也将无以发生。因此,教育与语言,天然地生长在一起,结出了文化这一果实;而教育,正是通过语言得以进行的文化过程。语言、文化、教育,在先秦的文化视野内,是合而为一的东西,是同一事物的不同方面。因此,《易经·贲卦》说:"观乎人文,以化成天下。"与现代语文教育把语文仅仅看作思想和交际的工具、文化载体、文化的重要组成部分的观点不同,在先秦诸子眼里,语言是文化与教育的灵魂和核心,语言是使人成为人的最重要的东西。无论各家对语言抱着怎样的态度,肯定也好,否定也好,信任也好,怀疑也好,维护也好,破坏也好,但在教育实践中却都无一例外扑进了语言的罗网,寻求着语言的力量,把语言看作最重要的学习内容。孔子尽管在文字上"不作"但却重视"述"先王之志,其实是以述代作;墨子则反孔子之道"述而且作","上说诸侯,下说列士","强聒而不舍","遍从人而说之"(《墨子》);老子"大美不言"行不言之教,但出函谷关时因关尹问道,亦留言五千;庄子"得意忘言",可写起文章来则汪洋恣肆,不计笔墨。所以说,先秦诸子都是语言大师,都是语文教育实践家。

(二)植根天道的精神自觉

基于对语言的社会功能、文化意蕴、主体价值全面深刻的认识,先秦语文教育思想对语文教育价值的理解和把握达到了高度的文化自觉。先秦语言哲学从存在论、本体论、实践论的高度看待语言的本质,认为语言不是空洞的符号,在言辞的背后是天道、思想、文化与价值的潜流和矿藏;语言不仅是人使用的思维与交际工具,而且是人自身存在的"显现"和"在场";语言不仅藏天下于天下,而且还鼓天下之动;语言被我们言说着,而同时我们却被语言所召唤、驾驭和驱驰。先秦语言哲学对语文本体所达到的这一深刻认识,极大地开阔了语文教育的文化视野和价值空间,使语文教育的性质超越了知识技艺之学的局限,达到了"文以载道"与"人文化成"的思想境界,体现了浓郁醇厚的人文精神。

尽管"文以载道"的思想是由后人明确提出的,但先秦的语言哲学与语文教育思想,无不深刻地体现出了高度的文化自觉和超越现实的教育信念。先秦哲学家们对语言的局限性有着深刻的洞察和了解,深感人心惟危,道心惟微,因而对语言的教化功能尤为重视。为什么文要载道?因为文在大多数情况下载不了道,其原因除了在客观上受到语言表达力的局限,即道可道,非常道,在主观上还因为语言常常歪曲天道而产生"邪说"和"荡口"。因而,"文以载道"就变得不是可有可无、无足轻重,而是十分迫切和紧要了。当孔子说"言之无文,行而不远"(《左传·襄公二十五年》)的时候,与其说是在强调"文"的重要性,毋宁说是他在担心道会因为受到语言的陷溺和扭曲而得不到流传和伸张。因此,"文以载道"为语言及语文教育树立起了一个文化与价值的标准,把语言及语文教育的价值坐标提升到了超越现实功利的境界。在先秦历史文化语境中,天道是最高的价值,它超越了宇宙时空的限制,也超越了世俗王权和现实利益的拘泥,成为士人的价值归宿和精神依托。因而,语文教育的最高价值就是缘天道而教化,而决不单单是为了迎合世俗的君王利益而教化。"天下有道则见,无道则隐"(《论语·泰伯》),"天下有道,以道殉身;天下无道,以身殉道","以有道伐无道,革替天命"(《孟子·尽心上》),甚至提出"民为贵,社稷次之,君为轻"(《孟子·尽心下》)的主张。作为士人,如果为了暂时的世俗利益而离经叛道、"助纣为虐",则将为世人所不齿。因此,先秦语文教育常常以培养"帝王师"为己任,自觉地承担起"推行圣人之教"的文化使命和伦理责任,确立了语文教育的文化自信和价值自尊。

(三)超拔挺立的人格境界

先秦语文教育在个体发展的维度上,追求语文教育对人性的提升和涵养,关注个体发展的文化蕴含和伦理自觉,体现了浓厚的人文精神和道德价值,树立了"文质彬彬,然后君子"(《论语·雍也》)的人格修养观。先秦语言哲学对语言与人的关系的认识是相当深刻的,因而把语文教育看作把人从存在的有限性和利欲陷溺中解救出来的必由途径。通过语文教育,个体抵达存在的整体,在逐步廓大敞开的语言世界中完成了由遥不可及的天道向人的内心深处的德性的转换、生发过程。因此,语文教育是通过语言而展开的整体人格的教育。孔子不仅重视诗教,认为"不学诗,无以言",而且倡导"有德者必有言";墨家不仅重视"墨辩",弟子均要诵读墨经,而且认为"得道者应劝以教人",不仅要"厚乎道行",还要"辩乎言谈,博乎道术";庄子则倡导通过"寓言、卮言、重言"的教育"以顺性达情"、"知与恬交相养",来培养与道同游的"游士"与"真人";世界在语言中在场,道在语言中敞亮,而人则在语言中"反身而诚",发现自我,确立起人生的意义和价值的标准。因此,语文教育是生活实践的向导,生命意义的源泉,精神成长的家园。

(四)臻于化境的教育艺术

先秦诸子在语文教育实践中积累了大量的宝贵经验,达到了卓越的教学艺术水平,提出了许多重要的教学思想和教学原则,创造了许多教学方法,至今仍然闪现着智慧的光芒。儒家教育擅长启发诱导,"君子之教喻也,道而弗牵,强而弗抑,开而弗达"(《学记》)体现了从容不迫、雍容优游的长者风范,难怪颜渊在赞美孔子时喟然叹曰:"仰之弥高,钻之弥坚。瞻之在前,忽焉在后。夫子循循然善诱人。博我以文,约我以礼,欲罢不能。既竭我才,如有所立,卓尔。虽欲从之,末由也已。"(《论语·子罕》)墨子反对儒家的繁文缛节和博闻杂识,强调逻辑思维和辨析名理。他说"事无终始,无务多业,举物而闇,无务博闻","言无务为多而务为智,无务为文而务为察"(《墨子·修身》),把辩论艺术发展成为一门思维科学,建立起了庞大而精密的理论大厦,成为当时的显学。荀子曾在稷下学宫"最为老师","三为祭酒",主张:"师术有四,而博习不与焉。尊严而惮,可以为师;耆艾而信,可以为师;诵说而不陵不犯,可以为师;知微而论,可以为师。"(《荀子·致士》)老子大智若愚,"行不言之教";庄子达观万物,教导学生"乘道德而浮游";孟子"中道而立","得天下英才而教育之";而纵横家学成毕业时则要以所学辩论术来说服自己的老师,否则不准结业,可谓身体力行,处实效功。不难想见,在先秦五百余年漫漫时空里,尽管战乱纷争,时局动荡,但在纵横数千里的神州大地上,却到处都迸发着语言的力量,闪现着人生的智慧,充盈着浓郁的人文气息,这是怎样的一种恢宏廓大的文化气象!

(原载《当代教育科学》2004年第8期)

参考文献

[1]胡适.中国哲学史大纲[M].上海:上海古籍出版社,1997.

[2]冯友兰.中国哲学简史[M].北京:北京大学出版社,1996.

[3]易经[M].梁海明译注.太原:山西古籍出版社,1999.

[4]殷海光.中国文化的展望[M].上海:上海三联书店,2002.

[5]申小龙.语文的阐释[M].沈阳:辽宁教育出版社,1991.

[6][美]陈汉生.中国古代的语言和逻辑[M].北京:社会科学文献出版社,1998.

[7]徐友渔、周国平、陈嘉映、尚杰.语言与哲学:当代英美与德法传统比较研究[M].北京:生活·读书·新知三联书店,1996.

[8]张世英.哲学导论[M].北京:北京大学出版社,2002.

思想的震荡与语文教育的激变

——语文教育历史流变的语言哲学思考

引　言

纵览语文教育数千年发展演变的历史,有两个关键的历史事件尤其引人注目。一是被称为中国文化轴心期的先秦百家争鸣,二是中国现代社会的开端——五四新文化运动。先秦百家争鸣奠定了中国古代语文教育思想发展的方向和道路,五四新文化运动或曰白话文运动,基本上在较短的时期内颠覆了整个古代语文教育的传统,导致了现代语文教育的真正发生。

一、先秦百家争鸣与古代语文教育人文传统的形成

要了解先秦时期的语文教育,首先要了解当时的语言文字状况。先秦之前的汉语称为华夏语。在殷周时期,中国各地都有相对独立的发达的区域文化,包括中原文化、齐鲁文化、楚文化、吴越文化、巴蜀文化、秦文化等,这个格局至今仍然存在。尽管这些

不同地域的文化都使用华夏语,却存在"文字异形,言语异声"的状况。如,秦人用秦篆,楚国用"鸟篆"。这种语言文字上的差异,显示了不同地域文化的特征。以楚文化为例,它以巫风、哲理、浪漫而著称。楚语系统有它自己独立的文化术语、概念和范畴,因而形成了自己的独特的价值观、伦理观、道德观、学术观、礼仪观、历史观,这与重视商业活动的齐文化相比自然不同。这种情形到了战国末期——尤其始皇统一六国之后,就大有不同了。出于国家治理的实际需要,文字改革箭在弦上,因为相对于口语的统一,文字的统一更容易做到。因此,大秦帝国统一天下,当务之急便是进行全国性的文字改革,提出"书同文"的文教政策,把六国文字都统一到"小篆"上,因为小篆较之于大篆更简便规整。简体篆字推行之后,还是不适用。李斯乃推行第二步改革——废除篆字!代之以效率极高的隶书。这就是中国文字发展史上著名的第一次改革。这一个空前绝后的由篆及隶的文字改革标志着中国文字新时代的到来。两千年中,再无第二次改革与之相匹敌。汉兴,尽废秦法,但是隶书却独蒙沿用。两汉四百年语文教育,甚至利用"今文"来通经致用,把持了两汉的官办——是为"汉字"的来历。钱穆先生说,在战国以前,可说是中国人"创造文字"的时代,战国以后,则是中国人运用文字的时代,就是对这一段历史的总结。① 我们探讨语文教育的问题,从语言文字的变革入手,乃在于要揭示文字在古代语文教育中具有极其重要的地位这一事实,即古代语文教育是以文字学习为核心任务的教育,口语是不占有重要地位的。这是因为,中国文字本来就不是记录语音的工具,而是表现概念的意象性符号。换言之,中国文字标意而不标

---

①钱穆.中国文化史导论[M].北京:商务印书馆,1994:90.

音。自形声字发明以后,中国文字里面声旁已占着重要的地位,而由此遂使"文字"和"语言"常保持着若即若离的关系,使中国人能凭借文字的统一而使全国各地的语言不致分离越远,永远形成一种亲密的相似。在历史上,文字和语言的统一性,对于民族和文化之统一大有裨益。

文字的变革不仅是工具层面的,其背后还有着思想上的深刻变化。古汉语的词汇系统其实就是汉语的文字系统,也就是汉民族的概念与思想系统。王力先生说:"《说文解字》是上古汉语词汇的宝库。"①可以说,汉字意义的变迁隐藏着汉语思想的变迁以及隐藏着汉文化的变迁。汉字汉语从殷周时期发展到春秋战国,其概念与思想系统发生了哪些变化,对语文教育产生了哪些深刻的影响? 从这一时期整个发展历程来看,汉字(华夏文字)在字形上是由复杂趋于简单,而在意义上则相反,是由简单趋于复杂,由具体趋向抽象。春秋之前中国历史经历了漫长的思想沉寂状态,历史记载的几乎都是关于巫术、政治、战争与生产的事迹与人物,几乎没有留下任何思想者的足迹,独立的思想与理性的自觉对于春秋之前的人来说尚是一件陌生的事情。东周末期,天子失官,诸侯挟天子以令诸侯,道术为天下裂,历史经过两千多年的思想沉寂后终于在时代交错的裂缝中爆发了百家争鸣,语言文字在这一时期成了诸子百家进行思想论战与口诛笔伐的有力武器。汉字的内涵在时代精神的浸染与思想力量的强烈冲击下,其意义开始发生深刻变化。原有的巫术色彩、经验特征与具象身份开始蜕变、脱落,理性精神、逻辑意义与符号功能得到了激励和发展。汉字的这种变化在春秋战国时期最为剧烈,秦大一统之后,这种变

---

① 王力.中国语言学史[M].太原:山西人民出版社,1981:36.

化仍然存在,但幅度要小得多,因为思想界已经失去了百家争鸣时期的剧烈震荡。比较来看,殷周之际,汉字主要是物质性名词,主要用来表现具体事物的感性特征,还没有形成独立的抽象的概念。殷周之后,思想文化等抽象性名词开始出现,并逐渐形成比较系统的术语、概念和范畴。这些术语、概念和范畴有的是从过去的形而下名词中演变、衍生、生发而来,有的则是直接产生。这表明:"汉语在这一时期已经从工具的层面走上了思想的层面,语言越来越抽象化,它不再依附于客观物质世界,而已经构成为独立的自足的精神世界,有它特有的术语、概念和范畴体系。人在知识和思想上越来越依赖于语言而不是自然。人在语言面前越来越丧失其主体的功能,语言开始从深层次的角度以一种无形却巨大的力量控制着人。"①语言的变化使古老的经典失去了原初的语境,失去了生活的基础和社会现实的依托,从而造成语文教育文化背景的深刻变化。由于汉语是一种高语境语言,历史的沿革使很多经典文献的确切意义变得无可征求。这一变革不仅促进了中国文化经典的形成,而且也赋予了中国古代语文教育的基本使命:学习文言,传承经典。中国的经书在秦之前就已经存在,经过春秋战国的整理而最终形成,秦之后的书一般不再称为"经"。可见,中国语文教育,从秦开始,就背负起对古老经典的解释与传承的任务。这一教育价值观经过西汉董仲舒"罢黜百家,独尊儒术"的强化及隋唐科举制的进一步制度化,遂成为古代语文教育牢不可破的崇古观念,不仅引发了唐宋八大家的古文运动,而且造就了文言教育在古代语文教育中天经地义、不可撼动的核心地位。语文教育的生活价值与认识价值几乎被强大的文

①高玉.现代汉语与中国现代文学[M].北京:中国社会科学出版社,2003:38.

化伦理价值压制得没有任何地位,语文教育从根本上变成了一种以"传道"为己任的人文教育。义理、考据与辞章三者,义理为灵魂,考据为手段,辞章润饰居最后。各种文学体裁,除了"诗"、"文"占据了文人心目中的重要位置,其他文学式样基本上登不上大雅之堂,小说戏曲更被认为是文坛末技。但是,这种注重经典的教育并非一无是处,它以其崇高的文化品位和价值诉求,孕育出了中国古代语文教育所特有的文化价值和人文传统,形成了中国读书人别样的思想风貌和审美人生。

二、晚清白话文运动与传统语文
教育的衰落

　　五四运动作为中国思想史上的第二次剧烈震荡,其爆发前的预兆早在晚清就已经出现了。还是在洋务运动初期,李鸿章就敏锐地感觉到近代社会的变化"实为数千年来未有之变局"。五四运动的爆发,对中国现代语文教育产生最直接影响的就是"白话文运动"与"文学革命"。与秦大一统"书同文"的实用主义政策相呼应,白话文运动也是从语言文字要适应社会发展的实用性角度为肇端的,但其后的发展则大大超出了其设计者的初衷,白话文运动一发而不可收,不仅造成了中国语言文字的第二次巨大变革,更引发了思想与个性的空前解放,孕育了中国语文教育现代化的雏形,形成了以崇尚科学与民主精神为其内在价值追求的文化特征。

　　白话文运动不是一个一蹴而就的历史事件,它不仅有着深远的历史影响,而且有着长期的历史酝酿和萌芽过程。五四白话文运动是近代白话文运动发展由量变到质变的结果,与近代以来的文学界呼唤文学革命的历史潮流是分不开的。从晚明开始,文学界就强烈地呼吁文学革命,整个近代文学都是在探寻文学变革的道路上发展的。王韬提出"自抒胸臆,俾人人知其命意之所在,而一如我怀之所欲吐"①,黄遵宪提倡"我手写我口",要求"明白晓畅,务期达意","适用于今通行于俗"②;裘廷梁"崇白话而废文言","愚天下之具,莫文言若,智天下之具,莫白话若"③。事实上,远在胡适之提出文学改良主张之前,不仅有人从理论上提倡文学创作在语言上要明白晓畅,贴近生活,使用白话,而且在文学创作实践上,晚清也有一个非常广泛的白话文运动。据统计,仅白话报刊就有 40 多种。通俗白话小说更多,仅 1900—1919 年间,长篇通俗小说就有 500 多种。陈独秀曾创办过《安徽俗话报》,钱玄同曾主办过《湖州白话报》,胡适除了给《国民白话报》、《安徽白话报》等白话报刊写稿以外,还曾主编《竞业白话报》(即《竞业旬刊》)。可见,晚清时期的进步知识分子比以往任何时候都极力地希望变革文化、文学以及思想以迎合社会的发展与进步。但晚清思想文学革命最终没有发生,原因固然很多,高玉先生认为有两个因素不能忽视:第一,晚清只有白话文运动,没有语言变革运动。晚清白话本质上是古代白话、民间口语和大众语的混合物,它构不成一种独立的语言体系,没有自己独立的意识形态,没有自己独立的思想体系,没有自己独立的世界观。而更重要的是,晚清白话文运动的着重点和目的主要不在新思想而更强

---

① 王韬. 弢园文录外编[M]. 郑州:中州古籍出版社.1998:31.
② 黄遵宪. 日本国志、学术志二[M]. 上海:上海古籍出版社,2001:347.
③ 裘廷良. 论白话为维新之本. 郭绍虞编. 中国近代文论选[C]. 北京:人民文学出版社 1959:178.

调文化普及运动,更强调白话文在宣传某种思想上的工具作用和价值,主要是解决文言文在表述和理解上的障碍问题,其实就是使文言文通俗化的问题。如,陈独秀说:"是要把各项浅近的学问,用通行的俗话演出来,好叫我们安徽人无钱多读书的,看了这俗话报,也可以长点见识。"①在晚清的现实生活中,文言文就是普通话,是现行语言的主体,是正宗或者正统的语言。第二,晚清思想运动和语言运动之间是脱节的。晚清思想运动和白话文运动是两个互不相干、并行不悖的运动。晚清思想运动本质上是维新运动,是在旧的社会体制和文化体制内部进行的改革,本质上并不从根本上破坏旧的社会制度和文化模式。从语言上说,晚清的思想革命是在古代汉语中运作的,是在古代汉语内部进行的,古代汉语不论是在语言的工具层面上还是在语言的思想层面上,它都构成了思想运动的有效手段。例如,晚清西方思想输入,翻译者总是用文言的思想去理解它,它翻译过来之后实际上被置入了古代汉语语境因而中国化了,即鲁迅所说的"归化"了了,更具体地说,被中国化了。晚清白话文倡导者们如裘廷梁、王照,包括陈独秀、胡适、钱玄同等人,当时在语言体系和话语方式上,从根上是古代汉语的。把古代汉语翻译成古代白话和民间口语,并不能改变古代汉语所蕴含的传统思想的性质。从语言哲学的角度看,语言不仅是一个由语音、语法、词组、句法、构词法组成的形式系统,更是由大量的抽象的思想性词汇所构成的思想与观念系统。如果仅仅从形式的角度来理解语言文字的革命性,这还只是停留在工具层面,并没有进入语言文字变革的最核心处。语言作为思想革命工具的真正变革是由语言中思想性词汇的内涵的深刻变

①陈独秀.开办《安徽俗话报》的缘故.安徽俗话报[J].1904:3(1).

革所决定的。语言形式上的差别虽然也对语言的思想性具有一定的影响,但对于语言的思想性和世界观来说并不具有根本性。造成语言在思想思维和世界观上的差别应在于术语、概念、范畴和话语方式的不同。周作人对这一点有所觉察:"在这时候,曾有一种白话文字出现,如《白话报》、《白话丛书》等,不过和现在的白话文不同,那不是白话文学,而只是因为想要变法,要使一般国民都认些文字,看看报纸,对国家政治都可明了一点,所以认为用白话写文章可得到较大的效力。"①在他看来,晚清白话是把文言文翻译成白话,是对文言文的辅助,而不是文学的真正革命。

三、五四白话文运动与现代语文 教育的真正发生

五四时期的白话文运动与"统一国语"运动相结合,形成了"文学的国语"与"国语的文学"的观念,白话文随之亦称为"国语",也即后来的现代汉语。

把握白话文运动的实质,就是要从语言哲学的角度研究现代汉语的本质特征。通过解剖现代汉语的构成,我们可以看到,在思想文化的层面上,通过翻译而引入的西方语言的术语、概念和范畴对现代汉语的形成起了最为关键的作用,它们事实上构成了现代汉语的思想主体,现代汉语也正是在充分吸收了这些术语、概念和范畴的基础上才逐步形成自己的思想体系。这一点成为划分古代汉语与现代汉语的分水岭。尽管现代汉语与古代汉语共同享有一个统一的文字系统,但二者却分属于不同的语言系

---

①周作人.中国新文学的源流[M].上海:华东师范大学出版社,1995:55.

统。"五四时期的白话运动实际上就是传统白话的改造运动,现代白话文实际上就是在传统的白话文基础上吸收了西方语言系统语法、词汇特别是思想词汇,继承了一定的传统思想而形成的,它本质上是一种新的语言系统,是一种不同于古代汉语又不同于西方语言的第三种语言系统。"①词汇是语言中最活跃最具时代性的要素,而语法规则则相对稳定。白话文运动是词汇内涵的"现代化"运动,是中国现代白话文对西方语法规则的体认与实现运动。现代白话文构词法,虽仍然运用的是文言系统中的大多数文字甚至是词汇,但其词汇的意义却发生了深刻的变化,在这一现代性转换过程中注入了新的时代精神与价值观念。如,"德先生"和"赛先生"是五四新文化运动和新文学运动的核心概念,也是五四新文化运动和新文学运动的基本精神,它们事实上也构成了新文学的基本话语方式。正是科学、民主、人权这些源于西方的术语概念范畴和话语方式从根本上改变了中国传统语言体系,导致古代汉语向现代汉语的转型,从而导致新文化新文学作为类型的建立。所以,区分白话与文言绝对不能简单地从其外表的字词及语法特征来区分,而应该从语言背后的思想和世界观的角度来区分。史华慈说:"白话文成了一种'披着欧洲外衣',负荷了过多的西方新词汇,甚至深受西方语言的句法和韵律影响的语言。它甚至可能是比传统的文言文更远离'大众'的语言。"②因此,"欧化"历史地成为五四白话文的一种核心价值取向和形式特征。

---

① 高玉.现代汉语与中国现代文学[M].北京:中国社会科学出版社,2003:100.

② [美]本杰明·史华慈.《五四运动的反省》导言.五四:文化的阐释与评价——西方学者论五四[C].太原:山西人民出版社,1989:9.

李欧梵认为:"在五四文学中形成的国语是一种口语、欧化句法和古代典故的混合物。"①王力认为:"汉语的发展在词汇上主要有三种来源:自造的词汇、外来词汇、古语的沿用。"王力说:"近百年来,从蒸汽机、电灯、无线电、火车、轮船到原子能、同位素等等,数以千计的新词语进入了汉语的词汇。还有哲学、社会科学、自然科学各个方面的名词术语,也是数以千计地丰富了汉语的词汇。总之,近百年来,特别是近五十年来,汉语词汇的发展速度,超过了以前三千年的发展速度。"②汉语的"欧化"对传统白话的改造主要表现在两个基本方面:一是新词汇、新概念、新术语、新范畴的引入与创造;二是汉语语法意识的觉醒以及对汉语的逻辑功能的发现和认识。这两点结合在一起,使现代白话文从内容与形式两个方面都超越了传统白话文,成为一个能胜任新文化运动的宣传与推动工作的得力工具。

语文教育现代化的真正到来是在五四运动之后。语文教育的现代化,不仅是语言文字作为工具的现代化,而且更是语文教育所传递的思想与观念的现代化。而这些新内涵,只有五四新文化运动才可能创造出来。五四白话文运动不仅导致了文学革命,而且带来了语文教育的工具革命——文言文独尊的局面很快被打破,白话文很快就进入了中小学语文教材,并且成为新式语文教育的发展潮流。尽管近代的语文教科书已经出现了白话文,但它仍然只是文言文教育的补充与陪衬,并没有成为一种自觉的教育力量,没有形成独立的教育价值。白话文运动背景下形成的现代语文教育则不同,白话文进入中小学教材是以一种胜利者的姿

①[美]费正清.剑桥中华民国史[M].北京:中国社会科学出版社,1994:528.
②王力.汉语浅谈.王力文集[M].济南:山东教育出版社,1985:680.

态、文化进步者的形象出现的。文言文独尊的地位已经动摇,白话文作为现代思想最合适的代言人的角色已经确立。能写好白话文,开始成为一种新的社会时尚和教育目标。

由于五四白话文在本质上是"欧化"的汉语,它虽然是汉语方式,但本质上却是西方的,它从词汇与语法两个层面对现代语文教育产生了深刻影响。从思想的角度看,欧化词汇划分为物质性名词和思想性名词。前者是工具层面的,王国维称之为形而下,大致属于"术学"范围,于思想没什么影响。后者是文化思想层面的,王国维称之为形而上,属于思想范围,这些词虽然不是很多,但对中国现代思想的形成以及语文教育思想的现代化的意义非常巨大。现代语文教育之所以被认为是现代的,就在于现代语文教育所传播的思想文化具有现代特征,体现了西方近现代以来在科学、技术、文化等方面取得的进步和成就,而现代语文教育正是通过汉语词汇思想内涵上的"欧化"形式来完成这一任务的。语文教育对新文化的传播与推动具有十分重要的意义。从语言哲学来看,通过语文教育接触新文化新思想,其实就是接受一种全新的概念、术语和对待事物的新态度。在语文教育中,一切新的思想与文化都最终沉淀为学生所接触与掌握的语言。因此,语言是比文化层面更深刻更现实的东西。对于大多数人来说,是在具体问题上接受了新语言体系,最根本的是在接受了新的术语、概念、范畴和话语方式的情况下才从总体上接受新文化从而改变思想和思维方式的。接受了新的概念、术语、范畴和话语方式就是接受了新文化本身。为了使近代粗糙杂乱的白话文得到更好的改造,以达到西方拼音文字言文一致、结构谨严、表达清晰的目标,积极效仿西方语言学知识与逻辑形式,尝试建构汉语的语法学以科学指导现代汉语的学习,成为现代语文教育的又一个重要特征。显然,这与传统语文教育的训诂传统大异其趣。现代语文教育在语言形式上对西方语言的借鉴与学习,伴随了现代语文教育发展的整个过程,直到今天,这个任务都没有很好地完成,甚至出现了深刻的危机。有很多学者指出,语文教育现代化的这个方向也许从一开始就出了问题,因为它忽视了汉语文本身所固有的形式上的特征,而这些特征恰恰是汉语文的真正生命力之所在,真正文化魅力之所系。

　　语文教育的现代化本身并没有一个全球共享的标准,西方语文的表达标准并不代表语文教育现代化的唯一方向。我们要实现语文教育的现代化,是不能脱离开语文教育的民族传统与"修辞立其诚"的审美意识的。

(原载《当代教育科学》2007 年第 22 期)

从语言世界观看语文教材
建设的价值导向

　　客观地讲,教材改动是新课程在实施过程中必然要经历的探索阶段,本不必大惊小怪。但是,这次小学语文教科书传统篇目调整触动了一系列敏感的社会话题,引起了批评的狂潮。它迫使人们思考和追问:在价值多元化的现代化社会如何看待历史与传统,如何评价人物与事迹?"文以载道"的语文课应继承和弘扬什么样的"道"? 或者语文教育还要不要载"道"? 这个问题之所以敏感,还有一个国际历史背景,那就是日本对待历史问题不思悔改的态度与我们在语文教材中减少和删除有关抗日战争文章的做法在广大人民心目中造成了巨大落差。这个问题已经不单单是语文教材的篇目选择与编写问题,它已经触及了语文新课程教材建设的根本价值导向与文化使命问题,促使我们反思在全球化进程不断加剧的当代信息社会,语文教育的社会与文化价值走向问题。

　　其实,《义务教育语文课程标准》早已对教材编写提出了明确的价值导向:"教材应体现时代特点和现代意识,关注人类,关注自然,理解和尊重多样文化,有助于学生树立正确的世界观、人生观、价值观";"教材要注重继承与弘扬中华民族优秀文化,有助于增强学生的身心发展特点,适应学生的认知水平,密切联系学生的经验世界和想象世界，有助于激发学生的学习兴趣和创新精神"；"教材选文要文质兼美，具有典范性，富有文化内涵和时代气息，题材、体裁、风格丰富多样，难易适度，适合学生学习"。① 这些理念是指导语文教材编写的根本原则，是符合我国语文课程改革发展方向的。但是，由于课程标准没有对这些原则进行进一步的详细说明，尤其没有对其中一些两难性选择问题进行科学界定，因而带来了理解上的混乱和操作上的片面性、盲目性、随意性。从上海市二期课改语文教材主编对从课文中删除《狼牙山五壮士》一文所作的解释中，我们就能发现由于标准界定上的模糊性而带来的理解偏颇和误差问题。编者辩解说，《狼牙山五壮士》所反映的时代与现代社会从时间上来说有差距，学生的生活环境与那时相比发生了很大变化，这些文章也越来越难勾起年轻老师们的共鸣，再用这些战争题材的课文教育学生，"教"与"学"的作用都不会很大。还说，现在社会以多元化为主，学生们需要更多更新鲜以及种类丰富的知识，过去单一以革命战争题材为主的文章结构就与学生们的思想脱节。因此，新教材应更多地选择生活化、儿童化的文章。可以说，这段话代表了当前语文教育界相当一部分权威人士的观点。乍一看，这些理由都是冠冕堂皇、掷地有声地体现了新课程对学生主体地位的尊重。但是，问题往往并非如此，这种观点的流行恰恰让我们看到新课程理念在实施过程中已经被庸俗化、浅薄化、媚俗化到了何种程度！

　　这种认识上的偏差主要体现在机械地割裂了语文教育的各种文化与生活价值，把一系列辩证统一的范畴对立起来，忽视了

---

① 中华人民共和国教育部，义务教育语文课程标准[S].北京：北京师范大学出版社，2012.

语文教育作为母语教育的奠基性和综合性,忽视了语文教育的文化精神与民族精神。我们不妨从语言世界观的角度来探讨语文教育的文化继承与民族教育责任问题,进而分析造成这种认识偏差的深层原因。语言世界观是19世纪著名德国语言学家威廉·冯·洪堡特提出的一种学说,是后来人文主义语言哲学思想发展的重要源泉,直到今天还吸引着众多的学者继续沿着他所开辟的道路探讨语言与文化、语言与传统、语言与民族精神等问题。在洪堡特看来,语言的作用就是将特定民族的人所感知的材料分类或范畴化,从而将世界纳入一定的秩序,因而,每一语言中都蕴含着一种不同于其他语言的内在视界,它构成了该民族独特的思维与情感表达方式,"每一种语言都包含着一种独特的世界观。……人用语音的世界把自己包围起来,以便接受和处理事物的世界……人从自身造出语言,而通过同一行为,他也把自己束缚在语言之中;每一种语言都在他所隶属的民族周围设下一道樊篱,一个人只有跨过另一种语言的樊篱进入其中,才有可能摆脱母语樊篱的约束"。① 语言与人类的精神是内在地关联的,"语言与人类的精神发展深深地交织在一起……语言不仅只伴随着精神的发展,而是完全占去了精神的位置"。② 基于这种原因,"在所有可以说是民族精神与民族特性的现象中,只有语言才适合于表述民族精神与民族特性最隐蔽的秘密"③。洪堡特把民族精神

---

① [德]威廉·冯·洪堡特.论人类语言结构的差异及其对人类精神发展的影响[M].姚小平译,北京:商务印书馆,1999:72.
② 胡明扬.西方语言学名著选读[M].北京:中国人民大学出版社,1988:38.
③ [德]洪堡特.论人类语言结构的差异及其对人类精神发展的影响[M].姚小平译.北京:商务印书馆,1997:52.

与民族语言看作是从一个源泉产生的,因而语言仿佛是民族精神的外在表现,民族的语言即民族的精神,民族的精神即民族的语言,二者的统一程度超过了人们的任何想象。继洪堡特之后,萨丕尔作为美国语言学理论人文主义传统的杰出代表,他以对美洲土著居民的文化和语言的广博知识获得了与洪堡特提出的"语言世界观"相类似的看法。他认为说话不等同于走路,走路是一种遗传生物的功能,而"言语是一种非功能的、获得的、'文化'的功能",语言特殊形式或结构限定了人们认识世界的经验。他的学生沃尔夫进一步总结和发挥了他的观点,形成了著名的"萨丕尔——沃尔夫假说":任何人对自然的描述都是相对的,因为任何人对事物的观察和认识都受到本族语语法的制约。这种制约决定了不同语言系统的人对世界的不同观点。于是,同一种现象和事物,在不同的观察者眼里会呈现不同的认知图像,得到不同的意义判断和价值判断。语言决定了人类认知和文化的相对性。因此,人类在思索、认识世界的时候运用着语言,语言不仅反映经验,实际上更是在为人类规定经验。人只能看到语言中规定了的东西,这就是人的语言和人的经验的语言性,可见,语言设置了人们认知活动和情意活动的边界和方式。从上述语言世界观的角度看,语文教育具有重要的历史文化价值与民族精神价值。只有通过语文教育,语言中的民族精神才能在新一代的心灵中激活和升华,民族文化才能再生和发展,民族思维才能延续和创新,民族情感才能涌动和共鸣。而民族的经典文本与历史性文本,则是民族精神、民族文化、民族情感的肉体和土壤。洪堡特说,精神好像是灵魂,语言是它造就的肉体。一旦精神在语言中生了根,语言就获得了生命。因此,阅读经典与阅读历史,就是使民族精神在语言的肉体中再现生命的律动,再燃生命的激情。那种把历史文本与现实需要割裂,把经典语言与民族精神割裂,把阅读教学与文化养成割裂的做法是错误的。语文教育的历史传统认识价值、民族情感陶冶价值、文化精神传承价值是不可分割的整体。这些价值与现代生活息息相关,成为我们人生意义的源泉、世界观的坐标。谢尔曼说过:"所谓伟大的书是从丰富而充实的人生中摘取出来而填入字里行间的……你在不同的时日和不同的心情下阅读,你仍可感受到它成书时的命脉。"①语文教材的篇目应从反映和记录"丰富而充实的人生"的文字中选择,让一代又一代人在重读中领悟历史的述说,在传统中寻找永恒的力量和智慧,在跨越历史间隔的心灵晤见中,打捞和发现已逝的英灵,发现自我,体会对既往的生命拥有裁判权的那份愉悦,体会现代人"对历史的胜利"。因此,阅读这些书,是一次通过历史生活镜像折射的自我发现,也是一次跨越时空与心灵距离后的自我解放和释怀。

从语言世界观的角度看,语文新课程教材编写价值导向主要存在三个方面的迷失。其一,以贴近学生生活、满足学生的现实需求为借口,淡化语文教育的历史认识价值与情感陶冶价值,把时代精神与历史传统割裂开来。这种观点认为历史性文本与经典文本是远离现实生活和学生经验的,不能激发教师教学与学生学习的兴趣,是应当抛弃的"古董"。这是一种典型的历史虚无主义和教育实用主义。其实,历史并不是远离我们而去的另一个"曾经"的世界,我们也并不拥有一个绝对静止的现在,现在的一切都在变成历史。历史、现在与未来是时间的固有属性,是我们每一个短暂的存在者都不可避免的宿命,他们构成了我们生活存在的整个场域。我们不仅生活在现在,而且我们也生活在历史之

---

① 祝勇编.重读大师[C].北京:人民文学出版社,1999:195.

维中,生活在未来之维中。只要我们读书说话,就会通过语言敞开历史的视界。是历史构成了我们得以进行理解和对话的可能性条件,历史是理解的一部分,甚至是理解的方法论。因此,语言在这里不是一个交际的工具,而是让历史从意识的黑暗中现身和出场的路标。历史与语言是同在的,所有文本和语言都是历史的见证,从而也是生活的写照和投影。尤其是那些经典性文本和历史性文本,更是通过阅读让历史在心灵中重现和再生的舞台。因此,通过言谈和阅读,历史无时无刻不萦绕在我们左右,成为我们精神呼吸的空气和思想运动的大地。生活是历史的延续,更是历史本身。因此,语文教材中的历史性文本与经典性文本是把我们领进历史、现在与未来的通道,也是将我们带入整个生活世界的精神向标。没有这些历史生活的参照,我们就会失去对当下生活进行审视的价值坐标。没有历史的负载和回眸,现实生活将随波逐流,无所载负,最后年华东流不复回,人生沉浮付空流。因此,我们只有通过进入历史,才能走向未来,创造新的历史,使生命的价值充实而丰厚。那种以满足学生的现实需要否定其精神的历史承担的观点是肤浅的。当然,语文教育不是历史教育,也不是宗教教育,重视历史文本并不等于回到古代与古人看齐,而是要培养阅读的历史批判意识和同情地理解的思想姿态。

其二,以当代价值多元化为旗帜否定经典文本的传统价值,以时尚和流行的时文取代经典和传统文本。价值多元化是当代社会的一个重要特征,尤其对于我们这个长期以来一元独尊的社会来讲,价值多元化是社会进步的一个标志,也是社会主义民主建设的重大成就。但是,价值多元化并非价值观上的自由主义和唯我主义。价值多元化也并非要把价值观搞得四分五裂,甚至是南辕北辙。价值多元化从来都是奠基在人类共同的基本价值之上的,是扎根在民族价值传统的沃土之中的,是对永恒的历史智慧与人生智慧的肯定和张扬。价值多元化意味着个人发展空间的开放性和个性发展的多样化。但良好的个性,无论多么奇特,都应是人类基本价值与民族精神的个别展现。多元化应是指人类基本价值与民族精神表现形式的多元化与多样化,并非以个别价值否定整体价值,以当代价值否定恒久价值。人类经典文本之所以能够跨越时空、超越种族成为人类的精神家园,就在于其中所蕴含的精神价值是共同的、基本的、永恒的。对真理孜孜不倦的追求、对道德和信仰的坚守和捍卫、对美好事物的热爱与歌颂,是把人类的心灵联系起来的基本纽带。因此,安徒生的童话成为全世界儿童的精神家园,马克思《共产党宣言》被列入美国当代中学生的课外阅读书目,孔子的《论语》成为新加坡中小学的德育教材。这些都说明,价值多元化与坚守人类共同的核心价值与民族精神并不是矛盾的,经典文本也是时尚文本,传统文本也具有当代价值。

其三,以迎合学生追求时尚的兴趣和需要为借口否定历史性文本的可读性与当代性,忽视经典教育唤醒与培育民族精神的作用。学生是成长中的个体,不成熟的主体,缺乏健全的理智生活和深沉的情感世界,学生的个人需要不能作为决定教育内容的最高准则。教育也并非是单纯为满足学生个人需要而开设的娱乐性行业。在个人的"小我"之外,我们还有一个由中华民族五千年的历史构成的神圣的"大我"。没有"大我"的教育观是狭隘的、短视的教育观。各个民族几乎都把"大我"作为一种精神象征和文化胎记深深地印在教育的目标上。德国巴伐利亚州把培养学生对神的敬仰、对人类的尊重写进了宪法,英国课程改革目标把培养学生的正义感放在了首位。如果否定教育的"大我"价值,教育将走向庸俗化和功利化,最终降低了人的质量和民族的生命力。

另一方面，儿童的兴趣不是教育的起点，恰恰相反，应该把塑造儿童良好的兴趣作为教育的起点。儿童的兴趣确实是需要塑造和培养的，整个教育的过程就应该是利用人类文化成果的理智与情感力量浇筑出学生的文化个性与求知兴趣的过程。而越是学术性的高级兴趣，越远离日常生活，越需要文化的依托和传统的浸润。如果一个民族普遍缺乏高级的学术兴趣，其精神的创造力将大大降低，德国被称为"哲学家的故乡"，就在于日耳曼民族具有浓厚的沉思与思辨的兴趣和严谨的治学风气。高级的学术兴趣显然不是轻而易举就可获得的，它需要相应的文化氛围和教育理念作支撑。西方人有一种在床头放书的传统，意在培养儿童的阅读兴趣。中国古代有抓周的传统，意在让孩子早早地接触文化世界。因此，语文教育应肩负培养儿童阅读经典兴趣，唤醒民族意识的责任，不能唯学生喜好是从。

总之，语文教材选文作为广大儿童最主要的阅读文本，应记载一个民族曲折的心灵历程。语文教育的文化使命应是语文教育社会价值与民族价值的重要体现。历史是生活在文本和阅读之中的，是我们生活的视界和思想的场域。历史、现实与未来是不可分割的整体，历史是现实的必然部分，也是即将发生的未来。我们不仅属于现在，还属于那个我们无处追求但又无时无刻不在影响着我们生活的那个历史。语文教育的文化使命要求我们尊重自身的历史性文本，不管我们的祖先是怎样的屈辱还是怎样的荣光，这都是不可回避不可改变的现实。我们只能作为历史事实无条件的承受者，只能把所有的悲愤和所有的欣慰都化作我们民族的灵魂胎记，带着它，无怨无悔地跋涉前行，去创造新的历史和文化。

（原载《当代教育科学》2005 年第 10 期）

全球化语境中的教育经典

一

人类自进入 21 世纪,全球化趋势日益彰显,迅速发展成为一股超越国家界限与民族文化差异的强有力的社会浪潮,同时也演变为浸漫全球文化与思想领域的重要思潮。教育是受全球化冲击最直接和最深刻的领域之一。面对全球化在价值观、伦理观、文化观、人才观等方面的挑战,教育界必须从理论与实践两个层面作出积极的应对和回答。其中,经典教育问题,将是一个不可回避的重要问题。如何评估与定位全球化语境中经典教育的性质、地位、价值,如何评价基础教育课程改革在经典教育问题上的立场和态度,如何在教育实践中开展富有朝气和生命活力的经典教育活动?对这些问题的回答将深刻地影响我们未来课程与教学改革的方向。

笔者认为,全球化从本质上来讲是强势经济、社会、文化及思想力量的全球性扩张,它表现为在全球化沟通与交流过程中强势力量的标准逐渐成为普适标准,而弱势力量的标准在不对称的对话过程中逐步地被消解、置换和改造。当然,从积极的价值取向上看,全球化与文化多元性应是辩证互动的过程,全球化与本土化并非存在不可调和的矛盾。但是，这一辩证过程并不会自然发生，而只能在斗争、对抗与对话中实现。对于弱势国家和民族来讲，如果缺乏充分的心理准备和明智果断的选择，全球化将更多地意味着传统文化与民族精神的丧失。

全球化对教育的冲击是多方面的，最根本、最重要的集中在价值观、文化观与语言观上。在价值观方面，全球化对教育的挑战主要表现为西方价值霸权。在全球化语境中，西方价值观和伦理观，往往打着"普世价值观"、"普世伦理"、"普遍伦理"的旗号以高人一等的姿态出场，使地域性、民族性的"特殊伦理"、"本土伦理"相形见绌。弱势民族的价值传统和道德传统在"普世伦理"的进攻性鼓噪中常常左右摇摆、无所适从，造成道德危机与价值真空。然而，最近爆发的伊拉克战争所造成的人道主义灾难已经很清楚地向世人表明，"普世伦理"的"普世"只不过是一种强权支配下的道德把戏而已。"普世伦理"不是救命稻草，本民族的价值传统在全球化语境中未必不具有合法性、适应性和发展性。相反，只有在坚守民族化、本土化的阵地的前提下参与全球化竞争与对话，全球化才会是可以接受的、富有建设性的选择。在文化观方面，全球化对教育的挑战主要表现为文化帝国主义。目前，文化帝国主义不仅是理念，而且更是事实。美国国际问题专家认为，20世纪下半叶以后，美国奉行的最成功、最深刻的不是经济帝国主义、军事帝国主义，而是文化帝国主义。强势国家借助强大的文化生产、输出与传播能力诱使弱势民族和国家产生"强势文化心态"，这种心态的非理性蔓延和滋长日益破坏和污染弱势民族固有的文化生态，导致了普遍性地对发达国家的非理智的价值认同和文化趋同，民族虚无主义、传统虚无主义随之产生。物质主义、消费主义、享乐主义在一些发展中国家的盛行与流行，实在是一种文化上的奢侈和超前消费。在语言观上，全球化对教育的挑战主要表现为英语霸权。随着资本市场的跨国化、垄断性与发达英语国家文化霸权的推行，英语将成为我们的第二语言，我们正在进入双语时代。无论我们情愿与否，英语正在成为我们每一个人生活、学习与工作中必不可少的一部分，它的重要性在一定范围内甚至超过了我们的母语。面对这种语言霸权，汉语可能会沦为"方言"。尽管这一冲击过程是隐性的，在不知不觉中进行，但是却很可能是不可逆转的。这是因为，语言的生命力是植根在人们的言说与交际活动之中的，当说英语不再是时尚而变成生存本能的时候，汉语退居方言也并非无端臆测。英语霸权已经使汉语的表意功能、语法结构与思维方式发生了前所未有的演变，以汉语为载体的汉文化建设已经步入曲高和寡、走进学术象牙塔的尴尬境地。由著名艺术家冯骥才发起，正在全国范围内进行的"抢救民间文化遗产"的运动就是一种本土文化危机的征兆。如果没有某种防患于未然的警觉与文化策略，汉语就可能沦为阐释英语或其他语言的副本。白话曾在短短的十几年内代替了文言，英语会不会在不久的将来代替白话？这并非耸人听闻。

二

全球化在价值观、文化观与语言观上对我国教育的挑战不再仅仅是预想中的，而且已经成了现实。作为对这一挑战的回应，经典教育也许不是最好的选择，但至少是必需的选择之一。从整个教育发展史来看，大凡在思想文化激烈冲突与碰撞的动荡年代，人们就要重估经典教育的价值和意义。因为人们坚信，借助经典教育，通过与伟大心灵的对话，也许能从混乱的观念和对峙的思想中窥见真理的光芒,获得深刻的启示。

从世界范围来看,重视经典教育,加强古典语言和古典文化的训练是当前许多国家进行基础教育课程改革的重要内容。在西方,基于形式主义的教育哲学传统,古典语言与古典文化教育一直是中等教育的重要内容。英国一向注重通过经典教育培养优雅的绅士风度,其语文教育散发出浓厚的古典人文主义的气息。目前,英国语文教育仍然注重古典语言与古典文化的学习。英国学者认为,经济发展与物质生活的进步造成了学生对传统道德和价值观的淡漠,学生往往不能很好地处理家庭生活以及为未来的社会生活做好必要的准备,通过古典人文教育(用希腊语、拉丁语撰写的古典文学被称为人文主义的全人教育),可以培养仁爱和勤勉的品质,培养记忆、推理等能力。法国人文主义教育学派强调法语语文教育可以引导学生直接与人类文化遗产接触,通过学习古典语言、古典文学、古典文化,一方面最有效地学会思维和表达,一方面培养法兰西的民族文化精神。因为在法国人看来,法语是法国历史与智慧的象征,是法兰西文化与精神的代表,它所具有的独特魅力是法国人的骄傲。英国与法国的经典教育理念与经验对于我们理解与把握当前我国的经典教育问题是有启发意义的。

我国当前正在进行的基础教育课程改革的一个基本理念是坚持课程内容的生活化。强调教学内容应加强与学生生活以及现代社会和科技发展的联系,关注学生的学习兴趣和经验,精选终身学习必备的基础知识和技能。这是不是意味着要以课程内容的生活化取代经典化,经典教育在全球化语境中已经不合时宜?回答是否定的。生活化与经典化不应该是彼此对立、冰炭不容的。关于经典教育问题,《基础教育课程改革纲要(试行)》中规定："要使学生具有爱国主义、集体主义精神,热爱社会主义,继承和发扬中华民族的优秀传统和革命传统。"强调教育目标应关注对学生民族认同感、民族自豪感、传统价值观的培养。《义务教育语文课程标准》界定语文教育的特点时说："语文课程丰富的人文内涵对学生精神领域的影响是深广的,因此,应该重视语文的陶冶感染作用。"在"总目标"中规定："认识中华文化的丰厚博大,汲取民族文化智慧。"在"教材编写建议"部分指出："教材要注重继承与弘扬中华民族优秀文化,有助于增强学生的民族自尊心和爱国主义感情。"这些文件尽管没有专门对经典教育作出全面细致的说明和界定,但是从有关的论述可以看出,经典教育与课程内容的生活化并不是根本对立、相互排斥的,二者只不过分别从不同的角度体现了课程内容改革的方向和思路。笔者认为,课程内容的生活化不仅不能成为反对经典教育的理由,而且反过来,它还是为经典教育辩护的有力武器。因为,课程内容的生活化不是割断历史与文化传统的眼光短浅的现实化。无视文化与思想传统的生活化是肤浅的、功利的、缺乏永恒价值的庸俗化。"文化大革命"时期教学内容畸形的"生活化"改革曾经给我们带来过惨痛的教训,我们应当汲取。要实现教学内容健康的生活化,必须站在深厚广阔的历史文化背景上,立足经典教育所生成的文化与思想视野,以文化批判的眼光审视现实生活,探寻经典文化在现代生活中的生长点,为现代教育内容注入民族精神与传统文化的源头活水,同时也为激活经典教育的价值开辟现实的道路。

三

经典教育是一个历史范畴。因此,当我们在全球化语境中考察和思考经典教育问题的时候，必须抱着一种冷静客观的理性批判态度，防止陷入盲目的热情和历史的偏执之中。因为，从我国教育的发展史来看，经典教育经常被误解和扭曲成道德教化、政治宣传、读经求仕等实用主义、功利主义的畸形形态。对这些理论与实践误区进行分析和批评，是讨论当前经典教育性质、地位、价值与实践方略的理论前提。

误区之一：述而不作、我注六经。孔子是这种经典教育思想的首创者。他把经典神圣化，看作是不可触动、侵犯的神灵。其实孔子是以述代作。这种经典教育思想后来逐渐演变为"我注六经"的保守主义，强调对经典无条件的尊重与崇拜，通过对经典的解释来阐发个人的情志与见解。显然，这种教育压抑了学生的个性，束缚了创造性，学生丧失了文化主体的独立性。误区之二：作为正统教育的经典教育。这种教育观把经典教育看作政治教育的工具，其价值在于使受教育者接受并认同主流意识形态和主导价值观念。经典自身的价值是由它所被赋予的政治功利价值所决定的。这种教育往往是"关于经典"的教育，真正原始的经典著作往往被经典的注解和解释性的作品所取代。话语霸权常常根据实际政治利益的需要把经典作品曲解成另外的东西，这极易使受教育者失去批判力和鉴别力。明清时期的科举中曾广泛地存在不读经典只读应试文的怪现象，中世纪的西欧教会在最黑暗的时期禁止教民读《圣经》，只允许他们听教士布道和宣讲。这种经典教育其实只是"关于经典"的教育，经典自身在教育中是缺席的。误区之三：读经只为稻粱谋，经典教育只是举子仕进的敲门砖。死记硬背，机械训练，不尊德性，只道问学，舍本逐末。这种经典教育纯粹堕落为科举或考试的附庸，丧失了文化价值和精神品位。在现代教育制度中，经典教育也常常因为应试教育价值取向的挟制而变成了教条主义、保守主义、文化古董的代名词。误区之四：以古典语言学习取代经典教育。经典教育与普通教育的一个重大区别就是经典教育往往是借助于古典语言教育而进行的。因为古典语言是经典文化与经典思想原生性的载体，古典语言与经典思想及经典文化几乎是很难割裂开来的。在我国，文言文是经典思想与经典文化的最优雅最适切的寓所。正因为如此，经典教育往往就变成了古文教育和文言文教育。这种以古典语言学习为中心的经典教育在教育实践中往往因解决语言学习上的障碍的需要把语言的学习同思想的训练和文化的积淀割裂开来，执着于训诂考据，而忽视了义理与文化上的观照与省察。

　　上述对病态经典教育观念和形态的分析为我们深刻认识我国经典教育的传统，确立积极健康的全球化语境中的经典教育观念是大有裨益的。要真正地把握我国经典教育的特色，我们还要关注另一个重要的问题：经典确立的标准。怎样的作品才算得上是经典？这是一个很难说清又不得不说的问题。一般来讲，我们往往把那些历经岁月淘洗但仍然被后人阅读和解释的作品称为经典之作。这固然正确，但标准很模糊。在这里，笔者力图对中西对经典的理解作一个对比，以此为基础来探讨经典标准问题。在西方，经典作品主要指以古希腊语和拉丁语为书面语言的哲学、神学、文学和历史作品。人们对这些作品的评价较少受政治观、道德意识及功利观念的左右，基本上以其所蕴含的学术价值、文学价值、文化价值为评判标准。因此，西方的学术经典著作常常具有世界性的影响，具有地域和文化上的超越性，体现出开放的、内在的、理性价值至上的选择标准。在我国，具有宏富的内在的学术、思想、文化价值只是成为经典的必要条件。此外，还要具备伦理与政治上的可延伸、可转化价值。在很大程度上，一部著作能否成为经典往往取决于主流意识形态的筛选。因此，我国的经典作品所涉及的文化、历史、思想、学术的范围往往较西方学术经典著作要小，选择心态较封闭，比较注重外在标准，是以政治及伦理价值为本位的，带有强烈的实用色彩。百家争鸣之后中国学术思想的发展因政治势力的干预而产生的单一性和狭窄性视野正是这种经典观的现实反映。因此，我们可以这样说，在我们所公认的经典之外，还存在大量的具备经典价值的作品，但由于种种历史或政治原因，可能还没有被我们所认识和发现。这一点是非常重要的。通过这种对比，我们可以形成这样的经典标准：经典首先具有内在的历史、文化、思想、学术价值，这种价值具有超道德、超文化、超地域、超时间的性质；其次，经典是被时代不断地发掘和选择的，经典具有的现实性价值是由它所涉及人类问题的基础性、基本性、原创性所决定的；再次，经典著作的语言具有重要的教育价值，它是训练心智最有力的工具，经典教育离不开经典语言的教育；最后，一部作品能不能成为经典，什么时候成为经典，带有一定的偶然性，是历史理性与学术思想发展动因相互作用的结果。

四

经典教育应对全球化的挑战何以可能？我们需要什么样的经典教育观来迎接挑战？经典教育如何成功地实施？这些问题将构成我们的全球化经典教育观的基本框架。如何把握全球化语境中经典教育的性质？经典教育与普通教育相比，不以实际知识的掌握、各种技能的训练为根本，而是首先着眼于文化自身。普通教育更多地关注实际世界的知识和能力，而经典教育更多地关注精神世界与价值世界的建设问题。在全球化语境中,经典教育在民族文化自身建设、民族精神的培养、传统优秀思想与文化的阐扬等方面的价值不能只是处于自然而然的潜在或可能状态,而应当确立起强烈的民族精神自强意识、民族文化发展意识、优秀传统思想与文化的再生创新意识,把潜在的精神资源转化成现实的精神发展与建设的能源和动力。我们应以一种包容博大的文化与思想胸襟放眼世界,凭借从慎重检视和细致考辨过的经典作品中汲取来的强大的精神原动力和民族自信心,来参与这场全球性的文化与思想的现代较量和对撞。我们不是全球化的旁观者,更不甘心成为全球化的被动接受者,而应当凭借五千年灿烂文明所凝结的历史智慧和民族精神,以文化挑战者的姿态出场。这不是狭隘的民族主义和文化相对主义的盲目热情,而是中华民族的文化良知与民族精神理所当然地应承担和接受的文化使命。因此,经典教育是主体文化精神从自在走向自觉,从潜在走向现实,从感悟转化为创造的过程,是培育、生成、壮大具有世界文化竞争力的中国民族精神的过程。

　　其次,全球化语境中经典教育具有怎样的哲学基础?哲学的辩护始终是经典教育生存与发展的最根本的依据,如果没有深邃幽远的哲学眼光和穿越现实的文化洞察力,经典只能默默地沉睡在历史的角落里,被蒙上厚厚的无知与愚昧的尘埃。我国传统经典教育的哲学基础是儒学。儒家哲学是法先王的、守成的、往回看的、述而不作的。因此,经典教育是儒家教育的必由途径,四书五经也就成为历代读书人心头的一座思想与文化的高山,望之弥高,攻之愈坚。这种哲学赋予经典教育以神圣化色彩,但当这种神圣性消失之后,经典教育也就失去了其哲学基础而衰落下去。我国近现代以来经典教育的弱化和世俗化,其实就是儒学哲学基础动摇与崩塌的结果。西方具有悠久的经典教育传统,20世纪30年代永恒主义的教育哲学可以说是西方经典教育最鲜明、最集中的代表。永恒主义认为世界是由实在所构成,因而世界上存在着永恒不变的真理。对于人来说,也有一种固有的实在,即不变的人性和潜能。人性和潜能并不是以完满的形式被赋予的,必须不断地发展才能达到理性。教育的目的在于发展永恒的人性,教育的基础是永恒不变的实在所构成的永恒的知识与伦理原则。因此,永恒主义者突出地强调学生应多读哲学、文学、历史、科学等伟大的著作,因为他们的见解具有永恒不变的价值,蕴藏着关于真理的知识和丰富的精神世界,能使学生更切实地认识世界的永恒性和从中寻找独立思考的源泉。他们提出了"回到古人","回到柏拉图"的号召和读"百本名著"的计划。当然,这种永恒主义的教育哲学观是带有片面性的,它受到了实用主义教育哲学家杜威的批评:"试图把教育家们引回到科学方法发展前几百年的那种理智方法和理想方面去。在经济上、情绪上、理智上普遍存在着不安全状态的时期,这条道路可能会取得暂时的成功。因为在这样的条件下,人心都强烈地希望依靠固定的权威。然而这是与现代生活的一切条件相抵触的,因此,我认为朝着这个方向去寻找补救的办法是愚蠢的。"①中西经典教育的哲学辩护对于确立全球化语境中的经典教育的哲学基础是有启发意义的。在全球化语境中,经典教育的哲学辩护既不能是儒家的守成主义,也不能是永恒主义的复古主义,而应当是开放性的语言哲学、文化哲学与哲学解释学的辩护。"语言是存在之家","语言是存在的

①〔美〕罗伯特·梅逊著,陆有铨译:《西方当代教育理论》,文化教育出版社1984年版,第11—12页。

揭示、澄明、到达",因此,古典语言是民族意识与文化精神的记录者、看护者和生成者:"语言与人类的精神发展深深的交织在一起,它伴随着人类精神走过每一个发展阶段——局部的前进或后退。从语言中可以识辨出每一种文化的状态……语言不是活动的产物,而是各民族由于其内在的命运而获得的一份馈赠。""语言仿佛是民族精神的外在表现;民族的语言即民族的精神,民族的精神即民族的语言。二者的统一程度超过了人们的任何想象。他们实际上怎样一起产生我们的理解力所不可企及的同一源泉,这对我们来说是一个无法诠释的谜。"①这些文化哲学与语言哲学的著名论断将极大地拓展经典教育的文化视野,丰富经典教育的内涵。哲学解释学认为,经典阅读就是在主体间性的对话活动中把历史引入文本,通过移情、体验、理解实现视野的不断融合和意义的持续构建与生成,使阅读和对话进入扩展主体自我认识和建构意义世界的良性解释循环之中。伽达默尔认为,从理论上说,文本的意义不单决定于文本之中,不是在文本之内,而是未决的,在理解和解释中才固定下来。从历史上说,解释者不是一个总括的抽象,而布满在从古到今的悠长时间之中的每一个具体的人,只要解释者不是上帝,不能完全代表上帝,哪怕他再聪明过人,权威无比,顶多也只是在自己所在的有限时空中有效,在真理的角度上,他还是等同于一般的解释者。在他之后,一定还有解释者出现,因此,文本的意义从本体论来说仍是未完成的,仍是处于一种本体论的未决之中。这种开放性、建构性、交互性的阅读观把经典阅读带入了一个更广阔、更富有生机的新视野。显然,它对于落后

---

① 胡明扬主编:《西方语言学名著选读》,中国人民大学出版社 1988 年版,第 28—29 页。

机械的传统经典教育理念来讲无疑具有极大的颠覆性。全球化语境中的经典教育只有从语言哲学、文化哲学与哲学诠释学的角度为自己辩护,才能真正地把自身从传统经典教育的误区中彻底分离出来,获得牢固的理论与思想基础。

经典教育如何应对全球化的挑战,也就是说经典教育具有怎样的文化、社会与个体价值? 人类的文化与思想经典历经岁月的淘洗依然闪现着人性的光辉和理性的锋芒,它们是记录人类伟大理性从稚嫩不断走向成熟的足迹的向标,是引领我们的思想穿透历史与宇宙的精神隧道,是检验我们思想深度和广度的试金石。因此,经典教育的价值历来就受到教育家们的重视。永恒主义教育家赫钦斯如此来理解经典:"经典著作乃是在每一个时代都具有当代性的书籍。例如,苏格拉底的对话提出的那些问题,对于今天来说,就是同柏拉图写这些问题的时候同样地紧迫。这些乃是我们知道的最好的书籍。没有读过这些书的人就是没有受到过教育。如果我们读牛顿的《原理》,我们便看到了一个伟大的天才在活动。"[1]艾德勒这样来描述经典教育目的:"阅读这些书的目的不是研究文物,其兴趣不是在学考古学,也不是在学语言学……反之,我们必须阅读这些书,是因为这些书不因为岁月流逝而改变其重要性,而且因为他们论及的问题和提出的思想,不受生生不息规律(永无止境的进步规律)所支配。"[2]赫钦斯在强调经典教育的重要性时说:"要破坏西方独立思考的传统,并不需要焚毁书籍。只要两个世代不去读它们就可

---

①陆有铨著:《现代西方教育哲学》,河南教育出版社 1993 年版,第 192 页。
②陈友松编译:《当代西方教育哲学》,教育科学出版社 1982 年版,第 68—69 页。

以做到。"①我国著名学者、学衡派的代表人物吴宓先生在新中国成立前曾提出文学(吴先生所使用文学一词是广义上的,包括文史哲等方面的著作)经典教育有八个方面的作用:涵养心性,培植道德,通晓人情,谙悉世事,表现国民性,增长爱国心,确定政策,转移风俗,造成大同世界,促进真正文明。他在北平的清华大学开设《文学与人生》讲座,曾对文学经典在人生方面的价值作出了富有洞见的解释。他认为:"最佳文学作品含有人生最大量的、最有意义的、最有兴趣的部分(或种类),得到最完善的艺术的处理,因此能给人以一个真与美的强烈、动人的印象,使读者既受到教益、启迪,又得到乐趣。"②他进一步分析道:哲学是汽化的人生;诗是蒸馏(液化)的人生;小说是固化的人生;戏剧是爆炸的人生。其意见发人深省。文学经典与人生这种水乳交融、血肉一体的内在联系,使文学成为人生的另一种存在,尽管它不是社会现实自身,却比社会现实更加真实、深刻、感人。人们更多的是从经典作品这面镜子中发现并认识了人自身,因此,文学就是人学。是文学把人的精神不断地引向光明和崇高,是文学在维护着人类那脆弱的社会良知和道德心,也是文学在不断地拓展着感性人生的丰富性与多元性,捍卫着人类理性的尊严和纯洁。在全球化语境中,经典教育的价值更具多元性、深远性、永恒性。笔者认为,今天的经典教育,其意义不仅在于官能的训练、文化的陶冶、民族精神的弘扬,而且还在于汉民族人文生态的培育、文化生活方式的改造、审美境界的提升、价值观的

---

①华东师大教育系、杭州大学教育系编译:《现代西方资产阶级教育思想流派论著选》,人民教育出版社1980年版,第214页。
②吴宓著:《文学与人生》,清华大学出版社,1993年版,第21页。

重建,继而达到经典教育的最终目的:人文关怀。

五

　　如何在教育实践中落实全球化经典教育理念？这涉及经典教育的课程设置、教学方式、方法与评价问题。这不仅是一个实践问题,也是一个理论问题。

　　我国在基础教育阶段主要通过语文教育来实施经典教育。这种做法的好处是简便易行,学生既学习了语言,又接触了经典。但也存在十分突出的问题。由于我国语文教育界长期以来坚持语文工具论教育观,在教学实践中重视语言轻视文学与文化,重视训练轻视情感陶冶,重视智力发展轻视精神建设,重视标准理解轻视创造性阐释,扭曲了经典教育的性质和作用。经典作品的思想价值、文化价值、审美价值常常被机械割裂的分析和教条主义的注解所遮蔽。经典教育的课程设置问题是一个值得思考的问题。笔者认为,在目前基础教育课程改革的框架内,经典课程可以以地方课程和校本课程的方式单独开设,其目的不在于应试,而在文化陶冶。其内容要涉及经典文化、文学、历史、哲学等诸多人文学科。这样做的好处在于:其一,把经典教育与语文教育相对区分开来,既可以解除强加在语文教育身上的"负担",又使经典教育获得独立的课程地位,便于经典教育理念的落实和实施。其二,经典教育课程的开设将扩大经典教育的文化视野和取材范围。在语文教育中进行经典教育,由于首先要考虑到经典作品的语言教育价值、文学教育价值和语文训练价值,这样便有相当一部分具有深刻思想性、文化价值与历史价值的优秀经典作品,其中包括大量的西方文化经典被排除在外。经典课程的独立开设将放低语言教育的标准而提高思想、文化、学术标准,以体现经典教育的开放性、全球性和多元性,使大量的全球性的优秀文化遗产进入经典课程。其三,与应试教育拉开距离,经典教育将不列为考试科目,只是作为修身的一部分,这样做可以尽量防止经典教育的应试倾向和庸俗化。其四,经典教育以地方或校本课程的方式独立开设,将发挥地方和学校的积极性,为创建良好的微观和中观文化生态环境发挥主体作用。经典教育的目的在于提高全民族的文化素养与人文精神,良好的区域性文化生态环境的建设将有助于这一宏伟目标的实现。

与语文教育分离后的经典教育在内容选择编排上要充分考虑与学生语言能力发展水平相适应。语言问题,尤其是文言与白话的关系处理,应严肃对待。文言与白话其实并不像我们所想象的那样水火不容。实际上,二者存在千丝万缕的联系。一些著名的作家和语言大师往往把文言的精气神揉碎了撒播在自己的白话作品中,他们的语言常闪现出传统审美情趣和艺术境界的亮色,这些作品往往诗意盎然、古雅风流。很难设想,一个没有文言功底的人能写出如此优美晓畅的白话来。因此,经典教育既不能独尊文言,也不能回到文化激进主义者数典忘祖的旧路上去。尤其是在目前汉语文学学习遭受持续升温英语热围攻的状况下,文言与白话相互诋毁无异于汉语的自杀行为。笔者认为,汉语学习的任务主要由语文教育来承担,经典教育的着眼点不应是语言自身,而是隐含在作品中的思想深度、文化含量、审美张力与价值取向。我们应按照这些要素的层次性、发展性和关联性来选择组织文章。为了解决语言障碍,在必要的时候我们可以把文言文翻译成优美准确的白话文以供学生参考,而不必执着于语言上的争论。经典教育实施的主要途径是阅读、体验、对话、阐释、评价、表现。哲学解释学为我们提供了经典阅读的方法论。这种阅读观认为:一切对作品本来意义的重建都是不可能的,即使作品的意义被再造,也不再是原来意义的意义,解释学追求的东西不是恢复作者的原意,而是作者原初视野与读者视野融合和对话后形成的新的东西。因此,经典阅读首先要确立良好健康的心态,不能把经典神圣化、教条化和政治化。经典作品之所以成为经典是因为它们与我们的心灵距离更近而不是更远,更容易感动我们的良知而不是拒我们于千里之外,更能诱发我们的哲思妙想而不是闭塞梗阻我们的洞见。只有从内心深处把经典阅读上升到一种灵魂解放的高度,才能真正地把握住哲学解释学的阅读理念,经典教育的实施才可能从以往以字词掌握与白话对译为主的文言文教学老路上跳出来,进入文化、思想与历史的大视野,孕育出强大的精神生长力量。唯其如此,应对全球化挑战才不是一句空话。

(原载《当代教育科学》2003 年第 12 期)

论经典文化与民族精神

引　言

经典文化是中华民族的思想、学术与文化瑰宝,是承载民族精神的历史河床,是历代读书人的文化故乡。本文拟以开放的文化视野审视、解读经典文化,立足当代教育文化价值观重建的高度发掘其时代精神与文化生命力,倡导营构高雅康健的学校教育人文生态环境。

现代教育最严重的问题就是教育意义的失落和教育人文价值的危机,教育自身的"唯科学化"与教育研究的科学化非但不可能拯救教育的"意义危机"于消费主义、功利主义与工业主义的泥潭,反而会加速教育"意义"的解魅和精神的失落,因为在民族经典文化缺席的现代教育体制内,越是单凭科学理性来解决意义问题,越会迷失前进的方向。科学在"解魅"教育的神圣性和超越性的同时,也板结、破坏了教育意义生成的价值土壤与文化生态。因此,构筑教育的意义世界,离不开经典文化的精神支撑。本文所论经典文化侧重于其积极方面,其消极因素不在本文讨论范畴。

一、经典文化的审视与解读

文化是一个包罗万象的概念,但任何一种文化总是有着它独特的民族特性和文化特质。尤其是经典文化,更是历经漫长岁月和时光的淘洗不断凝聚结晶而成的民族精神的生命内核,故能吐故纳新,与时偕行。经典文化范围甚广,大致可分为物质、制度、典籍三个甚或多个不同层面。我们仅就这三个方面讨论。物质文化表现为文物器具,制度文化表现为典章制度,典籍文化表现为经史子集。尽管各有所倚重,但都是经典文化的重要组成部分,保存了古代文化的原始记忆,浸染了汉民族的精神底色,生发出浓郁的人文气息。我们试从这三个层面来解读经典文化。

(一)触摸铭刻在器物中的文化印痕,洞察天人合一的宇宙境界

《易》云:"形而上者谓之道,形而下者谓之器",道器之辨对于维护伦理纲常固然重要,但道器又何尝能判然分离? 道不是脱离万事万物的虚无,它是"月映万川"的智慧之源,必然辉照万物,笼天地于无形;器因感应天地之气的流行而形具,隐大道于分殊。因此,道以器显,器因道生。这里的器不仅指我们日常所见所用的器物工具,而且还泛指一切与道相对的物质性、文化性载体,诸如建筑、园林、庙宇、佛窟造像、陶瓷酒器、舟车兵革、琴棋书画、出土文物等。下面以器物为例,说一说作为"道"的文化精神是如何灌注进器物之中而又遁迹隐形的。

首先是礼器。礼,也就是各种祭祀活动和国家仪式,是中国古代社会的最重要的国事活动,"国之大事,在祀与戎"。礼器是

进行各种祭祀活动和礼仪活动必需的神器,是体现祭祀活动的庄重性质与神秘性质的最重要的标志。从字源学看,"礼"字就是礼器的象形。礼的古字有四种写法,字一象形祭祀用的器皿,字二加"示"旁以示敬神,字三加"酉"旁以示神器之形,字四加"骨"旁以示记载契刻祭祀活动于龟甲兽骨之上以存久远。"礼"字的演变基本反映了礼器的发展,透过礼字字形的变化,我们分明能感受到古代祭祀文化基本精神的演变:从原始朴拙走向精美华贵,从单纯的仪式活动走进繁缛的文字记载,礼器成为沟通天人之际、祈吉福避灾祸的"感应"中介。因此礼器多用玉石,因为玉被认为可以通灵,所以"以玉作六器,以礼天地四方","玉"便成为中华文化中的一个极具象征意义的符号。

再如乐器,编钟、鼓、磬是我国古代宫廷中最重要的乐器,都属于打击乐。这类乐器节奏强烈,声音恢宏沉郁,广阔邈远,所谓"黄钟大吕"、"金声玉振",能营造出一种肃穆庄严、神秘幽远的气氛,这正是辅助教化最优雅、最醇和的形式,故"乐以导和"成为我国古代音乐艺术的灵魂。古琴则是古代士大夫抒发抱负和情志的风雅之物,"目送归鸿,手挥五弦。俯仰自得,游心太玄",何等潇洒放达!《琴操》曰:"昔伏羲氏作琴,所以御邪僻,防心淫,以修身理性,反其天真也。琴长三尺六寸六分……前广后狭,象尊卑也。上圆下方,法天地也。五弦宫也,象五行也。大弦者,君也,宽和而温。小弦者,臣也,清廉而不乱。文王武王加二弦,合君臣恩也。"小小一架古琴,竟含天地之至理,体万物之真情,诚乃我汉文化之独步。因此,除却笼罩在文物器具之上的封建迷信色彩,关注隐含在其中的人的主体精神世界,摩挲玩味,体察苍凉幽远的文化印痕,进入历史与宇宙的想象世界,会通天人感应的哲思玄想,方能悟得汉文化民族精神的深邃幽远、古雅风韵。

（二）省察沉淀于制度中的价值传统，体悟郁郁乎文哉的
教化精神

典章制度是我们了解古代政治、经济与文化生活的一面镜子。它们在中华文明的历史传承和发展过程中曾经发挥过重要的作用。史官制度（文化）与科举制度可以说是我国古代最具特色的文化创造，体现出了中国传统文化浓郁醇厚的教化精神。

先说史官制度。我国自古就有重视修撰历史的传统，有着发达的史传文化和健全的史官制度。萧统《文选序》说："逮乎伏羲氏之王天下也，始画八卦，造书契，以代结绳之政，由是文籍生焉。"可见我国先民历史意识觉醒之早。甲骨文中已出现"史"字，并且出现了不同的名称，如太史、御史、公史、西史等。"史，记事者也，从又持中。中，正也"（《说文解字》），说明了史官的职事和记史的要求。史官后又分化为卿士、御史、三事、吏诸官，说明当时"史"的地位尊崇。为了保障历史记录与修撰的延续性和专业性，我国历史上的太史的职位往往是由一个家族来世袭。太史不仅要收集整理史料，根据现存的资料来编纂历史，而且还要实地考察，很多重大事件还要能够亲身经历。如公元前110年汉武帝在泰山举行封禅大典，作为太史的司马谈本应该前往参加的，但因为病重滞留周南而未能成行，竟"发愤而卒"。临终前，对前来探望的儿子司马迁说："今天子接千岁之统，封泰山，而余不得从行，是命也夫，命也夫！"还嘱托司马迁继承自己的事业和著述理想，撰写一部可以媲美《春秋》的史书。后来司马迁著《史记》为孔子作传时，就曾亲自去曲阜考察，"余读孔氏书，想见其为人。适鲁，观仲尼庙堂车服礼器，诸生以时习礼其家，余低回留之不能去云"。我国的史官文化发达，还表现为秉笔直书的优良传统。"晋

董狐笔"与"齐太史简",被称为"古之良史也,书法不隐"。史官在著史的时候,大都带有强烈的历史使命感和责任感,尽管也时因避讳皇权而有歪曲史实的地方,但基本上是客观可靠的。为了保障史官据实直录的权利不受皇权的干扰,依我国的传统,皇帝是不能看记载他本人言行的起居注、实录的,以防蓄意篡改或打击报复,当然也偶有例外。唐太宗李世民曾三次向史官要求亲自观看他本人及高祖李渊的实录,前两次均遭史官拒绝,第三次方勉强得逞,可见制度完备并非虚夸。我国重视史学,不仅是出于"鉴前世之兴衰,考当今之得失"的现实政治功利需要,而且更因为史可以"明邪正,别善恶",也就是说,史是通过事来体"道"的,史是经的考据,经是史的义理。因此,孔子编纂《春秋》以正人心,使乱臣贼子惧;司马迁著《史记》"究天人之际,通古今之变";梁启超在《新史学》中则说:"史学者,学问最博大而最切要者也,国民之明镜,爱国心之源泉也。"可见,我国传统的史学观是哲学化、伦理学化了的史学观,是注重人文教化的史学观。当然,其忽视史学独立价值的消极影响我们也不能忽视。

再说科举制度。分科举士,选贤良方正俊异之士以事朝堂,确实是我国古代政治生活中的一大创举。在隋唐科举制发明之前,国家或朝廷选拔人才主要是通过诸侯贡士、察举贤良和九品中正制,尽管这些制度在不同的历史时期为国家选拔人才都曾发挥过不小的作用,但其流弊却也十分明显,那就是容易造成"任人唯亲"而不是"任人唯贤",直至出现"上品无寒门,下品无士族"的腐化局面。隋炀帝大业二年(公元 605 年)开始设置进士科,拉开了历时 1300 年科举制的序幕。从此,人才自科举出,视科举为正途,"学而优则仕"、读书做官就成了天下读书人的人生信条。较之以往的选举制度,科举制具有重大的历史进步意义:它让中下层读书人看到了出仕的希望,考试成为人才选拔的关键枢纽,保障了人才选拔的公正性、客观性;更具深远意义的是,当科举取士逐渐成为社会主流意识形态和读书人的核心价值观之后,一大批有识之士便借科举之途而拥有了施展政治抱负和推行教化理想的机会。从历史来看,这类人物往往身兼数职,既是朝堂重臣,文坛领袖,又是学术大师,道德楷模。如魏徵、房玄龄、韩愈、柳宗元、欧阳修、王安石、苏轼、朱熹、王阳明、文天祥、纪昀、曾国藩、翁同龢、张之洞者,历代皆然。这些人物达则兼济天下,躬行圣人教化;穷则隐居山林,著书立说,或以授徒讲学为业。自宋代以来,书院林立,人文荟萃,游学盛行,很大程度上得益于这些士大夫们的资助和扶持。应该说,这从根本上和整体上提高并维护了封建社会统治阶级的高文化水准和高智力水平,这也是我国封建社会文化昌盛、教化流行的根本原因之所在。据说西方现代社会的公务员制度起源于我国科举,虽不尽然,但确有其道理。当然,科举作为皇帝收拢驾驭知识分子的一种制度建制和帝王权术,自然有它的局限,尤其到了明清时期,未能随时代发展破陈出新,其消极作用日益明显,最后寿终正寝,也是历史必然。但是,撇开其弊端不谈,科举制作为选士制度在我国古代文化建设上是有积极意义的。试想,一个由文盲和蛮夫统治与管理的国家能建设什么样的文化?难怪列宁说文盲是被排除在政治之外的。所以,如果一个政府的官员普遍缺乏高远的文化眼光和深厚的人文素养,缺乏必要的智力训练,也就很难设想这样的政府能创造出什么样的精神文化,建设成怎样的思想学术殿堂。面对科举,我们不能仅仅是批判,还要沉思今日文化教育现状之制度根源。

(三)探寻蕴藏在典籍中的精神世界:仰望自由争鸣的
思想峰巅

中国传统文化博大精深,源远流长,拥有卷帙浩繁的经史子集。这些文化典籍构筑了中国古代士大夫阶层的精神长城,成为古代学术思想跋涉途中的重镇。尽管中国文化带有泛道德主义的先天病因,影响了学术思想在经验科学和技术领域的发展,造成以道德判断、价值批评消解腐蚀理性独立沉思的普遍心态,但并不意味着传统文化在学术领域缺乏建树。事实上,我国的学术研究从春秋肇始以来从未曾中断过,经过多次与外来文化的碰撞、濡化、融合,历代都有学术上的新创造、新发展。尤其在春秋战国百家争鸣的轴心时代,我国的学术研究和思想解放曾经创造了空前绝后的辉煌,也就是在这一时期,影响中国文化至深至远的诸子学说诞生了。"凡诸子百八十九家,四千三百二十四篇"(《汉书·艺文志》),可谓蔚为壮观。其中,九流十家影响深远。司马谈(《史记·太史公自序》)曾精辟地阐明了六家学术指要:

尝窃观阴阳之术,大祥而众忌讳,使人拘而多所畏;然其序四时之大顺,不可失也。儒者博而寡要,劳而少功,是以其事难尽从;然其序君臣父子之礼,列夫妇长幼之别,不可易也。墨者俭而难遵,是以其事不可遍循;然其强本节用,不可废也。法家严而少恩;然其正君臣上下之分,不可改矣。名家使人俭而善失真;然其正名实,不可不察也。道家使人精神专一,动合无形,赡足万物。其为术也,因阴阳之大顺,采儒墨之善,撮名法之要,与时迁移,应物变化,立俗施事,无所不宜,指约而易操,事少而功多。

当时之世,学派众多,养士成风,天下争鸣。而"世之显学,儒墨也"(《韩非子·显学》)。"周室衰而王道废,儒墨乃始列道而议,分徒而讼。"(《淮南子·俶真训》)据说墨翟早年曾"学儒者之业,受孔子之术",后来则成为孔子的反对者和批判者,如反对孔子"述而不作",主张"述而且作"。从中可以看出,理性冲破了传统礼教的束缚,在学术争鸣中得到空前解放,不啻亚里士多德"吾爱吾师,吾更爱真理"的思想境界。文化的发展呈现出多元纷呈、生机勃发的局面,甚至带来了中牟地区"弃其田耘,卖宅圃而随文学者,邑之半"(《韩非子·外储说左上》)的游学盛况。

诸子典籍,就是上述各家言论及思想的真实记录。因为时代久远,生活隔离,加上不正确的"读经"心态,面对这些著作时我们往往有隔膜疏离之感。其实,换一种平常心态,除去读圣人书的种种僵化腐朽的意念,细细玩索那些充满生活气息和人生哲理的句子,我们竟然也能忘记那漫长的历史间隔,会心地同先哲们一起或踌躇满志,或慷慨激昂,或天真烂漫,或忧愤惆怅。不是吗?"子曰:'吾未见好德如好色者也。'"孔老夫子不也是率真地近乎可爱,这不正是生活中的幽默风趣吗?"天将降大任于是人也,必先苦其心志,劳其筋骨,饿其体肤……"这不是孟夫子在作雄辩滔滔的政治演讲吗?"大方无隅,大器晚成,大音希声,大象无形……"这又是何等的超人智慧,不见一丝微笑正掠过老子那宽厚而明亮的前额?"鹏之背,不知其几千里;怒而飞,其翼若垂天之云……水击三千里,抟扶摇而上者九万里",庄子的洒脱超逸又如何不让我们这些凡夫俗子心有飘飘然。读这种充满睿智和想象力的文字,尽管可能时常碰到词句理解上的障碍,但让思想穿行在如此茂密古雅而又扑朔迷离的文言丛林中,同智者一起去体验生命的神奇诡秘和思想的深邃冷峻,仰望精神自由生发的天然状态,不也是一种令人愉快而又激动的心灵之旅吗?

二、经典文化与民族精神的培育

经典文化对于国民精神的养成和塑造具有深远的意义。在风云变幻的历史长河中，一代又一代的思想先驱、精神领袖，在文化的荒原上筚路蓝缕，披荆斩棘，源源不断地为经典文化注入新的生命活力，焕发新的民族精神。我国的民族精神得益于经典文化滋养濡染最深厚者，笔者概括为以下三个方面。

（一）积极进取、放达乐观的人生价值观

《易》曰："天行健，君子以自强不息；地势坤，君子以厚德载物。"上天健步如飞，勇往直前，不因任何外物的阻挠而停息，其精神是何等的豪迈刚健！大地向茫茫四周无限伸展，承载着万物生机，没有一丝怨隙和忧烦，其胸襟是何等的博大宽广！所以，君子应该效法于天地，自强不息，积极进取；厚德载物，放达乐观。这是儒家胸怀天下、积极入世的精神宣言，它奠定了"天人合一"的人生哲学的基石。后世理学倡导读书人要"为天地立心，为生民立命，为往圣继绝学，为万世开太平"，其悠悠雄心更是洋溢着道德理想主义的激情和自信。儒家在人生问题上的执着与坚定，尽管有时难免迂腐，但确实是值得重视的一笔精神财富。"知其不可而为之"的道德勇气和"先天下之忧而忧，后天下之乐而乐"的古道热肠，比之西西弗斯的悲壮，亦不逊色。也许正是这种悲天悯人、"以天下为己任"、"天下兴亡，匹夫有责"的道德理想和人生追求，铸成了我国民族精神的价值内核，它熔铸基于民族主义的爱国精神和基于道德理想主义的入世用世的人生观为一整体，孕育出了"圣贤气象"的文化人格、"孔颜乐处"的人生境界和珍视操

守气节的民族精神,锻造出了无数的中华民族的精神脊梁。想那
屈原既放,行吟泽畔,形容枯槁,颜色憔悴,但仍然念念不忘"路曼
曼其修远兮,吾将上下而求索";苏武出使匈奴,遭流放北海荒漠
之变故,茹毛穷海,杖汉节牧羊,卧起操持,节旄尽落,却不使大汉
蒙羞,"始以强壮出,及还,须发尽白",被赞为"使于四方,不辱君
命"。再有,诸葛亮出师一表道尽人间忠义,文天祥慷慨赴死书就
汗青华章,谭嗣同"我自横刀向天笑",闻一多怒发冲冠拍案而起。
这一幅幅历史画卷不由得让我们想起大丈夫的浩然之气:"富贵
不能淫,贫贱不能移,威武不能屈。"今日看来,孟子的这些话仍然
是人格的高标。在当今物质主义甚嚣尘上的消费时代,我们在匆
忙的生活和工作中也许已经淡忘了许多重要的历史与文化记忆,
但当重温这些跨越时空的智慧箴言时,仍然会唤起那沉睡的文化
良知和精神反省意识。

(二)注重人文化成的精神生活观

注重人文教化是我国文化精神的重要特征。《易经·贲卦》
说:"观乎天文,以察时变;观乎人文,以化成天下。"孔子说:"周监
于二代,郁郁乎文哉。"《学记》说:"建国君民,教学为先。"可见,远
在先秦时期,我国已经开始认识到人文教化在国家政治生活中的
重要地位和作用了。自春秋末期以来官学废弛,而诸侯又争相养
士,这种状况刺激了私学的诞生及其迅速发展,诸子百家纷纷设
教讲学,一时学子云集,人文荟萃,不治而议论,蔚然成风。这一
传统经过汉代独尊儒术的历史定格和权威强化而更加稳固和持
久,其影响绵延两千余年而不绝,因此,陈寅恪在《我国学术之现
状及清华之职责》一文中说:"吾民族所承受文化之内容,为一种
人文主义之教育。"这种人文主义不同于西方自文艺复兴以来所

提出的倡导人性解放和思想自由的人文主义，而是我国传统文化自身所生成的以培养人的德性为旨归的教化精神，表现为道德理想主义和对君子人格的追求。

这种注重教化的人文精神，不独是儒家的专利，它还是中国传统文化整体的一种精神气度和思想倾向，从先秦一直延续弥漫到近代的中学西学之辨。注重精神生活、注重道德教化的价值取向，使古代的知识分子自觉地承担起推行圣人之教的历史责任，形成了学术大师必以讲学授徒为己任的圣教观念。孔子"以诗书礼乐教弟子"，有教无类，因材施教，门徒有三千之多；孟子以"得天下英才而教育之"为君子之乐，"后车数十乘，从者数百人，以传食于诸侯"；荀子于稷下学宫"三为祭酒，最为老师"；而墨子则四处奔走，"上说诸侯，下教民众"，"强聒而不舍"，"遍从人而说之"，以致"弟子弥丰，充满天下"；董仲舒"下帷讲诵，弟子传以久次相授业……三年不窥园，其精如此……学士皆师尊之"；蔡邕担心经籍文字多谬而贻误后学，经汉灵帝允许，"乃自书丹于碑，使工镌刻立于太学门外……及碑始立，其观视及摩写者，车乘日千余辆，填塞街陌"；桓荣不因王莽乱世而废教化，"抱其经书与弟子逃匿山谷，虽常饥困而讲论不辍"，张百熙为京师大学堂力请吴汝纶，情急之中跪在吴的面前说："先生不出，如中国何？"……一部中国教育史，就是一部中国文化史，更是一部历代知识分子的精神生活史。读书人把人文教化看作自己义不容辞的神圣使命，教育也就成为满足知识分子精神生活的一个自由空间，这使得我国学术传统和思想渊源能够历代薪火相传，保持了高度的繁荣。孔子之所以被封为"大成至圣先师"，保傅制度之所以延续如此之久，教师这一称呼在我国文化中之所以具有如此重要的地位，也从另一个角度反映了"教化"二字的分量之重和影响之深。教化观念的充盈和弥漫，对于构筑古代社会人文生态的心理环境具有重要的涵化和习染作用，它对重建现代教育人文生态系统，也有一定的启示意义。

（三）会通艺术与人生的审美修养观

有人说中国传统社会的思想观念是阳儒阴法，从意识形态的角度来说这是有道理的，但是从知识分子精神构成的微观角度来看，却不尽然。笔者以为，儒家和道家思想是构成中国古代知识分子精神结构的两种极性因素，儒家思想是入世的、现实的、事功的，道家思想是避世的、超越的、精神的。二者看似矛盾，但往往以一种奇特的方式结合在一起，表现为在积极进取中往往留有悔过自新的余地，在隐居山林陶性怡情时又往往有所期待（静待圣君出世）。大隐隐于朝，中隐隐于市，小隐隐于野，也道出了真正的出世与入世的辩证关系。得意时建功立业，失意时寄情山水，故人穷而后文工。我国古代士大夫的这种两极并立、互为生发的精神结构，极易把他们的现实生活引导进艺术审美的殿堂，化人生体验为艺术构思，用艺术创作来拓展人生活动和思考的疆界和空间，表现人生体验的丰富深邃和沧桑幽远。儒教重视乐教的传统与道家主张个性解放、精神超越的精神气质化合融会在一起，便生成了传统士大夫温文尔雅、文质彬彬的精神风貌。

尽管诗词歌赋、琴棋书画历来被看作文人士大夫的闲情逸致，比不上圣贤文章和朝堂重器，但是这方有限的艺术天地却不知浓缩凝聚了多少古往今来最聪明的头脑里所产生的最伟大、最卓绝的灵感和智慧，展现了汉民族最具东方特色的艺术感悟力、想象力和创造力，成为中华文明巅峰上最璀璨的明珠。在世界东方这块神奇的黄土地上，不知有多少诗人骚客曾吟咏啸歌于大江南北,古道荒漠;又有多少文人士子曾挥毫泼墨于长城内外,名山大川。想那《高山》、《流水》千古流韵,《广陵散》旷世绝响;《兰亭序》行云流水,《滕王阁》千古名篇;李白豪放飘逸,杜甫沉郁顿挫;张癫狂草神出鬼没,苏东坡诗书画三绝;唐伯虎风流蕴藉,郑板桥难得糊涂;真可谓异彩纷呈,奇趣横生,令人叹为观止。古代知识分子在把自己的人生融入艺术创作的同时,他们的人生本身也就淬变成了可以观赏品鉴的艺术品。李白高呼"仰天大笑出门去,我辈岂是蓬蒿人",这是怎样的人生豪情;杜甫仰天长叹"安得广厦千万间,大庇天下寒士俱欢颜",又是怎样的博大襟怀;王维浅唱"独坐幽篁里,弹琴复长啸。深林人不知,明月来相照",这又是怎样的玄淡禅境;苏东坡诙谐地对弹琴的姑娘说"流水随弦滑,清风入指寒。坐中有狂客,莫近绣帘弹",这又是怎样的狷狂幽默。在这些锦心绣口的士大夫看来,"松声,涧声,山禽声,夜虫声,鹤声,琴声,棋子落声,雨滴阶声,雪洒窗声,煎茶声,皆声之至清",与其说是声之至清,毋宁说是心之至清,情之至深,趣之至雅,味之至醇。化用罗丹的话说,没有发现美的眼睛,就没有美之发现;同样,没有艺术的修养,也就谈不上艺术的人生。因此,古人会通人生与艺术的功夫和境界,对于提高我们今天的文化生活水准和人生境界来说,不无裨益。

(原载《当代教育科学》2003 年第 16 期)

科学主义语文教育观评析

引　言

　　自语文从 1903 年独立设科以来,它逐渐脱离了传统人文教育观念的束缚,走上科学化的道路。近百余年,语文教育的沿革成为中国文化变迁的一个晴雨表,它的曲折演进基本上反映了中国文化的主流走向。回顾这段百余年的历史,却让人觉得有上千年的沉重与繁复。中国语文教育的命运同中国文化自身的命运一样,在这种持续了近一百年的古今之争、东西之争、南北之争、灵肉之争的历史旋涡中,蹒跚前行,步履艰难。站在 21 世纪的门槛检讨语文教育的百年历程,或许可以发现一种隐约的发展线索。我想,科学主义思潮在众多因素中也许更为清晰可鉴,耐人追寻。解读这个线索,是透析当代中国语文教育症结的关键所在,也是重振人文精神的前提。

　　五四以降,科学主义教育观对整个中国基础教育产生了极其深远广泛的影响,而语文教育作为基础学科受到的冲击尤烈。语文教育中的科学主义观念的形成与发展从理论上经历了一个由本体论到方法论,由方法论到价值论步步深入的过程,从实践上看经历了从学科化到科学化,从科学化到"唯科学方法"化的过程。

20世纪70年代末80年代初,以恢复高考为契机,被长期压抑的全民族的教育热情迅速化为考试主义、学历主义的强大动力,在90年代形成了应试教育模式。应试教育所主张的考试中心、认知至上、分析本位、技术主义为科学主义语文教育观的滋生和蔓延提供了最适宜的土壤。语文教育的科学主义思潮严重地扭曲了语文教育的学科性质,妨碍了语文教育功能的正常发挥,误导了语文教育的发展方向,造成了教育上的重大混乱。这一时期的语文教育表现出极端的唯科学主义功利性的价值趋向与唯科学方法论的实践走向,我们拟从以下几个方面来讨论其特点。

一、科学至上论与语文教育性质的扭曲

如果说,五四新文化运动所引发的语文本体论由文言向白话的转变还具有革命性、进步性意义的话,那么新时期的应试教育则把语文学科拉向了日趋异化的境地。不仅传统语文本体论、实践论的人文意蕴被抛弃,就是五四“白话文”运动所张扬的民主、平等观念,个性解放意识也被无情地消解在意识形态的阐释中。代之而起的是把语文变成枯燥乏味的技艺之学、知识之学,乃至变成一种应试训练。语文丧失了最为根本的趣味性、想象性、创造性和人文性特征。李亚伟在《硬汉们》一诗中写道:“……我们成了教师/我们把语文教成数学/我们都是猎人/而被狼围猎,因此朝自己开枪、成为一条悲壮的狼……”[1]。可见,语文本体的错位直接造成了语文教师人格的裂变。

---

[1]唐晓渡选编.灯心绒幸福的舞蹈——后朦胧诗选萃[C].北京:北京师范大学出版社.1992:80.

　　语文本体的异化反映了新时期以来教育上的重理轻文、以理解文的实践走向。科学至上的观念转化为"学好数理化,走遍天下都不怕"的教育格言,在这一普遍性思潮的影响下,语文学科开始丧失了起码的学科尊严,成为科学理性的殖民地。加重语法、逻辑、修辞等理性内容,强调对起承转合、前后呼应等写作技术的训练,成为语文教育"科学化"的目标与保障。语文教育妄图通过牺牲自身的人文性,凸显外在的科学性,来求得科学的认可与庇护,获得"科学"光环的照耀。但这种做法只能带来语文教育愈来愈严重的知识化、模式化、机械化。语文教育非但不能确保自身的科学性,反而造成从根本上违反教育规律的恶劣后果。

二、科学主义的原子还原论与语文教育的理性分析本位

　　科学主义方法论的精髓就是原子还原论,即理性分析精神。它主张把事物进行层层分解还原到最小部分,然后再研究各个部分之间的逻辑上的因果关系。这种以分析为本位的研究方法是牛顿经典物理学的产物,曾经是科学主义者的根本信条,它提供了一条认识外部世界的有效途径,对后世产生了巨大的影响。在语文教育上,理性分析的方法被广泛采用,是与语文教育学科化的进程相伴而生的。白话文进入语文教育,提供了理性分析的本体论保证,因为较之于文言文,白话文更接近于西方的拼音文字的语言规范。因此,也就为借鉴、引进西方的教育模式、教学方法扫除了障碍。这种以理性分析为本位的观念在应试教育的背景下已经深入到了语文教育的方方面面。它对语文教育的思想、过程、方法均发生了重大影响。

　　这种以理性分析为本位的科学主义观念对于语文教育的危害,主要表现在以下两个方面:一是认为可分析性是确保语文教育走向科学化的根本保证。因此,必须以分析的观点,亦即知识的观点来理解整个语文教育过程。二是认为培养学生的理性分析能力是语文教育的最高的目标,其他所有目标都必须服从这个要求。第一个危害直接导致了语文教育的"知识中心论",它把语文教育的丰富的人文性、审美性、实践性都统一到知识性这一层面,从而使分析的方法在整个教育过程中畅通无阻。这样,可分析性、逻辑性、系统性转化为语文教育的根本属性。语文变成了记诵之学、推理之学乃至"屠龙"之学。第二个危害则直接造成了学生语文能力结构的畸形化。这种以理性分析为中心建立起来的语文知识结构对于学生实际的语文能力来讲,并没有多大实际价值。因为,"我们要培养的是使用语言的人而不是语言学家,是能'用这种语言讲话'的人而不是'谈论这种语言'的人"①。任何一个人,包括最伟大的语言学家在内,都不是也不能依凭词语的理性范畴和语法规则来理解句子和生成句子。任何一个人的实际语言能力,决不可能主要由他在学校和从书上学得的语言知识转化而来。这种以语文知识中心论来消解语文的审美体验性、想象性、人文性与实践性的做法,还使学生丧失了对文章美的鉴赏能力、对于文章思想内涵及丰富情感的理解能力、个性化言语的表达能力。因为,知识指向的是唯一性、确定性、事实性,而审美性、想象性、人文性与实践性则指向多元性、模糊性、体验性。这是两种根本不同的思维路线。

①皮特·科德.应用语言学导论[M].上海:上海外语教学出版社.1983:291.

三、科学主义的机械决定论与语文教学通用模式的建构

在对客观世界内部关系的理解上,科学主义坚持机械决定论立场,认为世界的所有运动都可以归结为机械运动。世界的一切,包括生命、思想、情感等,最终都可用机械模式加以说明。事物之间是机械的因果决定关系,按线性模式发展,"客观"规律被尊奉为金科玉律。在语文教育上,这种机械论的世界观影响很深。它把教学过程看作一种物理过程,确信教学内部的关系是机械决定论的,铲除了语文教育的历史发展性及实践的创造性,致力于构建一种所谓科学的通用的教学模式。他们坚信,既然客观规律是无所不在的,那么,只要我们寻找到语文教育的客观规律,以此为基础便一定能够构建出一种具有普遍约束力与适用性的万能的语文教学模式,从而可以像大工业生产样,按照统一的图纸设计大规模地投入生产与制造,收到一劳永逸之效。这种观念是支配我国语文教学模式研究的基本信念,尽管大多数的人并没有意识到它的存在,但却完全被置于它的支配之下。我国近一个世纪以来的语文教学结构的演变基本上反映了这一现实。

最早引入我国语文教育界的西方教学模式是德国赫尔巴特的"四段论"模式,即明了—联想—系统—方法。其后继者又把它发展成"五段论",即预备(提出问题、说明目的)、提示(提示新课题,讲解新教材)、联系(比较)、总结和应用。赫尔巴特派的这一理论在教育史上具有里程碑的意义,宣告了科学教育学的诞生。不过,它同时也预示了科学主义教育观的到来。赫尔巴特对教学

过程的研究基本是站在科学主义的立场上的,他把教育学心理学化,从错综复杂的教学现象世界抽象出最简单、最原始的要素——"观念"(原子还原论),并深入地研究了"观念"之间的相互作用方式,即"观念"从被统觉到应用,是任何教学过程都必须遵守的铁定法则(机械决定论)。但是,赫尔巴特作为大哲学家、大教育家,他同时也深深地认识到把教育学单纯地心理学化可能导致教育的人文性、精神性丧失的危险,于是他很明智地把哲学(伦理学)引入教育学,以此为教育目的论提供理论基础。这样,心理学就只能局限在方法论的层面。

　　赫尔巴特"四段论"早在洋务运动初期就开始出现在我国,自清代废科举兴学校,它已广泛应用于中小学语文课堂教学,这可以在从五四运动到新中国成立前后三十年间各种主要版本的语文教学方法著作中得到证实。如江都、曹刍编写的包括语文教学法在内的《修辞教学法》分课堂教学结构为四阶段,即思考过程、欣赏过程、练习过程、建造过程;蒋伯潜的《中国国文教学法》分为五个步骤:预备与检查,试讲与范讲,讨论;钟鲁斋的《中学各科教学法》为五段式:预备、授课、比较、总束和应用;黎锦熙的《国文教学法》为"三段式",即理解(预习与准备)、练习(比较与应用)、发展(创造与活用)。

　　新中国成立后,从50年代开始,苏联凯洛夫教育学在我国广泛传播。组织教学—复习旧课—讲授新课—巩固新课—布置作业的"五环节"课堂结构逐渐主宰了我国学校的各科教学,也成了语文课堂教学结构的一种基本模式。凯洛夫的教学过程论尽管以马列主义认识论为指导,基本上仍旧没有超出科学主义机械决定论的窠臼。和赫尔巴特一样,他也是坚持教学过程作为心理的认识过程具有一种普遍的规律性,因此认为以认识论为基础构建一种通用的、具有普遍约束力的教学模式不仅是可能的，而且是科学的、必需的。新中国成立后，除了凯洛夫教育学对我国语文教育产生了重大理论影响，苏联专家的"《红领巾》教学法"还对我国的语文教学产生了直接决定作用。1953年，北京师范大学中文系实习生根据苏联专家普希金的意见试教了《红领巾》一文，共四课。这四节课的教学重点分别是：第一节由教师讲述故事梗概，讲解生词，学生试读全文；第二节分析人物性格及其成因；第三节分段并写出段落大意，归纳主题；第四节练习修辞造句，学习写作技巧，指导表情朗读。这四节课大致可分为起始课—分析课—总结课三个阶段。这种"《红领巾》教学法"在全国普遍推广，以致在以后的三十年中几乎成为我国中小学阅读教学程序的基本模式，影响是相当大的。改革开放以来，我国许多优秀教师从自身的教学经验出发，创造性地构建自己的教学模式，取得了许多突出成果。如上海育才中学的"八字"教学方法，钱梦龙的"语文导读法"，黎世法的"六课型单元教学法"，魏书生的"自学六步法"，李敬尧的"导学式教学模式"，可谓争奇斗艳、异彩纷呈。

在这里，笔者要说明的是，如此风格迥异、各具特色的教学模式的出现恰恰证明了这样一个事实：语文教学过程是一种极其复杂的富有创造性的实践活动，力图建构一种通用的机械决定的教学模式是徒劳的。心理学的规律并不能等同于语文教学的规律，认识过程并不能排斥情感的体验，也不能代替技能的发展与人格的养成。因此，教学模式应是教学艺术个性化的结晶，而不应是教学"科学化"成果，通用的教学模式只不过是一个不攻自破的神话而已。

四、科学主义的客观中立性与语文测试的标准化

科学主义的认识论强调人应当不带感情地认识事物,即客观、冷静、理性地看待自然、社会和人生,同时又以精确、客观、可量化性、可验证性作为知识的标准。这种科学主义的客观精神在语文教育中最突出的表现就是语文测试的标准化。20 世纪 80 年代从香港引进的标准化考试,已经推行了近二十年,遍及各级各类考试,其影响是极其深远的。在语文教育中推行标准化考试,其后果尤其严重。语文测试标准化的采用,特别是在高考中的推行,使语文教育被畸形化的考试所束缚,从而变得更加畸形化。所谓标准化,一是说,试题是客观的,以避开解答中的主观成分;二是说,评定成绩是客观的,以避开评分中的主观成分。其积极效果主要表现在答案的明确唯一,不受评分人个人主观因素的影响,又可以用电脑操作评分,能比较准确地评出一份试卷的成绩,便于个人以及学校按成绩择优录取新生。标准化,其实也就是客观化、效率化,更进一步说就是官僚化,是一种数字崇拜。

与其他学科相比,语文学科在知识的运用上有三个显著特点:一是综合性,即语文知识的运用是综合的,孤立地去掌握各项知识并无太大意义;二是模糊性,即语文的知识范围难有截然的界限,掌握的程度也难以精确地量化;三是个性化,语言学习的目的之一就是要使学生形成个性化的语言风格、独特的审美能力以及创造性地运用语言知识的能力。因此,青年学生学习语文的最佳途径就是多读文学作品,培养良好的语感,多写自己感兴趣、有体验的事物,形成自己的语言风格。只有这样,才能真正通过语

文学习提高精神境界,丰富语汇,领悟语法,提高表达能力。所以,对于语文的测试应充分体现对语言表达的考察,多鼓励学生主观创造性的发挥,切忌唯知识至上、唯课本至上、唯教参至上。但是,语文标准化命题却与之相反,忽视了语文的综合性而突出知识的分解;忽视语言的模糊性而过分强调精密性;忽视学生的独创性而迷信答案的标准化和客观性。语文命题越来越有偏、怪、难之势。这种命题指导原则必然把语文教学限定在死记硬背、重知识轻能力、重分析轻表达、重训练轻体悟的狭窄空间,甚至把学生淹没在题海里。1997 年 8 月 23 日的《文汇读书周报》报道,上海的名牌杂志《少年文艺》的发行量已从 80 年代的 100 万份降低到目前的 10 万份。题海战术其影响可谓深远。

实践证明,这种标准化考试的后果是弊大于利。世界上最早实行标准化考试的美国教育界已对标准化考试提出异议。大多数教育家认为,标准化考试采取单一正确的答案形式,而没有考虑到有的题目会有复合式答案或多种解答方式。标准化考试强调孤立的学习,而不强调把事实和思想综合为一个整体,把思考的速度看得比思考的深度更为重要。这种考试诱导教师把全部课程狭窄化了,过于强调应付考试的技巧。结果,美国的中学生连一个没有错误的短文都写不出来。标准化考试不管学生能否综合信息、解决问题和独立思考,只测量他们能识别什么。一位美国大学教师说,从采用标准化考试时起,包括优美的文学作品的课就开始在美国的课堂上消失了,对于优美文学作品的欣赏让位于对阅读技巧的强调。因而美国三十六个教育和公民权利团体的联合组织呼吁:希望对标准化考试进行改革,选用各种形式的考试去测量教育的效果。可见,改进乃至废除标准化考试已成为世界性的共识,语文标准化考试的改革已势在必行,不能再把它当作"鸡肋",食之无味,弃之不舍。

五、科学主义的工具价值观与语文教育人文性流失

　　科学主义信奉科学万能,注重科学技术对人的物质生活的改善,从而强调事物作为工具的价值。这种工具主义的价值观反映在语文教育上,则是偏重语文作为应试工具的功利价值、作为语言工具的实用价值,而忽视了它对于人的精神发展的本体论上的目的性价值。以这种工具主义价值观作指导的语文教育,剔除了语文教育的人文性因素,把语文教育变成了一种纯粹的知识之学、技能之学。这样,语文教育的目的性价值让位于工具性价值,语文教育的精神陶冶便被知识训练代替了。实际上,语文教育的这两种价值应当是辩证统一的关系。上海语文特级教师于漪认为:语文学科作为一门人文应用学科,应该是语言工具训练与人文教育的结合,这是对语文教学现状的反思。语文教育不仅应注意语言工具训练,还要贯彻人文教育思想。语文教育中的工具性、人文性皆重要,不可机械割裂。抽掉人文精神,只在语言形式上兜圈子,语言文学就会因失去灵魂、失去生命而暗淡无光,步入排列组合文字游戏的死胡同;脱离语言文字的运用,架空人文性,就背离了语文课的初衷,步入另一个误区。二者应是有机结合,相得益彰。过去我们反对把语文课上成政治课,提倡人文性,我们当然不能把语文课教成思想修养课、道德品质课和其他课等等,语文课就是语文课,须把握它的本质属性,在语文知识教学、语文能力训练中贯彻人文精神,收潜移默化、春风化雨之功。

　　在应试教育的冲击下,不仅语文教育的人文性、精神性被取

消,就是作为语言学科的工具性价值也被扭曲、压制,直至把语文教育完全沦为纯粹的应试工具。语文教育这种极端功利性的工具价值趋向,成为阻碍教学改革的精神阻力与实践藩篱,从而使语文教育在脱离促进人的精神正常发展的道路上愈走愈远,语文学科原本宏富的人文精神与文化价值也就在这种功利主义的教学中流失掉了。语文课一旦沦为记忆之学、技能之学、训练之学,它就从根本上背离了人的精神发展而变成了精神发展的桎梏。在这种教育价值观的影响下,学生视语文为畏途,慨叹比数学还难对付,从而失去了学习兴趣。原本离人的性情最近的、最富生活情趣与审美快感的修养课,变成了枯燥乏味、死气沉沉的受罪课。当学生们面对一篇篇优美的文学作品只能挠着头皮、咬着嘴唇、暗自叫苦地分析段落、概括中心、辨析修辞格,而不能满怀欣喜与渴慕地陶醉在诗意的想象中,不能与作者产生精神上的理解、交流,思想上的碰撞、对话,情感上的共鸣、沟通,我们又能期望这种语文教育对人的发展有何意义呢? 因此,武断地割裂语文教育的工具性价值与目的性价值,以功利性消解人文性,不仅造成了语文教育自身的裂变和异化,而且影响着学生精神世界的健康成长。

(原载《山东教育科研》2000 年第 6 期,人大复印资料
《中学语文教与学》2001 年第 4 期全文转载)

思维微积分：语文教学的认知视角^①

——布鲁纳《教授母语》对语文教育的启示

　　杰罗姆·布鲁纳不仅是一位享誉世界的著名心理学家和教育学家，而且还是一位优秀的教师和教育实践家。他在 20 世纪 70 年代发表的《教授母语》一文不仅体现了他的结构主义教育思想，而且还显示了一名出色的教师对母语教育规律的深刻洞察。今天重读该文，闪现在字里行间的诸多真知灼见，仍然会给人留下敏锐深刻的印象，引发我们对语文教育的重新思考。

　　我国当下语文教育界常常热议"语文本体"、"语文味"、"把语文上成语文"，尽管这确实是对近年来无视语文本体迷信对话教学、合作学习与探究教学的积极纠偏，但是，任何事物都是过犹不及，在我们强调语文教学要从语文学科本身特征出发、强调语言文字训练与文学陶冶的同时，也不应画地为牢，固守一端，而忽视了其他各方面。语文教育与学生思维发展的关系问题，就是被忽视的诸多问题中的最根本的一个。由于我们对儿童汉语思维的发展规律及其阶段性缺乏深刻系统、具体而微的认识，对文言思维和白话思维的关系缺乏客观辩证的研究，因此，我们的语文教学长期以来奉行"跟着

---

① 本文所有引文均出自 J. S. 布鲁纳著《教学论》中的《教授母语》一文，第 89—97 页，姚梅林、郭安译，中国轻工业出版社 2008 年版。

感觉走"、"摸着石头过河"的原则,造成了诸多乱象:教材选文忽多忽少、忽难忽易;作文分文体教学而考试则又主张淡化文体;语法知识或艰涩繁难,或干脆避而不谈。种种现象反复无常,令广大师生困惑迷茫。布鲁纳在《教授母语》中所阐发的母语学习与思维发展关系的思想,很值得我们思考和借鉴。

布鲁纳以一名心理学家的独特眼光审视了母语教育中的一些根本性问题。他对母语教育的地位、作用与过程的理解和认识,不同于大多数语文学科教育专家的观点,有着更加坚实的科学基础和更加广阔的思想视野。

布鲁纳关于母语教育的观点,主要包含四方面的内容。

首先,布鲁纳站在"语言是如何影响思维的"这一哲学高度来认识语文教育的地位与价值,超越了把语文教育仅仅局限在以掌握语法修辞规则为基础的语言学习方面的局限。

在他看来,"正确、清楚而得体的表述固然重要,但我更加看重如何表述的练习过程,因为这才是保证一个人言谈正确、谦恭有礼而不失其语言效力的唯一方法"。也就是说,我们不应把语言表达仅仅看成遣词造句的文字游戏,而更应该把它看作一种思维过程的展示和训练。"语言是思维的主要工具。当我们在力所能及的范围内进行思考时,我们和语言紧密而不可分割,甚至可以说是受语言的导引。"只有把内部思想通过语言的形式"如实地陈述出来,这样你自己才有可能意识到它是否愚蠢荒谬,或者他人才有可能善意地给你指出来"。因此,思维问题可以转化为语言是否清晰、连贯以及能否灵活适应语境变化的问题。反之亦然,如果没有清晰而连贯的思维过程,我们的语言表达就会变成无源之水、无本之木,混沌无序。因此,语言与思维相互关联,紧密嵌合,从这种意义上说,语文教育就是对学生进行思维培育的过程。

　　其次，布鲁纳以儿童掌握句法结构为例，精辟地阐述了语言在不断分解和组织儿童经验方面所具有的建构作用，并进而揭示了母语教育的重要本质：教授思维微积分。

　　儿童在两岁的时候，开始建立起"神奇而强大"的句法结构。儿童一开始只能说像"爸爸"、"妈妈"、"不"、"没了"等单音节词或单词句，忽然有一天，他能神奇地说出一个合乎语法规则的句子。布鲁纳认为"这绝对应该是值得每年庆祝一次的日子"。从这一天开始，儿童真正迈上了永不休止的语言之途。当母亲把孩子手上的果酱擦掉时，他可能会说：黏黏的全没了。而接下来的几个星期，孩子会把这个结构用到极致：以固定的词"没了"结尾，以几乎任何一个他所知道的词开头，灵活地生成出符合句法规则的句子结构。很快，那个作为固定支点的词——"没了"——发生了变化，以另外的类似的词取而代之。在这之后的几个月里，将会有超过 1000 个词作为支点结构而出现在句子中。布鲁纳透过儿童的这种神奇的语言生成能力，看到了其背后深刻的发展意义："这个孩子不仅掌握了一种讲话的方法，还掌握了一种能把经验结合起来的强大工具，一种把对事物的看法组织起来的工具。"正如文字是形成概念的先导，同样的，"对语言的加工和整合是把经验分解，再用新的方法把它们结合起来的先导"。儿童掌握了句法结构，也就相当于获得了一种思想的表达式。这是一种抽象的框架结构，就像数学公式一样，它的每一部分都可通过"词语替代"的方式发生数不胜数的变化，使单一的句法结构生成出千变万化的可能意义。因此，布鲁纳认为"英语教学也可以说是在教授思维微积分"。当然，与数学微积分通常应用于结构良好的问题不同，语言微积分对结构不良的问题更加有用。在布鲁纳看来，"这些问题通常比较有趣,但同时又比较费神"。确实如此,语文教师常常感叹语文教学没有抓手,没有"硬"知识可教,原因大概就在这里:解决结构不良的问题是语文的先天遗传和文化宿命,是语言微积分的固有特性,而恰恰这种秉性才造成了语文的永远开放和运动状态,赋予了它人性的光辉和浪漫的诗情。换句话说,语文是一首浪漫的数学诗。它的诗性,对我们而言几乎是不言而喻的事实,而它的数学性,如同面对断臂的维纳斯,我们沉醉于她那饱满光洁的肌肤、优美动人的身躯,而却难以发现隐藏其中的黄金分割点一样,让人感到神秘莫测。

布鲁纳认为我们的思维方式和思维形态是语言外部功能不断内化的结果,各种不同的语言方式在思维发展中起着各种不同的作用,赋予我们不同的组织经验和加工能力。因而,母语教育必须重视语言的各种功能的不同的思维发展价值,并协调好它们之间的关系。

布鲁纳引用了罗曼·雅各布森的观点,认为语言具有六种明确的功能:情绪功能、意指功能、指称功能、元语言功能、诗意功能和寒暄功能。语言本身具有的这些多向度功能,是它"被视不良的思维微积分"问题的根本前提。语言具有多重功能,就意味着我们能够使用多种表达方式,从而达到多重目的:"它可以掌控它所指代的,描述它所诗化的,阐明它所表达的,在厘清事物的过程中创造美,在沟通中满足不同需求。"而所有这些功能,对语言来讲,都几乎是在一瞬间就完成了的活动,并且是以思维微积分的方式——语言规则的实际运用——来完成的。因此,我们甚至可以说,一个受过良好教育的人,就是一个"熟练地掌握了语言多种功能的人,是知道如何去变化语言的人,是知道如何表词达意的人,不管这种语言是指向自己还是别人"。语言多种功能的内化给我们提供了丰富多样的内部工具（内部语言），用来调整我们的辨别、行为和意识形式。当我们的内部语言不足以对外部问题做出清晰的说明和阐述时，我们的思考和表达就会受到极大的限制。我们是如何调用内部语言来服务于我们的思考过程和知识学习过程的？布鲁纳认为，在获得知识的过程中所使用的语言方式才是最有力的手段，这种手段使我们能够转换信息，使我们可以根据各种可能性来重新组合和改变知识的形态，因为"语言的每一种功能都有其重组搭配的魔力以及巨大的再造能力"。所以，布鲁纳认为语文教育应关心这些重组能力的培养过程。布鲁纳举了一个自己曾指导女儿写大学入学申请书的例子。女儿给作者看的第一稿行文激情四溢，热情奔放，但不免有些矫饰和夸张。考虑到维护女儿的自尊心，作者并没有直截了当地提出修改意见，而是建议女儿重写一篇完全没有形容词的自述。两个小时之后，她把重写的自述拿给作者看，并说自己的第一稿矫饰过度，太矫情了，作者应该给她指出来。通过这个案例，我们可以看到，在不同的语言表达方式间进行转换不仅为作者提供了新鲜的写作思路，而且开阔了作者的思想视野，转变了对事物的态度和认识，也丰富了语言的表现力。

布鲁纳对语文学习过程进行了深入的心理分析，揭示了语文解码（听、读）与编码（说、写）过程在思维方向的不同，提出了主动阅读的观念；借鉴维果茨基的理论分析了口语思维与书面语思维在抽象层次上的差异，深刻揭示了学生写作困难的内在原因，并提出了有针对性的教学建议。

布鲁纳提出了一个很有意思的问题，为什么一个人最容易在阅读过程中犯困，而在写作或说话的时候最不可能睡着？布鲁纳解释说，解码（听和读）和编码（写和说）之间有着十分重要的区别:在听和读的过程中,我们通常要在听(看)到全部内容之后才能做出决定,以便综合先前的内容,最终产生符合语法的描述。因此,我们最终所能关注到的内容通常少于我们真正听到或看到的内容。在说和写中,其模式是非常不同的,演讲者或者作者的思维活动超前于他们所表述出的内容。他在不停地朝前构思,编排自己的观点和用词,然后将其转换成可以交流的话语形式,以表达自己的意图。由此来看,听者和读者是在现在时和过去时之间来回转换,而演讲者和作者则是在现在时和将来时之间穿梭了,即前者"滞后",后者"超前"。"滞后"意味着没有足够的时间来解码,而"超前"则意味着有可能产生不正确的预期。因时间所迫,听者落得越来越远,而与此同时,演讲者则越来越超前。由于分不清现在与过去,因此,听(读)就变成了"催眠"的过程,而演讲(写作)却能使人精神振奋。布鲁纳的关注点不在于发现阅读作为解码过程的滞后性和被动性,而是放在了如何改变阅读的被动性上,因而,他提出了主动阅读的观点——"阅读应当从被动状态中解放出来,变成一项更加主动的活动。"布鲁纳通过对自己学生时代整整三个星期学习歌德名言"理论是灰色的,生命的金色之树常青"的美好回忆,使我们领略了主动阅读的真实体验:"寥寥的十几个字,我们整整琢磨了三个星期。这与简单的阅读是截然不同的,而我最终的收获则是完完全全、清清楚楚、明明白白地悟透了这十几个字。这非常合算。我从来没有以如此活跃的思维状态阅读过什么,其实,我更像是一个演讲者而不是听者,更像是一位作者而非读者。"

为什么写作对于学生来说是如此之难呢?布鲁纳引用了维果茨基的观点来回答这个问题:口语是一级抽象,而写作和阅读是二级抽象。口语是情境性的语言,受到对话过程的多种社会需求的控制、影响。大多数的口头语言取决于对话双方的需求，谈话的对象决定着交谈的内容。口语词汇代表着某种东西、某种状态或思想，是不能用其他形式的另一个词来代替的。而书面语则不同，人们在书面语表达中，必须使自己从直接的社会交互活动中分离出来，在头脑中构建适当的情境，选用适宜的词汇。书面语和口头语言的关系，就"如同代数和算术的关系"。因此，从直接的对话中分离出来的书面语言，赋予了写作以新的语言性质和功能，书面语言把我们的思想带入了一个虚拟的精神时空，它需要作者进行更加主动的独立的思维活动和语言创造。因此，写作不仅是对语言表达能力的挑战，也是对思维能力的挑战。布鲁纳建议，一个人的写作能力要提高，仅仅局限在关注写作过程自身是不够的，还需要倾听并与口头语言作比较，需要老师的辅导和修改。"辅导者对学生的作文进行多种形式的修改，这些修改分别针对着语言的各种不同功能，用不同的陈述和组织技巧来表达学生想要表达的内容。然后再让学生自己写，最后再反复地听。"这些做法，至今仍具有实践价值。

综观布鲁纳的母语教育的观点，我们不难发现，重视对语文学习内容与过程的心理分析和积极干预，是其一以贯之的思想主线。这一点也正是我国语文教育研究的薄弱之处。关于汉语文学习认知规律的研究，在 20 世纪二三十年代曾经出现过一个高潮。以刘廷芳、艾伟、俞子夷、朱智贤为代表的一批心理学家做过大量的语文学习实验，研究了汉字认知规律、汉字横向竖向排列阅读方式比较、阅读与写作心理、文言文开设最佳时间等课题；近十多年来，李宇明教授对儿童语言发展规律的研究、何克抗教授对儿童认知发展阶段的研究，尤其值得我们关注。但是，从整体上看，汉语文教育与认知发展关系的研究还局限在有限的范围内,一些根本性问题还尚未触及,如汉语言思维的心理独特性、文化特质及发展阶段,文言与白话思维的心理差异及其教育意义,汉语思维与理性思维、直觉思维与创造思维的关系等问题。而且,更为可惜的是,就是那些已经取得重要理论发现的研究成果,在语文教育实践领域产生的影响也微乎其微。在绝大多数的语文课堂里,语文老师还是在凭自身经验和教参上课,很少有人能自觉运用这方面的理论观点。当下有不少学者和教师高呼"回归语文本体",教出"语文味",还原出一个"纯正"的语文,尽管事出有因,可以理解,但我还是不免担心,这股潮流是否又会把语文教育从儿童思维发展的生动链条上截取下来,使其变成一潭远离现实、孤芳自赏的"死水"。

(原载《山东教育》2016 年第 9 期)

学会说理:论述类文本教学的核心价值

引 言

如何在论述(议论)类文本阅读教学中训练学生的逻辑思维和辩证思维,培养他们的理论分析、阐述与论证能力,最终养成现代社会所必需的公共说理能力与理性精神,是论述类文本阅读教学面临的一个时代选择。在当前社会舆论和网络环境中充斥着大量的非理性语言、虚假信息甚至恶意蛊惑性言论的状况下,引导学生学会独立思考、尊重事实、讲求证据,辩证地分析和评论问题,显得尤为紧迫和重要。这就意味着,论述类文本的教学应当突破传统的"论点—论据—论证方式"三要素的封闭模式,以养成学生的公共说理精神为旨归,探求当代论述类文本阅读教学的核心价值和教学路向。

一、正名辨体

"名不正,则言不顺。"正名对论述类文本来说是一个绕不过去的逻辑起点。本文采用的"论述类文本"系出自《普通高中语文课程标准(实验)》中的用法,显然,这是一种比较模糊和宽泛的说法,对论述类文本的内涵和外延都没有给出具体界定。《义务教育语文课程标准(2011年版)》仍然使用"议论文"的说法,而《普通高中语文课程标准(实验)》除了使用"论述类文本",还使用了"理论类文本"的概念(2000年颁布的《全日制高中语文教学大纲》已经开始使用"理论类文本")。为什么高中课标不使用已经约定俗成的"议论文"或"议论类文本",而是选用表述上有较大差异的"理论类文本"、"论述类文本"?这至少反映出学界对习以为常的"议论文"这一名称的用法开始有所质疑:随着公共说理与论辩、社会听证与咨询、新闻时评、网络论坛和专业论文写作等说理形式的大量涌现和迅速发展,"议论文"作为一种文体的名称似乎越来越暴露出它的狭隘性。时代呼唤着一种更具包容精神和灵活架构的概念,来总括有关说理、论说、论述、论辩以及评论等说理性文本的文体形式。因此,论述类文本的提法,是一种扩大的议论文概念,旨在囊括众多的说理性文本形式。这个名称是否能得到普遍的认可还需要时间的检验,但提出"论述类文本"这个概念,表明我们已经从狭义的议论文读写的文章学思维,向着开放多样的公共说理空间迈出重要一步。

从历史来看,议论文的名称、内涵、外延的确定和使用有一个长期的发展过程,本就不是一成不变的。古代的议论文是从诸子论学语录中发展来的,在漫长的演进过程中形成了"论"、"说"、"原"、"辩"等形式。这些具体形式只是说理与论证的侧重点不同,没有实质性的差别,所以后来把说理辨析之文统称为论说文。"议论文"作为一种文体提出,是在20世纪初期。当时我国写作理论借鉴西方,将文章分为记事、叙事、解释、议论(论辩)等类别,如龙伯纯的《文字发凡》(1905年)将文章分为记事文、叙事文、解释文和议论文四类。梁启超1922年在东南大学讲课,把文体分为记载文、论辩文、情感文三大门类,并列举了说喻文、倡导文、考证文、批评文、对辩文五种论辩文形式。陈望道在 1922 年出版的《作文法讲义》中说"论辩文"的旨趣是"使人信从作者的判断",并提出议论文三要素的雏形——论题、证据、证明法式。1923 年吴研因起草的《新学制课程标准纲要·小学国语课程纲要》,第一次在官方性质的文件中使用了"议论文"的表述,议论文的用法随之普及开来。夏丏尊、叶圣陶等学者在自己的著述中也纷纷使用"议论文"这一概念,在他们的积极推动下,议论文成为语文教学中的基本文体。此后,议论文教学一直把"三要素"作为核心概念,议论文的读写始终围绕着论点、论据和论证方法等内容来进行。说理文、论说文、论辩文、论述文等名称尽管还偶尔使用,但在语文教育话语中已经不占主流,甚至逐渐消失。议论文名称的确立及在语文教学中的广泛使用,带来了学理概念上的统一、沟通交流上的便利,但也产生了潜在的危险:说理文本的丰富形式和复杂变式渐渐被刻板单一的议论文三要素观念所绑架和束缚,三要素成为议论文读写的不二法门和定海神针。客观地说,我们今天只有把议论文文体放置到历史上已经形成的众多的说理性文体的历史源流与背景之中,才可能真正认识到议论文作为一种文体本应包含着相当丰富的说理和论证方式。

我国的议论文文体知识借鉴于西方的文体理论。西方强调通过说理性文本的读写来培养学生的公共说理能力和理性思维精神。这是他们自 18 世纪以来受实证主义哲学和启蒙思想影响逐步形成的说理性随笔读写传统。目前,美国从小学六年级到大学一年级都在持续地进阶式地培养这种公共说理能力:引导学生尊重事实,重视证据,遵循逻辑,识别并避免逻辑谬误,提防不实宣传,防止情绪化判断。不是把说理看作一种理论知识、一门学问和学术来学习,而是把它作为一种实践能力、公民素质与行为习惯来培养。从公共说理的角度来看我国的议论文教学,三要素观念已经被逐步打破,面向公共生活领域的说理和论证的新向度正在形成。《义务教育语文课程标准(2011年版)》已经对议论文三要素教学进行了改进:"阅读简单的议论文,区分观点与材料(道理、事实、数据、图表等),发现观点与材料之间的联系,并通过自己的思考,作出判断。"这里避开了"论点"、"论据"、"论证方式"的提法,使用了更具普适性的"观点"、"材料"、"发现观点与材料之间的联系"的表述,更重要的是提出了"通过自己的思考"对观点与材料之间的联系"作出判断",这其实已经开始从三要素的封闭分析转向独立思考和学会说理。《普通高中语文课程标准(实验)》则走得更远,基本抛弃了三要素的传统提法,除了关注观点与材料之间的联系,更"着重关注思想的深刻性、观点的科学性、逻辑的严密性、语言的准确性"。在评价时特别提出"着重考察学生的抽象思维能力",鼓励学生提出"言之有据的独特见解"。从课程标准表述上的这些变化可以看出,三要素的提法已经逐步淡化,引导学生学会独立思考、培养抽象思维能力和理性精神,正成为论述类文本阅读教学的新的共识。

二、价值澄清

论述类文本缘何有助于培养学生的公共说理能力和理性精神?传统的说法是议论文三要素源自逻辑学的论证三要素:论题、论据、论证方式。论证的三要素对应推理的三要素:前提、结论、推理形式。论题对应结论,论据对应前提,论证方式对应推理形式。换言之,论证的过程就是逆向的推理过程。因此,严格的论证过程符合形式逻辑的要求。这种说法流传甚广，已经沉淀为缄默知识，却经不起学理的推敲。第一，说理性文本以连贯的句子构成的文章的形式呈现，不以几何学证明题的推理形式呈现。在真实的说理文本中，论证过程往往既不连续，也不完整，而是跳跃的、片段的、选择性的；其逻辑关系常常处于若隐若现的半遮蔽状态。第二，演绎论证的大前提是无法证明的，而在说理性文本中，这个大前提往往会遭受持不同立场者的质疑。归纳论证的例证法只是有限枚举，不可能完全归纳。因此，根本不存在绝对意义上的归纳论证。类比论证本身只是一种巧妙的说明，其论证不具有直接的逻辑必然性。第三，论证只不过是论述类文本的功能之一，在大量的论述类文本中，论证本身不具有独立性，往往是为概括、界定、阐释、分类、辨析、比较等功能服务的中介环节。换言之，有时充分地、详尽地界定论题和阐述观点比论证观点的合理性更有价值、更有意义。比如冯雪峰的《简论市侩主义》一文，作者用几乎超过全文一多半的文字来界定什么是"市侩主义"，不厌其烦地阐释市侩主义的各种表现，比较辨析它与损人主义、欺骗主义、洋奴主义的区别，辩证地分析市侩主义各种看似矛盾的做法里所包含的利己主义的本质。作者并没有按照议论文三要素的要求进行模式化的论证。因此，探究论说类文本的说理价值，必须走出"三段论"形式逻辑的认识论误区。我们拟从非形式逻辑、实证精神、说理的多样性等角度来认识论述类文本的教学与发展价值。

1. 从形式逻辑到非形式逻辑：逼近论述类文本的逻辑思维真相

尽管人们常常以形式逻辑，尤其是广为人知的"三段论"为标准来要求说理语言的严谨性和说服力，但事实上形式逻辑与人们的日常语言表达和思维活动之间的距离相当疏远：形式逻辑赖以展开的形式系统在表达的丰富性、灵活性和实用性方面远远无法模拟自然语言;形式逻辑所秉持的推理和论证的有效性在日常语言论证过程中的应用范围极其有限,人们更关心的是论证的合理性,而不一定是逻辑上绝对的必然性。因此,人们早就意识到形式逻辑不足以准确地刻画、涵盖日常说理中大量运用的推理和论证方式,也难以提高与改善人们在日常说理论证过程中的分析、论证和推理能力。这样,专门用来研究日常说理逻辑问题的一种新的逻辑学分支就在20世纪五六十年代的美国诞生了——非形式逻辑。

非形式逻辑准确地说应该是"非形式的"逻辑,不是不讲逻辑,而是不仅仅局限在原来的形式逻辑的范围内讲,是把各种语言论证的非形式的语义因素、心理因素和伦理因素也考虑在内。因此,非形式逻辑研究人们在日常说理中容易犯下的各种逻辑谬误,诸如偷换概念、转移话题、人身攻击、以势压人、循环论证、不适当地诉诸情感、窃取论题等,启发人们怎样识别和避免这些谬误,合理地进行思维、交流、传播和辩论。斯蒂芬·图尔敏提出应该摒弃以几何学为摹本的论证路线,而向法学家学习,像关注现实生活中的司法程序一样去关注人们在日常生活中的推理与论证实践。他认为,一个论证不只是前提、假设与结论之间的形式化模式,而应该更为广义地理解为各种主张、断言、数据、理由、反例和确证等之间灵活、丰富的相互作用与关系。他强调论证过程中要有真实的证据链,要对情景条件进行具体分析,还强调要有反例意识和有效边界意识。

在西方,以非形式逻辑思想为指导的公共说理读写教育,注重训练学生批判性地分析、评估与建构论证的技能,引导学生识别形形色色的逻辑谬误、诡辩和宣传,培养学生建设性地进行例行交流与探讨的习惯。比如，美国小学六年级对学生的说理评估能力的要求是：判断作者结论所用论据的合适性和恰当性；用准确、有说服力的引述语来合理地陈述观点；察辨文本中缺乏论据支持的推理、谬误推论、说词和宣传。① 从非形式逻辑思维的角度看论述类文本的教学，我们应该树立更加开放、灵活、务实的论证与说理观念，从追求貌似合理的逻辑必然性转向说理论证的合理性、灵活性、辩证性和说服性。

2.从主观主义到基于客观证据：加固论述类文本的论证链条

论述类文本中提出的观点、主张、论点、看法、评点等都是基于作者的主观判断，表达作者个人对某一现象、事物、问题的看法和态度。尤其是那些辩论性的文本，其行文的主观色彩和情感倾向更加明显。这种主观性也常常被看作是作者思想深刻性、情感倾向性、语言风格化等方面的创造源泉。这里有一个问题：如果论述类文本只是为了逞口舌之快、言辞之巧、诡辩之智，而不是为了对公共事务、社会现象、文学艺术、学术问题等广泛的社会生活诸多方面，进行客观公正、深入细致的分析、探究、论证和评论，那么，放任这种主观性确也无伤大雅；但是，说理与论证不仅是一种个人的观点表达和社会实践能力，它还肩负有伦理道义和社会责任，心平气和、实事求是、客观公正地进行说理和论证，应该成为现代公民的基本伦理素养。因此，论述文的阅读教学，应当把学会说理的过程看作探求真理、真知、真相的训练，引导学生考辨文章所提论点与主张的客观事实基础，重视证据的真实性，重视论证过程是否存在有意或无意的各种逻辑谬误。

2016年美国SAT（学术能力评估测试）改革，语文部分的名

---

① 徐贲.明亮的对话：公共说理十八讲[M].北京：中信出版社，2014：8.

称改为"Evidence—Based Reading & Writing",即"基于证据的阅读和写作",旨在考查学生运用各种真实的数据、图表、事实、资料等证据对自己所支持的观点进行合理论证的能力。美国媒体报道时概括为"实证的"、"综合的"两个关键词。"实证的"强调的是证据意识;"综合的"强调的是根据有限的事实进行归纳概括、推理构建的能力。没有实证思维,自然科学就跳不出经院哲学的纯思辨泥潭;没有综合思维,人类就只能局限在个别事实的孤岛上,看不到完整的理论图景。因此,论述类文本的教学,既要培养学生的证据意识,还要引导他们学会基于有限事实打造完整牢固的证据链条,形成论证的合力,支撑起说理论证的高楼大厦。

3.从聚焦论证到全方位说理:还原论述类文本的功能及价值

时代发展、社会需求、作者身份及写作目的往往决定论述类文体的具体内容和形式。传统观点把论证作为论述类文本的核心功能,这是一种过于简单粗疏的做法,是受制于三要素概念的必然结果。事实上,论述类文本内部又分很多亚类,每一亚类文体都有自己的说理和论证侧重点。比如,论说文是论述类文本中的一个大类,它指直接说明事理、阐发见解、宣示主张的一类文章。在论说文里有一类叫新闻评论,是媒体编辑部或作者对新近发生的有价值的新闻事件和有普遍意义的紧迫问题,运用分析和综合的方法,就事论理,就实论虚,有着鲜明针对性和指导性的一种新闻文体。其中又包含社论、编辑部文章、评论员文章、评论短评、编者按(编后)、专栏评论和新闻述评。以上种类繁多的论说文亚类文体在说理方面绝非千文一面,而是各有千秋、互有侧重:有的重在阐述主张,有的重在辨析澄清,有的重在分析批评,有的重在探讨缘由,可以说是百花齐放,各有优长,远非以论证为核心的三要素这一万能公式所能涵盖和解释。因此,论述类文本的教学必须走出过去单一的以论证为中心的教学模式，开阔视野，解放思想，认识论述类文本本身具有的多样化、开放性、发展性的文体功能和社会价值，根据具体文本的亚类文体特点和说理侧重点来发掘文本意义。

除了论证之外，还有其他诸多说理方式："界定、阐释、分类、比较、论述、同中求异、异中求同等。"①这些说理方式在文章中一般是根据需要随机组合，主次搭配，灵活运用，综合发力。例如，何西来的《说"诗眼"》一文，作者用近三分之二的篇幅对古代诗歌作品中的句中之眼、篇中之眼进行界定和分类阐释，然后再对二者进行比较辨析，得出"常常是那些有眼之句，同时就是篇眼之所在"的结论，继而从有诗眼的作品便于记诵、流传的角度阐述诗眼的文学价值。这与三要素的论证思路不同，作者重在阐释和说明，并不着意于论证诗眼为什么有这种价值。

三、教学指向

如何从公共说理的角度来教学论述类文本，引导学生学会合乎理性地分析文本观点与材料之间的联系，发现论证与说理过程中可能存在的逻辑谬误，主动寻找新的事实、数据和材料，批驳错误的观点，支持自己的独立见解呢？换言之，基于公共说理精神的论述类文本的阅读教学应选择怎样的路向？笔者认为，论述类文本阅读教学应注意从以下几个方面入手。

第一，抓住一篇文章的说理旨趣，探究隐含的说理动机，明晰说理欲达到的目标。任何一篇具体的论述类文章，在作者心里都

---

① 潘新和."议论文三要素"批判[J].现代语文（文学研究），2011(7).

有明确的说理目标和任务,说理与论证的过程就是逐步完成这个任务的过程。因此,静止的文本只是一种论证与阐述的结果,我们应透过文本表层去窥探作者的写作动机与说理旨趣,把握住这篇文章的灵魂和独特价值。显然,这一点仅凭简单套用"三要素"模式是无法做到的。教师应引导学生结合作者的写作契机、时代背景以及现实针对性来理解"这一篇"的思想与社会价值,把握文章说理的深层机理。例如,冯雪峰写《简论市侩主义》源于对当时腐败的社会风气的不满,旨在揭示形形色色的市侩主义背后的绝端的利己主义真相,以警示世人,呼唤道德良知的回归,所以在教学过程中应引导学生对照自己对社会生活的观察和体验,来认识这种无处不在的市侩主义对社会伦理道德建设带来的危害。

第二,分析文本说理与论证的角度,比较文本采用的说理视角与可供选择的其他说理视角之间在说理效果上存在的差异。对某一具体的论题而言,作者的观点和主张可能是唯一的、确定的,但作者所采取的说理与论证的角度却不是单一的、确定的,而是可选择的、不确定的。针对不同论题,按照不同说理目标,面向不同说理对象,作者应审慎考量,选择特定的说理与论证视角,或重在界定,或重在辨析,或重在论证,或重在比较,或重在阐述,或重在评论,或重在批驳,视角的选择应随机应变、收放自如。因此,论述类文本的教学,辨析比较不同的说理与论证视角,是展现说理机智、丰富说理策略、提高学生说理能力的重要环节。还以冯雪峰《简论市侩主义》为例,由于市侩主义者在现实生活中的表现十分复杂多变,与其他的各种主义都有关联,很容易混淆,所以作者选取的是界定、比较、例证和阐释相结合的视角,阐述辨析市侩主义,而没有选取论证市侩主义如何不道德、如何危害社会的视角。

第三，出乎其外，入乎其内，在细读中辨谬误，在审辨中出新见。出乎其外，是指在整体把握文本内容之后，从中概括提炼出文本的论题与说理目标，然后抽身而出，独立思考假设自己写作此文应该选取什么角度、如何展开说理过程、达到什么预期效果。入乎其内，就是把自己的说理论证计划与文本呈现的说理论证思路进行对比，同中求异，异中求同，在比较中见高下，长见识。在细读中辨谬误，是指通过细读文本识别说理论证过程中的逻辑谬误，从非形式逻辑的角度（图尔敏论证模式）分析论证的合理性和辩证性。在审辨中出新见，是指鼓励学生围绕论题自己寻找新的事实和数据，并根据这些真实的事实和数据提出自己的独立见解，并以说理的形式进行合乎逻辑的论证和阐述，在真实的说理实践中培养自己的公共说理与论证能力。以《说"诗眼"》为例，当学生了解了作者对诗眼的界定和阐释之后，就可以引导学生从自己学习过的古代诗作中选择一些作品寻找判定它们的诗眼，进行比较和评析，再来对照本文作者有关诗眼特征和价值的论述，探讨诗眼判定的依据、标准，最后形成自己对诗眼这一文学概念的独特看法和体验。这种教学，无疑会大大激发学生的学习参与意识，锻炼他们基于证据的说理能力，养成他们的独立思考精神和理性批判意识。

（原载《语文建设》2016 年第 8 期）

植根生命体验，激发教学想象

有位教师教学《蝙蝠与雷达》，让一位学生用毛巾蒙上眼睛，从讲台走到教室的后门，模仿蝙蝠被蒙上眼睛在挂满障碍物的屋子里飞行时的情景。游戏开始了，大家屏住呼吸，看着这位学生小心翼翼地向前挪动脚步……游戏结束后，教师让他谈谈感受，这位学生说出了自己紧张的心情。然后，教师让学生们阅读课文中描写蝙蝠被蒙住双眼飞行的句子，看看蝙蝠是如何飞行的。学生感到了课文所写的内容很神奇，发出惊叹。蝙蝠是靠什么躲开障碍物的？这里边一定隐藏着不为人知的秘密！于是，学生就带着浓厚的探究意识和学习兴趣开始了这篇课文的学习。

身体经验、生命体验、情境还原……读到这里，我们的头脑中会闪现出一系列关键词。是的，用它们来概括该教学片段的特点是恰当的。事实上，体验或具身认知，已经成为当今阅读教学的核心关注，成为探讨阅读教学设计的默认前提和基本共识。诚然，如果阅读教学不能激发起学生真实的生命体验，没有触动他们的感性经验，任何理性的解读与语言分析都将脱离真正的思想对话的轨道，成为外在的、附会的、无足轻重的浮泛说辞。从这个意义上说，阅读教学其实一直都存在着忽视甚至背离学生真实生命体验的危险。认识到体验的重要性，能够通过巧妙的、富有想象力的教学设计来激活学生的身体经验，尊重并善于利用和驾驭学生课堂生成的真实体验，且敢于坦诚面对、机智应对课堂中出现的"另类"声音，既是语文教师必须掌握的专业智慧与技能，也是他们经常要面对的课堂挑战。

身体现象学是体验哲学，为我们重新认识阅读教学中的体验问题提供了广阔的视野。身体现象学是法国哲学家梅洛·庞蒂提出来的，他认为，身体不是我们认知的对象，不是主体的工具，不是思想的载体，而是主体自身，它构成了存在的场域，与世界交织在一起，奠定了人的一切行为与意识活动。它是我们存在的"根"。身体经验能够帮助我们克服抽象的概念思维造成的感性经验与逻辑理性的隔膜，在主客交织的场域中让隐含在语言"痕迹"中的"世界之肉"得以绽放。因此，身体是语言理解循环游戏中的最后一个注脚。体验是充盈在世界、身体与理解之间的意义涌现、流转与升华的过程。

从身体现象学的角度看，富有想象力的阅读教学应树立以下基本观念：第一，语言理解是建立在身体知觉基础之上的，身体经验渗透语言思维，身体是语言隐喻的源泉，是语言意义还原的初始境域，文本背后隐藏着沉默的身体经验。因此，身体经验的唤醒是判定阅读理解是否真正发生的必要条件，阅读教学应当重视学生在课堂中生成的真实体验。第二，阅读中的体验不是对世界的直接体验，而是通过语言中介获得的对世界的间接体验，因此语言理解的过程就是唤醒体验的过程，就是身体经验参与语义的生成与建构的过程。阅读教学设计的核心问题是如何通过激发、调动和组织学生的身体经验，深度介入语言的解码与释义过程。从这个意义上说，以学生经验为内容的深度学情分析是阅读教学设计的内在依据。第三，体验的发生与理解的生成是交织在一起的，二者互为犄角，理解的理性之翼与感性之翼之间张开的夹角越大，文本涌现出的视野就越开阔，解读的创造性空间就越深广，阅读教学的层次性就越丰富。因此，阅读教学应该在感性经验与理性探究之间创造巨大的张力，而不能偏于一端，顾此失彼。

为什么在平时的语文阅读教学中存在着广泛的忽视身体经验与生命体验的现象？除了我们熟知的以文本语言的理性分析为手段的阅读教学模式对学生感性经验的排斥与压制外，还因为真正的体验性的阅读教学具有难以预期的实践难度，对教师的教学设计与课堂生成而言都是一个极大的挑战。实施体验式的阅读教学，需要丰富的教学想象力和创造性，需要灵活多变的教学机智。这是一种"隐蔽"的难度，克服它需要语文教师具有穿越文本表象的洞察力、重塑身体经验的组织力，需要阅读教学具有抵达心灵深处的震撼力。

首先，我们谈谈穿越文本表象的洞察力。从形式的角度看，文本是通过语言符号的排列组合编织而成的线性的视觉存在。但从内容的角度看，文本是一种复杂多变的时空交错场，具有深度的知觉空间和可逆的时序结构。因此，阅读理解绝不是按照语词的词典意义、课文注释来"套取"和"翻译"文本内容的标准化的思维加工过程。相反，读者需要借助一种超越文本语义表象的洞察力才能打开文本背后隐藏着的时空关系和沉默的身体经验。还是以《蝙蝠与雷达》为例，在指导学生理解科学家探究蝙蝠飞行秘密的试验过程的环节上，很多教师忽视了课文中的一个很重要的细节。课文是这样写的——

> 科学家又做了两次试验：一次把蝙蝠的耳朵塞上，一次把蝙蝠的嘴封住，让它在屋子里飞。蝙蝠就像没头苍蝇似的到处乱撞，挂在绳子上的铃铛响个不停。

教师们在教学时只是按照课文中给出的"语言事实"，把后两次试验的结果看作同一种结果来处理,无意中把两次"独立的"试验变成了结果一致的"一次"试验。教师们没有意识到,课文中这样表述后两次试验的过程主要是为了避免语言上的重复和啰唆。但事实上,作为严谨有序的科学发现过程,每一次试验的结果都是独立的,不可取代的,都具有自身的科学认知价值。在教学中,需要教师指导学生还原完整的试验过程来探究这三次试验之间的内在逻辑关系:第一次试验说明蝙蝠夜间飞行靠的不是眼睛;第二次试验说明蝙蝠夜间飞行与耳朵有关;第三次试验说明不仅与耳朵有关,而且还与嘴有关。每一次试验都把科学发现推进了一步。因此,富有想象力的阅读教学设计,应当从语言上的省略现象中发现隐藏的科学思维的层进关系,从叙述上的空白处还原出科学探究的内在逻辑。学生通过在心里模拟和描述三次科学试验的完整过程,体验科学发现过程从偶然的意外到必然的发现之间存在的复杂多变的因果联系。这种穿越文本表象的洞察力,是诉诸我们的身体经验与认知过程,基于文本语言的一种深度知觉还原与认知体验能力,靠着它,教学设计就能跳出在文本语言与思想内容之间进行循环解释的局限,打开阅读教学的想象与创新空间。

其次,重塑身体经验的组织力。从身体现象学的角度看,阅读理解的过程就是在读者与文本之间形成的身体知觉场中调动协调读者的各种感受、知觉、记忆、思维与想象能力,在联觉互动的过程中参与文本意义的建构与生成的过程。身体经验是一种混沌的、流动的、潜在的思想能量,是语言隐喻的原生土壤。因此,阅读教学的设计,应从文本语言身体经验的隐喻性出发,遵循语言的隐喻机制,巧妙灵活地设计教学活动,以期重塑学生的身体经验,推进阅读理解的深度感知与独特体验。

　　以王崧舟老师教学《去年的树》为例，我们可以发现，唤醒和组织身体经验对激发学生的想象力、理解力具有强大的促进作用。课文一开始，写到树与鸟的关系。王老师没有对"好朋友"一词进行语言分析，而是抓住了"天天"一词，采用唤醒身体经验和情景还原的方法，提问学生小鸟会在什么时候给大树唱歌，引导学生发现"天天"一词所包含的丰富的时间内涵与思想内容：一天之内有从晨到昏的渐进；一年之内有春夏秋冬的轮回；树的情绪有喜怒哀乐的变化。王老师接着进行了一连串极富感染力的引读：当太阳升起，引读——"鸟儿坐在树枝上，天天给树唱歌。树呢，也天天站着听鸟儿歌唱"；当月亮挂上树梢，引读——"鸟儿坐在树枝上，天天给树唱歌。树呢，也天天站着听鸟儿歌唱"；雪都融化时，引读——"鸟儿坐在树枝上，天天给树唱歌。树呢，也天天站着听鸟儿歌唱"……鸟儿坐在树枝上唱着夏日小情歌，引读——"树呢，也天天站着听鸟儿歌唱"；鸟儿坐在树枝上唱着晚安小夜曲，引读——"树呢，也天天站着听鸟儿歌唱"。伴随着悠扬的音乐，经过九轮声情并茂的朗读，学生被带入到童话中的情感世界，在脑海中自觉地形成小鸟日日夜夜、风雨无阻地给大树唱歌的情景，感悟出"鸟儿和树的感情深厚"。

　　最后，我们来看如何使阅读教学具有抵达心灵深处的震撼力。汉字汉语系统是以身体经验为核心建构起来的层级丰富的意义网络系统。以人的直接经验为中心，向周围的世界延伸，形成了从具象到抽象、从近身到远方、从目睹到想象、从客观到主观、从事实到判断的层级体系。人、目、手、耳、口、足、心等肢体符号辐射渗透在整个文字与语言系统中，生成了汉字系统的感觉神经网络，沉淀为意象化的文化基因，形成了身体—心理—思维—文化—审美的生命体验循环。因此，语文教材中的字、词、句、篇，不单单是文字符号的排列,更是身体经验的组织、思维过程的运筹、文化密码的编织,以及审美体验的层层叠加与交融。富有想象力的阅读教学,应着眼于汉语文所特有的具身意象性特征,植根于学生的具身经验和生活体验,开掘和疏浚秘响旁通的汉语思维世界,挖掘和阐扬民族文化与审美的因素,抵达学生的心灵幽深处,引爆学生思想的潜能量。

(原载《新教师》2017 年第 6 期)

"指向写作"是否"剑走偏锋"?

——读《理想的风筝》教学实录有感

读了《小学语文教师》第3期上刊登的有关管建刚老师"指向写作"的阅读教学的系列文章,尤其是看了管老师的《理想的风筝》教学实录后,笔者对"指向写作"的阅读教学的主张和做法有了大致的了解,深为管老师在几乎被改"厌"了的阅读教学上敢于痛击时弊、独辟蹊径、勇于探索的精神所感动。但读过之后细细想来,总觉得有些地方好像不妥,但一时也说不上来。于是便从网上找到苏叔阳写的文章原文来读,不读不知道,一读还真吓一跳。通过对原文与课文的对照阅读,我才弄清楚了自己为什么对这堂课感觉有些不舒服、不满意。我下面谈的都是自己的真实感受,只是就事论事,并不代表对管老师"指向写作"阅读教学理念的质疑和否定,敬请管老师及各位读者批评指正。

第一个问题:指向"谁"的写作? 原作者还是课文改编者?

"指向写作"的阅读教学把引导学生把握作者的构思过程作为教学的突破点,这是区别于传统阅读教学的一个重要标志。这里"指向"一词指向的应该是作者。但是,我们知道,很多文章在选入教材时往往会被改动和调整,这就引出了上面的问题:指向"谁"的写作构思?

《理想的风筝》课文注释中已经明确说明:作者苏叔阳,选作课文时文字有改动。改动有多大呢？如果只是个别字句的修改，也就罢了。但编者对这篇文章的修改是大篇幅的，不只是个别字句的替换改动，而且还涉及文章实质内容上的删减，甚至文章题目的更换，已经"伤筋动骨"，触及思想主题了。笔者简单地估算了一下，修改的文字几乎占到全文的三分之一。课文改动较大的部分有:删去了原文中刘老师"课上的极好"和"喜欢在课堂上当众提问同学"两段文字，共 377 字;此外，其他地方删改的语句还有十三四处之多，约 160 字，不再——列举。严格来讲，这篇被改得面目全非的课文已经很难忠实体现原作者的立意、构思与文字之妙了，事实上它已经成为编者的二度创作，体现的是编者的立意和构思了。比如，原文叙事的线索有两条:一是叙述刘老师的故事;二是写刘老师对学生们的深刻影响以及"我"的真实感受。在改动后的课文中第二条线索便中断了。在选材上，原文取材范围更宽，对刘老师的描写更全面。而且上课部分的叙述重点放在了刘老师的教学艺术与他对学生的关爱上。这部分恰恰被编者删除了。从主题来看，原文重在通过回忆刘老师的教学与生活中的感人事件，表现刘老师身上体现出来的"生命的顽强和对生活的爱与追求";而修改后的课文则主要表现了刘老师"乐观和顽强"精神。显然这是两个内涵和外延均不等同的主题。

　　面对这样的从内容到形式都发生了显著变化的两篇文章，我的问题是:如果我们按照"指向写作"的理念来教学这篇课文，是指向"作者"还是"编者"，抑或指向糊里糊涂的抽象出来的"混合作者"(原文作者＋编者)？

　　第二个问题:写作的思路是客观的、静态、唯一的，还是主观的、动态的、具有多种可能性的？

　　一篇文章的题目和主旨立意大致确定后，往哪个方向写，选哪些素材，做怎样的结构安排，采用哪种行文语气和风格，原是可以预先策划和筹谋的。但是一旦动笔，踏上了思考和写作的路途，便由不得你了。无论你预先设计得再好，都有可能被源源不断地涌现出来的新思想、新观点、新感受所推翻，也有可能因思绪紊乱、文思枯竭而迷茫踟蹰以致搁笔。写文章，总是在预设、改写，再预设、再改写，在左顾右盼、前呼后应、上推下求中反复探寻，直至最终敷衍成文，而意犹未尽的。因此，我们通过最后的成文固然可以逆向推演出作者思路之演进，但总免不了有胶柱鼓瑟、刻舟求剑之嫌。笔者认为，那些时常干扰写作过程的迂回反复、曲折顿挫之处，才是揭开写作秘密的真正锁钥。只看到了文章表面上呈现出来的整饬严谨的结构线索，而误以为好文章都是按照所谓的普遍写作规律预先构思谋划好的，不免太小看写作过程的复杂性和创造性了。因此，通过对静态的文章结构进行逆向分析并不能准确推导出写作构思的真实过程，阅读教学指向“写作思路”，本身并无可厚非，但如果把“思路”加以神化和绝对化，搞出个“思路决定论”来，也就有失偏颇了。

　　正如前文所说，这篇课文的内容和结构是经过了编者的改造的，其写作思路并不是客观的、唯一的、原有的。因此，在教学中探究作者写作思路时，应该注意不能把话说得太满，太绝对，太武断，应留有探讨的余地。这既是对作者和文本的尊重，也是对写作规律的尊重。以此来观该课实录，我们就会发现其中蕴含着一些“指向写作”的“陷阱”，对学生的写作观念会产生不良的影响。比如，管老师在教学文章构思的第二个特点“故事一长一短”时，指导学生用数行数、查字数的实证方法，计算出：“讲故事”11 行 218 字；“写板书”7 行 137 字；“放风筝”11 行 217 字；“追风筝”7 行 135 字。从中总结出两个长故事一样长，两个短故事一样短并不是巧合,而是作者的有意为之,即"构思"而成。然后得出结论说:"同学们,写作文,段落的长或短,是有讲究的,是要想好了的。不是有话就多写点,没什么话就少写点。写作文的挑战之一就在于:明知道这里要写长一些,可就是写不长;明知道这里要写短一些,可是却又那么多的话。"应该说,管老师的用意是好的,希望学生了解叙事的节奏变化和内容详略上的穿插交替。但是这种教学设计造成的导向却是错误的,学生会误以为写多个故事时必须做这样的长短交叉和字数相当的刻意安排。写作构思不是数学计算。故事长短是视叙述情理和写作目而定的,并没有什么必须一长一短、行数相等、字数相近的框框和规定。管老师这里所讲的所谓的写作构思规律并没有学理上的充分依据,只能作为一种写作个案来处理。

接下来,管老师引导学生发现文章构思的第三特点:故事应具有内在关联。按照管老师的理解,写刘老师"上课"的故事,只选择了"讲故事"、"写板书"这两个,像其他的内容,比如刘老师"关心同学"、"博学多才"等不应该选进来,因为它们不能体现"放风筝"、"追风筝"所表现的刘老师的乐观、顽强精神。所以文章中选择的上课内容是"讲故事"、"写板书",因为它们能体现这种精神。最后的结论就是,"用故事来写人,要注意故事,有没有这样的内在的联系"。这里的问题似乎更严重!作家写人物,是不是在一篇文章中只能写一种品质,无论写多少事件,都必须体现这种品质?文章贵在以最少的笔墨表达最丰富的内容,给人留下最深刻完整的印象。事实上,一篇文章罗列的"同质"事件越多,会越显得啰唆重复,表达效果反而不好。文章选用什么素材,一是取决于作者对素材的熟悉与掌握程度,二是取决于作者的表达主题和写作风格。就这篇文章而言,是写人物的,写人物最忌把人写得脸谱化,写得单调、片面和扁平。与改动后的课文不同,原文采取了从面到点的写法,先从多个层面和角度来写刘老师外貌、性格、所教学科、课堂教学艺术、课堂提问等诸多方面,在读者心目中描绘出刘老师的一种整体形象;然后再集中写课下放风筝、追风筝时刘老师体现出来的乐观顽强的精神和对生活的热爱之情。应该说,原文中的刘老师是立体的、多面的、鲜活的,而课文中对刘老师人物形象的塑造则略显单薄和片面。管老师的引导和教学,无意中用课文的构思否定了原文的构思,用单一性否定了多样性,应引起我们对"写作指向"教学应指向何处的反思。

　　通过上面这两个教学片段的分析,笔者要强调指出的是:文章呈现出来的结构思路不同于真实的写作构思过程;文章在结构与构思上的安排带有一定的主观性、可选性和偶然性;在通过具体的文章分析来发现和把握普遍的构思规律和写作艺术时,不能机械地照搬套用写作理论和写作知识,而是要因文制宜,合乎情理,避免牵强附会,强加于人。

　　最后还有一个问题,那就是这堂课尊重了学生的言语生命了吗?

　　通观这堂课,学生基本上被老师预先设定的"思路"牵着走,甚至是拉着走,课堂里面缺少真正的讨论和争论。我们看到的是老师的"高明",而很少能欣赏到学生的独立见解和思想个性。在学生出现困惑时,老师不是放手让学生自由思考和表达自己的观点,而是暗中引向预设好的结论。即便在最后开放的环节,让学生猜测老师最不喜欢的句子,表面看来好像激发了学生的思考,但其实学生的回答仍然是以老师的标准为标准的,并没有说出自己真实的声音。

　　总之，"指向写作"的阅读教学，不能为了突出写作的主导作用而剑走偏锋，忽视了阅读教学的基本规律和要求，从一个极端滑向另一个极端。

（原载《教学月刊小学版》2013 年第 9 期）

简约灵动与丰赡多彩

——评丁卫军《天净沙·秋思》教学实录

过滥的权威阐释、过度解读和教学设计上的刻意求新探奇,已经造成了经典文本的教学危机!立足学情,返璞归真,还原文学经典的审美感受与体验想象,应当成为语文教材经典类文本教学的基本共识。丁卫军老师执教的《天净沙·秋思》一课,把解读的自由还给学生,把想象的权利还给学生,给我们呈现了一堂朴实无华,却又令人回味无穷的文学审美体验课。丁卫军老师倡导"简约语文",秉持"大道至简"的哲学智慧,探寻隐藏在汪洋浩瀚的语文世界中的智慧真谛。这节课很好地体现了他"在简约中抵达丰富"的教学思想。笔者有幸在现场聆听了该课的教学实况,以下三点感受颇深,说与大家分享。

一、借助经验重构与情境还原对文本内容进行陌生化解读

马致远的《天净沙·秋思》,触景生情,言近旨远,构思精巧。意象如珠玉连线,熠熠生辉,情思如袅袅云烟,缓缓舒卷,读罢余韵绕梁。但这些历史定评,对于初一的学生而言,还是有些抽象和空泛!如何把作品中那些密集的意象、舒缓的节奏、形只影单

的凄然情绪转化为学生眼中一幕幕流动的景象、一重重心头的感触、一阵阵愁思的悸动？丁老师大胆采用了经验重构与情境还原的方法,用一个个巧妙的问题为指引,不着痕迹地把学生带进文中情境,一幅《西风秋思图》徐徐地在学生脑海中展开。在这里,丁老师使用了心理成像的教学方法,唤醒学生的身体经验和生活体验,把文本文字转换成生动具体的画面,从隐蔽的语言叙述层次中发现意象的空间秩序和情感表现的肌理,在层层推进的创造性想象中抵达陌生化的审美世界。"这幅画最大的背景是什么？""夕阳下"——秋思的时空概念就从学生头脑浮现出来。"这三句景物中,有没有一个是为主的？比方说'枯藤老树昏鸦'这一句哪一个景物为主？哪一个是主角？"这一问犹如在每个学生的眼前放置了一个镜头和画框,刚才看似混沌无序的众多意象都在寻找属于自己的最恰当的位置。"我觉得第一句是昏鸦,前两个枯藤和老树都是写的静物,昏鸦是在天上飞,呱呱地叫着,就有动态和声音,所以我觉得它是最主要的。""(我觉得第二句)应该是'人家',因为小桥和流水能衬托出一种特别和谐的景象,很像一个特别美好的家庭,衬托出这个人家的和谐与美好。"这些回答,对文本进行了创新性的解读,展现了陌生化的想象世界,美好而富有活力！

二、设计富有层次性的问题链激活学生的想象力和思考力

这么短小的一篇课文,内容亦不过学生所熟知的触景生情、睹物怀乡,在文字理解上并没有多少困难,相反,还会觉得明白如话——卑之无甚高论！因此,很多老师在教学这篇作品时除了对

景物进行平面化的语言描述、对作者孤寂凄凉的思想情感进行概念化的图解分析,再也抓不住其他有价值、有吸引力的教学内容了。学生得到的也只能是表面化的、格式化的鉴赏知识。丁卫军老师的教学设计,打破了这种貌似正确,但早已僵化委顿的教学常态,他通过设计草蛇灰线般的问题链,把文本内容的赏析建构成审美探究的迷宫,围绕学生的自主体验和诗意想象,层层铺垫,节节递进,环环扣合,不断地把学生的认知与思维推进到崭新焕然的新空间! 丁老师的问题链是:

　　这首小令围绕着哪两个字来写的?(秋:景物;思:断肠人在天涯)——古人说,诗中有画,画中有诗。这幅画最大的背景是什么?(夕阳下)——在夕阳照耀之下,如同一幅画。文中还有九种景,看起来各自是独立的,是不是呢……看看,一句诗就是一幅画。那么,我们来发挥想象,你能用自己的语言把每一句话的画面描述出来吗?(学生展开想象)——枯萎的藤蔓缠绕着老树,黄昏时分非常幽静,乌鸦也归巢了,呱呱地叫着,清澈见底的小溪上,有一座小桥,在外的人们也回来了,孩童在嬉戏,大人在做饭,房屋上炊烟袅袅,苍凉的古道上,西风尽吹,一匹瘦马在慢慢地走着。瘦马一个人在走吗?(断肠人)——哦,断肠人。再来想一想,这三句景物中,有没有一个是为主的?比方说"枯藤老树昏鸦"这一句哪一个景物为主?哪一个是主角?(学生区分不同景物的地位和作用)——如果让你真正画画的话,这些景物怎么构成一幅画呢?你准备怎么画?(用语言进行素描)——你这个描述我觉得绕在一块了,能不能给我一些层次感,哪个离你最近?(强化空间感)——我们同学读出了画面,我们还要读出情感,嗯,断肠人,来,我们再来,这个时候我们可不可以背下来了?——断肠人,划一划,对,形容悲伤到极点,说明他还不是一个一般的漂

泊之人,是个断肠人,内心极其悲伤,刚才这个同学他就说了,他想回家吗?(聚焦在人物的内心活动上)

这么多问题一个个看似随机抛出,漫无边际,但到了最后,所有的想象和思考都聚焦到了"断肠人"身上,前面所进行的各种描述、想象和推断,似乎都变成了细密而翔实的诗意注脚。问题链设计的背后是打开文本解读的丰富层次和深层意蕴,从平面的语言世界进入到曲折迂回、交错辉映的审美与思想空间。丁老师这一教学设计如庖丁解牛,剥茧抽丝,充满了理性的智慧和审美的力量,值得我们学习!

三、循循善诱机智点拨静待花开,让学生立于思想舞台的中心

学生是学习的主人,但离开教师春风化雨般的启发诱导、精准点拨,其学习状态和质量就失去了有力的保障!教与学这种辩证互塑的关系,要求语文教师始终要把学生的发展放在自己教学关切的核心位置,让学生立于思想舞台的中心。在丁老师的这节课上,与其说我们目睹了名师的授课风采,倒不如说领略了学生们丰沛的想象力、生动的描绘能力和深刻的思想探究能力。也许一开始他们的声音是稚嫩的,想象力是微弱的,但随着教学的展开,在丁老师营造的宽松的、富有亲和力的氛围里,学生们紧闭的身体缓缓打开,想象的引擎被点燃,思维的闸门被抬启,从他们越来越流畅、越来越丰富、越来越富有新意的叙述与描绘中,我们似乎见证了思想的花朵在微风中静静开放的过程,聆听了生命之竹雨后拔节的声音。丁老师不失时机的设问点拨,顺流而下的推波助澜,逆势而上的激疑反诘,为学生们轻盈曼妙地旋转于思想舞

台搭建了一个个隐蔽的支架。丁老师与学生的对话绝不是一来一回的简答问答,而是不间断地你来我往,经过了多个回合的拉锯战! 我们随便拎出一个片段来看,如,丁老师请同学们自己选择文中的一句诗句进行描述:

生$_1$:我想说的是小桥流水人家。我读到这里的时候,我想到它写的是由远到近。

师(赞同):嗯!

生$_1$:他首先看到小桥,然后看到桥底下流着的河水,水里照映着人家。

师:思维打开,你把这幅画面描述出来,能不能?

(生沉默思考)

师:有困难吗? 有没有同学来帮帮他的? 来,这位同学。

生$_2$:在小桥下,流水旁,有一户人家。

师:嗯,是对的,这是什么时候?

生$_2$:秋天。

师:秋天,秋天的什么时候?

生$_2$:黄昏。

师:你能把这个画面丰富一下吗?

生$_2$:在小桥下,流水旁,一户人家坐落在那里,小孩在打闹,家人在谈天说地。

师:多了几个人,画面还可以再丰富吗?

生$_2$:小桥下面是流水,流水旁边坐落着一户人家,家里面的小孩在玩耍嬉戏,家人们在那里准备晚上的晚饭。

师:哦,你看到屋子里了,那能看看外面吗?

生$_2$:外面的太阳快要落山。

师:外面的太阳快要落山,很好,能不能再想想? 还有同学想丰富的吗?

　　生₃:我想丰富的是流水,小桥下面的水清澈见底,缓缓流淌着。

　　师:非常好,清澈见底、缓缓流淌这个词用得非常好。来,你想说。

　　生₄:在外的家人也在这时候赶回家里。

　　师:哦,回来了,很好,哪个同学来继续说? 你来说一下? 大胆点,有同学想说第一句吗? 还是你说,机会都被她抓去了怎么行呢?

　　生₄:枯萎的藤蔓缠绕在老树上,在黄昏时乌鸦也准备回到他的巢穴了。

　　师:很好,还有同学来再丰富这个画面吗? 看到了……还可以? 乌鸦会怎么样? 你来说。

　　生₅:枯藤缠在老树上,乌鸦急忙回家,呱呱地叫着。

　　师:还有呱呱地叫着,不仅有形还有声音了,好,你请坐,(对另一生说)待会你把它形成一个完整的画面,好吗? 大胆点。

　　生₆:这个可以让我感觉到非常的幽静,乌鸦在天空中回家的时候呱呱地叫着,天要黑了,非常黑暗。

　　师:嗯,天快黑了,非常幽静,枯萎的藤缠着老树,乌鸦回家了,呱呱地叫着,不错。再来读读看,轻轻地读,一边读一边想象画面,好不好,"枯藤,老树,昏鸦……"一二!

丁老师并不满足于学生一般性的语言描述,而是更关注他们描述的句子的质量,是否能准确生动地反映文本的内容。所以,他在每个学生回答完后,在给出肯定的评价之外,还会引导和激励学生继续丰富画面的内容。有时,他还会逆势而上进行激疑反

问,把学生的思维带向更深刻的思想空间,在赏析"枯藤老树昏
鸦"一句时,他是这样做的:

师:第一句"枯藤老树昏鸦",你有没有想说的?

生:到黄昏了,乌鸦就要回家了。但是,从《秋思》可以看
出来,从"断肠人在天涯"可以看出来,作者还在外面漂泊,回
不到家里去,他有可能是不敢回家,有可能是没法回家。他
不敢回家是因为瘦马比较饥饿,他连自己的马都喂不饱,其
实他还是挺心疼自己的马的。然后,从"人家"可以看出来一
家人其乐融融。前面两句其实都是衬托作者特别想家,特别
思念家乡,但是他又不敢回去,不能回去。

师:哦,我要问了:"小桥流水人家"这句好像和上下文不
搭啊? 是不是不搭啊? 读读看。"枯藤老树昏鸦"……"古道
西风瘦马",是不是不搭?

生:不是,这句是说这一家人聚在一起,其乐融融,幸福
和谐。上一句说连乌鸦也是要回到自己巢里了。但是他(断
肠人)无法回到家里去,这句其实是衬托了他那种思念家乡
的忧伤情感。

这个片段中丁老师的反问深化了学生对"借景抒情"这一习
以为常的文学表现手法的辩证理解——乐景可以反衬哀情! 如
果是直接告知学生这一知识点,就达不到这种切身感知、深度学
习的效果了。从这个意义上说,简约语文,就是洗尽铅华、涤除
浮饰,敢于在课堂上"真刀真枪"地直面学生语文学习的认知过
程与思维困境,敢于给出最有力量、最富人文情思与创新精神的
回应。

留住戏曲里的乡愁

——何夏寿《草桥结拜》课堂教学观评

    语文教育要继承和弘扬优秀传统文化,在诵读和研习文史经典之外,引导学生接触并了解戏曲艺术,走进生旦净末、唱念做打的梨园洞天,聆赏万千声韵,感悟戏里乾坤,于咿呀铿锵处发思古之幽情,不啻为一项值得探索和践行的教育善举。戏曲是中国传统的戏剧,它扎根乡土,内涵丰富,剧种繁多,流派纷呈,综合了对白、音乐、歌唱、舞蹈、武术和杂技等多种表演方式,历来深受人民群众的喜爱。民间有"宁舍一顿饭,不舍二人转"、"宁舍一顿席,不能丢王皮"、"宁舍一顿粮,不舍拉魂腔"等说法,可见戏曲在民间影响之大、之深。戏曲艺术来自民间,天然地带有泥土气息,弥漫着人间烟火,蕴含着悲悯情怀,是传统教化浸入人心的最重要的美学形式。因此,戏曲艺术,不仅是一种大众娱乐形式,而且融审美陶冶、历史典故、民俗文化和伦理道德教化于一身,具有丰富的教育价值,理应成为语文课程的重要资源。何夏寿老师执教的《草桥结拜》一课,给我们生动地展示了戏曲艺术如何成功融入语文课堂的途径和方法。这一堂课不仅具有方法上的示范意义,而且给我们带来了教学理念上的新启发。

一、语文的眼光加上戏曲的手段

语文课不是戏曲课,在语文课堂里如何讲好戏曲内容,让学生学会欣赏乃至尝试编写剧本,而又不违背语文教学的本质要求,在理论和实践上都有很大的难度。处理不好,就会喧宾夺主,貌合神离,只见戏曲,难觅语文!何老师的课对这个问题给出了一个令人信服的回答——用语文的眼光看戏曲,用戏曲的方式学语文。

未成曲调先有情,何老师对这堂课的定位和重点的把握是十分明确的:了解戏曲剧本的文体特点,初步尝试读、写剧本。他以语文眼光准确地提炼概括了戏曲教学内容。戏曲艺术拥有十分庞大的知识与能力体系,一节语文课,必须采取"弱水三千,只取一瓢饮"的策略,不蔓不枝,才能聚焦在语文核心素养上。何老师抓住剧本唱词这个核心内容,巧妙地引导学生读出戏里人物的情感、写出剧中角色的心声,教学的重心放在了语文的"读"与"写"上。这样的设计,主次分明,脉络清晰,出入自然,收放自如。这就是语文的眼光、语文学科的立场。

仅以语文的眼光,只能看到有限的语言世界。戏曲不仅为语文课程提供了独具特色的文本资源,而且,它还提供了活色生香、身心合一的学习方法——用戏曲的方式学语文,就是化身生旦净末的舞台角色,通过唱念做打的表现形式,移步剧作中的故事情景,合着情节发展的律动,踏着人物心理变化的节拍,去感受、思考、揣摩和表现故事中隐含的命运主题,达到涤情荡志、戏我两忘的境界。何老师在课堂上动情演唱的那一段唱词,把戏曲本体的声韵节律之美表现得淋漓尽致,学生被带进了一个如泣如诉、如梦如幻的审美世界,情不自禁地跟着老师的调子哼唱起来,沉醉如斯,令人动容!用戏曲的方式学语文,语文之美就会不期而遇,光辉而充实!

二、以编剧的视角整合学习内容

在语文课里学习戏曲知识,和专门的戏曲教育是不同的。这个不同主要是由二者教学目标上的差异造成的。语文课堂里的戏剧教学,主要是通过阅读剧本了解必要的剧本知识,借以发展学生的语文知识、技能与素养。因此,教学设计要处理好两类知识:一是剧本知识,二是语文读写知识。二者是分而治之,还是合二为一?这要根据具体的学情来定夺。

何老师了解到学生以前学习过《半截蜡烛》这个剧本,对戏剧知识略知一二,所以,他大胆采用了合二为一的方式进行教学设计,从编剧的视角把剧本知识与语文知识巧妙结合起来:在语文活动中学习剧本知识,在掌握剧本知识之后再转入语文应用活动。整堂课流畅自然,浑然圆融!何老师一开始以课本喻剧本,揭示出剧本的地位和作用。通过引导学生分析《草桥结拜》剧本片段,依次引出"场"、"对白"、"独白"、"表演提示"、"舞台说明"、"唱词"等专业术语,然后总结得出"戏曲剧本就是由对白、唱词、表演提示和舞台说明四方面内容组成的"这一核心知识。在讲解这些剧本知识的过程中,何老师又不失时机地穿插着语文基础知识的教学,对"作揖"、"撮土为香"、"这厢"、"二八"等词语,结合语境和戏情,进行了幽默风趣的互动式讲解。接下来读剧本的环节,区分该读的和不该读的,发现唱词尾字押韵、富有节奏的特点,指导读出对白和唱词里面人物的心理和感情。最后,引导学生把学到的唱词写作知识应用到《白蛇传》片段的改编任务中,让学生以一个编剧的身份分析文本、组织语言,进行准确表达。这堂课从读到写的转化,使学生获得了深度的学习体验。那些刚开始还觉得陌生的剧本知识,在课的最后已经内化成了有效的、有力的表达工具。

三、以生成的方式抵达语词的妙境

何老师要求学生在课堂现场把《白蛇传》故事片段改写成一组"前三后七"式唱词,显示了教学设计上的勇气和自信。毕竟,学生不是剧作家,在这么短的时间里按照严格的句式编写唱词是有一定的困难的。但语文教学的最大价值可能就隐含在这种挑战里,它激发了学生的学习潜力,创造了超出预料的高质量的教学生成。何老师的这一设计源自对戏曲语言艺术感召力的自信,源自对学生学习潜力一往情深的期待! 我们看到,三位进行展示的同学不仅理解了原有文本的思想内涵,而且就地取材,活用现成语料,都能够按照"前三后七"的句式顺利地改写唱词。点评时,学生能够比较不同的改编句子间存在的细微的表达差别,根据剧情判定哪一个表达更准确。唱词是用来唱的,何老师故意向学生请教应该用什么样的情感基调演唱他们写的唱词,巧妙地转化了教学矛盾,激发学生反思所写唱词的情感内蕴,体味其中的表达秘妙。最后以一句"这厢告辞"结课,回扣戏文,余味无穷!

何老师的这堂课给我们以新的启发,语文作为母语课程,与其他各种文化艺术形式息息相关,存在着丰富的联系。一名优秀的语文教师,应该以语文的眼光观照这些思想与文本资源,通过精心的选择和巧妙的转化,把它们纳入语文课堂,以开阔学生的文化与思想视野，丰富他们的审美体验和人生经验。

　　最后提一点建议：改写剧本环节如果仍然选用越剧《梁山伯与祝英台》中的一个经典片段，而不是《白蛇传》，可能更有利于保持课堂的连贯、流畅和完整。

玩味语言，"玩味"寓言

——彭才华《陶罐和铁罐》课堂点评

彭才华老师执教的《铁罐与陶罐》一课，简明平实而又灵动，的确是一堂立意诚恳、格调朴实、生成自然而又流溢着创意华彩的好课。

寓言类课文怎么教，之前有现成的模式和课例供参照。但彭老师慧眼独具，避易就难，避熟就新，他站在学情的角度解构"故事＋寓意"的不二模式，还原寓言的"故事"本色和"叙事"艺术，再现故事中人物的动作情态，突显情节变换中的矛盾冲突，强化学生对故事寓意的情景体认和理解。于是，在他的课堂里，问题不是要不要抽象的"寓意"，而是怎样引导学生从生动曲折的故事情节发展中发掘寓意生成的蛛丝马迹，继而实现从感性事件到理性认识的关键一跃。一般而言，学生理解故事情节没有什么障碍，理解寓意也不会存在太大的困难，但要从辗转曲折的叙事中洞察出寓意的潜流暗涌和最后的喷薄而出，则就需要一定的洞察力和领悟力，需要通过像彭老师这样的教学"还原"才能做到沿波讨源、披文入理。具体来看，彭老师的这堂课体现了三个特点：

第一，在常规教学中寻求创意的突破，追求语文教学的平常之美。语文课贵在平中见奇，寓奇于正。一味平淡，固然令人生厌，但为刻意求新而另起炉灶，背离常态，有时也不免会穿凿牵强，方枘圆凿。彭老师的这节课，尊重教学常态，而又别开新意，是一堂有创意的常态课。如，彭老师在教"吵嘴"的"吵"、"恼怒"的"恼"等字时利用"字的偏旁"规律进行的引导和点拨，巧妙地融字理知识于识字教学之中，把字词掌握与文本理解有机结合，体现了在常规教学中寻求创新和创意。再比如，把重点词语的教学与文章大意的概括结合起来，也是一种很好的教学微创意。这些创意与教学常规的结合自然汇融，没有突兀脱节之感，较好地彰显了语文教学的平常之美。

　　第二，教学设计系统周密，层次丰富，整体感强，有利于课堂源源不断地释放教学势能，激发学生的学习动力。宏观上，彭老师把整堂课围绕铁罐和陶罐的关系设计成依次递进的四个层次：阅读印象——文本理解——联系实际——思维拓展，形成了环环相扣、步步深入、层层递进的推动力量。微观上，该课在教学活动设计上的层次性更为突出鲜明，富有动感和张力。如，在"读句明大意"环节，首先引导学生发现不常见的词语——"奚落"，鼓励大家猜测其意思，借机点拨"联系上下文理解词语"的方法，继而引导学生寻找文本中体现"奚落"一词意思的相关描写，引出铁罐对待陶罐的恶劣态度与陶罐谦虚自重的态度作对比。"奚落"一词遂成为引导学生理解文本核心情节的主线，围绕它展开的学习活动把文本内容以结构化的方式生动深刻地再现出来。再如，在学生表演课本剧《陶罐和铁罐》环节，教学设计分两步走：第一步的目标是引导学生读出对话的语气和态度；第二步的目标是引导学生进行角色扮演，不仅要读出语气态度，还要辅以相应的表情和动作。这两个阶段前后衔接，递进自然。彭老师把朗读活动设计成分两步走而不是一步到位，是出于对这个年龄阶段儿童学习特点的了解和尊重。尤为巧妙的是，彭老师不直接提出朗读要求，而采用间接的分两次"招募演员"的方式来呈现任务，从开始阶段的招募"配音演员"到第二阶段的招募"演员"。学习任务既得到了巧妙的转化，又得到了科学的分解，整个设计浑然天成，不露痕迹。从这些设计细节可以看出彭老师对教学设计系统性和层次性的自觉追求。

第三，教学设计开合有度，拓展适宜，张力深蕴。在联系实际理解课文环节，彭老师抓住文中铁罐奚落陶罐的一句"你算什么东西"，借机拓展有关陶器的科学知识和文化价值信息。与"你算什么东西"的评价形成强烈的反差，产生巨大的思维张力，推动了故事情节从感性理解层面向理性反思层面的关键一跃：学生在惊叹声中纷纷说出了这篇寓言故事隐含的哲理。一个好的故事需要一个令人回味无穷的结尾，结课对一堂语文课来说很重要，它不仅是整个教学设计的落脚点，而且是整堂课的思想制高点。彭老师以"解构故事"的视角设计结尾，反弹琵琶，逆向思维，提出了一个富有挑战性的问题："如果当时在国王的御厨里，是陶罐看不起铁罐，那么这个故事又会是怎样的呢？"这一问对学生而言不啻石破天惊，不仅是故事情节的大逆转，更是寓意哲理的再涅槃！这一问，也把这堂课从平常之美的层次陡然提升到了一个迈向创意写作的新高度。

下　编
想象力与教育研究

当前国内教学理论研究热点
扫描与问题反思

引　言

新课程改革已经实施十多年了，在实践中暴露出了诸多问题，引起了教育学术界的普遍关注和理性反思。笔者认为，在各种制约新课程实施状况的因素中，支撑新课程改革的教学理论研究的相对滞后以及与教学实践的脱离是一个核心因素。如何评估近十多年来教学理论研究的总体状况，概括教学理论研究的时代特性，反思在发展中遇到的普遍性问题，探寻新兴的研究发展趋势，是近几年来教育学界比较关注的一个话题。本文拟对当前国内教学理论研究的热点进行扫描和分析，力图发现其中隐存的普遍性问题，探索教学理论研究进一步走向深入和创新的可能路向。

一、国内教学理论的历史发展研究概述

国内十分重视对过往教学理论研究成果的梳理和总结。有

研究指出①,2000 年至 2008 年间发表的教学论研究文献中,研究教学论的历史与发展问题的文献占了总数的 33.59％。可见,从历史发展的角度认真梳理和总结教学理论研究的成果,寻找中国教学理论建构的方向和路径,是国内教学论研究的一个重要维度。

早在 20 世纪 80 年代末,王策三先生就发表了《教学论十年》一文,较为系统地总结了当时的教学论研究现状与取得的成绩。无独有偶,李秉德先生也发表了《我国教学论的回顾与展望》,对这一时段的教学论研究进行了总结。可以说它们是新时期以来注重教学论历史发展研究的经典之作。

20 世纪 90 年代末,李定仁、徐继存教授合作开展了"我国教学论研究二十年"的文献研究,出版了《教学论研究二十年》一书。该书采用传统教学论知识体系的分析框架,从教学目标、教学方法、教学模式、教学内容、教学原则、教学设计、教学组织、教学评价、教学实践等方面较为系统地梳理了二十年来我国教学论研究的成果,总结了我国教学论研究的特点及存在的问题,分析了教学论发展的趋势,在国内产生了较大的影响。

进入 21 世纪后,随着国际社会政治经济形势、科技发展水平、人文社会科学理论的发展,我国的教学理论研究正呈现出新的面貌和特点。研究和总结近十年来教学理论发展的成果主要有:纪德奎《当前教学论研究:热点与沉思》(《教育研究》2007 年第 12 期);王鉴《教学论热点问题研究》(广西师范大学出版社 2008 年版);朱德全、杨鸿《新时期教学论研究的现状与走向》(《教育研究》2009 年第 3 期);靳玉乐、董小平《教学论三十年:进展、问题与

---

① 朱德全、杨鸿.新时期教学论研究的现状与走向[J].教育研究,2009(3).

展望》(《西南大学学报》2009 年第 4 期);张海《学科教学论 30 年发展的回顾与思考》(《当代教育与文化》2009 年第 4 期);谢幼如、王淑芳、董继燕《教学设计的研究热点与发展趋势》(《电化教育研究》2011 年第 2 期);李家清、户清丽《我国课程论与教学论研究现状透视与未来瞻望》(《教育研究与实验》2011 年第 3 期);王鉴《近十年来我国教学论研究的新进展》(《教育理论与实践》2011 年第 4 期);王光荣、麻剑《我国课程与教学论研究现状解析》(《教育导刊》2011 年 3 月上半月刊)。

这些研究成果对当前教学理论的发展状况给出了全景式扫描,对教学研究的热点问题进行了深入分析,对研究中存在的问题也进行了深刻的反思。它们所预测的一些发展趋势也正逐步转变成新生的理论生长点和研究热点。

二、当前国内教学理论研究的热点与趋势

综合国内研究现状,笔者把当前的教学理论研究的热点和趋势概括为六个方面。

(一)转向生活世界

笔者曾提出当代教育存在的"三个分裂"现象,即"知识与德行的分裂"、"知识与生活的分裂"、"知识与实践的分裂"①。这种分裂现象已经发展到了令人吃惊的程度。显然,这种状况与我们过去落后的教学理论及僵化的教材教学体系具有很大的关系。

---

① 潘庆玉.教育的时代精神与师范教育的当前使命[J].山东师范大学学报(人文社会科学版),2004(2).

长期以来，我们只重视学科课程，强调知识的逻辑体系，忽视了知识与生活、知识与经验、知识与社会的多重联系，忽视了学生的实践活动在知识学习过程中的建构作用。教学研究转向生活世界，无疑具有十分迫切的现实意义。研究者所提出的教学论研究的生活论转向，是指教学论研究要从单一的知识世界转向丰富多样的生活世界。也有研究者提出了教学论研究的生存论转向，认为教学论研究应以教学生活世界中教师和学生的生存问题为主要研究对象。无论生活论转向还是生存论转向，其实质都一样，都认为教学论研究要关注生活世界，回归生活世界，甚至有人提出还要超越生活世界。① 教学研究转向生活世界，其实质就是要打破知识世界、生活世界与文化世界之间的隔阂与壁垒，激活知识中隐含的人类智慧与情感力量，阐扬知识世界中的文化精神。

"生活世界"的概念来自哲学家胡塞尔。胡塞尔认为，近代以来的客观科学由于远离了自己的基础——主观的"生活世界"，必然陷入深深的危机之中。因此，他强调通过反思"生活世界"达到先验的纯粹意识，实现对世界的真正理解。胡塞尔的"生活世界"指在自然态度中的世界，其基本含义是指我们个人或各个社会团体生活于其中的现实而又具体的环境。胡塞尔认为，"生活世界"作为前科学的、前逻辑的、未被课题化和目标化的原初经验世界和直观感性世界，具有未被我们的理论思维裁剪删改、未被理想化之前的原初多样性和丰富性，而且随着个人的生活实践兴趣得以展开，具有鲜明的主体性特征和人性化特色。

当前，转向生活世界的教学理论研究还面临着一系列的理论困惑和实践难题，有待进一步的研究和探索。

———————————

①纪德奎. 当前教学论研究：热点与沉思[J]. 教育研究,2007(12).

(二)建构生命课堂

构建生命课堂是当前教学研究的一个重要主题,代表人物是倡导"新基础教育"运动的叶澜教授。1997 年她在《教育研究》第 9 期发表了著名的《让课堂焕发出生命活力》一文,阐发了生命教育的主张。叶澜教授一针见血地指出,把丰富复杂、变动频繁的课堂教学过程简括为特殊的认识活动,把它从整体的生命活动中抽象、隔离出来,是传统课堂教学观最根本的缺陷。它既忽视了作为独立个体、处于不同状态的教师与学生在课堂教学过程中的多种需要与潜在能力,又忽视了作为共同活动的师生群体在课堂教学活动中多边多向、多种形式的交互作用和创造能力。这是忽视课堂教学过程中人的因素之突出表现,它导致课堂教学变得机械、沉闷和程式化,因此,必须超出和突破(但不是完全否定)教学特殊认识论的传统框架,从高一个层次——生命的层次,用动态生成的观点,重新全面地审视课堂教学,构建新的教学观。

生命实践学派十分强调学科教学价值观的重建,其核心理念是:当前我国基础教育中课堂教学的价值观需要从单一地传递教科书上呈现的现成知识,转变为培养能在当代社会中实现主动、健康发展的一代新人。

(三)回到实践原点

文献研究、思辨研究是教学论研究中最传统的研究方法。在冠以"教学论"名称的论著中,除了大量的抽象的术语和概念,甚少能够读到生动的教学实践话语或原创案例。这一研究取向的弊端早已为人诟病,那些带有较强的实践关怀取向的研究者已经抛弃了这种纯粹书斋式的研究方式,开始果断地返回到教学实践的现场,他们称之为"回到原点"①。著名教学论专家裴娣娜教授是这方面的代表人物。

　　这些学者认为,无论外界对教育的发展提出什么样的要求,教学论研究者都必须从教学实践出发,对原点问题即现实问题进行观察、剖析、解释。如果避开现实,对实际问题视而不见,充耳不闻,试图从国外简单输入一种"新"的理论,建立一种完美的"书面上的"教学理论体系,这将自欺欺人,无济于事。因此,他们强调,研究者应通过对课堂教与学的行为的分析,来探讨学生如何学会学习;通过对学生个体和群体的交往活动的考察,来探讨学生是如何发展的。

　　裴教授把"回到原点"的主张建立在主体性教学论之上,认为主体性是人作为对象性活动的主体所具有的本质特征,是人在与客观世界的关系中所表现出来的一种功能特性。他们将主体性的三种特质自主性、主动性和创造性作为主体性发展的三维结构,确立了学生主体性发展目标体系,自主性(自尊自信、自我调控、独立判断决断、自觉自理);主动性(成就动机、竞争意识、兴趣和求知欲、主动参与社会适应性);创造性(创新意识、创造性思维能力、动手实践能力)。裴娣娜教授领导的教学团队围绕教学实践问题和主体性问题进行了数十年的实验研究,取得了重要学术成果,在国内具有较大的影响。

(四)走进课堂田野

　　田野研究是经典的人类学研究方法。在教学研究中采用田野观察方法,深入课堂,融入情境,同情理解,将使我们获得全新

---

①裴娣娜.教学论应回归教学"原点"[N].光明日报,2006-9-3.

的、生动的、散发着生命气息的第一手研究资料，发现隐含在教学现象背后的深层次问题。课堂教学论就是以此为旨归的教学理论。王鉴教授认为这是一种不同于传统理论教学论的新理论，它以课堂教学现象为研究对象，力图探索教学活动的规律或对教学活动中的人文现象进行合理的解释。这是教学论研究者反思研究活动本身的价值与意义，寻求走出理论教学论"迷宫"的一条有效路径。

与传统的从理论到理论的路径不同，课堂教学论研究者倡导深入课堂教学生活获取第一手研究资料，进入课堂，深描教学，参与观察，深度访谈，从教学实践中获取事实，从事实研究中探寻教学规律；在与教学实践工作者合作中开展行动研究，以此为基础建构课堂教学论的理论体系。因此，他们主张走出书斋，进入课堂，与教学实践工作者密切合作，做课堂田野的实践性研究，选择大量的引人注意的"教学事件"，然后以详尽的描述去充实它并赋予其一定的理论意义。王鉴教授在其力作《课堂研究概论》一书中详尽地阐述了古德和布罗菲透视课堂的方法、佐藤学课堂研究的理论与方法、弗兰德斯互动分析系统与课堂研究、课堂人种志研究方法、回归教学生活的课堂志研究等众多课堂研究方法。这些方法的引介开阔了理论研究的视野，也丰富了课堂教学的研究工具。王鉴教授提出，研究者在研究过程中要完成两个完整的对话过程：一是教学研究者参与到活生生的研究对象中，与教师和学生在教学过程中进行交往与对话。二是理论研究者以成果的形式与教学实践工作者和教学理论工作者等读者进行对话。①

课堂教学的田野研究目前已经悄然兴起，大有蔚然成风之

①王鉴.近十年来我国教学论研究的新进展[J].教育理论与实践,2011(4).

势,必将成为未来教学理论研究发展的重要方向。

(五)强化认知理论

心理学,尤其是认知心理学一直是教学理论的重要基础。教学理论研究对心理学成果的重视反映了教学研究的科学化诉求。当前,建构主义理论和多元智能理论对我国教学理论的影响可谓广阔深远,以它们为理论基础的课堂教学改革实验和实践探索几乎是遍地开花,二者已经演化为国内教学理论与实践研究的重要主题。

各种学派的建构主义先后被引进国内,其学习理论所强调的学习观极大地拓展了教学设计的理论视野和教学模式的创生空间。建构主义对教学设计的最大影响是它使教学设计者更加注重对学习环境的设计。建构主义主张,学习需要个人有意识地去建构知识,教师不是将设计好的教学内容灌输给学生,而是要学生在精心设计的学习环境中依靠教师的引导和帮助去主动建构,从而得到个性化的知识。学生在学习环境中通过自我探索的、研究性的和协作的多种学习方式进行学习,推动其知识结构、思维能力和人格的发展和提高。信息技术的飞速发展为教学环境的设计创造了潜力无穷的技术条件。研究者可以通过教学设计运用各种信息技术建构适应学习者需要的学习环境,创设有利于激发学习者动机和促进知识建构的学习环境。例如,虚拟学习社区、教育游戏和网络教学平台等就是开发者和教学设计者为营造良好的网络学习环境而开发的。

哈佛大学教授霍华德·加德纳的多元智能理论的引入更是激起了广大教育实践者的热情,一时间成为教学研究领域的热度最高的术语。多元智能在我国之所以引发了如此强烈的反应,这与我们长期以来形成的只重视数理逻辑与语言智能的学校教育价值观不无关系。多元智能理论的引入给我们打开了理解学生多样发展的另一扇窗,尽管中国早有"三百六十行,行行出状元"的古训,但毕竟不是严肃的教育理论主张。因此,国内对多元智能理论的热情接纳可以看作是对原有偏颇的教育价值观的积极修正和强力反弹。

如果我们从历史的角度来看,就不得不承认,认知心理学上的任何新发现和新进展,都将直接引发教学研究领域的强烈反应和积极回应。毕竟,认知理论是揭示教学过程内部秘密的最核心的钥匙,认知理论的进展对教学研究来说也就意味着我们对教学规律的认识将更进一步。近年来,认知心理学的研究不断发展,其研究成果中的情境认知理论、认知弹性理论、认知负荷理论、认知工具理论等都对教学理论产生了积极的影响,为新的教学模式的设计提供了重要的心理学依据。目前,脑科学关于认知的研究方兴未艾,其研究成果已经开始对教学设计和教学理论产生愈来愈明显的影响。

(六)引入文化视角

教学是一种特定文化形态中的社会实践活动,是文化自身再生产的重要途径。因此,教学理论研究的文化视角为我们理解教学问题的复杂性开辟了新的道路,使我们的研究触角能够延伸到更为辽远深刻的社会历史背景之中。文化是一个相对的概念,它是指以某种价值观为核心的一系列的习俗传统和行为方式。教学文化是一种在历史过程中客观形成的教学传统、思维方式、价值观念和行为习惯的类型或范式,是教学活动中师生表现出来的课堂存在方式。从文化的视角研究教学问题,我们能够透过一些习以为常的教学现象,揭示出隐含其中的深层次的历史与文化原因。近十几年来,教学文化学的研究成果日益增多,教学文化学已初具学科雏形。

国外的教学文化学研究起步早、成果多、影响大,有三个特点:一是很多研究将教学文化等同于教师文化。二是将教学文化在具体学科中加以研究。三是强调深入课堂的田野研究。从源头上讲,国外的教学文化学研究深受教育人类学研究的影响,注重实地考察和微观分析,不十分重视基于教学文化本体的原理研究。

国内的教学文化学研究起步很晚,目前还没有出版教学文化学研究的专著。研究成果主要散见于教育文化学、教育社会学的著作当中。较早的相关性代表著作是 2000 年出版的郑金洲所著的《教育文化学》。该书对教师文化和学生文化分别辟出专章进行探讨,对教师文化和学生文化的成因、特征和类型做了系统的分析,并就教师文化对学生的影响进行了阐释。国内发表的相关研究论文最早是在 1992 年开始的课堂教学文化研究①。关于教学文化本体的研究出现得则更晚一些。近年,关于教学文化的研究文章逐渐增多。有学者指出,目前我国对教学文化的研究主要集中于以下五个方面②:一是教学文化的内涵和特征研究。二是教学文化的本质、价值和功能研究。三是教学文化的选择和传播模式研究。四是教学文化与教师教育的关系研究。五是教学文化建设研究。综观国内教学文化的研究成果,可以发现,研究者普遍比较注重从思辨的角度进行概念辨析和理论描述,较少进行深入课堂的田野研究,这是与国外研究所不同的,应引起重视。

---

①杨启亮.儒学教学思想发展及其文化思考[J].齐鲁学刊,1992(4).
②龚孟伟.论教学文化研究现状及其存在的问题[J].教育学术月刊,2011(8).

三、问题分析与发展路向

我国的教学理论研究已经走过了一段较长期的发展道路，无论是 20 世纪 50 年代、60 年代对苏联教学理论的套用和模仿，还是 80 年代初期开始的直至今天的对西方教学理论的引介和学习，都为我们积累了丰富的理论经验和思想资源。客观地说，我国的几代研究者已经在积极吸纳国外先进教学理论的基础上开始了自己的实践探索和理论建树，也出现了一些在国内颇具影响的教学理论"流派"。但是，我们不得不承认，我国教学理论的研究视野还比较狭窄，思想还缺乏足够的深度，这表现为概念论争甚于思想创新，梳理总结甚于纵深突破，思辨浮想甚于实践创造。因此，我们应该保持清醒的头脑，多研究问题，少争论主义，多回应实践挑战，少说空头讲章。据笔者观察和思考，我国目前的教学理论研究存在以下几方面的问题需要加以解决。

（一）教学基础理论研究有待拓展夯实

我国传统的教学论是以马克思主义认识论作为基础理论依据的。教学过程被描述为特殊的认识过程。目前这一观点实际上已经被大多数研究者所冷落甚至抛弃。尽管后人提出了各种各样的其他学说来补充认识说的不足，如发展说、实践说、系统说、交往说、生命说等等，但大都没有走出原有演绎式研究路线的窠臼，并没有为教学研究提供真正的理论动力，热闹一阵之后都复归平静。因此，教学理论的基础理论研究必须走出简单的概念演绎的怪圈，大力拓展研究的视野，从当代认知理论、文化理论、哲学理论等相关领域获取思想营养，立足当代教育的时代背景和实践需求建构富有时代气息的教学理论体系。教学理论的基础理论建设不能搞唯我独尊,要提倡百花齐放、百家争鸣。教学研究的历史早已证明,最优秀的教学理论绝不是教科书式的四平八稳的概念体系,而是洋溢着学术激情和创造精神的个人思想宣言。像《发生认知论原理》、《语言与思维》、《教育过程》、《发展教学论》、《多元智能理论》、《受过教育的心灵》等世界教学理论名著,它们刚一出版,就释放出了振聋发聩、穿越古今的思想力量,没有人会苛求它们的理论体系是否完整、是否合乎所谓的流行规范,人们看重的是它们发人深省、催人奋进的理论力量。我们期待像这样的中国教学理论研究的经典之作早日出现。

(二)教学理论研究需要多学科整合

在我国目前的教育研究文化中,课程论、教学论、学科教学论、教学设计等学科之间缺乏有效的沟通和合作,存在各自为政、互不交往的弊病。尤其是长期以来形成的学科间的地位不平等现象,更是极大地妨碍了教学理论研究的深入开展。在我国,"课程与教学论"是教育学一级学科体系中开设的二级学科,而在研究和教学实践中,课程论与教学论又被一分为二,划界而治,以邻为壑。"学科教学论"作为概念是存在的,但作为实存的研究对象则只有各个具体学科(语文、数学、英语等)的教学论,它们往往被看成是低于"课程与教学论"二级学科的一个研究方向,俗称三级学科。阵容最为庞大的"学科教学论"长期以来处在教学理论研究的边缘位置,很少融入一般教学理论研究的潮流中去,形成了我国独有的教学理论研究与学科教学应用研究相脱离的现象。这一点已经深深地影响到了基础教育教学实践的改革与发展。"教学设计"在我国是作为教育技术学的一门专业课程来开设,尽管教学设计是教学理论研究中的最重要的部分，但在我国却把这一部分放在传统教学论的边缘位置，甚至有时把它排除在外，这确实有些匪夷所思。说白了，这种现象的普遍存在是狭隘的学科意识和封闭的学术理念所导致的。其实，学科发展绝不是在一种封闭的状态下进行的，学者的身份也不是固定的。皮亚杰原本是生理学家，后来是因为对自己孩子的心理发展产生了研究兴趣才转向了心理学研究，成为一代心理学宗师。维果茨基原本是研究文艺理论的学者，后来才转向心理学研究，在短短 17 年的研究生涯中开创了影响深远的"维列昂学派"。杜威是实用主义哲学家，但他在心理学、教育学、美学领域都有所建树，还担任过美国心理学会会长。布鲁纳是心理学家，但却写出了《教育过程》这一教育名著。因此，教学理论研究需要打破相关学科之间的壁垒，实现良性的合作和沟通，这样才能激发更多的研究潜力，产生更多的思想火花。

（三）研究重心应在理论与实践之间保持平衡

我国教学理论的研究长期以来注重学科本体论问题的思辨研究，侧重对教学规律、原理与原则的探讨，追求以概念体系建构为中心的宏大叙事。由此造成教学理论研究常以演绎思辨的方法为主，实证、质性研究的方法则相对较少。有学者统计①，在 2000 年 1 月至 2008 年 12 月 31 日间发表的教学论研究文献共检索到 394 篇，有 238 篇文章采用了思辨方法，占文献总量的 61.98%；有 68 篇文章完全借助文献材料来开展研究，占文献总量的 17.7%；而采用行动研究法、案例法等实证性研究方法的仅

———————

① 朱德全、杨鸿. 新时期教学论研究的现状与走向[J]. 教育研究，2009(3).

有 21 篇文献,占文献总量的 5.47%。从深层次上看,这种现象的长期存在不是一种偶然的现象,它是由教学理论研究者的价值取向所决定的。很多学者把教学论看作是基础理论学科,所以就认为教学论研究的首要任务就是从概念、命题、原理的角度对教学现象、教学事实给出归纳总结,提炼出教学论的基本概念和理论命题,围绕它们之间的关系展开系统的理论阐述,以构成完整的理论体系。随便翻阅一下各种版本的冠以"教学论"名称的教材或著作的目录,我们不难发现这种状况的普遍性。在这种研究范式中,教学实践问题或教学案例只是用来佐证理论的材料,本身缺乏独立的研究地位和价值。因此,教学实践研究常常是被架空的。这种现象现在已经发生了转变。前文我们提到的教学理论研究向生命课堂、实践原点、教室田野的转向,就是对这种研究范式的积极纠正。但是,我们还要看到,教学理论研究重回课堂,尝试解决教学实际问题,并不意味着教学理论研究要从一个极端走向另一个极端,用一种研究范式否定另一种研究范式。对于我国的教学理论研究而言,无论是理论建树还是实践探索,两个方面都存在很大的问题。理论方面,尽管著述甚丰,但真正具有原创性、建设性和生命力的成果并不多见;实践研究方面,只是深入课堂田野,进行体验式研究和大量的案例分析,并不能从根本上解决问题。理论是渗透观察的,没有深刻的理论洞察力,我们的田野研究就可能只停留在就事论事、只见树木不见森林的微观层面。例如,如果研究者缺乏基本的学科教学理论素养,那么他在课堂田野中的观察和体验就会受到很大的局限,甚至会得出错误的判断。因此,理论研究与实践研究从根本上说是不可分割的,它们是一枚硬币的两面,需要我们综合起来把握。从目前的情况看,我们在实践研究方面应付出更多的努力,积极采用行动研究法、案例研究法、课堂参与式观察法、教师日常生活研究法,直接触及课堂教学的深层问题,深入揭示课堂教学的矛盾和冲突,为建构面向实践需求、解决实际问题的个性化教学理论积累研究经验。

(四)国外教学理论"本土化"研究尚需深化

我国教学理论的产生与发展从来没有离开过对国外教学思想的引介和研究。无论是在 20 世纪 30 年代、50 年代还是 80 年代,教学论在引进介绍国外教学研究成果方面做了大量的工作,为建构中国本土的教学理论提供了丰富的思想资源。但是,我们又不得不承认,在引进和介绍上还存在某些简单化、表面化的问题,简单的拿来与套用的现象仍比较普遍。笔者认为,在西方教学思想本土化问题上,我们要树立正确的态度,必须打破过去的简单移植、机械照搬的模式,应当做到以下几点:

第一,真正深入全面细致地学习西方的教学理论原典著作,掌握大量第一手教学案例资料,利用现代发达的信息技术手段,接触国外真实课堂,成为该教学理论研究领域的专家。第二,与国外学者或教师进行合作研究,在互动沟通中增进对国外教学理论的质的理解,并表达自己的思想,形成自己的观点。第三,在国内建立相对稳定的理论研究队伍,吸引自愿参加研究的一线教师进行实践研究,在理论研究与实践研究之间建立无缝对接。第四,极力避免"运动式"教学改革实验,要按照教学自身规律循序渐进地推广研究成果,建立扁平化的、共享式、自由开放的研究共同体。第五,本土化的目标不在于成功移植国外经验,而是要致力于促进国外教学理论在中国教育生态中的"再"生长。因此,"本土化"的根应该扎在国内教学实践的土壤中,理论研究旨在为其提供足够的水分、阳光和空气。"本土化"研究的最终目标是形成一种相对独立的良性循环的教学研究生态系统。做到以上五点,"本土化"研究就会逐步演变为教学理论的原创性研究,我们也就有理由期盼真正具有中国特色的教学理论的早日诞生了。

（原载《课程教学研究》2013 年第 2 期）

想象力的教育危机与哲学思考(上)

一、中国教育陷入想象力危机

2009 年教育进展国际评估组织对世界 21 个国家的调查显示,中国孩子的计算能力排名世界第一,而创造力却排名倒数第五,只有 4.7%中小学生认为自己有好奇心和想象力,而希望培养想象力和创造力的只有 14.9%。早在 2000 年,中国青少年研究中心联合北京师范大学发展心理研究所做过一项名为"我国城市儿童的想象力与幻想"的调查研究,结果显示,冒险性和想象力得分大大低于平均值。美国公布的"2001 年全球重要科学发现 100项"中,中国三项科学新发现榜上有名,其中两项是与美国合作完成,独立完成的只有一项。美国的几个专业学会共同评出的影响人类 20 世纪生活的 20 项重大发明中,没有一项是由中国人发明的。中国学子每年在美国拿到博士学位的有 2000 余人,为非美裔学生之冠,比排第二的印度多出一倍,但美国专家却评论说,虽然中国学子成绩了得,想象力却是大为缺乏。①

---

① 赵永新、王昊魁.中国儿童想象力太差谁拧死了想象力阀门[N].人民日报,2009—08—17.

也许我们可以怀疑上述数字的准确性，怀疑数据选取的公正性，甚至还可以怀疑这类调查本身的倾向性，但是我们却难以回避这样一个事实：中国教育正面临着愈来愈严重的想象力危机。这个危机不只是表现在上述丧失想象力的教育结果上，而且还表现在学校教育制度与教育教学实践对想象力的遗弃与压制上。当我们的孩子说"雪融化了是春天"，而语文老师纠正说"错了，雪融化了只能是水"的时候，当孩子们把一首首文辞优美的古诗词翻译成白话文死记硬背以应付考试的时候，当学生通过无数次的机械练习突然顿悟到数学不过就是计算技巧的时候，当小学生不好好读书而热衷于所谓考场作文制胜法宝的时候，我们正在直面想象力在教育中的死亡。在现实的教育中，想象力不再被当作积极的创造性力量，而是被看成威胁学生学习成绩、影响正常教学秩序的捣乱分子。教育中的一切都已经被各种考试标准和评估细则预先决定了，我们只需按图索骥，只需模仿和训练，我们不再需要任何想象力，它对于我们来说太过奢侈了。

但是，没有想象力，就没有人类的任何发明创造和艺术创作。想象力是人类保持自身活力和发展动力的原始文化基因。想象力对人类而言不是可有可无的装饰品，而是人类把自身从有限的现实世界带向无限的可能世界的不竭动力，是贯穿人类精神生活一切方面的最隐秘最伟大的力量。我们与其说生活在现实中，不如说每时每刻都生活在对未来的想象中。想象，构成了我们存在的最重要的一个维度，它把过去、现在与未来凝聚融通成一种奔腾不息地向前运动的内在精神结构。丧失了想象力，我们的心灵将会无处栖居；丧失了想象力，我们的生活就会失去存在的价值。

历史上从来不乏对想象力的讴歌和赞美，想象力几乎主宰了一切文学艺术领域。但是，在以人类知识再生产为己任的教育领域，想象力的地位和作用似乎一直处在名不副实的状态。几乎没有人会否认想象力在教育中的价值，也没有人会否认想象力在诸如科学发明、艺术创造与技术设计中的作用。但是，在我们的教育制度的安排中，在我们的课程设置中，在我们的教学过程中，尤其在我们的教育评价中，究竟给想象力留下了多大的发展空间？遗憾的是，作为口号和意念的想象力虽然充斥在我们的教育话语里，但作为严肃的教育理论研究的想象力还处在蛮荒状态，作为教育实践智慧的想象力还被排斥在片面的科学理性主宰的课堂之外，作为学习过程核心动力机制的想象力还被钳制在以理性认知为主导的单一模式中，作为教育评价核心价值尺度的想象力还被标准化意识践踏在虚假的客观性的泥潭中。教育已经丧失了想象力，我们的教育正面临想象力的危机。不正视这一现实，我们就会迷失教育改革的方向，就会陷入各种纷繁复杂、相互纠结的教育乱象和困顿之中。不赋予教育以丰富的想象力，我们就不可能自信地回答困扰温家宝总理的著名的"钱学森之问"。想象力，应当成为引领当前教育改革的主题词之一，它既需要我们从哲学的高度重新来审理和评估它的教育意蕴与价值，也需要我们从教育实践的角度来探讨拓展教育教学想象空间的创造性途径与方法。

二、想象力在教育中的遭遇

想象力就像是我们生活于其中的空气，通过呼吸我们能很清晰地感觉到它的真实存在以及它的无所不在，但是，我们却无法凭视觉捕捉它的踪影，用语言来描述它的形象。事实上，由于它的无所不在和无时不在,我们习焉而不察,造成了对它作为我们生存必需条件的重要性的忽视和遗忘。显然,想象力是一个很难定义和描述的概念。如果我们要深入分析教育中的想象力危机,就必须把握想象力在教育中的各种意义和用法。换句话说,也就是要描述想象力在教育中的各种形象,透过这些形象去揭示想象力在教育中的遭遇。

(一)想象力与形象思维

想象力在教育中最广为人知的一个形象是形象思维。把想象力与形象思维联系起来是再自然不过的事情。心理学对"想象"的解释大致有:想象是人在头脑里对已储存的表象进行加工改造形成新形象的心理过程;在知觉材料的基础上,经过新的配合而创造出新形象的心理过程,或者对于不在眼前的事物想出它的具体形象;想象是人在脑子中凭借记忆所提供的材料进行加工,从而产生新的形象的心理过程。总的来说,想象就是指通过感觉、知觉或记忆等心理形式形成心理表象并对其进行加工改造的思维操作活动。什么是形象思维? 一般来说,形象思维是指主体运用表象、直觉、想象等形式,对研究对象的有关形象信息,以及贮存在大脑里的形象信息进行加工(分析、比较、整合、转化等),从而从形象上认识和把握研究对象的本质和规律。简而言之,形象思维是用直观形象和表象解决问题的思维。

不难看出,想象与形象思维在内涵上存在很大的重叠和共享性,都是以心理表象或形象信息为对象进行思维加工的操作过程,都强调思维的直觉性、形象性和构造性。只不过前者重在心理构造过程,后者重在问题解决过程。二者内涵的共享性使得想象与形象思维的区分变得模糊起来,由于形象思维相对于逻辑思维在认识论中具有重要的对称性意义，因此，它在人文艺术与社会科学领域的教育话语中受到了格外的重视。较之于形象思维，想象力这个概念多少带有浪漫主义的非理性色彩，在常见的教育理论研究中，形象思维逐步成为想象力的代名词。由于人们把形象思维与逻辑思维作为一对概念来使用，这样，想象力在形象思维的裹挟下也就逐步成为与理性思维（逻辑思维）相对的一个概念。

把想象看作形象思维，看作理性思维（逻辑思维）的对立面，在教育上造成了深远的影响，那就是，想象力只专属于文学艺术教育领域，在数学与科学教育中我们需要的只是逻辑思维，想象力不过是一种陪衬和点缀。这一观念几乎成为教育理论中普遍默认的原则。因此，人们普遍地把数学和科学看作枯燥乏味、缺乏想象力的学科，看作只需要智商不需要情感的学科，看作只需要做题训练不需要幻想和创造的学科。想象作为形象思维的这一教育形象，在很大程度上窄化了想象力的理智价值，忽视了它在理性思维（逻辑思维）过程中的超越逻辑局限性的整合联动功能，造成了教育观念与教学方法上的偏颇。

（二）想象力与幻想及虚构

如果说想象作为形象思维在教育中的作用遭到窄化和限制，那么想象作为幻想与虚构的教育价值则不仅是窄化与限制的问题了，而是遭到了严重的否弃和抵制。在日常的使用中，幻想有两个完全相反的理解维度。一方面它是指向个人对所希望的未来事物进行想象的过程，意味着无拘无束的自由想象与创造，这是一种积极的教育价值导向；而另一方面则是指人内心的荒谬的想法，意味着无根无据的妄想和白日梦，这是一种消极的教育价值导向。从积极的维度看,幻想是一种高度自由的想象力,具有超强的生成性和构造性,能颠覆性地超越现实时空中的各种关系,体现了人类思想自由绝对性的一面。但从消极的角度看,幻想被贬为一种低级的思维能力,它是建立在虚假的、不真实的、缺乏现实基础的表象之上的胡思乱想,反映了紊乱无序的思维状态,是一种脱离现实,没有实际意义的想象。令人遗憾的是,在教育中,人们普遍接受的是幻想的第二种含义,把幻想看作是不切实际的胡思乱想。把学生从"沉迷于幻想"的消极状态中召唤回到现实的学习生活中来,一直被看作课堂纪律的重要使命。为什么我们在教育中总是想方设法地防范它的消极一面,而对它积极的一面熟视无睹?是因为我们丧失了对教育的想象力。

与幻想一词相类似,虚构也有两个方向不同的理解维度。一是指凭空捏造,或曰瞎编乱造。二是指作家在创作过程中,依据生活逻辑,通过想象和撮合,创造出现实生活中并不存在,又在情理中的人生图画。虚构是文学创作的本质属性。从唯物主义文艺学的创作论来看,社会现实是第一位的,文学虚构是第二位的,它是作家对社会现实的能动的、曲折的反映。但最终还是社会现实决定文学虚构。尽管在教育中,人们普遍地接受了虚构作为文学创作手段的意义,也把虚构看作是一种想象力的具体表现,但是,在大多数时候,这种接受是有条件的,那就是虚构永远从属于现实,永远不具有独立的思想价值。因此,我们就不难理解,在我们的语文教育中,文学首先不是虚构的艺术,而是反映社会生活的工具。在我们整整12年的基础教育阶段的写作教学中,"虚构"作为文学写作的第一手段,第一要义,一直备受冷遇。在潜意识中我们把"真情实感"、"真人真事"与"虚构"对立起来,把提倡虚构写作看成是教唆孩子说谎造假。在我们把文学作品中的想

象与虚构看作作家专利的同时,我们的写作教学也就与想象力失
之交臂,它无奈地从我们对虚构的忧惧中悄悄地溜走了。但是,
当我们从学生的头脑中把虚构观念扫荡一空之后,我们所期待的
"真情实感"其实并没有真正地发生,反而,却带来了大面积的造
假风气和无病呻吟的病症。因为,想象是情感的触发器和放大
器。丧失了想象力的情感是不会持久的,它只能在贫乏的思想中
慢慢枯萎下去。

一言以蔽之,想象力的丰满形象在教育中遭受到了严重的挤
压和扭曲,它被减缩为与逻辑思维相对立的形象思维而蜗居在人
文艺术教育领域得以暂时栖身;它被视为不切实际、毫无用处的
幻想和胡编乱造的虚构而沦为教育所极力回避和抵制的不良因
素。如果说想象力在教育中的价值还没有消失殆尽,那只能归因
于人类的想象天性还没有完全泯灭,归因于人的潜意识对想象力
怀有难以遏制的渴求。当人们在教育中逐步把想象力与理性对
立起来,质疑它的创造价值,担心它的破坏作用,疑惧它那难以驯
服的自由本性的时候,想象力也就滑落到了教育的边缘。显然,
这是一个危险的信号,应引起我们的关注和思考。

三、想象力在哲学史上的命运

美国教育家杜威说过,"教育是哲学的实验室"①。想象力在
教育中的不幸遭遇与想象力在哲学史上的坎坷命运是分不开的。
想象力从来都是哲学思考所面对的最困难的问题之一。很多时

---

① [美]约翰·杜威.民主主义与教育[M].王承绪译.北京:人民教育出版
社,1990.347.

候,哲学家宁愿让它保持一份诱人的神秘,也不愿使自身陷入无休止的循环论证的泥潭中。因为,没有什么概念可以在最后一个环节打开"先验的直观"这个物自体套箱。因此,在哲学史上,关于想象的探讨,我们远远做不到像讲科学故事那样清晰明白。换句话说,在想象力上,我们并不见得比生活在远古时代的祖先们更具优势。

(一)西方神话中想象力的启示

从宗教的意义上说,想象的秘密属于上帝,人类一旦窥视,上帝就会毫不犹豫地惩罚人类。希伯来圣经与古希腊神话是形成西方世界观的两大理性传统,在想象力问题上它们却有着相似的故事。希伯来圣经在讲述建造巴别塔的故事时使用了这个看起来最好翻译成"想象力"的词语。耶和华说:"看那些人,没有什么可以限制住他们,限制他们凭借自己的想象力去做事。"在这里,人类的想象力被看作是诱导人类去侵犯上帝特权的一种手段。上帝给予人类的惩罚就是"变乱"人类的语言,使人彼此不能理解,从而造塔的计划便永远搁浅了。古希腊的普罗米修斯的神话与此近似,他从上帝那儿为人类盗取了天火,人类拥有了火,使自身变得强大起来,这是人类再一次地侵犯本属于上帝的特权。普罗米修斯—普罗—米修斯,意思就是"超前——思想者",即拥有伟大的想象力的思想先驱。从这两则故事中,我们可以发现,一旦人类运用自己的想象力就会产生这样一种威胁:它会破坏自己与圣神之物、与万物秩序结下的既有的关系。显然,人类拥有通过想象那些并不存在着的可能事物预先进行筹划的能力,是一件十分危险的事情——它不仅威胁到上帝的尊严,而且也威胁到了人类中的掌权者。独裁者根本不喜欢在自己的地盘里看到想象力的丝毫迹象。在这里，想象力成为人类思想的禁忌——运用想象力会触犯上帝的威严，会破坏先天的秩序。因此，那些挥舞着想象力的思想先驱必定要受到某种惩罚。但是，人注定是要被想象力所诱惑的，作为上帝的子民，想象力是他们唯一的骄傲，因为万物中只有人类才会因为拥有想象力而犯错。上帝的惩罚其实是一个吊诡，人类如果没有想象力，就不能体现出上帝的荣光和智慧，因为人类是上帝照着自己的样子所造就的最高级的存在物。但是，如果人类真的拥有了想象力，就会触动上帝的权威，侵犯先天预定的秩序，人类必然要受到上帝的惩罚，否则将难以显示出上帝至高无上的权威性。这是一个具有决定意义的二律悖反，通过它，想象力被安置在了主宰人类命运的核心位置。

（二）想象力在西方哲学中的经历

在西方神话中遭受了上帝惩罚的人类想象力，在随后的哲学初创时代并没有获得翻身和解放，反而演变成为一种低级的思维形式，作为理性的对立面而存在于哲学思考中。其始作俑者就是柏拉图。柏拉图把人的认识能力从低到高分成想象、感性、知性和理性四个阶段。他认为，想象只是感性事物的影像，是认识的最低等级。由于它远离理念世界，变幻无常，根本不值得信任。显然，在西方哲学史一开始，想象力就坠入了感性世界的乱相中。柏拉图对想象力的贬斥具有深远的影响力，想象力被描述为一种与人类理性相冲突的不确定因素。理性与想象是水火不容的两种东西，你拥有其中一种能力越多，你拥有的另一种能力就会越少。亚里士多德赋予了想象力一种重要的理性功能，他认为想象力在感知觉转化为理念，或者世界的质料演变成心灵的质料的过程中起着转换的作用。即便如此，亚里士多德还是认为想象是不可靠的,它只是感觉的副产品。在中世纪的欧洲,人们对想象力普遍抱有怀疑的态度,认为只有把它审慎地控制在理性的范围之内,它才是理性的一种潜在的有用的奴仆。尽管想象力能够服膺于理性,但它却是理智活动中最为虚弱和易错的部分,容易与表象所形成的现实混淆在一起。这个敏感虚弱的地带正是魔鬼进入理念世界的踏板。因此,在中世纪想象力又一次成为不被信任的能力,它必须时时处在理性的警惕性的控制之中。

在启蒙时代的早期,想象力的地位并没有得到显著的提升。笛卡尔把它看作导致思想混乱的源泉和"浮躁的建造物"。文艺复兴后期的两个先导哲学家休谟和康德赋予了想象力新的内涵。休谟不只是简单地认为想象力能把感觉印象转变成观念,而且认为想象力能把短暂易逝的、局部的、不断变换的感觉印象带到连贯的稳定的世界观中。康德称这种理论是自从有形而上学以来,对形而上学这门科学的命运的"最致命的打击"。康德更进一步认为想象力甚至建构了我们的感知觉。因此,我们所能理解和知晓的事物是由我们想象力提前决定好的。康德将想象力当作一种纯粹的认识功能,在认识过程中想象力是从属于知性,符合知性概念的,是知性通过表象(对象的形式)的必要条件。

作为一种具有生产力和创造力的现代意义上的想象力概念,主要是来自浪漫主义时代。浪漫主义者吸收了康德"哥白尼式革命"的主体性思想,认为人类心理的本质是由我们如何感知世界的方式所决定的,想象力并不是简单地再现由感觉所传递来的现实的图像。在这里,心灵不再被人看作清晰的现实世界的镜子,而是被看作照向黑暗而复杂的现实世界的灯火;想象力则被看作人类理解世界过程中的核心要素。浪漫主义者甚至挑战了把科学看作发现真理的可靠的途径的观念,提出"美是真理,真理美丽"的命题。与浪漫主义者不同,华兹华斯认为,想象力不是别的什么,只不过是"最崇高的情感中孕育的理性"。他认为想象力在诗歌写作中具赋予、抽出、修改、造型、创造、加重、联合、唤起和合并等诸多功能,理性无时无刻不在发挥着它的作用。

　　海德格尔之前的哲学家大都把想象力放在认识论或者艺术创作领域进行研究,想象力或者被看作一种依赖于感性经验的低级思维形式,或者被看作不可名状的先验的直观形式,抑或被看作有别于理性思维的进行自由创造的神秘力量。但是,在这些观念中,想象力作为揭示人与存在之间源始联系的敞开作用被遮蔽了。海德格尔在对现象学方法进行批判的基础上,超越了康德哲学的想象力——通过先验演绎逻辑积极地建构经验对象的能力,借助于对源始的时间性的分析,赋予了先验的想象力新的价值:想象力的综合不再像知性概念那样是规范的,完全依赖于知性统觉,而是自身收成的,是完成自身超越的本源性力量,它不仅独自构成了一切对象知觉的最源始条件,还是人类理性得以从有限的在场者中超越出来的根本原因。由此想象力作为哲学概念超出了知识论层面,打开了存在论的视域,使缘在借助想象的敞开作用能诗意地栖居在存在的身旁。伽达默尔进一步把想象力拓展为一种内在于哲学解释学方法中基本精神。他认为,在我们这个充满科学技术的时代,我们确实需要一种诗的想象力,或者说一种诗或诗文化。想象力超越了主客认识和单纯艺术想象的工具价值,通过与语言结缘而具有了存在本体意义。想象,成为贯通人类意识所有方面的存在之思。

　　想象力在西方哲学史中的坎坷经历,向我们昭示了这样一种事实:我们对人类自身及其所处的历史文化语境了解得越多,就会对想象力所拥有的无可比拟的心理渗透力和意识包容性发现得越多,想象力在哲学中的地位也就会愈加凸显。同时,我们也要看到,尽管人类获得的各种科学知识都是人类想象力的产物,但是,知识的增加并不必定带来对想象力的尊重和呵护,很多时候,想象力被贬斥为理性思维的对立面,被看作人类理性思维存在缺陷的证明。不过,我们更应当看到,无论想象力经历了怎样的哲学命运,也不论哲学家们对它怀有怎样的偏见,它都以自己顽强的生命力在森严的哲学概念的裂缝中坚韧地生长出来,以自己的坚韧的沉默对抗理性傲慢的喧嚣,以自己无处不在的渗透力量维持着思想与情感的运动和平衡,想象力成为人类意识最深刻、最阔放的心理背景。它不仅每天都工作在我们感知世界的过程中,而且,当我们思考那些不在场的事物,判断眼前的或未出场的事物在我们理解世界的过程中是否重要的时候,它亦参与其中。尽管这种能力使我们的知觉充满了思想,但是,它并不只是属于理性。在我们的意义生成活动中,想象力总是能自由自在地参与其中,与情感紧密相连。因此,它的动力既来自理智,也来自情感。而且,在浪漫主义运动中我们还发现了想象力的另一种内涵,即它是按照事物的可能性来思考事物的一种能力,它是我们的创新、创造和生产能力的源泉。正是想象力延伸了人的思想触角,扩展了可能性的边界。

(原载《当代教育科学》2010 年第 15 期)

想象力的教育危机与哲学思考(下)

四、想象力的教育意蕴

(一)想象力内涵阐释

一般来说心理学都把生成表象的能力作为想象力的核心来界定。但是,如果我们要把想象力纳入教育领域来思考,就必须从想象力的哲学命运中吸取教训和智慧,超越想象力狭隘的心理学定义。想象力不仅涉及表象能力,而且,作为更深刻的一种内部心理生成机制,它还涉及意象综合、概念创生与逻辑推理等能力。也就是说,想象力不仅参与了外部感知觉向内部心理表象进行转换的过程,而且,还参与了对内部心理表象进行综合加工的意象综合过程(隐喻能力),以及直观范畴与综合意象相耦合而生成概念的过程,最后,在逻辑推理过程中,想象力同样不可或缺。我们一般所谓的抽象思维,其实质也是一种想象,只不过它所使用的手段不是表象,而是抽象符号。而且,在心理表象与抽象符号之间并没有一条不可跨越的心理鸿沟。事实上,如果一个抽象概念在一个人的内心不能激起无数清晰而稳定的表象,这个概念就不具备积极的构造力量;反过来,如果大量的心理表象由于对应概念的模糊不清而处在纷繁杂乱的状态,这些表象只能导致思维的无序和紊乱。无论是具体表象还是抽象概念,它们都只能是想象力的手段和工具,而不是想象力本身。因此,想象力在人的心理过程中处在十分重要的位置。从它参与整个心理活动的过程来看,"它正处在由感觉、知觉、记忆、隐喻、概念、情感,毫无疑问,还包括其他显明的生命特征所交汇而成的十字路口上"①。如果说想象力处在所有心理过程相交叉汇通的十字路口,成为各种心理过程的交通枢纽,那么,在我们的教育中,想象力就应该成为所有的教育过程所关注的焦点。教育的所有理论和理想,都应建立在这个基本的事实之上,忘记这个基础,教育就会丧失最核心的动力。

(二)想象力与思维空间

如果我们把想象力看成一种只专属于人类的伟大的创造力量,那么,想象力的本质就是符号思维的本质。符号能力的形成为人的想象力提供了无穷无尽的思想空间。符号思维所包括的逻辑思维与形象思维,都是人类想象力的具体表现。也许我们更容易把形象思维作为想象的过程,而很难在抽象的逻辑思维与想象力之间建立起亲密的联系。其实,这种普遍的感觉是一种误解。从某种意义上说,逻辑的世界是更严格意义上的想象的世界,是一个更加远离现实世界的可能世界。卡西尔指出,与动物相比,人类不仅拥有有机体空间、知觉空间,而且还有专属于人类

---

① Kieran Egan. *Imagination*, *Past and Present*, *Teaching and Learning Outside the Box*. Edited by Kieran Egan, Maureen Stout, Keiichi Takaya. The Althouse Press, 2007, 8.

的抽象空间①。抽象空间超越了自我经验的内在性和封闭性,借助于符号的中介作用,构造了一种富有逻辑特性的可能的思维空间。对抽象空间的发现和思考,是古希腊思想最早和最重要的哲学贡献之一。但人们在说明这种抽象空间的逻辑特性时感到极端困难,因此,德谟克利特宣称空间是非存在,但又具有实在性。牛顿发现了这种抽象空间的真实性,警告我们不要把抽象的空间——真实的数学空间——与我们感觉经验的空间混淆起来。在贝克莱看来,牛顿说的"真实的数学空间"事实上就是一个想象的空间,是人类心灵的一种虚构。这种想象或虚构具有什么性质?"几何学的点和线既不是物理的物体也不是心理的物体,它们只不过是各种抽象关系的符号而已……在几何学的空间里,我们直接的感官检验的一切具体区别都被去除了。我们不再有一个视觉的空间,一个触角的空间,一个听觉的空间,或嗅觉的空间。几何学空间是由我们各种感官的根本不同性质造成的所有多样性和异质性中抽象出来的。在这里我们有一个同质的、普遍的空间。而且惟有以这种新的独特空间形式为媒介,人才能形成一个独一无二的、系统的宇宙秩序的概念"②。因此,抽象的逻辑思维不仅不是人类想象力匮乏的证据,反而是对人类理智所拥有最深邃最辽远的想象力的体现。我们应当清理现有的教育理念,重新认识想象力在抽象思维中的地位和作用,重新认识想象力的科学教育价值,探索富有想象力的科学教育途径和方法,扩展想象力的思维空间和教育潜力。如果我们无视创造性想象在抽象

①[德]恩斯特·卡西尔.人论[M].甘阳译.上海:上海译文出版社,2003:67.
②[德]恩斯特·卡西尔.人论[M].甘阳译.上海:上海译文出版社,2003:70—71.

思维构筑理论体系时的作用,只是把理论建构看作逻辑自身的自然演绎和自动推理的一种必然后果,那么,我们就会把想象力作为偶然的因素从理论建构过程中排除出去。

(三)想象力与伦理世界

教育天生具有伦理性,这是一个不争的事实。伦理的世界常常被看作一个静止的价值体系和一系列严肃的教条原则。在强大的伦理话语面前,个人只需谦卑地接受。触犯伦理道德教条常常被视为学校和教育者要严加防范的不良行为。因此,人们往往把伦理道德与循规蹈矩的日常生活相联系,而很难把它诉诸想象力。但是,"伦理思想的本性和特征绝对不是谦卑地接受'给予'。伦理世界不是被给予的,而是永远在制造之中。歌德说过,'生活在理想世界,也就是要把不可能的东西当做仿佛是可能的东西来对待'"①。因此,真正的伦理世界是一个开放的创造性的可能世界,不是一个机械的僵化的静止世界。凭借想象力,我们应有足够的勇气和胸怀来面对真实的社会生活与人生实践的冲击和挑战,应敢于打破现实羁绊,积极筹划未来。"一切伟大的伦理哲学家们的显著特点正在于,他们并不是根据纯粹的现实性来思考。如果不扩大甚至超越现实世界的界限,他们的思想就不能前进哪怕一步。除了具有伟大智慧和道德力量以外,人类的伦理导师还极富于想象力。他们那富有想象力的见识渗透于他们的主张之中并使之生气勃勃"②。在这里,想象力意味着一份自觉的伦理责任和社会承担,意味着伦理世界中涌动不息的生命活力。呵护

---

① [德]恩斯特·卡西尔.人论[M].甘阳译.上海:上海译文出版社,2003:95.
② [德]恩斯特·卡西尔.人论[M].甘阳译.上海:上海译文出版社,2003:94.

并激扬这份伦理思想的想象力,是学校公民与道德教育必须恪守的基本信条。否则,伦理道德教育只能异化为道德灌输和道德说教。只有承认想象力在伦理道德生活中的地位和作用,有德行的生活才不仅可以是道德的,而且,还可以是审美的。想象力不仅能开拓我们行为的视野和境界,而且,还可以赋予我们超越现实功利的审美体验。通过想象力,善与真,善与美,融会贯通为意义的整体。

五、富有想象力的教育

教育呼唤想象力,想象力将赋予教育以新的生命和活力。加拿大西门菲沙大学的基兰·伊根教授所创建的"富有想象力教育研究团队"长期以来致力于这方面的研究,提出了一系列原创性的教育主张和实践方案,在国际上产生了广泛影响。在基兰·伊根看来,富有想象力的教育不仅是一种系统的理论或理念上的形而上思考,而且是一套行之有效的创造性的教育行动方案。

(一)想象力与知识观

按照通常的看法,想象力属于艺术创造领域,它与客观知识无关,甚至被视为知识客观性的大敌。这一观点不仅误解了想象力的本质,而且,也误解了知识客观性的内涵。它把想象力看作与理性思维无关的活动,把知识的客观性看作独立于人的意识之外的他在性,这样,自然就得出了想象力与知识无关的判断。事实上,想象力不仅参与知识的生产过程,而且,正是通过理解的想象力,人们才建立起了知识的客观性。

当前的知识观具有浓郁的后现代主义的非理性色彩,贬低、遗弃乃至否定知识的客观性似乎是一种哲学上的英雄主义行为。然而,客观性这个概念并没有因为人们强调知识的主观建构而自行消失,而是在批判过程中获得了新的哲学内涵。它超越了原有的因主客对立的思维方式造成的狭隘单一的物质存在性,进入了以意义共享为特征的主体间性的视野中。客观性与建构性不再相互对立相互排斥,二者在语言交际过程中凭借想象力的作用得到了沟通和交融。语言的交际语境是一种建立在语言对话结构之上的想象空间。把握在场的语言背后的不在场的表达意图必须通过对有限的在场话语的理解而达到对不在场的表达意图的积极想象。离开想象,交际将难以进行,交际所传达的客观内容也就失去了依托而沦为一种不被真正接纳的外部现实。可见,交际本身就包含着从说话者的角度来理解话语意图的想象力。因此,客观性是建立在能够超越从自己利益的有限视角看世界的想象力之上的,它是充分地理解任何领域的知识都必需的思维成分。发展这些支持知识客观性的想象力对教育而言十分重要。

知识的客观性不仅体现在主体间的意义共享性,还体现在主体对它所工作的对象的包容性和操控性上。任何领域的知识、技能或者实践都具有某些属于自己的客观性,每种知识领域都有自己独特的规则、结构、形式与性质,因此,只有当我们的心理结构与这些知识规则、结构、形式与性质保持一致时,我们才能够真正理解这些知识。尽管在不同的知识、技能与实践领域,理解过程千差万别,但它们都有一种共同的不可或缺的理解要素,即想象力①。要使知识的

---

① Kieran Egan. *Imagination*, *Past and Present*, *Teaching and Learning Outside the Box*. Edited by Kieran Egan, Maureen Stout, Keiichi Takaya. The Althouse Press, 2007, 17.

理解过程抵达意义的客观性，必须通过想象力来容纳人们在工作中使用的材料、知识、技能与经验等形式。想象力具有容纳它所处理外部对象的能力。例如，一个拥有良好想象力的经验丰富的雕塑家，能够把心理作用延伸投射到他所工作的材料上，知道这个地方比那个地方更容易凿开，知道怎样敲击能把下面的石块震掉，等等。也就是说，富有想象力的雕刻家，或者是数学家，或者是历史学家，对他所工作的对象产生了一种十分奇特的感觉，这些工作对象和工具似乎变成了他们感觉器官的延伸部分，被吸纳整合进了他们的想象之中。换句话说，并不只是这些石头变成了他们延伸出来的感觉部分，而且，他们自己也变成了石头的延伸部分；他们的心理与对象所力求融汇的性质保持一致，不管这些对象是石头、颜料、数学符号、历史事件或者是天体物理学现象①。如是观之，这个世界并不是一个外在的孤立的对象世界。通过令人惊奇的人与世界的互动过程，我们能够富有想象力地把自己延伸到世界中去，世界也会在想象中延伸到我们的内心中。

　　富有想象力的教育对知识客观性这种阐述，揭示了知识的社会建构与个体创造的双重属性。理想的知识教育过程，一方面应当通过主体间的合作学习激发主体超越自身局限的想象力，融合各自的理解视野以提高知识的意义共享性；一方面则应当让想象力栖居在知识对象上，通过主体对它的接纳与操控，创造出无限的"可能"的现实性。

---

① Kieran Egan. *Imagination*, *Past and Present*, *Teaching and Learning Outside the Box*. Edited by Kieran Egan，Maureen Stout，Keiichi Takaya. The Althouse Press，2007，16.

(二)想象力与学习观

现代教育理论早已抛弃了机械的行为主义的学习观,大多数教育心理学家都把人的自主性、能动性和反思性作为影响学习过程的重要因素来对待。但是,即便如此,人们还是常常忽视想象力在学习过程中的作用,总是有意无意地把学习过程看作单一的理性的认知过程,在流派众多的教学理论中,想象力并没有得到应有的重视。

记忆是人类最原始、最基本的学习能力之一,因此,应当在教育中得到保护和发展。因为,没有健全的记忆力作基础,其他高级学习能力的发展就会受阻。在学校教育中,记忆经常与死记硬背联系在一起,被学生视为不受欢迎的学习任务。这里除了教师的教学观念存在问题外,还有一个对记忆的理解问题。19世纪以来,记忆被看作一种带有被动、静止和重复性质的心理过程。这种记忆观把学习比作在内心记录符号随后再提取它们的过程。令人遗憾的是,我们的大脑在记录和长时间地忠实保存这些信息方面是十分低效的。"一张纸和一个计算机硬盘在这方面也许应该比我们的大脑更可靠。"①我们甚至把这种记忆的效果作为检验学习成绩的最主要的手段。从古至今的学校都采用这种测验,考试的结果被直接当作学习成效的证明。这种考试已经存在了太长的时间,而且遍布所有的学校,关于学习的最一般的含义就是这种机械的信息储存和提取过程。显然,这种学习观忽视了人类学习的突出特征——能动性,它忘记了人类的学习方式根本不

---

①Kieran Egan. *Imagination*, *Past and Present*, *Teaching and Learning Outside the Box*, Edited by Kieran Egan, Maureen Stout,Keiichi Takaya. The Althouse Press,2007,12.

同于计算机，我们的记忆也根本不同于计算机的记忆。

　　事实上，人类的心理在绝大多数情况下并不是在学习过程中直接储存这些离散的事实。即使是在我们学习最简单的事实——蜘蛛有八只脚时，我们并不只是简单地把它作为离散的事实寄存在我们大脑中。在我们接触这一事实的时候，它并不是一种与外界经验绝缘的孤立信息。在学习过程中，它与内心变动不居的情绪、记忆、意图等组成我们心理生活的各种复杂成分交汇在一起，形成错综复杂的联系。也许，我们的原有经验和知识会赋予"蜘蛛有八只脚"的事实以特定的情感色彩①。当学生由眼前的事实联想到《西游记》中蜘蛛精的故事，把这一枯燥的事实与蜘蛛精的"美丽"、"诱人"、"险恶"等人格特征建立起联系时，这将极其有力地拓展学生们记忆蜘蛛知识的想象空间。所以，我们已经具有的意义结构的复杂性会影响到我们能否和怎样保持这些特殊的事实，反过来，意义结构的复杂性又受到我们的情感、意图等因素的影响。人类的学习并不只是像镜子一样反映心理之外的事实，更关键的是其中包含着建构与合成的过程。每个人的心理都是与别人不一样的，有一个不同的世界观。在学习过程中，学生必须把所学的东西综合进他已经存在的独特的意义结构中，这需要对意义进行重建、合成与重估。因此，严肃地对待想象力，根据不断发展的想象力概念来思考学习的问题，我们就必须关注有意义学习的本质。意义并不是居住在事实之中，也不是居住在我们所掌握的技能之中，而是居住在我们的心理和所要学习的东

---

①Kieran Egan. *Imagination，Past and Present，Teaching and Learning Outside the Box*. Edited by Kieran Egan，Maureen Stout，Keiichi Takaya. The Althouse Press，2007，12.

西的相互作用之中。我们的心理不只是一个简单的事实的仓库，而是一个不间断地进行着各种意义组合与建构的活动中心①。富有想象力的教育,应当在积极的互动情境中把知识的学习与人的情感、意图、记忆等心理因素融汇在一起,建构起情智互动、立体多样、层次丰富的知识想象空间。

(三)想象力与教学观

人类凭借想象力建构了知识的客观性,拓展了记忆与学习的心理空间。想象力所具有的这种强大的建构与合成作用,应当成为我们重构教学过程的一个重要力量。从富有想象力教育的角度来看,知识世界不是封闭的符号世界,而是人类理智探索的传奇故事;学生不是谨小慎微地踟蹰在知识圣殿中的参观者,而是穿梭在知识丛林中的探险家;教师不是真理的发布者和传道者,而是带领学生步入神奇而美妙的精神世界的思想先驱和向导。概而言之,富有想象力的教学,是致力于激发知识活力的教学,是奠基于人类情感活动的教学,是导向深度学习的教学。

首先,教学要释放知识的精神活力。现代教育是以传递知识为己任的,但不幸的是,当闪现着人类智慧之光的知识被充塞进了整齐划一的教材,洋溢着对话精神的知识探究被压缩成单向的知识接受和储存过程,充满理智激情的知识故事被装扮成了唯我独尊的冷冰冰的试卷,知识的活力基本上也就丧失殆尽了。英国著名哲学家怀特海在一个世纪前所批判的"无活力"的教育又一

---

① Kieran Egan, *Imagination*, *Past and Present*, *Teaching and Learning Outside the Box*, Edited by Kieran Egan, Maureen Stout,Keiichi Takaya, The Althouse Press,2007,13.

次成为教育的现实。在"应试教育"风气愈演愈烈的今天,学校教育被无活力的概念沉沉压制住了。"教育上有了无活力的概念,这种教育不仅是无用的,尤为重要的是,它是有害的。腐蚀最好的东西是一种最坏的腐蚀"①。因此,富有想象力的教育,应当对无活力的教育进行激烈的反抗和彻底的批判。通过解放想象力,还原知识与生活、知识与社会、知识与历史、知识与实践的多重联系,释放被久久压抑的知识活力,"把概念和由感性知觉、感情、希望、欲求以及调整思维与思维的关系的心理活动所组成的川流联系起来,这个川流就构成我们的生活"②。基兰·伊根教授说:"一切知识都是人类的知识,知识是从人类的希望、惊惧和激情等情感中生长出来的,是赋予知识生动意义的力量。带着希望、惊惧和激情等情感投入到学习中,才能借想象力的翅膀自由地翱翔在知识的世界。"③知识的活力存在于知识的学习与探究之中,应当把释放知识的活力作为教学过程本身的、内在的、当下的诉求,而不是把它作为学习过程之外的额外奖赏。怀特海对这一点深有洞察,他批评了这种观点——心智是一个工具,你先要使它锋利,然后才运用它。他认为这是一个根本性的错误,因为这种观点可能窒息了现代世界的才华。"心智绝不是被动的;它是一种永不休止的活动,灵敏、赋予接受性、对刺激反应快。你不可能推迟它的生命,到你使它锋利了的时候才有生命。不管你的教材具

---

① 王承绪、赵祥麟.西方现代教育论著选[M].北京:人民教育出版社,2001:115.

② 王承绪、赵祥麟.西方现代教育论著选[M].北京:人民教育出版社,2001:117.

③ Owen, Tyers. *In association with the Imaginative Education Research Group, A Brief Guide to Imaginative Education.* Printed by SFU Document Solutions. 7.

有什么兴趣,这种兴趣必须在此地此时引起;不管你在强化学生的什么能力,这种能力必须在此地此时予以练习;不管你的教学应该传授什么精神生活的可能性,这种可能性必须此地此时表现出来,这是教育的金科玉律"①。

其次,教学要唤起学生的情感活动。情感活动是我们获得知识的重要来源,也是维持和推动知识学习过程的重要力量。当然,我们并不是希望在我们的课堂里整天充斥着眼泪、哭泣和欢叫。我们真正的想法是,无论要教学什么内容,都需要以某种方式把它与学生的情感相联系。然而,在教育中,很多人倾向于把情感活动与知识学习过程分割开来,似乎在我们内心分别有一个理智的部分和一个情感的部分,或者一个认知的部分和一个情绪的部分,二者彼此独立,甚至对立。尤其在科学教学中,很多教师把学生丰富多彩的情感活动看作培养学生科学理性精神的大敌,极力把它们排除在学习过程之外。例如,对于大多数的学生而言,数学往往被描述成一个缺乏人性色彩的单纯的计算学科,这也许是把理性、认知与理智等从想象力与情感中分离出来所造成的最显著的伤害。这个结果是灾难性的,因为它是建立在错误的教学观之上的。对大多数人类说,数学就是教材中的那个样子。不管我们向数学中注入多少想象力和情感的因素,产生的只能是一片空白,因为教科书已经假定想象力和情感在很大程度上与数学无关。这个信念一直持续着,尽管那些发明了数学知识的人具有强烈的激情和想象力,而他们所发明的知识,在教材中却被做了防腐处理而不再新鲜生动。因此,富有想象力的教育不能只是简单地指出数学是有感情的事件,而且必须探讨如何在学生的想

---

① 王承绪、赵祥麟.西方现代教育论著选[M].北京:人民教育出版社,2001:120.

象力与数学所蕴含的情感之间建立起真实联系,使数学知识变得引人入胜、意义丰沛。比如,在讲授无理数时,我们可以给学生讲一讲古希腊数学家西帕索斯的故事,他因为发现并传播这一科学发现威胁到大数学家毕达哥拉斯派的权威而遭到追杀最后葬身大海。在这里,理智活动是以科学的激情和信念为基础的。我们必须抓住华兹华斯对想象力的理解——"理性栖居在她的最高贵的情感之中",把想象力看作情感和理智的结合。这将引导我们超越理智/情感的二分,在所有的知识领域和教育的所有方面,都把二者作为一个整体来把握。我们的情感生活关联着我们的想象力,我们的想象力关联着我们的理智。那么,富有想象力的教学,不可避免地要引起我们的情感反应。对教育来说想象力是重要的,因为它促使我们认识到,那些脱离了我们情感的教与学的方式,注定要导致教育的贫瘠和荒芜。

最后,教学应致力于触发深度学习。受大生产的功利主义观念影响,加上现代社会科学知识发展迅速、数量惊人,现代学校教育一直把不断提高教学效率作为自己的追求。学生在课堂里获得了大量的食而不化的知识,教学效率似乎提高了,但学习质量却严重地下降了。教学不够彻底,学习缺乏深度,几乎是现代教育的普遍症结,其结果就是学生"消极地接受一些没有活力的火花照耀的、没有联系的概念"①。因此,富有想象力的教学应该是触发学生深度学习的教学。首先,它应当激励学生调动所有的认识方式来参与学习,构建灵活多样的思维模式。基兰·伊根认为,人的思维发展要经历身体的认知、神话的认知、浪漫的认知、哲学的认知与批判的认知五个阶段,这五种认知方式是我们理解

----

① 王承绪、赵祥麟.西方现代教育论著选[M].北京:人民教育出版社,2001:115.

世界的五种渠道和方式。不幸的是,在学校教育中,每当学生掌握一种的新的认知方式时,就把原有的认知方式给否定了,这样,学生的学习发展过程就是五种认知方式相继更替的过程,而不是各种认知方式间的"和而不同"的共生过程。当学生用理论语言来否弃文学语言、用抽象思维来排斥具体思维、用现实性来压制虚构性时,其认知方式就陷入了单调的机械模式中。富有想象力的教学,不是五种认知方式单兵作战的教学,而是取长补短、相互配合、联合作战的教学。其次,它应当展现知识的丰富形式,使学生彻底掌握知识细节。怀特海提出过两条教育的戒律,其中一条是"凡是你教的东西,要教的透彻"①。在教学过程中,如果我们能把一些重要知识处理得细致入微、鞭辟入里,那么,学生就会获得一种彻底的顿悟感和心理上的安全感。在教学中,细节不是可有可无的东西,而是维系学生头脑中的知识概念不断生存发展的重要思想土壤。这些细节越充分,学生头脑中概念的生命力就越旺盛。甚至到最后,通过一些极其微小的细节,就足以考察出一个人的真正的内在知识素养。最后,它应当培养出学生的自身的风格,使其获得专业的洞察力。怀特海说:"风格,在它最精微的意义上,就是有教养的心智的最后一个要求;它也是最有用的。风格渗透到一个人的全身……有了风格,你的力量增加了,因为你的心智不被不相关的东西所干扰,因而你更有可能达到你的目的。而风格乃是专家独有的权利……风格总是专门研究的产物,总是专门化对陶冶的特殊贡献。"②所有的知识都是专业化研究的成果,应当使学生通过知识的学习抵达专业的洞察力和欣赏力,对概念的力量、概念的优美

①王承绪、赵祥麟.西方现代教育论著选[M].北京:人民教育出版社,2001:115.
②王承绪、赵祥麟.西方现代教育论著选[M].北京:人民教育出版社,2001:126.

和概念的结构有一种亲密感。这是富有想象力的教学所应致力的方向。

(四)想象力与评价观

在现代教育评价的理论研究与实践操作中,想象力一直没有得到足够的尊重,甚至还被视为标准化测验的"绊脚石"。如果在教育评价的价值坐标中没有想象力的一席之地,那么,我们就不难想象,通过这种评价标准所得到的对教育教学质量的判断也就没有多少信度可言。从某种意义上说,想象力在评价中的缺席所造成的后果,可能要比在教学过程中缺席所造成的后果要严重得多。尽管没有人怀疑想象力作为教育评价导向的积极作用,但对于在评价与测试技术上如何解决想象力评价的问题却心存疑虑和担忧。确实如此,对于人们已经习惯了的标准化测试而言,想象力几乎就是一匹难以驯服的野马。这里的问题是,我们是要把想象力削足适履地硬塞进标准化考试的牢笼加以驯化,还是根据想象力的价值诉求重新建立教育评价的标尺? 答案显然是后者,但这对于当前的教育评价研究无疑是一个巨大的挑战,因为,要评价富有想象力的教育,必须拥有富有想象力的教育评价设计与实践能力,还必须具备富有远见的发展眼光和宽容阔达的教育胸怀。这种评价理念已经通过"质"的评价有所体现,但还远未达到富有想象力的教育的内在要求。我们有理由相信,富有想象力的教育评价,将引领未来教育评价发展的主导方向,执未来教育评价思潮之牛耳。

(原载《当代教育科学》2010 年第 17 期)

认知工具："富有想象力"的教育
策略和方法

引　言

　　"富有想象力"的教育（Imaginative Education）是由加拿大皇家学会教育学院士、首席教育学家、西门菲沙大学教育学院教授基兰·伊根（Kieran Egan）领导的国际性教育研究与开发项目，它于2001年设立于加拿大卑诗省西门菲沙大学教育学院。"富有想象力"的教育，是指教师借助于适当的认知工具，在教学过程中有效激发学生的情感、想象力和智慧的教育理论与实践体系。它借鉴了维果茨基所创立的社会历史心理学派的认知工具理论，并在教育研究中充分发展了这一学说，形成了较为完整的认知工具系统，对教育教学实践产生了积极而深刻的影响。

一、"富有想象力"的教育的理论基础

　　在维果茨基所创立的"文化—历史"发展理论中，"工具"具有极其重要的地位。就像马克思通过分析"商品"来解剖资本主

义一样,维果茨基是通过分析"工具"这个概念来建构起自己的心理与教育理论的。通过对"工具"的分析,人类心理本质上与动物不同的那些高级的心理机能被揭示出来。由于工具的使用,引起人的新的适应方式——物质生产的间接方式——的产生,人不再像动物那样以身体的直接方式来适应自然。在人的工具生产中凝结着人类的间接经验,即社会文化知识经验,这就使人类的心理发展规律不再受生物进化规律的制约而受社会历史发展规律的制约。尽管工具本身并不属于心理的领域,也无法成为心理结构的一部分,但是由于这种间接的"物质生产的工具"对心理的反作用,导致了人类发明了"精神生产的工具",即人类社会所特有的语言和符号。随着符号的诞生,人类的一切活动都得到了新的解释。心理活动在运用符号的过程中逐步得到改造,这种改造转化不仅在人类的发展中,而且也在个体的发展中进行着。在儿童掌握语言之前,无法通过符号来调节他的心理活动,因此他的心理活动的形式是直接的、不随意的、低级的和自然的。但是,在掌握了语言这个工具之后,则转化成为间接的、随意的、高级的社会历史的心理机能。维果茨基把人的心理过程区分为两种水平:第一种是自然所赋予的智能,称为"自然"的过程;第二种是工具和辅助手段武装的智能,称为"文化"的心理过程。"文化"的发展过程是以特殊的心理工具和辅助手段为中介的"自然"的发展过程。无论是在人的实践活动中还是在人的心理范围内,第二种工具水平具有决定性意义。因此,在维果茨基的教育理论中,作为文化过程的认知工具不仅可以促进学生发展,而且还可以"创造"学生发展的"最近发展区",成为发展的先导。

理解维果茨基的认知工具概念的重要教育价值,皮亚杰是一个不可逾越的参照。因为,直到目前为止,教育中的主流心理学观点基本上都脱胎于皮亚杰的发生认识论,尽管皮亚杰的声望已经大幅下降,其理论的缺陷也为人所熟知,但他所开辟的以数理逻辑为核心的认知主义的心理学路线仍然主宰着大部分的研究项目,在教育中发挥着巨大的影响。基兰认为,皮亚杰的认知发展理论至少存在两个方面的问题。首先,他所描述的这些详细的认知发展阶段,到底是真实地反映了儿童心理自动的发展过程,还是它们只不过是儿童在应激状态下进行文化学习的"人为"产品,或者是皮亚杰所采用的研究假设与研究方法所导致的产物。其次,人们如何按照皮亚杰的形式运算图式来构建教育的目标,像历史和文学这样的课程是怎样适应皮亚杰所宣称的儿童的认知发展阶段的。① 当然,人们可以通过很多补救措施来回答上述问题。但皮亚杰的认知发展理论在学校中的应用并没有给教师们带来多少自信。尽管自赫伯特·斯宾塞以来的教育心理学家早就不停地向人们许诺:如果教育者在教学中忠实地贯彻心智发展的心理学理论,那么,学习的革命就会发生。但是,从那时起,已经过去一个半世纪了,学习的革命却倔强地拒绝发生。综观皮亚杰的理论对教育的启示,最核心的一点就是把教育的任务看作如何促进学生适应既定的心理发展图式,换句话说,就是把复杂的心理发展过程简化为一张标有详细的认知发展阶段的清单,然后根据这张清单布置教育的任务。维果茨基对此一针见血地指出,教育不应当被看作"建立在心理功能这个基础之上的上层建筑,而倒不如说,应把教育活动看作是从根本上改变这个基

---

① Kieran, etc. "Some Cognitive Tools of Literacy"[A]. Alex Kozulin, etc. *Vygotsky's Educational Theory in Cultural Context*[C]. Cambridge: Cambridge University Press, 2007. 85.

础的过程"。① 认知工具,正是从如何利用文化的历史的资源来改造心理发展的自然过程这个问题上提出的。科祖林在阐发维果茨基的认知工具这个概念时进一步指出:"在今天发达或发展中国家受过正规教育的人们,正面对着范围广阔的符号工具。作为认知工具,它们不仅不可或缺,而且在一定程度上已经构成了现代个人的真正的'现实性。'"②因此,我们应当果断地走出皮亚杰认知图式理论的阴影,积极关注如下富有洞察力的观点:"人类行为的文化因素并不只是简单地作为外在的习惯而形成的,事实上,它们构成了人格中不可或缺一部分,扎根在人格的新关系之中,生产出全新的系统。"③从维果茨基的角度看,知识学习是一个比较复杂的文化现象,绝不是简单的行为模仿或者习惯的养成,在学习过程中文化和历史将赋予儿童一系列的认知工具。这些工具不只是儿童在学校里要学习的阅读与写作技巧,而且还是由一系列的前后关联的认知方法所形成的有机系统,这些认知工具是人类文化在历史发展中不断地积累起来的成果。

　　基兰立足维果茨基的理论,沿着维果茨基所指示的方向,把认知工具的研究引向了教育实践领域,并把它逐步发展成为一个有机的认知工具系统。与维果茨基一样,基兰十分重视认知工具的语言性和符号性,沿着这条主线,他把认知工具发展成前后连贯的五个亚系统,即身体的认知、神话的认知、浪漫的认知、

---

① Kozulin, Alex. *Psychological Tools*：*A sociocultrural Approach to Education* [M]. Cambridge, MA：Harvard University Press,1998. 16.

② Kozulin, Alex. *Psychological Tools*：*A sociocultrural Approach to Education* [M]. Cambridge, MA：Harvard University Press,1998. 17.

③ Vygotsky, L. *The history of the development of higher mental functions* [M]. New York：Plenum Press, 1997. 92.

哲学的认知、批判的认知。①（见下表）

认知工具系统表

身体的认知	神话的认知	浪漫的认知	哲学的认知	批判的认知
1. 身体感知 2. 情感反应 和联系 3. 韵律和乐感 4. 姿势和交流 5. 参照 6. 意向	1. 故事 2. 比喻(暗喻) 3. 二元对立 的抽象范畴 4. 押韵、估算 和建模 5. 笑话和幽默 6. 成像 7. 神秘感 8. 游戏、戏剧 和玩耍活动	1. 现实感 2. 现实的极限 3. 英雄主义 4. 好奇心 5. 意义的人化 6. 收集和爱好 7. 反叛和理 想主义 8. 情境变化 和角色扮演	1. 寻求普遍性 2. 过程步骤 3. 追求确定性 4. 基本概念 和异常现象 5. 理论的灵 活性 6. 对权威和 真理的追求	1. 理论的局 限性 2. 自反性和 个性 3. 联合聚结 特殊性 4. 怀疑基本 知识

　　由于"工具"一词在汉语语境中总是与外在的、物质性的、实体性的东西相联系的，往往被认为是用来达成某种目的的、暂时的、被利用的、没有自身独立价值的手段。因此，认知工具这个概念在教育中有可能被误解成为一些随机的、散乱的、权宜的、暂时性的、不成系统的教学方法。我们必须强调指出，基兰所关注的是由这些认知工具的相互配合与协作而产生的各种各样的意识与理解形式，借助这些新颖别样的"富有想象力"的理解世界的方式，教师们可以最大限度地激发学生学习的兴趣和潜能，实现学生心智的充分发展。如果我们把认知工具的这种复合性质运用

---

① Owen，Tyers. *In association with the Imaginative Education Research Group. A Brief Guide to Imaginative Education.* Printed by SFU Document Solutions. 7.

于我们的教学实践，不仅会促进学生的逻辑运算能力的发展，而且还会促进想象力、反思能力、情感能力与元认知能力的发展。基兰所提出的这些认知工具初看起来可能让人觉得很怪异，也许令人大吃一惊，难道像现实感、现实的极限、英雄主义、好奇心、意义的人化、收集和爱好、反叛和理想主义、情境变化和角色扮演等术语代表的就是所谓的"富有想象力"的教育方法？确实，这些认知工具的术语明显不同于我们所熟知的教育学与心理学概念，它们很"另类"。但是，这些概念或术语，或许恰恰证明了教育原来还可以这么"富有想象力"的，毕竟，它们是从维果茨基的理论中严肃地发展出来的新范畴。

二、认知工具：富有想象力的教育方法体系

认知工具既是"富有想象力"的教育的理论核心，又是实施这种教育理念的具体策略或方法。认知工具在教育中是作为一种工具系统协同工作的，但依次认识并把握这些认知工具的性质与作用，将有助于我们从根本上把握"富有想象力"的教育的基本思想。由于篇幅所限，我们只能从"认知工具系统表"中随意选取几种认知工具做个简要介绍，并力图借助一些教学案例展现这些认知工具的特点和价值。窥斑见豹，也许通过这些有限的文字叙述，能激发起读者对于教育过程与方法的"另类"想象。

（一）现实与经验的极限感

学生从儿童期向青少年期过渡时，将越来越关注到世界中的现实因素，童年时代对幻想世界的迷恋开始逐步转向对现实世界的可能性与因果性的思考上。

　　既然学生已经发展出了这种关注现实的意识与能力,教学设计是不是应该从儿童身边所熟悉的、已经形成的现实经验出发呢? 那些远离学生现实经验的历史的、文化的与社会的现实世界是否应该暂时从课程中排除出去? 不幸的是,大多时候我们给出的答案是肯定的。如若不信,你可以去看看现在中小学的《品德与生活》等教材,打开课本,我们宛如走进了现实生活一样。因为教材编写者的信条就是"立足现实生活,通过现实生活,为了现实生活"。甚至在中小学《数学》教材的编写中,都在提倡生活化数学,力求把数学融入生活,用来解决生活中的现实问题。看来,从现实世界出发,已经成为当前教学理论研究及实践活动的一个基本信条。在教材编写者看来,教学只有从学生的现实生活出发,才真正符合学生认知逻辑的发展顺序,才能促进学生知识世界的积极建构。

　　但是,在我们强调儿童逻辑思维发展的同时,我们却忽视了一个富有想象力的认知工具对儿童心智发展的促进作用。这个认知工具是什么呢? 我们通过一个例子来说明。想一想,如果你想在小学五年级周五下午的课堂上(学生最厌倦的时候)吸引学生的注意力,"家乡的水果"与"历史上的悲剧英雄"哪一个主题会更好? 显然是后者。但是,后者较之前者,恰恰是远离现实生活的。这一案例揭示了一些很深刻的东西,它们与我们所熟知的"从学生已知的东西开始教学"的做法大相径庭。为什么是后者更有吸引力? 因为后者代表了一种全新的认知工具。我们把它称之为"现实或经验的极限感"。什么能吸引青少年的注意力? 我们的观察表明,那些涉及现实与经验的极限感的材料最能引起学生的兴趣。如最怪异最神秘的自然现象、最奇妙最可怕的事件、最具个性的人物、极限运动体验、南极科学探险,等等。因此,如果我们把"现实与经验的极限感"应用在教学中，它将为学生提供一个学习现实世界知识的有力工具。

"现实或经验极限感"与儿童的幻想能力有什么联系？维果茨基认为，在从幻想到现实感的过渡阶段，幻想在发展过程中发生的本质的新变化是青少年的想象力与概念思维建立起了亲密的联系。想象力被理性化，被融入进理性思维活动系统，在青少年的人格新结构中开始发挥出全新的功能。① 基兰解释说，正是在少年时期想象力与理性思维所建立的这种全新、亲密的联系，为他们提供了更多的自由以及解决现实世界极限问题的新方法。② 因此，"现实或经验极限感"并没有取代青少年的幻想能力，而是把它整合到一个更高级的心理结构中去，转化成为被概念所驱动的理性化的新的幻想力。换句话说，"现实或经验极限感"是一种被理性化、概念化的幻想力，是一种更高级的想象力。

（二）超越限制的英雄主义

从一个懵懂少年走向纷繁复杂的成人世界，在这一过程中青少年往往会深刻地感受到自身力量的局限和不足，但是，同时他们也会逐渐意识到这个包围着、限制着他们的社会，正是他们最终要成其为一部分的世界。原来那些理所当然的社会规范、行为准则以及家长的管教，现在看起来好像都是与他们对着干、用来约束他们的发展似的。面对这些约束和制约，他们可以进行直接

---

① Vygotsky, L. *Child psychology*[M]. New York：Plenum Press，1998. 154.

② Kieran, etc. "Some Cognitive Tools of Literacy"[A]. Alex Kozulin, etc. *Vygotsky′s Educational Theory in Cultural Context*[C]. Cambridge：Cambridge University Press，2007. 89.

对抗,也可以选择逃避,还可以采用另外一种最富想象力的方式——超越限制的英雄主义,即通过联想到那些最能超越、克服这些令他们烦恼沮丧的约束力的"英雄"人物来唤起自身的精神力量。这部分地解释了为什么青少年需要精神偶像。通过这些人物,学生联想到了自信、自立、坚持、聪敏、强壮,或者其他任何英雄主义的品质,由此分享到了超越限制的胜利感。

但是,学生联想到的并不只是英雄人物本身,还有这些英雄人物身上折射出的超越品质,这才是问题的关键所在。英雄人物只是英雄品质的载体,英雄主义品质才是最本质的东西。事实上,在任何事物中我们几乎都能发现诸如勇气、激情、坚持、活力或者力量等英雄主义品质,只要我们具备足够的想象力。比如,一丛生长在坚硬的岩石裂缝中的杂草,一只平静而耐心地静坐着的猫,一块屹立在狂风中的巨石,或者是一艘乘风破浪的巨轮,都生动地展现了英雄主义品质。如果我们浪漫主义地思考世界,任何事物特征几乎都可以被注入超越的品质。超越性的联想可以在某种程度上使学生富有想象力地"栖居"在事物上。

从上述论述中我们能够得到的认知工具就是"超越限制的英雄主义"。在教学中运用这个认知工具,就是要鼓励学生在所研究的事物中寻找一些超越的品质,通过这些特征展开积极的浪漫的联想。这里的关键是引导学生学会如何轻松地把任何事物加以"英雄主义化"。以被扔掉的塑料杯为例:不应简单地把它看作破坏环境的废物,而是,哪怕只有几分钟,把它看作化学家们通过数个世纪耐心细致的研究工作而获得的伟大的创造性成果。一个普通的塑料杯,生产它可能只需几分钟,但是,大自然要完全降解它可能需要 1000 年左右的时间。一方面我们可以把它称之为"白色"污染,但是,另一方面,我们也许应从中看到人造的伟大的

"坚贞不屈"。而这个世界性难题，将要通过利用一种神奇的假单细胞菌进行降解的方法而到得最终解决，这个方法将把降解时间从 1000 年缩短到 3 个月或者更短的时间。① 一个肉眼看不到的小小的微不足道的细菌，现在难道不正是我们心中的真正的"伟大"英雄？只要我们富有想象力，我们会看到，正如杠杆原理的发现鼓舞了阿基米德撬动地球的雄心，所有的科学发现都洋溢着浓郁的英雄主义品质。凭借"超越限制的英雄主义"这个认知工具，也许我们能从枯燥乏味的教材知识中发现越来越多的震撼人心、令人神往的英雄史诗。

（三）概念的心理成像

在我们业已形成的教育观念中，一直存在着一种根深蒂固的传统偏见，即把图像与概念、具体与抽象、事实与理论等范畴看作是彼此对立的，而且每一对范畴的后者都超越了前者而处在更高级的水平。这样，在教育中，概念的、抽象的和理论的内容占据着不可撼动的核心地位，图像的、具体的、事实的内容被看作是为达到概念的、抽象的、理论的目标而不得不暂时利用的"廉价材料"。这种深刻的对立不仅体现在那些编写得极其枯燥乏味的教材中，而且，还体现在课堂上教师们不断换着法子机械地重复教材的语言上。教学语言被大量的概念和理论所绑架、束缚，乃至窒息，似乎如果不采用这种不断重复抽象知识的方法，就不能显示出教育的严肃性和教师的权威性。是的，去问一问我们的学生，尤其是大学生，为什么那么容易在课堂上沉入梦乡？教师们枯燥乏味、

---

① 袁海.加拿大高中生发现特殊单细胞菌可降解塑料袋.[N].济南:齐鲁晚报,2008-7-5.

缺少画面感和情景性的理论语言在其中起到了很好的催眠作用。也许很多教师,尤其大学的教授会反击说,知识离开了抽象的、概念的理论语言,就会失去它的准确性和系统性,教学就会成为"花言巧语"、"华而不实"、"哗众取宠"的卖弄和表演。看来,在图像画面与抽象理论之间的这种对立比我们预计的要严重得多。我们经常会听到这样的言论,如果一个老师讲课生动形象而深为学生欢迎,那么他的同事也许会不无嫉妒的说:"煽情谁不会呀,不就是拿腔捏调、装腔作势吗,这有什么?"言外之意,他们很不屑于用这种低级的方式讨学生的欢喜。维果茨基对这种现象曾作过深刻的分析。他认为,其中的原因在于传统心理学以机械的方式错误地理解了概念抽象化的过程。在他看来,人们只是从一个孤立的方面来思考幻想(图像)问题的,即把它看成是与情感生活、生活动机和态度相关联的心理功能;但是,它的另一方面,即与理智活动相关的那个方面,却被遮蔽了起来。① 他把这个错误归因于传统心理学关于概念发展的观念:"传统心理学把概念看成远离所有具体丰富的现实性的抽象结构。"②在这样的传统中,人们认为概念思维就是从现实的具体特征中进行普遍化、抽象化的过程,概念是从具体的现实中被提取出来的高级思维形式。所以,从内容的角度看,高度抽象的概念只能变得越来越"贫乏、空洞和狭窄",以致最后可以到达西方哲学最高概念"是"(即存在)的水平:它没有任何的具体内涵,不包含任何具体的内容;它可以用来判断一切而没有任何东西可以来判断它,也就是说它不再属于任

---

① Vygotsky, L. *Child psychology*[M]. New York:Plenum Press,1998. 53.
② Vygotsky, L. *The history of the development of higher mental functions* [M]. New York: Plenum Press, 1997. 53.

何比它再高级的范畴，因为它就是那个最高的范畴。因此，关于"存在"的哲学就成了哲学中最晦涩、最难理解的部分。如果我们把教学语言的理论化加以无限放大，推到极致，那么，最后的结局就是在课堂里除了"是"，将空无一物。因此，维果茨基所说的"一个真实的概念意味着一个能呈现客观事物复杂性的图像"①，这对于教学实践来说是意味深长的。

因此，在思考教育问题时我们应该特别重视认知工具的文化想象作用，重视清晰生动的图像在教学中的重要作用。我们曾经为自己能成功地把概念从社会历史背景中剥离出来而倍感自豪，现在看来，在这一过程中我们忽视和遗忘了那些最具影响力的大众媒体所清晰地向我们表明的——在交流和沟通思想的时候，清晰动人的图像是最关键的因素。在这里有一个耐人寻味的问题，即最具影响力的图像来自哪里？是绘画、是照片，还是影视剧？这些都是最常见的画面，而且也是在教学中经常用到的资源。我们说的图像，不是指这些具体画面，而是指概念的心理成像能力。它是从语词中产生出来图像的能力，是把某一事物想象成为其他事物的能力，或者是把某一事物想象成为可能变成的那种样子的能力；或者甚至可以把它看作"虚拟语气"②。它扎根在语言的历史文化背景中，是一种无须任何设备和技术手段支持的自由的想象力。在教学中自觉运用这个认知工具，将会使课堂充满生机与活力。

---

① Vygotsky, L. *The history of the development of higher mental functions* [M]. New York: Plenum Press, 1997. 53.

② Kieran, etc. "Some Cognitive Tools of Literacy"[A]. Alex Kozulin, etc. *Vygotsky's Educational Theory in Cultural Context*[C]. Cambridge: Cambridge University Press, 2007. 90.

采用"概念的心理成像"这个认知工具，就意味着在我们设计教学时，不应该只是把目光锁定在那些概念的抽象规定上，而应该至少花同样多的精力去思考一下那些作为概念内在构成部分的图像。只有通过这些有效地呈现事物复杂性的图像，学生才能生动地、充分地理解这些概念。图像在某种意义上能够把我们的想象力"栖居"在我们所要学习和研究的事物上。通过这种方式，数学、物理、历史和汽车修理等课程就不再被理解为由各种概念和事实所构成的外在于人的东西，而是变成了学生精神世界的一部分——通过心理成像，学生把自己变成了具有数学的、历史的、机械的想象力的创造者。

我们可以以诗歌教学为例做个说明。按照"心理成像"的原则教学诗歌，诗歌的内容将不再仅仅是由语言的逻辑意义所构成的东西，而是学生们的想象力"栖居"在诗歌中所看到的生动画面和所体验到的"可能"世界。也就是说，诗歌不再是我们要处理的什么东西，而是我们要把自己变成的什么东西。如果我们在小学教学白居易的《赋得古原草送别》，老师可以鼓励学生尽其所能地在心中唤起"野火烧不尽"的悲壮画面，然后再想象"春风吹又生"充满生机与希望的画面。学生们眼前的"燎原之火"是什么样子？是他们所能想象出来的"恐怖之地"！在品读时，要他们把自己变成被熊熊大火燃烧着的野草，变成在滚滚浓烟中四处逃窜的小动物，变成大火过后袒裸在大地的一望无垠的绝望死寂的灰烬。学生们一步步地创造着自己心目中的草原图像，他们在想象中目睹了大自然毁灭一切的残酷伟力；他们感受到了顷刻间被大火吞没的惊惧；感受到了被炽焰灼烧的钻心疼痛；更感受到了明知大难来临却无力挣脱，只能束手待毙的焦灼和恐惧。他们听到了自己砰砰作响的心跳，听到了来自灵魂深处的呼救，体验到了什么是彻底的绝望。但是,这一切都必将过去,大地又回归到了往日的平静,世界也似乎停止了呼吸。不知又过了多少时日,和煦的春风从东方徐徐走来,空气中弥漫着大海的气息。微风轻柔地抚慰着赤裸斑驳的大地,一抹绿色淡淡地从大地上泛起,就像被泼洒在生宣上的墨汁,迅速地向四周渗透、延展,最后形成了充盈在天地间的氤氲之气——生命的绿色。学生在清新碧透的绿色画面中看到了希望,看到了生机,深深地体验到了生命力量的坚韧和顽强。像这样一首简单的诗,如果不采用这种心理成像的认知方式进行教学,我们除了机械地分析这几个短短的句子,解释它们字面的意思,牵强附会地引申出一些大而不当的结论外,我们又能让学生学到什么呢?

(原文载《教育研究》2009 年第 8 期,人大复印资料《教育学》2009 年第 11 期全文转载,人大复印资料《教育学文摘》2010 年第 1 期主体转载)

基础性想象力与认知工具的纵向发展

引　言

　　加拿大教育学家基兰·伊根教授以俄国心理学家列夫·维果茨基的心理工具理论为参照,在《受过教育的心智》一书中系统地阐述了自己的认知工具理论。他认为人类的认知系统是由身体的、神话的、浪漫的、哲学的、批判的五种认知方式所组成。① 每一种认知方式由各种彼此关联的认知工具构成,这些认知工具因为拥有共同的语言功能背景,它们之间存在着相互作用、彼此依存的共生关系。不同认知方式之间的认知工具是否存在纵向上的逻辑关联性? 想象力的发展在纵向上有没有前后连贯的一致范畴? 对这些重要的理论问题,维果茨基曾给出过自己的看法,他发现了绘画和游戏是读写的准备这一重要事实,认为不同认知方式中的认知工具之间可能存在必然的、内在的联系。② 基兰·伊根教授领导的"富有想象力的教育"研究团队的核心成员、西门菲沙大学教育学院的马克·菲特(Mark Fettes)博士对这个问题进行了深

①潘庆玉.认知工具:"富有想象力"的教育策略和方法[J].教育研究,2009,(8).
②高文.教学模式论[M].上海:上海教育出版社,2002:393.

入系统的研究。[①] 他认为,伊根所提出的认知工具方式不仅具有横向上(在某一特定的认知亚系统内部)的紧密联系,而且,还可以从纵向的角度(与某种特定的基础性想象力相关)建立联系。马克·菲特概括出了八类基础性想象力,即八类纵向认知工具。这八类纵向认知工具喻示了贯穿在认知系统发展过程中的八条主线,通过研究它们,我们可以揭示出不同认知方式间的认知工具所具有的纵向继承与发展关系,从而为我们设计出更加科学合理的教育实践方案提供了可靠的认知基础。可以说,马克·菲特关于八种基础性想象力的研究,在一定程度上拓展并完善了基兰·伊根的认知工具理论体系。

一、基础性想象力:纵向认知工具

马克·菲特把想象力看作是一种贯穿在各种理解过程中的连续的"基础性能力"。它有助于我们去把握客观规律的隐蔽形式和未被意识到的可能性。在积极应对各种连续不断的生存挑战过程中,人类的基础性想象力已经获得了重大发展,人类文化也早已学会通过语言和行为的多元化来训练和塑造这些能力。想象力不仅有助于我们把握世界的规律,而且,它的最大优势,还在于能够帮助我们去处理那些不可预期的、迅速变化的、陌生的问题和境遇。随着人类的想象力的发展,为了在新的陌生环境中迅速识别出规律及模式,人类必须不断地发明和吸收文化工具。马克·菲特把基础性的想象力概括为八类基本能力,或曰八类基本纵向认知工具系列:

---

① Mark Fettes, "The TIES That Bind : How Imagination Grasps the World". Egan,k. & Madej,K. 2010,3—16.

掌握规律,捕捉细节,洞悉构成,洞察可能性,抓住矛盾,理解指数,把握整体,悦纳冲突。它们基本上涵盖了伊根所提出的大多数认知工具。其中前三类是对世界的物质性、静态性的理解;第四、五、六类是对世界的冲突性、变化性的理解;最后两类是用来跨越认识鸿沟、建构综合视野的。这种划分并没有涉及伊根所看重的对想象力而言很重要的情感因素,也没有触及审美和表现的维度。但是,这八类纵向工具却有助于我们把想象力看作是对基础适应能力的拓展,它与我们身体的、生理的和生态的个性紧紧地连在一起。更重要的是,它指明了一条与伊根观点相容的思考想象力发展的新道路,带来了新的观察视角和更广阔的教育创新空间。

二、把握外界的纵向工具系统

如何看待和把握外部世界反映了人与世界的基本认知关系。马克·菲特把"把握客观世界"作为划分纵向工具的一个基本范畴。他认为把握客观世界的纵向认知工具系统包括掌握规律、捕捉细节、洞悉构成三种认知工具系列。如表1所示:

表1　把握客观世界的纵向认知工具系统表

纵向工具系列	神话理解	浪漫理解	哲学理解
掌握规律	命名和描述	收集和组织	系统化和概括化
捕捉细节	生动图像(不只是视觉的,包括所有感觉)	精确表征(增加客观信息的方式)	精细分析(发现规律的隐蔽形式的方法)
洞悉构成	韵律之耳(韵律、节奏、音乐和口语)	文字之眼(文本和视觉信息的设计与展示)	智力作曲家(把观点和想法组织成更大的整体)

(一)掌握规律

掌握规律的想象力,是指能够洞察到反映外部世界规律的新形式,并能真正地在复杂现实中加以应用的能力。

在伊根对神话理解阶段的论述中,并没有提出直接的"掌握规律"的认知工具和认知策略。马克·菲特认为,在口语阶段,命名活动体现了"掌握规律"的想象力。马克·菲特把这种纵向工具称之为"命名和描述"。作为神话阶段的基础性想象力,它丰富了我们关于神话理解过程的图景。在浪漫认知观阶段,"掌握规律"的想象力是指伊根所提出的认知工具——"收集"和"组织"。它是指完成、扩大和组织一个系列,或者连续地重组一个集合的研究热情。在哲学理解阶段,伊根指出,哲学思维关注事物之间的联系,建构理论、规律、观念和形而上学的计划,以概括学生面对的各种事实,因此,马克菲特把"系统化"和"概括化"称为哲学阶段的"掌握规律"的工具。它在纵向上与浪漫理解阶段的认知工具——"收集"和"组织"相联系。也就是说,这两种活动的策略,是对迫切地需要把握世界的规律和秩序的动机所作出的积极反应。正如伊根所观察到的,当哲学的理解方式主导了心灵,浪漫的理解则经常被当作无关的、无意义的、无足轻重的被摒弃在一边,作为浪漫的理解工具的"爱好"和"收集"也就随之失去了价值。这是我们在教学过程中应极力避免的。显然,让这两套工具系统同时保持活力和健康并非易事。

(二)捕捉细节

在神话理解水平上,"捕捉细节"作为认知工具,与伊根提出的"概念成像"工具紧密相关。这是一种使用口语激活生动的、有感染力的心理图像(不仅是视觉的,而且包括听觉的、嗅觉的)以发展想象力的独特工具。在不同的文化中人们以不同的方式使用它。如伊根所说,这个工具拥有伟大的教育力量,尽管很少被人有意识地使用。

例如,当我们教学《蚯蚓》的时候,通过激发学生想象蚯蚓如何在泥土中蠕动和穿行的心理图像,老师可以扩充有关蚯蚓的感觉和结构的材料。蚯蚓先朝一边探索,然后又犹豫地朝另一边探索,寻找较容易穿过的通道。让我们在想象中一段一段地收缩和扩张我们的肌肉,感受潮湿、气味、幼虫,或者其他什么东西。我们并不是根据我们的感觉来观察蚯蚓,而是在我们内心对蚯蚓的动作进行了富有想象力的表演。

在浪漫理解里,体现“捕捉细节”想象力的认知工具是“精确表征”,它利用书面文化的资源理解细节,细节的搜寻不只是在一些外部世界的心理地图中激起生动的画面,而且可以进行明确的识别和牵制。例如,使用“精确表征”教学蚯蚓,我们可以援引以下数据:一只蚯蚓所挖掘泥土的重量一年达四五百克,耕地中蚯蚓的密度每平方米多达六十至几百只,加拿大蚯蚓的市场价值每年两千万加元,等等。

在哲学理解阶段,“捕捉细节”的认知工具是“精细分析”。从哲学理解的角度看,对现实的浪漫把握太关注于特别的细节了,太不系统了,因而导向了无足轻重的东西。哲学理解细节的方式是通过发展和运用标准化的描述以不变应万变。例如,在百度百科我们可以读到:

> 蚯蚓是对环节动物门寡毛纲类动物的通称。在科学分类中,它们属于单向蚓目。身体两侧对称,具有分节现象;没有骨骼,在体表覆盖一层具有色素的薄角质层。蛋白质含量达 70%,还有微量元素,如磷、钙、铁、钾、锌、铜以及多种维生

素。除了身体前两节之外,其余各节均具有刚毛。雌雄同体,异体受精,生殖时借由环带产生卵茧,繁殖下一代。目前已知蚯蚓有200多种,1837年被生物学家达尔文称之为地球上最有价值的动物。循环系统是封闭式循环系统,消化管为一由前至后延伸的管状构造,排泄则经由肛门或肾管进行,喜食腐质的有机废弃物。以皮肤呼吸,会从背孔分泌黏液以保持皮肤的湿润。在大雨过后,常会发现蚯蚓爬出洞口遭太阳晒死,目前学界对此一原因尚未十分明了,应该不是怕水的原因(蚯蚓可在水中存活),可能原因包含生病、地底氧气不足、二氧化碳过多(研究证实在二氧化碳环境下蚯蚓极快死亡)等。蚯蚓在中药里叫地龙(开边地龙、广地龙),《本草纲目》称之具有通经活络、活血化瘀、预防治疗心脑血管疾病作用。

对于我们大多数来说,上文确实对蚯蚓并没有进行特别详尽的浪漫描述,这种对蚯蚓的哲学理解方式其实并不是轻易就能获得的。马克·菲特把这种哲学的纵向认知工具称之为"精细分析"。这个概念在伊根的哲学理解的工具系统中是不存在的。伊根主要强调哲学理解的理论概括功能。如果说概念成像为神话理解赋予了深度和色彩,那么精确的细节也赋予了理论认知以深度和色彩。而且,这种精细分析能力的训练是良好的哲学教育(指学术性的)的基础之一,尽管达到目的的手段并不总是像人们所期望的那样富有想象力。

(三)洞悉构成

"洞悉构成"是指对把各种细节整合成一个较大整体的隐蔽性结构关系的把握能力。很显然,它是在音乐、文学和其他艺术形式中发挥重要作用的一种想象力。在伊根对神话认知有关节奏、韵律和叙事的阐述中就包含着这种想象力。

一边在讲述神圣的故事，一边是鼓乐和管弦乐的伴奏。程式化的乐音有助于把故事深深地打进听众的心灵中。更高的技巧是把语言中固有的节奏融入更一般的、循环往复的日常生活的模式之中——希望和失望、担忧和放心、压抑和反抗、年轻和衰老、喜剧的快乐轻松和悲剧的悲悯忧伤等等。语言节奏的精致发展与我们日常生活模式的匹配，促成了我们那些宏大的叙事形式。①(P58-59)

节奏和模式之间具有一定的相似性，二者都是指把各种要素协调地集中在一起的方式。因此，节奏和模式代表了神话理解阶段"洞悉构成"的认知工具。在浪漫的和哲学的理解阶段，有关"洞悉构成"的纵向工具是以意义的模式或形式出现的，它能使书面的或理论语言比喻生动、富有美感和易于记诵。在浪漫理解的水平上，这种纵向工具也许还包括文本自身的外部呈现形式，例如，精心呵护的中世纪手稿、现代字体设计、书法艺术，还包括利用文本的编排形式去表达意义，就像在一首诗中的签名艺术、在视觉形式中使用大量的图案传递一定的信息一样。在哲学理解的水平，相应的纵向工具将包含各种模式，通过这些模式，我们利用观念和概念形成更大的一个整体，我们也许可以称之为"辩证"。换句话说，"洞悉构成"在神话理解中主要通过"耳朵"来工作；在浪漫理解中主要通过"眼睛"来工作，在哲学理解中主要通过古希腊人所说的逻辑和修辞——语言推理和说服的美学形式——来工作。

马克·菲特效仿基兰·伊根把"书面之眼"作为浪漫理解的一个工具，在神话理解中把"洞悉构成"称为"韵律之耳"，在哲学理解中称为"智力作曲家"，每一种比喻都指示了一类相关工具。当然，

---

①Kieran Egan. *The Educated Mind*：*How Cognitive Tools Shape Our Understanding*. Chicago：University of Chicago Press. 1997，58—59.

可能有很多种模式识别形式被遗漏在这个系列之外了，这与伊根特别强调语言在想象力发展中的作用有关。然而，这些"洞悉构成"的方式看起来对于发展富有想象力的理解能力是相当重要的，它们能防止把心灵变成永不停止的词语和观念的跑步机。

　　我们已经阐述了把握客观世界的三个系列的认知工具系统。显然，每一系列并非是由一种单一的认知工具组成，而是包括激发探究世界的想象力的所有工具和策略。面对如此之多的策略，学习者也许只对其中的一部分感兴趣。因此，在使用这些纵向工具系列时，教师的判断仍然处在中心位置：这里所阐述的并非一种单一的手段，而更像是允许进行各种选择的调色板。

三、把握过程的纵向工具系统

　　如果说第一组纵向工具系列强调的是对外部世界的一致性和静态性的理解，第二组纵向工具系列则是强调对世界的变化、转换和不可预期性的理解，它包括洞察可能性、抓住矛盾和理解指数三类认知工具系列。如表2：

表2　把握过程的纵向工具系统表

纵向工具系列	神话理解	浪漫理解	哲学理解
洞察可能性	角色扮演，编写故事，其他形式的社会游戏	各种有规则的游戏，建立想象的世界	假设、实验和尝试各种新想法
抓住矛盾	由二元对立的概念、性质形成的冲突和紧张	建立在人类价值和信仰之上的越轨、叛乱和冲突	与证据、一致性和秩序对立的矛盾、悖论和无序数据
理解指数	二元对立和概念调节	现实的极限和局限	典型案例，例外和总体方案的局限

（一）洞察可能性

"洞察可能性"是指一种用来解释世界的特征是如何变化和转换的理解能力。

游戏经常引起儿童对各种假设的可能性的探索，因此，"洞察可能性"的认知工具在神话理解水平主要是指游戏。在神话理解水平，我们最好直接运用口语的方式在游戏中鼓励儿童的这种想象力。教师应该通过设计游戏情境鼓励学生探索各种可能性。显然，学前班和幼儿园经常采用这种教学方式，但是在中小学的教室里，却很少利用游戏活动开展与科目内容有关的富有想象力的探索学习。游戏能引发编写故事、角色扮演等活动，它鼓励儿童以开放的、富有情感和意义的方式参与其中。探索性的游戏活动大大拓宽了儿童通向世界意义的大门。

在浪漫理解阶段，"洞察可能性"的想象力呼吁另一种意义上的游戏工具。这是一种能欣赏所有日常游戏的理解能力，包括棋盘和纸牌游戏、策略和机会游戏、多人接龙游戏，以及由正式规则控制的戏剧和身体游戏等。它还是一种建构真正的幻想世界的理解力。我们的世界是由自身的规则、传统和话语来统治的。遗憾的是，我们只是偶尔要求学生通过设计棋盘游戏来展示他们关于某一主题的知识，联想到他们在玩网络在线游戏时的着魔状态，我们不得不承认，学校往往忽视了鼓励学生通过各种游戏工具发展"洞察可能性"的想象力。

在哲学理解阶段，"洞察可能性"的认知工具是指假设、实验和尝试新想法。哲学的想象力鼓励儿童大胆探索世界的可能性。我们从爱因斯坦著名的"思想实验"中看到了这种想象力的力量：

一个人通过想象自己骑在一道光束上，来理解时光隧道的意义。除了严谨的科学实验，人们还会思考另一种情况，科学家们有时是通过非正式的实验来拓展知识边界的，例如，理论家们经常从反复琢磨一些异想天开、不切实际的想法中获得灵感，像谷歌这样的公司经常鼓励他们的员工花费时间产生疯狂的想法。所有这些"洞察可能性"的哲学理解工具，概括地说就是假设、实验和尝试新想法。

（二）抓住矛盾

"抓住矛盾"是指能够把世界想象成是由对立的力量相互作用而形成。借助"抓住矛盾"这个认知工具，我们能够发现那些控制和阻碍事物变化的力量，可以迅速地预测事物的发展，把握世界的可能性。古希腊最早使用"辩证法"这个概念来表示这种哲学的思维模式，今天它涵盖的认知工具范围更加广阔。它有两个组成部分：一是指矛盾、悖论、不可理喻的数据，二是指寻求证据、连贯一致和优雅和谐。T. H. 赫胥黎提出了"科学的伟大悲剧"，即一个丑陋的事实杀死了一个漂亮的假设，这个质朴无华的比喻十分贴切地体现了哲学想象力所蕴含的矛盾和张力的重要意义。

与哲学的想象力把不同的观念形成的冲突理解为矛盾不同，浪漫的想象力把矛盾理解为人类主体之间的斗争。对伊根来说，浪漫理解中的"反抗"和"理想主义"这两个认知工具对儿童发展理解矛盾的想象力来说相当重要。借助"反抗"和"理想主义"，可以解释观念、技术的发展以及对来自传统和权威的压制的反抗。通过对学习材料的故事化编排，儿童可以把矛盾的一方看作英雄，把另一方看作坏蛋（尽管有时不必这样做），从而理解了矛盾发生、发展和最后得以解决的过程。

对处于神话理解水平的儿童来说，"矛盾"总是一种十分抽象的东西。伊根所提出的二元对立的范畴是帮助儿童把握矛盾的重要工具。在儿童故事或者他们自编的故事中，故事表面内容通常是建立在隐藏的对立范畴之上的，诸如：安全/担忧、好/坏、勇敢/懦弱、爱/恨、幸福/不幸、贫穷/富贵、健康/病弱、许可/禁止等。正如他指出的，使用对立范畴教学历史会顿时把书本内容变得引人入胜，即便儿童还没有发展出成人理解历史的方式。在浪漫理解中由英雄叛乱者和流氓统治者构成的冲突，在哲学理解中由相互敌对的观念和历史力量所构成的斗争，它们所包含的"抓住矛盾"的想象力其实在神话理解阶段中就已经开始发展了，由虚弱/强大、公正/不公、善良/邪恶等构成的二元对立范畴就是它的萌芽。

（三）理解指数

在神话理解水平，二元对立范畴对我们掌握"理解指数"这个纵向认知工具发挥了重要作用。理解指数是指靠想象力挑选典型数据来代表事物无限变化的理解方式。正如伊根所说，如果一个人能够通过最初形成的二元对立结构来组织其对物理世界的理解，那么，这种经验会对他理解其他令人迷惑不解的复杂现象产生积极的指导作用。滚烫的热水/冷冻的冰块、高耸的大象/迷你的小老鼠等极端对立的范畴，从这些特别的经验或形象所达到的极端程度上，我们的神话理解力会发现重要的参考"指数"，通过它我们可以按照比率计算和理解新的经验和信息。现在市场上流行一种能够根据光线变换颜色的凉鞋，女儿很喜欢，我们给她买了一双，她高兴得不得了。有一天我问她："这双鞋能根据光线强弱自动变化颜色，很神奇，你想想这种技术还能用在哪些地方?""温度计",她稍加思索就脱口而出:"当温度超过 37(摄氏)度时就让它自动变红,这样就能一下子知道发不发烧了。"可见,儿童具有理解抽象的指数表征的潜力。

在浪漫理解阶段,同样存在一个与"理解指数"作用一致的认知工具,即"比例"。伊根指出,通过发现世界和人类经验的真正局限,我们形成了建立安全感的背景,从中我们建立了比例观念。例如,如果我们知道了世界上最高的和最矮的人,那么,一方面,我们会对他们极端的身高感到好奇,而另一方面,我们对自身的身高也就放心了。一旦我们获得了背景知识,我们就开始形成关于某些事物的比例意识。在山东省日照市的黄金海岸,有一座高高耸立的潮汐塔。夜晚华灯初上,灯塔主体通身发亮,中央的灯光随潮涨潮落而或升或降,同时变换着色彩。当灯最亮时表明海水处在高潮位,当灯最暗时表明海水处在低潮位。潮汐塔在蓝天、大海的烘托之下显得雄伟、壮丽,在夜幕下焕发着虚幻和神秘的色彩。登临此塔时,人们对神奇的海洋便越发感慨和向往,越发产生探求海洋奥妙的渴望。潮汐塔,是对"理解指数"最生动的浪漫注解!

在哲学理解阶段,很显然,哲学想象力面临一个相似的挑战。我们每提出一个理论方案,就会遇到解释力上的局限:有需要说明的异常情况,有需要专门解释的例外个案,还有并不适用于该方案的毗邻知识领域。在这里,哲学想象力同样要通过关注那些能充分地阐释一般理论的经典案例以规避这种局限。一旦这些理想的案例建立起来,它们就变成了判断理论是否适合其他个案的标准,使我们能够鉴别出不适用于该理论方案的特殊情况。在这里二元对立结构照样在起作用,帮助我们在有效和无效、相关和无关、真实和虚假之间作出连贯一致的解释。

四、知识整合的纵向工具系统

　　前文所述的各种纵向工具,旨在帮助人们打开错综复杂的世界之门——通过它们我们避免了对世界直接的简单化的理解。在面对纷繁复杂的具体知识时,我们渴望能够从整体上把握住它们。即便我们没有办法去详细了解研究对象的每一个细节,我们仍然渴望能看到构成事物的整体关系。这种知识整合的能力具有极其重要的地位,格式塔心理学就是专门研究这个问题的学说。马克·菲特认为,知识整合的纵向工具系统包括把握整体、悦纳冲突两种认知工具系列。如表3:

表3　知识整合的纵向工具系统表

纵向工具系列	神话理解	浪漫理解	哲学理解
把握整体	集中反映人类存在基本紧张关系的口语形式,包括寓言、神话、歌唱、闲话和演讲	集中反映人类主体性和经验的丰富性的书面形式	集中反映基础理论的观念类型,包括理论陈述、争论和阐释、分类和方法论
悦纳冲突	玩笑、双关语、不协调	幽默故事和情景喜剧	反讽和讽刺

(一)把握整体

　　按照心理学家梅林·唐纳德的观点,神话本身就是具有整合作用的心理工具。也就是说,我们阅读以冲突和矛盾为结构特征的叙事作品,会在想象中把各种离散因素凝聚成复杂而统一的实在。更重要的是,神话叙事能够把我们前文提出的所有神话阶段的纵向工具——命名和描述、生动的图像、韵律之耳等——统一起来。不仅如此,马克·菲特还拓展了这个序列以包括其他的口语认知工具,如歌唱、朗诵、演讲等。

在浪漫认知观阶段,"把握整体"意味着能够把收集和组织、精确表征、书面之眼等纵向工具整合在一起,传达有关人类主体能动性和局限性的深层信息。这一工具的典型代表是"吉尼斯世界纪录"。但是,现实生活中的冒险故事、英雄传记、历史伟绩和灾难、骑士传奇、神秘小说、家庭传记、肥皂剧、八卦杂志等同样也属此列。这个领域丰富的可能性无疑反映了浪漫理解在我们文化中所处的主导地位,它侵蚀了神话理解,也从来没有给哲学理解留一点边缘的位置。

与浪漫理解相比,把握整体在哲学理解领域并不像想象得那样发达。这一时期对应的认知工具主要包括理论的陈述和阐释、系统的分类和方法论、学术专著和个案研究,这些作者的核心目的是想把握一般理论的模式或指导原则。这些作品已经被学者们反复阅读了几十年、数世纪,甚至上千年,足可以体现"把握整体"的想象力对世界的掌控。它们能把很多要素按照某种方式整合成和谐一致的关系,从而产生永恒的吸引力。

(二)悦纳冲突

我们知道,世界并不总是按照我们所设想的方式来运行的,因此所有的理解形式都有自己的缺陷。人类在知识探索进程中,失败要远远多于成功。每一次朝向可能王国的飞跃,都有可能遭遇意外的惨败。对此,马克·菲特提出了"悦纳冲突"工具系列,它使我们能够与想象力所引发的、事实上是其所包含的危机相融洽。包容冲突和矛盾,就是给未来预留成功的机会。

在神话理解阶段，幽默感是体现"悦纳冲突"的根本特征。伊根十分重视神话理解背景中的幽默感，他特别重视通过使用双关语等语言游戏发展儿童语言的灵活意识。马克·菲特扩展了幽默感的范围以容纳神话理解中的所有幽默形式：张冠李戴的形象、不合时宜的名字、出人意料的故事等。不时发生的违背语言常规的表达确实是对神话想象力的最大的激励，提醒我们表达的创造性与可能性是无限丰富的。正如伊根所指出的，我们可以把这种洞察力扩展到随后的各种理解方式之中。

在浪漫理解阶段，自相矛盾的滑稽形式更加复杂：小笑话给幽默趣闻让路；不协调的细节变成了前后矛盾的情境；玩笑发展为喜剧。对于浪漫的心灵来说，相对于真正的滑稽有趣而言，神话阶段的幽默感看起来过于简单和直白了。最好的幽默来自逐渐累积的不协调，它把主角以不可改变的故事逻辑拉进了越来越荒诞的情境之中。在流行文化中存在丰富的浪漫的幽默作品，当然，它们几乎全部被放逐在学校之外，教学中只是偶尔使用一些神话理解水平的幽默。

就我们大多数来说，幽默似乎与哲学理解无缘。无论是尖锐的冲突，还是沉闷的不协调，哲学理解似乎很少会遇到值得悦纳和欣赏的幽默因素。但是，斯威夫特的讽刺作品，或者波普尔、伏尔泰的作品，它们行文幽默风趣，展现了明晰的哲学想象力，尽力同伪善和启蒙的理性主义假象作斗争。也许在其后两个世纪里幽默被边缘化变成了一个传统，它需要重新激发出生动的力量。

总的来看，马克·菲特从纵向角度对伊根的认知工具理论给出了新的阐述。他在每一种理解方式里提出了更加开阔的工具序列，并解释了每一种理解方式中的工具是如何从前一种理解方式中发展而来并对之进行补充和完善的。作为一个理论的方法，它为我们进行更深入的探索提供了保证。不过，马克·菲特所提出的纵向认知工具系统也许太过整齐划一，而且主要在神话、浪漫与哲学三种想象力的范围内进行讨论。因此，纵向认知工具的体系建构，尽管是对基兰·伊根认知工具理论体系的一个完善和补充，但显然，它自身还有一些缺陷，尤其是这些纵向认知工具如何在教育实践中进行应用，还是一个尚需开拓的领域。

（原载《东方论坛》2013 年第 3 期）

新维果茨基学派主导活动理论述评

引　言

众所周知,在发展心理学中,儿童发展的决定因素与发展机制问题是最核心的问题。位于 20 世纪百位著名心理学家之列的瑞士心理学家皮亚杰和俄罗斯心理学家维果茨基,都曾因在这个问题上所作出的杰出贡献而饮誉世界,并影响至今。与皮亚杰机能主义心理学的发展主张不同,维果茨基坚持社会文化因素在儿童发展过程中的决定作用。当代新维果茨基学派继承并发展了维果茨基在儿童发展问题上的基本主张,坚持马克思实践唯物主义立场,运用矛盾论哲学分析方法,采用系统综合的研究视角,富有创造性地提出了儿童发展的主导活动理论,对建立科学的儿童发展理论做出了积极贡献。

一、维果茨基关于认知发展
阶段的基本观点

概括地讲,维果茨基发展理论的核心是"把人类认知与学习过程理解为社会的和文化的现象,而不是个体的现象"①。美国心理学家皮特森对这一立场给予了高度的评价:"以文化为中心的观点提供了除精神分析、人本主义和行为主义对人的行为进行解释之外的第四个解释的维度,它的意义就像三维空间之后发现的作为时间的第四个维度。"②只有把这一论断放到当时(19世纪末20世纪初)的心理学研究的大背景中,我们才可能真正了解它的革命性意义。

维果茨基所生活的时代,心理学研究中泛滥着生物学的观点和立场。源于巴甫洛夫的条件反射学说与其后兴起的神经生理学风行一时,人在心理学中的形象变得与"动物"相似,人的心理与动物相差无几。维果茨基敏锐地觉察到了这种生物学化心理学的潜在危机,从批判关于人的心理及其发展的生物学观点出发,要求把历史研究作为建立人类心理学的基本原则,从而提出了"心理发展的文化历史理论"③,创造性地将辩证唯物主义与历史唯物主义运用到心理学研究中,提出了心理发展的工具中介原则和内化学说,超越了生物起源论以及以行为主义为代表的科学主义,转向了心理发展的社会动因和人文关怀。

在维果茨基看来,儿童高级机能的发展是以语言等符号工具为中介的。一旦儿童习得并内化了这些心理工具,它们就开始调

---

① Alex Kozulin, Boris Gindis, Vladimir S. Ageyev, Suzanne M. Miller. *Sociocultural Theory and Education*! *Students*, *Teacher*, *and Knowledge*. *Vygotsky's Theory in Cultural Context*. New York Cambridge University Press,2007,1.

② P. Pedersen. "Multiculturalism and the paradigm shift in counseling." Canadian Journal of Counseling. 2001. 12, 18—37.

③ Yuriy V. Karpov. *Development Through the Lifespan*: *A Neo—Vygotskian Approach*. *Vygotsky's Theory in Cultural Context*. New York: Cambridge University Press. 2007. 139.

节儿童的心理过程。因为这些符号工具是人类社会所特有的发明,所以,儿童只有在与成人或更有经验的同伴相互交流的过程中才能习得这些工具。也就是说,"人类的高级心理机能既不是在儿童的独立活动过程中发展起来的,也不是被成人灌输给儿童的(如行为主义者所认为的),而是由一定时期某种社会背景下的儿童和他们的社会环境之间所建立的关系的调节过程来决定的"①。维果茨基把这些关系称之为"发展的社会情境",它代表着儿童在某一特定阶段所有动态变化的起始状态,决定了儿童获得新的个性特征的形式与路线。成人在"发展的社会情景"中所提供的中介调节促进了儿童生成新的动机与新的心理过程。这些在特定时期获得的新的高级心理机能又会反过来作用于儿童自身的心理结构,导致儿童整个意识结构的重建,并通过这种方式改变他与外部现实及其自身的整体关系系统,这意味着"发展的社会情境"也必然会发生新的改变。"发展的社会情境"的变化又会引发儿童向新的发展阶段的跃迁。因此,儿童在每一阶段的发展为他们向下一阶段的发展做好了动机与机能上的准备,整个发展过程处在儿童与社会情境的联动作用之中。可见,维果茨基整合了儿童的动机、认知及社会性发展等因素,从宏观上提出了一个儿童发展阶段的整体模式,描述了儿童发展的一般机制。不过,由于各种历史原因,维果茨基并没有进一步发展出像皮亚杰认知理论那样的更加详细、系统的发展阶段理论。

---

① Yuriy V. Karpov. *Development Through the Lifespan : A Neo—Vygotskian Approach. Vygotsky's Theory in Cultural Context*. New York: Cambridge University Press. 2007. 140.

二、新维果茨基学派对维果茨基理论的发展

在上述发展模式中，尽管维果茨基为儿童发展的机制与过程给出了新的解释，但也存在着明显的缺陷，即它过分重视社会工具的内化，而忽视了儿童在社会情境中的主动发展。作为发展调节过程的"发展的社会情境"，概念过于宽泛，缺乏明确内涵，尤其是，儿童的活动作为"发展的社会情境"的组成部分所起到的作用，维果茨基并没有给出充分细致的解释。当然，维果茨基从来就没有把儿童看作是在人际交流中被动接受成人提供的心理工具的消极学习者。但是，当具体讨论到儿童不同时期的发展时，维果茨基的分析往往局限于儿童在人际交流中习得的语言工具的层面上，如维果茨基把习得科学概念作为学龄儿童发展的主要认知工具，而很少进入非语言的具体活动领域。这势必导致一种结果，对于儿童意识发展来说，无论是多么重要的因素，必须通过社会意识才能被引入个体意识，而不是通过把儿童活动积极引向外部世界来实现，这显然有违维果茨基学派所主张的把儿童作为发展主体而非客体的立场。

维果茨基去世后，他的同事和追随者鲁利亚、列昂耶夫、加尔培林、艾利康宁、多维达夫、萨博罗兹赫茨等人在继承维果茨基发展理论的基础上，一直致力于克服其理论中的缺点，继续丰富并发展了维果茨基的发展理论。新维果茨基学派以维果茨基的活动观为基础，进一步分析并揭示了人类实践活动的特征，提出了主导活动理论作为个体发展的阶段划分的框架和线索。新维果茨基学派在儿童发展问题上对维果茨基理论的创新主要体现在三个方面：

首先,新维果茨基学派发展了维果茨基关于人与动物使用工具存在差异的理论,并把这种差异从"量变"提升到"质变"的高度来认识,从而揭示了人与动物活动的结构差异,以及由此造成的人与动物在活动中形成的心理过程和机能的差异。维果茨基把人与动物因工具使用的差异所造成的实践活动性质的差异归为"量"上的差异,忽视了人所使用的工具对应于性质全新的心理过程这一现象。新维果茨基学派把这种差异看作"质"的差异,并分析了这些差异如何造成了人与动物在心理过程上的差异。维果茨基主要集中在对语言这一重要的社会工具的内化分析上,而新维果茨基学派则把语言与其他心理工具和活动因素(如情感交流、实物操作、社会戏剧游戏、学校学习等)结合起来,综合地分析各种工具的心理内化过程,更全面、真实、动态地揭示了人的发展过程。

其次,新维果茨基学派自觉运用了马克思主义矛盾论哲学,辩证分析了儿童在不同的发展阶段所面对的主要矛盾和次要矛盾,并极富洞察力地把抽象的矛盾分析转换成对具体的矛盾表现形式——儿童与成人及经验丰富的同伴共同参与的活动的系统分析,提出了根据特定社会文化背景中特定年龄阶段出现的"主导活动"的变化来描述儿童发展的不同阶段的理论。新维果茨基学派重新解释了维果茨基对儿童发展动力机制的理解:对于维果茨基来说,发展的每一阶段的特征是由在儿童和他们所在的社会环境之间形成的特定年龄阶段的关系所决定的。对于新维果茨基学派来讲,每一个年龄阶段的发展特征是由特定文化背景、特定发展时期中形成的儿童主导活动来决定的。对特定年龄阶段的儿童来说某一活动被定义为主导,是因为成人在这种活动中的调节作用在儿童发展中产生了主要的成就,它为儿童向下一时期的主导活动的转变提供了重要基础。

最后,动机因素在儿童发展过程中的定向和引导作用得到重视,并被整合进儿童发展的整体模式之中,成为影响其他心理过程发展的重要因素。在新维果茨基学派看来,儿童在和成人及同伴的共同活动中,借助各种心理工具的中介作用,不仅产生了意识结构上的系统变化,而且还产生了另一个主要的调节结果,即儿童新动机的形成和发展。这些动机在儿童当前的活动里逐步孕育成熟,直到发展壮大到足以推动儿童主动参与到新的主导活动。

总之,新维果茨基学派把维果茨基的发展观念建构成一种整合了认知、动机和儿童社会性发展等心理要素的综合性理论,把儿童主导活动的变化作为儿童发展的最主要成就和表现形式,形成了儿童发展的一般模式。如图所示:

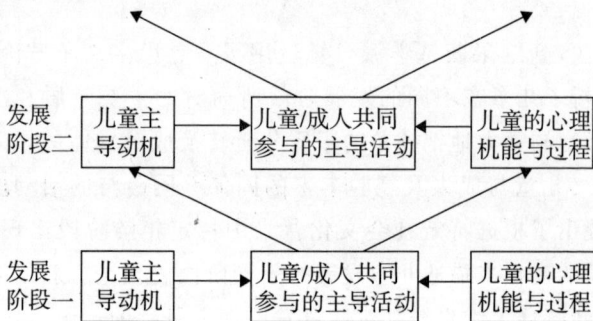

新维果茨基学派儿童发展模式示意图①

①Yuriy V. Karpov. *Development Through the Lifespan: A Neo-Vygotskian Approach. Vygotsky's Theory in Cultural Context*. New York:Cambridge University Press. 2007. 141.

三、主导活动理论揭示的儿童发展阶段

　　新维果茨基学派考察了工业化社会背景下以主导活动为线索的儿童发展一般过程,遵照主导活动在内容与形式上的变化和更替规律,对儿童发展的全过程进行了阶段划分和特征概括,形成了系统而连贯的儿童发展理论。新维果茨基学派认为,儿童发展的每个阶段都是由主导活动来标志的,也就是说,在特定的文化环境中,主导活动在儿童发展的每个年龄阶段都发挥着重要作用。主导活动是由儿童的主导动机驱动的,在主导活动的调节过程中,儿童发展超越现有主导活动水平的新的主导动机、新的心理过程和能力。它创造了儿童向下一个特定的新的主导活动转化的基础。主导活动的发展经历了如下序列:

(一)主导活动一:与照看者建立的情感交际(0—1岁)

　　婴儿在生理上的无助,造成了对成人照看者的绝对依赖。新维果茨基学派认为,这种依赖关系把成人变成了婴儿生活情境的心理中心,照看者成为儿童与环境关系的调节者。通过实验观察和研究,新维果茨基主义者把婴儿与成人间的情感交际作为婴儿出生后第一年的主导活动。它的发展经历了以下过程①:从出生到第四周,婴儿没有表现出任何的对成人的情感反应。通过喂养、怀抱、微笑以及与他们交谈等活动,照看者与婴儿建立起了积极的情感关系。在第五周,婴儿开始能朝着成人微笑,但是,这种

----

① Lisna,M,I. "Problems of the ontogenesis of communication". Moscow: Pedagogika. 1986.

微笑只是对成人朝他们微笑的一种反应，还不是自主的有意识的行为。只是到第2—3个月的时候，婴儿开始自主地向大人微笑，这不再是简单的即时反应，而是有意识的社会性微笑，同时能以其他的表达方式向成人表示自己的积极态度，比如口中喃喃有词。往后，这种主动积极的与成人交流的态度，转变成了发展婴儿与照看者更强有力的情感联系的基础。

从上述观察中，我们可以发现这样一个极其重要的事实：婴儿之所以能产生与大人情感交流的需要和动机，既不是个体成熟的自然结果，也不是照看者满足儿童生理需要后必然导致的结果。而是"只有当成人主动地与婴儿建立起情感联系，改变了婴儿与成人之间关系的意义，即从满足婴儿的生理需要（包括感官刺激）的功利目标转化为把情感交流本身作为目标的时候，儿童才能发展出主动地与成人进行情感交流的需要和动机"[1]。如果成人在满足婴儿的生理需要时没有与之建立积极的情感联系，那么，这些婴儿就不会表现出社会性的微笑，在发展与其他成人的情感关系时将会表现出严重的困难。

新维果茨基主义者认为，在婴儿1岁末的时候，婴儿与照看者的情感交际作为主导活动在儿童发展中起到了两个重要作用。首先，婴儿积极主动与成人进行情感交流的态度发生了迁移，由交流活动本身迁移到了成人在互动活动中给儿童演示的物体以及演示行为上。婴儿对外部世界变得有兴趣，是因为成人在婴儿面前演示操作过程的时候充满了关爱和期待。因此，可以说，与成人的情感交流促成了婴儿对外部世界的兴趣。其次，这种情感

[1] Kistyakovskaya，M，U．"The development of motor skills in infants"．Moscow：Pedagogika．1970．

交流关系导致了婴儿把成人看作是他和外部世界所有关系的调解者。在 1 岁末时,他们与成人的情感联系被所谓的"公事公办"的交流方式也就是以实物操作为中心的共同活动背景中的交流形式所取代。这些结果导致了婴儿向着作为新的主导活动的以实物操作为中心的共同活动的跃迁。

(二)主导活动二:以实物操作为中心的共同活动(2—3 岁)

在第一年的儿童—成人情感交际活动中,儿童发展出了以实物操作为目标的指向外部世界的兴趣,并积极参与了对实物的操作活动。在第二年里,这种实物操作活动发生了性质上的变化——从单纯的物理属性中派生出了社会意义,因此,以实物操作为中心的共同活动逐步取代情感交际活动而成为 2—3 岁儿童的主导活动。

新维果茨基学派研究发现,婴儿在第一年的实物操作和第二年实物操作有着重要的性质区别:在第一年,婴儿根据物体的物理属性操作物体,如推动球体它会滚动,摇晃拨浪鼓它会发出响声等。这些物理特征是表面的、可见的,在没有大人帮助的情况下,儿童也可以独立发现。尽管在第二年里婴儿根据物体的物理属性进行操作的现象也较普遍,但是,这一时期出现了另一种类型的实物操作活动,与前者不同,这种活动是按照物体所蕴含的社会意义,而非物理性质进行操作的,比如,儿童根据玩具的社会角色及蕴含意义来操弄玩具。与物体的物理特征相反,其社会意义是隐而不现的,因此,儿童不可能独立发现它们。例如,儿童自己会发现敲击桌子上的汤匙能发出声音,但是如果没有成人的调节他们不会知道怎样使用汤匙吃饭。因此,与成人的共同活动是儿童掌握社会性目标的必需条件。

　　新维果茨基学派认为,儿童—成人以实物操作为中心的共同活动作为 2—3 岁的儿童主导活动,对儿童发展产生了以下积极后果:

　　首先,这类活动促进了儿童口语的发展。在以实物操作为中心的共同活动中与成人交流的需要促进了儿童主动说话能力的发展。第一年交流的语词手段(微笑、发声)已无法满足以实物操作为中心的共同活动的需要,为了鼓励儿童说话,成人常常聪明地故意装作"不理解"儿童的非语词交流手段,鼓励他们使用语词来表达自己的愿望和要求,成人的这种调节作用,促进了儿童口头语言的发展。儿童内化了成人调节儿童行为的语词指导,并使用这些指导性语词进行自我调节。如在第三年,儿童在做事情的时候,常常通过大声的自言自语对自身行为进行自动调节,甚至还会模仿照看者说话的声音。这样一步步地,自我中心言语不断内化变成了内部言语,最终变成了自我调节的心理工具。

　　其次,儿童—成人以实物操作为中心的共同活动导致了物体替代作用的产生。维果茨基和他的追随者分析了物体替代的心理过程:例如,儿童会把一只手杖当作一匹马来骑,这个动作表明,儿童已经把"马"这个单词的意义从作为实物的"马"上分离出来,投射到另一种并不是真正的马的替代物上,使替代物暂时具有了"马"的象征意义,这个心理过程反映了"意义运算的重大飞跃"①。换句话说,物体替代作用帮助儿童把他们的思维从他们所理解的事物中分离出来,这促进了儿童符号思维的发展。当

---

① Vygotsky, L, S. "Play and its role in the mental development of the child". In J. S. Bruner, A. Jolly, & K. Sylva (Eds.), *Play: Its role in development and evolution.* New York: Basic Books. 1976. 548.

然,这种能力的形成离不开成人的调节。新维果茨基学派发现,只有在成人已经建议用特定物体代替失踪的物体,并用失踪物体的名字来命名这个替代物体的时候,替代作用才会主动地发生。这表明儿童已经发展出了符号思维能力,使他们能够摆脱当下经验的限制进行具有象征意义的活动。

最后,儿童—成人以实物操作为中心的共同活动的第三个主要结果是儿童的兴趣从物体的社会性意义开始转向隐含的人际关系的世界。例如,玩一种妈妈/女儿游戏,一个 2 岁的女孩会模仿妈妈这一角色的具体动作(用汤匙给布玩具喂食);一个 3 岁的女孩玩这同一个游戏,上述动作模仿变得不再那么重要,而对妈妈—女儿之间关系(妈妈爱抚、照看女儿)的模仿则已成为这个游戏的主要内容。当然,只有当成人有意识地向儿童分配游戏角色,帮助儿童发现隐藏在社会性行为背后的人际关系时,这种兴趣的转变才会发生。

上述一切发展结果,都将推动儿童向着下一种主导活动——社会戏剧游戏而发展。

(三)主导活动三:社会戏剧游戏(3—6 岁)

游戏在儿童发展中具有重要的地位和作用,人们一般把游戏看作儿童的自由活动,较少注意游戏本身约束儿童行为的发展价值。新维果茨基学派与此正好相反,他们深刻地剖析了社会戏剧游戏作为成人世界的替代者在引导儿童活动兴趣向外部世界发展过程中的重要诱导作用,强调了得到成人的调节的时候,儿童开始对现实世界中的人际关系产生了强烈的兴趣,使他们渴望成为这个世界的一部分。然而,在工业化社会,儿童无法直接实现这种愿望。他们不可能成为真正的医生或者飞行员来履行那些为儿童所着迷的社会职责。因此,他们只好在社会戏剧游戏中通过模仿和探索各种社会关系而试图进入成人世界。简而言之,儿童参与社会戏剧游戏的动机就是能够像成人那样活动。儿童活动的兴趣由实物操作活动转移到了通向成人社会的桥梁——社会戏剧游戏身上,新的主导活动就这样形成了。

新维果茨基学派认为,在社会戏剧游戏中,成人对儿童活动的调节是游戏真正能得以进行的前提。成人通过向儿童演示并解释游戏中的各种不同的社会角色,来促进儿童对各种复杂的社会关系的理解。离开了成人的及时调节和反馈,儿童的游戏就难以真正展开。例如在儿童参加的"火车站游戏"中,如果成人只是给孩子们分发各种不同的玩具,如火车模型,火车站模型等,则是远远不够的。成人应该向儿童解释火车站里各色人等的社会角色和具体任务:站长——他正在指挥到站的火车安全停靠;旅客——他们在排队买票;列车员——她正在为旅客检票;等等。如果没有这些指导,儿童根本没有能力去玩这个游戏,即便勉强去玩,也将十分幼稚,缺乏意义。

根据新维果茨基学派的观点,到6岁末,儿童参与社会戏剧游戏活动产生了四个方面的结果:

首先,儿童发展出了新的主导动机——学习动机。新维果茨基学派认为,儿童越多地参加游戏,就会越多地发现游戏与现实世界存在巨大的差距。儿童从他所扮演的角色的角度来看自己,发现自己并不是真正的成人。因此,儿童开始意识到,为了变成成人,他们应当在学校里学习,而不是做游戏。结果到6岁末,儿童产生了到学校学习的强烈愿望。学习动机成为儿童发展的新主导动机。

其次,儿童发展了自我调节能力。在游戏过程中,无论所分配的角色对儿童来说有没有吸引力,他都被要求按照所扮演的角色进行活动,不能随意破坏游戏规则。在游戏中,所有儿童根据各自扮演角色的要求,彼此影响并控制着对方的行动。但是,每一个游戏角色都包含着潜在的规则;在规则的后面还隐藏着亚规则。因此,在游戏和相互控制的过程中,儿童学会了抑制他们自身的冲动,学会了遵守规则。也就是说,发展了行为的自我调节能力。

第三,儿童克服了他们在认知上的自我中心立场。自我中心是指没有能力去考虑别人的观点,没有能力从不同的角度来看待同一事物。在游戏中,儿童应当根据同伴所扮演的特定角色,而不是根据他们的真实姓名和现实身份来对待他们;儿童还应当学会调整自己以配合同伴的游戏动作。因此,在社会戏剧游戏过程中,儿童朝向外部世界的立场发生了变化,逐步学会根据游戏的活动需要来调整自己的观点和立场,来考虑其他的可能观点和立场。

最后,他们运用符号思维的能力得到了发展。在社会戏剧游戏过程中,儿童使用了替代物,也就是那些用来代替真实事物的模型。正如前文所述,在维果茨基和他的后继者看来,物体替代是促进儿童符号思维发展的重要途径。

在新维果茨基主义者看来,儿童在6岁获得的这些新的心理特征和能力对他们以后在学校里取得学习成功具有极端的重要性。也就是说,在社会戏剧游戏中,儿童发展出了下一阶段的主导活动——学校里的学习活动——的前提条件。

(四)主导活动四:教育环境中的学习活动(儿童中期)

维果茨基对教学与发展的关系有着自己独特的认识,即教学不能走在发展的后面，也不能与发展相平行，而是要走在发展的前面。把调节作用看作决定儿童发展的主要因素，这是维果茨基主义者的基本理论观点，推而广之，那么在学校环境里，教学活动作为调节手段，就是影响儿童发展的决定因素。因此，维果茨基把学校教学看作调节学习活动的主要途径，看作儿童中期发展的主要推动者。但是，他也强调指出，只有当教学过程以适当的方式得到良好的组织时，才会取得发展效果。

根据维果茨基的研究，组织良好的学校教学之所以能产生发展效果，主要是因为这种良好教学较之其他活动能更好地促进儿童获得科学概念。儿童自进入学校始，就面临着从原有的自动概念的习得转向学习系统的科学概念的任务。科学概念的习得是判定这一时期儿童发展水平的重要标志。维果茨基认为，自动概念是儿童对日常生活中个人经验的概括和内化的结果，因此，它们是不系统的，经验的，无意识的，经常出错。与此相反，科学概念代表了在科学研究中得到确认的对人类经验的概括，它是人类文明发展的重要成就。学校教学的重要价值就在于按照一定的知识系统帮助学生习得这些概念。科学概念一旦被学生习得并内化，就变成了儿童思维和问题解决过程的调节手段。这就是教学活动在儿童习得科学概念中起决定性作用的原因。尤其值得注意的是，通过习得科学概念的过程，儿童的反思意识开始觉醒。结果是，儿童的思维更加独立于他们的个人经验，他们逐步变成了具有理论思维性向，而非局限于实践经验的人，思维能力也向着形式逻辑思维的水平成功迈进。

遵循维果茨基对学校教学在儿童发展中的作用的解释，其后继者把教育环境中的学习活动作为工业化社会里儿童中期的主导活动。新维果茨基学派并不是简单地重复维果茨基的主张，而是大力发展并完善了他的论断。首先,新维果茨基主义者驳斥了把儿童作为教学过程中科学知识的被动接受者的观点。他们认为,掌握科学知识是学生特有的学习活动的结果,学生是学习活动的主体,老师的作用是调节并组织这些活动。第二,新维果茨基主义者认为学生在学校里应该掌握的科学知识不能简单地减缩为科学概念,它还应该包括与概念有关的程序知识(学科领域的策略及技巧),这是对维果茨基科学概念理论的重要发展。从当代认知心理学的角度看,维果茨基提出的科学概念与界定概念的陈述性知识极其相似。这一概念的主要局限在于它不能充分地解决学科领域问题。维果茨基本人也清楚地知道"科学概念的困难在于它的书面性"。他指出"科学概念……仅是儿童发展的开始,而不是完成,不是在一瞬间儿童学会了关于新概念的术语或定义"①。新维果茨基主义者敏锐地发现了这一点,提出了另一知识类型——程序性知识以弥补科学概念的不足。程序性知识是关于解决问题的方法和策略的知识,因此,它对学生掌握科学概念进而解决学科领域的问题特别重要。

　　为了阐述有关合理组织教学的观点,俄罗斯新维果茨基主义者分析了不同类型的教学和它们的发展成效。这些研究的结果表明,与传统的学校教学和其他的教学方式相比较,围绕理论学习方法建立的教学程序更有优势,它更好促进了学生形式逻辑思维的发展,为推动儿童向下一阶段(青春期)的发展起了相当重要的作用。新维果茨基主义者把围绕理论学习方法建立的专门定义的学习活动与一般意义上的学习区别开来。一般意义上的学

—————————

① 邢强.维果茨基的调节概念及其对教学研究与实践的启示[J].外国教育研究,2000,(5).

习是人类众多活动中的一种,如玩耍、实践活动以及人际互动。然而,学习过程,作为这些活动的重要成分,并不构成活动的目标。学习活动区别于一般活动的特殊性就在于它关注学习者自身所产生的变化。学习活动被新维果茨基主义者理解为一种新的文化工具,它用来增强学生朝向独立、反思、批判性思维和行为发展的倾向。有实验研究证明①,在小学里当教育以学习活动的形式来组织的时候,对绝大多学生来说,这些学习活动会创造出各种时机使学生变成富有反思精神的思考者和学习者,反之,则只有少数优异学生才能达到。

总之,学习活动作为儿童中期的主导活动,相较于前几个阶段的主导活动,有着更强烈的目标性、组织性和系统性,体现了高度的科学文化特征。它带来了以下发展结果:首先,以科学概念掌握为中心的学习活动使儿童的形式逻辑思维能力得到大力发展,为儿童青春期的人格发展与世界观建构奠定了坚实的基础。其次,儿童的反思能力与批判性思维得到发展,逐步成为富有反思精神的思考者和学习者,自我调节能力大大增强。最后,理论学习导致了儿童世界观的改变,在现实世界之上建立了科学知识的观念世界,探求科学真理,获得对外部世界的洞察力成为发展的主导动机。

(五)主导活动五:同伴互动(青春期)

青春期的到来为儿童发展注入了新的激励因素,丰富了儿童

---

① Alex Kozulin, Boris Gindis, Vladimir S. Ageyev, and Suzanne M. Miller. *Sociocultural Theory and Education! Students, Teacher, and Knowledge. Vygotsky's Theory in Cultural Context.* New York: Cambridge University Press. 2007. 6.

学习生活的内容和兴趣。维果茨基认为这一时期青少年兴趣的变化是整个青少年心理发展问题的关键所在。这个变化的根源在于生理发育,尤其是性成熟,但是也有来自生理发育、人格成熟与青少年世界观等方面的兴趣重建与重构问题。根据维果茨基的观点,青少年人格和世界观的发展是儿童发展跃迁到形式逻辑思维的产物,体现了这一时期青少年兴趣的重大变化。青少年通过形式逻辑思维,不仅走进了包含着自然、历史和人类社会生活的整个世界,而且能够分析自我,分析情感,分析自身在世界中的位置,而社会则早就为青少年准备好了这些分析工具和社会准则,通过它们的调节作用,青少年对社会意识进行内化,发展出了自我意识。

在新维果茨基学派看来,上述模式的主要缺陷是忽视了青少年的活动在发展过程的积极作用。这将导致一个错误的结论,即青少年是社会准则和价值的消极接受者,而非自身与世界关系的积极建构者。俄罗斯新维果茨基主义者用主导活动概念来分析青少年,认为同伴互动是这个时期的主导活动。他们的研究和观察已经表明,在活动过程中,青少年使用社会准则、模式及成人间的社会关系,并把它们作为同伴间的活动标准。结果是,他们检验、掌握、内化这些社会标准,在自我分析中使用它们。这促进了他们自我意识和人格特征的发展,为向成人的转变做好了准备,因此,成人在调节(尽管不再那么直接地)青少年活动方面继续扮演着重要角色。

如上所述,维果茨基的俄罗斯后继者把同伴互动作为青少年的主导活动,认为它促进了青少年人格特征的发展。但是,他们忽视了维果茨基提出的生理成熟在青少年发展中起一定作用的观点,这一点值得讨论。

四、新维果茨基学派认知发展理论的评价

在儿童发展问题上,不同的心理学说给出了不同的解释,代表性的理论有高尔顿的遗传决定论、霍尔的复演理论、弗洛伊德的精神分析理论、华生的行为主义理论与皮亚杰的发生认识论。这些理论都从不同的侧面和角度在某种程度上揭示了儿童发展的心理秘密和规律。维果茨基及新维果茨基学派在儿童发展问题上所坚持的立场和观点,是在批判地继承、合理地吸收其他理论成果的基础上,借助马克思主义哲学方法论的指引,对儿童发展问题给出的富有哲学洞察力的综合性解释。在主导活动理论中,既肯定了由遗传决定的生理成熟对儿童发展动机的影响,也肯定了成人指导作为外部刺激对儿童发展的中介价值;既重视符号工具的心理内化,也强调儿童在活动中所产生的指向外部世界的新动机。但是,最具创新意义的是,新维果茨基学派把上述影响儿童发展的因素整合进一个共同的发展模式,从而改变了儿童发展的单一图景。

具体来说,新维果茨基学派对发展理论(主要是认知发展)的贡献主要有:首先,建立了儿童发展的整合模式,确立了影响发展的决定因素。维果茨基的后继者把他的理论发展成为一种具有内在一致性、逻辑严密的理论体系,它整合了儿童发展的认知、动机、社会因素等方面的内容,确立了按照特定文化背景中的儿童在特定年龄阶段才出现的主导活动来划分儿童发展(主要是认知发展)阶段的理论体系,体现了实践唯物主义与辩证唯物主义相结合的立场。在儿童心理发展动力问题上,心理学界历来存在着多种观点。弗洛伊德认为是本能作用;皮亚杰认为是同化、顺化

和平衡化这些功能的缘故;新维果茨基学派则认为,成人在儿童特定年龄的活动过程中的调节作用是影响儿童发展的主要决定因素。这就意味着,离开了以成人为代表的文化中介作用,不仅儿童的社会性发展,就是儿童的认知发展也会遭受严重阻碍。其次,从语言分析到活动分析,突破了儿童发展研究的单一视角,形成了包容而开放的综合研究视野。维果茨基对儿童发展的研究主要是基于对语言与思维关系的考察与分析,对社会语言经过自我中心言语向内部言语转化的心理过程给出了详尽而深刻的解释。新维果茨基学派没有局限在语言分析上,而是把语言分析与活动分析结合起来,建构起以活动为中心的心理发展分析模式,从而揭示了影响儿童心理发展的诸多更复杂的因素,如新生动机、情感交流、物体双重属性、游戏象征、物体替代、词物分离等,这些新的发展要素是原有的语言分析模式所不能胜任的。新维果茨基学派的活动分析方法已经被英国新皮亚杰学者所借鉴,他们提出了"衍生论类型范式"的研究方案,认为使用明显激发认知调节的基于"行为"的范式,可以暴露复杂的认知结构。这种范式——本质上的非言语特征——对于以完全与经由动力性自我调节的认知衍生概念相一致的方式来测量认知发展,提供了真实可能性。可见,活动分析方法具有更开阔的学术前景。

　　尽管新维果茨基学派在儿童发展理论上做出了杰出贡献,但也存在明显的局限和不足。首先是新维果茨基学派忽视了遗传在儿童发展中的作用。在新维果茨基主义者看来,生理成熟只是儿童发展的前提条件,不决定儿童发展的一般特征和个体差异。按照当代心理学家的关于基因预先决定的生理成熟在儿童发展所起作用的研究成果,他们的立场很难得到支持。可见,新维果茨基学派在完善儿童发展模式时应更多地考虑生理成熟因素,

"要分析成熟因素如何影响儿童不同发展阶段的主导活动,如在生活的第一年婴儿的气质如何影响婴儿与照料者之间的情绪互动,或者信息加工速度的差异如何影响孩子的在校学习。关注成熟因素的分析不会影响对中介的强调,有利于丰富新维果茨基学派的儿童发展模型"①。其次,尽管新维果茨基学派已经申明,儿童在发展过程中出现的主导活动的类型与顺序是与他们所处的社会文化背景紧密相关的,具有文化相对性,即便如此,我们还是对主导活动的选择与阶段划分标准存在很多疑问。有学者指出:"也有这样的完全可能,即心理学家和教育学家也许会提出另一种形式的活动,它可以更加有利于儿童的发展,如,相对于社会戏剧活动而言,如果这个活动在儿童的前一主导活动中孕育成熟,能促进儿童向下一个发展阶段的跃迁,我们可以用它来取代社会戏剧活动作为儿童早期的主导活动。那么,一般来讲,成人和社会应努力调节这种新的主导活动,而不再是调节儿童的社会戏剧游戏。"②这就说明,主导活动理论的意义不是制定了一张在工业化时代普遍适用的活动序列表,而是提出了对儿童/成人共同活动进行归纳、概括与选择的灵活而开放的参照框架。最后,主导活动的概念失之宽泛,缺乏强有力的统摄力和凝聚力,对儿童与成人在共同活动中的作用方式及发展价值,尤其是对于儿童自主活动的发展价值缺乏充分论证。固然,没有成人的中介调节重

---

① 麻彦坤.新维果茨基学派对维果茨基儿童发展理论的发展[J].广州大学学报:社会科学版,2009,(8).

② Yuriy V. Karpov. *Development Through the Lifespan ：A Neo－Vygotskian Approach. Vygotsky's Theory in Cultural Context.* New York：Cambridge University Press. 2007. 152.

要,儿童的发展会受阻;同样,如果忽视了儿童的自主活动,忽视
了儿童对外部世界的自发的观察、思考与探究,一味地强调成人
的指导,同样会误解儿童发展的内在过程。如对于学习活动的分
析,新维果茨基学派主要围绕自动概念与科学概念的区分来讨
论,在强调科学概念对儿童发展的优先意义的同时,不免夸大了
自动概念的消极意义,忽视了儿童自动概念中所蕴含的积极价值
和创生空间。事实上,正是自动概念,才是真正为儿童所拥有的
工作概念。儿童的发展,从这种意义上说,是把生疏的科学概念
内化到自动概念的心理水平的过程。因此,主导活动理论面临着
对各阶段的主导活动进一步分化和具体化,深入揭示儿童自主活
动、同伴互动与成人指导之间的辩证关系的研究任务。

（原载《山东师范大学学报》人文社会科学版 2011 年第 6 期）

游戏对教学设计的启示

引 言

　　游戏可以激发儿童全身心地投入某种探索性的行动之中,它为人类自由地、综合地挖掘自身的各种潜能提供了最有效的形式。立足游戏启示进行的教学设计,并不是讨论如何有效地运用游戏来教学,而是探讨如何利用游戏中的形式力量来重新组织教学内容和教学过程,使学生在学习过程中达到身心并用、沉浸其中的忘我状态。

一、故事、游戏与教学

　　和故事一样,游戏是儿童最喜欢参与的活动。故事讲述把儿童带入了全神贯注地聆听与自由的想象之中;而游戏,则激发儿童全身心地投入某种探索性的行动之中,有时还伴随着同伴之间的合作互助或者比赛竞争等激励因素。

　　人们很早就发现故事和游戏对幼儿教育有着非常重要的作用,因此,幼儿园的课程基本上以听故事和做游戏为主要内容。通过聆听教师讲述的各种童话故事,参与各种各样的游戏,儿童身心的各方面获得了充分的发展。不幸的是,当儿童从幼儿园进入学校,教师迫于传授知识的压力,在教学中运用故事与游戏的机会大大减少了。人们普遍地认为,书面语言是进行知识学习的最主要的工具,因此,在小学低年级,大量的时间被用来学习阅读和写字。故事和游戏尽管还继续在教学中使用,但是,它们已经不是教学中的必需要素了。也就是说,不通过故事和游戏,教学照样进行。因为教师们基本都掌握了教学知识的"正规"方法。各种各样的教学模式为老师提供了大量的实用的选择。

随着儿童书面语言能力的不断发展,他们的阅读能力与交流能力也越来越强,听故事、做游戏的教学方式也就显得越来越不重要了。到了中学阶段,特别是高中阶段,在课堂里基本上再也见不到故事和游戏的身影了。但是,仍然有一些勇敢的教师在自己的课堂里坚持使用故事和游戏的方法来教学,他们不断地根据教学需要来改进故事与游戏的运用方式,赋予它们新的功能,最大限度地调动学生学习的积极性。他们发现,尽管儿童的书面语言的理解与表达能力已经相当成熟,但是,故事和游戏的方式在教学中并非没有价值,只要我们设计合理,它们依然能够产生出书面语言所不能企及的强大的学习推动力量。

加拿大基兰·伊根教授所发明的故事讲述的教学设计模式,无疑为教师们重新认识故事在教学中的价值打开了一扇全新的窗户。这种新模式把故事教学提升到了一个新的水平,或者说,它从根本上改变了故事教学的结构和方式。它所关心的并不是如何讲述一个动人的故事,而是关注如何利用好故事中的二元对立范畴来组织特定主题的教学内容,围绕概念的冲突及解决来讲述一系列"真实"的知识性故事。这一模式极大地提升了故事的效力,把零散的真实故事整合成一系列具有内在逻辑联系的教学内容。在这个模式中,寻找那对关键的对立范畴,成为教学的关键因素;围绕这对范畴的冲突、发展以及解决的过程来选择适当的素材,成为老师们最主要的设计任务。基兰教授的这个模式给我们提供了深刻的启示:我们可以从人类所发明的任何引人入胜的活动形式中去寻找富有想象力的教学设计的思想来源。教学在本质上涉及了组成世界的最基本的要素:人、知识、世界与过程。人们在某一方面的创造与发现,多少都会与教学中的这些要素发生联系,都会具有某种启发价值。

　　基兰教授关于故事形式教学的思想有着深刻的启示价值。我们知道,游戏在儿童的生活中有着同故事一样的重要性,那么,我们能从游戏中得到什么样的教学启示呢?前文我们已经谈到了游戏在教学中的应用情况。在这里,我将效仿基兰教授,尝试设计一种建立在游戏形式之上的教学设计模式。这个模式,并不是讨论如何有效地运用游戏来教学,而是探讨如何利用游戏中的形式力量来重新组织教学内容和过程。我们知道,好的游戏一般都具有一定的规则系统,正是这些规则的存在,一方面约束了游戏参与者的具体行动,另一方面还赋予了各种行动以真实的意义。没有规则的游戏是玩不下去的。因此,我所关心的是,如何根据知识或技能的规则系统来组织、调节学生的学习活动。正如故事形式的教学是以二元对立的范畴冲突作为组织主线,游戏形式的教学将以建立在理解规则与自主运用规则之间的冲突作为组织主线。因此,我们可能面临更大的挑战,因为,相对于概念范畴,规则是更加抽象的范畴。所以,我不敢保证我的研究一定能够成功,但是我愿意做一个尝试,也许从失败中我们会学习到很多东西。

二、理解与表现：学习过程的完整性

基兰教授所提出的故事形式的教学，关注的是如何以富有想象力和情感吸引力的方式来促进学生逻辑思维能力的深层建构，它对于发展学生的抽象思维能力有很大的促进作用。当然，如果设计得当，它也能激发出学生的参与意识和动手能力。不过，我认为，注重对学生理解能力的激发是故事教学的核心特征。与之对应，游戏沉浸式的教学，可能更关注表现性的、设计性的和创造性的学习过程，即如何通过对清晰的规则系统的理解、运用和调节来"锐化"和激活学生对表现性、创造性的"缄默知识"的觉识和理解。在这里，我想谈一些有关完整的学习过程的认识，这对于我们认识这种模式的价值会有所帮助。

在笔者看来，理解和表现分别是学习过程中不可分割的两个方面。所有学科的学习都包含着理解与表现这两个侧面。理解与表现是相互影响、相互渗透的过程。所谓理解性学习，其实是对人类智力活动"表现过程"的理解，知识展示的是人类的理智在特定领域的惊人"表现"。所谓表现性学习，其实是在具体任务的解决过程中反映学生"理解"的广度、深度、灵活度及建构能力的最有效的方式。

如果说人文艺术领域的学习重在表现性学习，比如，写作、演讲、表演、绘画、音乐、舞蹈等学习确实具有很强的表现性，那么，数学和自然科学是不是只有理解性学习而没有表现性学习呢？其实，数学和自然科学也毫不例外。如果我们把知识原理看作基本理论，那么，从这些原理中推导出的所有理论公式都是知识原理在具体条件中的生动"表现"；如果我们把各种科学理论看作技术的基础,那么所有的科学技术的发明和创造都是这些科学理论在生产实践中的精彩"表现"。

理解性学习的对象一般是客观化的知识体系,当然,基兰教授把它们改造成了二元对立的范畴冲突,我认为基兰教授所使用的故事形式在某种意义上说正是对知识的重新"表述"和"表现"。表现性学习的任务是指在特定情景中创造性地运用知识与规则解决问题。我把理解性学习的知识称为符号化的知识,把表现性学习的知识称为"缄默知识"。这是因为,我们确实很难用符号来精确表达如何创造性地运用知识与规则来解决问题,就像我们很难描述我们是怎样控制自己的手指写出一个单词来的一样。缄默知识具有内隐性、表现性、技能性、自动化等特征。在创造、设计、表达、表演、创作、问题解决等学习活动中占据着核心位置。它是检验知识理解过程的深度、广度、精确度、灵敏度的最有效的途径。

缄默知识在学校教育中之所以容易被忽视,这与我们对知识的一般看法有关。我们一般把储存在图书馆中的书籍作为知识的标准形式。其他知识形式,在教育上并不被看重。比如,科技馆、博物馆、美术馆的教育作用遭到了严重的忽视。但是,我的观点是,除了图书馆、博物馆、科技馆,知识还有更广泛的储存形式,那就是人类生产的所有科技、文化与艺术产品。学生在学校中所接触到的主要是以文字形式记录的知识。这被认为是高效的、简捷的、节省的知识形式。在这里,语言文字承担了十分重要的角色。它是一切理解的入口和通道,甚至也被看作一切理解的终点(书面考试存在数千年了)。因此,文化能力与书面语言能力被看作等量齐观的东西。但是,它造成的后果是,那些储存在以物质形式为载体的各种科技、文化及艺术产品中的知识所具有的教育作用却遭到了根本的忽视。

　　基兰教授告诫我们,不要"想当然"地看待周围的这个熟悉的世界。我们现代生活中的每一件微不足道的产品,其实都凝聚着我们文明的最高成就。例如,一个极其廉价的小小的购物袋,其实也是我们现代化学工业高度发展的产物。然而,我们对它身上所凝结的人类智慧往往视而不见,想当然地认为这没有什么了不起。但是,如果你是一位中世纪的人物,看到世界上竟然还会有这么轻薄的、半透明的,然而却相当结实的东西,也许你会认为这是上帝才配使用的宝贝。我们为什么不在学校里让学生接触这些东西?理由很简单,我们认为创造它们的原理性知识都写在教材里了,学生没有必要费这个心思去考察这些不可胜数的产品。因此,我们的学校教育,在理解符号性知识与感受知识的神奇力量之间,插入了一道无形的墙。符号作为科学知识的地位被抬高到了无以复加的位置,制造产品的"技术"则被学校教育贬低到可有可无的地步。原因是,人们认为技术是科学应用的产物,只要掌握了科学,学习技术就不会有什么问题了。技术可以在研究所或工厂里学习,没有必要在学校里学习。所以,技术被贬低为低于语言符号的知识形式。这个观点危害很大,它不但造成了大量的科学知识在课堂里并没有得到真正的理解,而且还造成了学生对技术的普遍歧视。由于技术革新与创造性思维紧密相连,这种对技术的普遍歧视造成了学生在学校里错失了发展创造性想象力的最好时机。

　　以上我们对于技术产品的分析同样也适合对于文学艺术的分析。在学校里,艺术品只是以复制品的形式出现在教材中,学生很少能见到原作。因为我们并不认为学生要接触真实的艺术品才能理解艺术,所以,艺术在很多时候对儿童而言是另外一种符号化的知识。

在教育中,记住评论家对某一作品的评价远远要比看懂这个作品重要得多。这有点类似于叶公好龙。所以,那些隐含在技术产品以及文学艺术作品中的大量的缄默知识在教育中只好一直"缄默"着。我所提出的游戏沉浸式学习,其目的就在于通过对精细规则的发现来唤醒这些缄默的知识,激励学生在表现性学习中积极发展这种知识和技能。

三、全身心投入:游戏沉浸式教学的核心价值

基兰教授的故事形式的教学设计充分展示了抽象概念的冲突在激励儿童深度理解力方面的重要作用。那么,我们从游戏中能提取出的最具启示价值的教学观念是什么? 身心并用,沉浸其中。这是我从游戏中看到的最有力的教学启示。如果说故事造就了好的听众,那么游戏则造就了好的玩家。也就是说,当一个人参与游戏的时候,他是全身心地在做一件事,有时甚至会达到废寝忘食的地步。人们沉浸于游戏之中的这种"疯狂"状态,在教育中我们很少能碰到,除非我们成功地发现了教学中的游戏形式。

为什么游戏具有这种神奇的诱人沉浸的力量? 在我看来,原因在于,游戏为人类自由地、综合地挖掘自身的各种潜能提供了最有效的形式。人类的潜能只有在受到有效挑战的时候才会被激发。这种挑战一方面要求人们遵守明确的、公认的、共同的约束性规则,另一方面又要鼓励人们在规则之内自由地、积极地、探索性地行动;它一方面需要人们深刻地理解这些规则,另一方面,

又鼓励人们在具体行动中不断地精通这些规则的变化规律以掌握驾驭它们的精细技巧。所以,游戏通过规则的理解和运用把认识与实践、动脑与动手、身体与心理很好地结合在了一起。

可见,规则,是游戏中的一个核心要素。我们下面就讨论一下规则在游戏中的作用。

规则在游戏中既是一种积极限制,也是一种积极的赋权。它赋予了自由行动以意义和价值,把自由行动凝聚成意义连贯的事件。像下象棋、捉迷藏、玩扑克等游戏,都有明确的规则规定。如果做游戏的时候有一方偷偷地违背了规则而获胜,一旦被发现就会被取消获胜资格。而且,这还会被认为是不光彩的、不道德的事情。规则成为一种令人敬畏的超个人存在,它赋予人们的行为以特定的意义和价值。成功不一定给人带来快乐,只有当这种成功遵循了大家公认的规则,且得到了某种公开的承认,真正的快乐和成就感才会产生。比如,我们和小朋友做游戏,如果他发现你故意输给他,他可能会不高兴的,因为他认为在违反规则的情况下获得的胜利不是真正的胜利。因此,规则是一切行动意义的来源。

在游戏中,我们还会发现,游戏规则越单纯、越明确、越一致,行动就会越有动力,越有探索性。也就是说,游戏的秘密就在于规则的单纯性和明确性。如果规则是模糊的、可随意修改的,游戏的快乐基本上就失去了。

规则不仅是明文规定的,更是隐含在行动的调节过程之中的。规则只有用在具体的行动中才能体现出其现实性和约束作用。规则从本质上来说不是为了理解事物而设的,而是为了调节人们的行为而设的。也就是说,离开了玩,规则的价值根本就不可能体现出来。玩,行动,是规则的本体,在玩中,在行动中,一条简单的规则会发生形式上的千变万化,成为一个不可穷尽的行动调节器。我们把这种在具体运用中发生了形式变化的规则称为隐形规则，它们在游戏中具有决定性的作用。隐形规则主要通过利用高超的技术来解决那些不可预料的细节与微妙问题而体现出来。不是规则决定了胜负，而是隐形规则，以及细节问题的解决，即技术的具体运用决定了胜负。

只有规则，游戏还没有办法进行下去。玩游戏的一个重要前提是游戏者在进入游戏之前必须明白他们所面临的具体任务是什么，而且还要清楚地了解什么样的表现结果是成功的，什么样的是失败的，也就是说每个人都必须清楚游戏的目的和评价标准。因此，游戏天生具有竞争性和挑战性。即便是一个人玩的游戏，对个人而言也是一种挑战。正是这种明确无误的任务设计，使得游戏具有无穷的魅力。

如果我们对上述的分析做一个概括，游戏对教学而言最大的启示便表现在以下四个方面：第一，全身心地投入某一具体行动当中；第二，在复杂情景中创造性地运用规则；第三，凭借高超的技术来处理那些不可预期的细节和微妙问题；第四，任务设计和评价标准必须明确具体。

四、游戏沉浸式教学的指导原则

如果我们要按照游戏的启示来设计教学模式，我们不妨围绕上面四点启示展开我们的思考。也许我们可以把这四点启示称之为游戏沉浸式教学的指导原则。

第一，全身心地投入某一具体行动当中。第一点很重要。回顾一下我们今天的课堂教学，我们不得不承认，学生的身心发展并不协调。在大多数情况下，我们把脑力活动与身体的动作与运动割裂开来。甚至认为只有体育课、手工课、技术课才是动手的课。我们这里提到的身体的活动,不仅是指看得见的身体动作,更指那些看不见的内部的技能,比如隐含在问题解决、写作、演讲、设计、制作、绘画等活动中的创意生成与技能运用等过程。或者说,它们本质上就是身心合成、协调工作的过程。即便在数学课上,学生无意识地摆弄、拼接、拆除一些数字和图形也是引发灵感的好方式。科学课程中的科学观察与动手实验就更重要了。因此,强调学习过程中的身心并用是设计这种模式的一个重要关注点。基兰教授所提出的身体的、神话的、浪漫的、理论的、批判的五种认知方式,同样适用于这里。所谓身心并用的学习过程,其实就是上述五种认知方式在完成具体任务的过程中相互协作、共同作用的过程。

第二,在复杂情景中创造性地运用规则。这一点启示我们,要引导学生在任务解决中通过积极地运用规则而深刻地理解规则。要激励学生把字面上的规则转化为灵活多变的行动策略,而不仅仅是记住这些抽象的规则。在教育中,我们对规则的限制性强调得太多,而对规则赋权性的认识严重不足。我们应引导学生把握知识规则的本质:它既是一种积极的限制,也是一种合乎理性的自由,具有无限的建设性和生成性。

一般来说,我们在教育中往往比较重视抽象的成文的规则,但对隐形规则却放任自流,因此造成了学生在表现性学习过程中的严重失败。我们前文讲过,隐形规则是成文规则在具体情景中的一种自我调节。打个比方,成文规则就像是一个镜头,而隐形规则则是在具体情景中调试镜头的微观原则。通过这些精细的调试动作,物体在镜头中的形象会变得越来越清晰。有镜头不一定能成像,只有通过不断地调节镜头才能拍摄出清晰的照片。比如,在没有理解障碍的前提下,我们阅读诗歌、散文、小说、传记和论文的时候,即便是我们一开始根本不知道读的是什么文体,只要读上一两行,我们就会自动地进入特定文体的阅读模式中,为什么呢,因为在我们每一个人心中都有一个很私密的个性化的写作规则系统和标准系统,作为隐形规则,它们具有在具体语境中进行主动识别与随机定位的作用。

隐形规则对个体而言是最真实、最直接、最有效的一种学习能力。它具有生成性和创造性。说出一个句子,就是创造一个语言的事实和精神的存在物。但是,由于它的内隐性,现在的教育把它忽视掉了。流行的见解是:只要学生能够清晰地理解那些普遍的、成文的、公认的规则,他们就能运用这种规则去理解事物或者去表现他们的思想观念。因此,正如在数学与科学教学中特别重视定理的教学一样,语文、历史、地理、社会等学科的教学也特别强调"一般规则"。如语法、历史发展规律、气候变化规律、植被分布规律、社会结构等内容,在教学中占据着核心的地位。但问题是,从字面上理解并运用这些规则并没有导致学生相应的学习能力的提高。正如一个中国的中学生可以清晰地划分英文句子语法成分,但是,却说不出一句流利的标准的英语,而写出的句子则更像是中国式的英语句式。尽管在前面的那个例子中我们看到了阅读规则在具体阅读过程中的自动化定位的作用,但是,如果我们要深入理解这个文本,鉴赏其艺术水准,或者进行某项文学创作,那么,所需要的隐形的精细规则将远远超出早先的自动化水平。如果这些隐形的精细规则没有经过专门的训练,恐怕就只能在一个比较低级的粗糙的水平上对行为进行调节。

第三,凭借高超的技术来处理那些不可预期的细节和微妙问题。第三点是第二点的进一步延伸。在具体情景中运用规则的主要表现就是通过高超的技术来解决那些不可预期的细节问题和微妙问题。这些细节和微妙问题的不可预期性，恰恰就是激励游戏继续进行的魅力所在。要解决他们，离不开相应的技术支持。规则的运用与技术的支持是分不开的。任何规则都或多或少地与细节和微妙的问题相关。在完成任务的过程中这些细节和微妙的问题是至关重要的，甚至在一定程度上决定整个任务的顺利进行。就像下棋，一着不慎就可能导致整盘棋陷入被动的局面，造成不可挽回的损失，要想弥补回来往往是很困难的。所以，在游戏中，对细节与微妙问题的处理是体现内隐规则运用水平的关键。我们在面临掌握语言表达技巧、数学解题能力、创意设计能力等学习任务时，可以清晰地感受到相应的技术技巧在解决细节问题过程中所起的重要作用。甚至，在很多时候，技术的精通水平决定了成败。

人们对技术、技巧的认识有误区，认为技术、技巧只是一种比较巧妙地解决特定问题的方法，而没有认识到它们体现了一种十分重要的认知方式，那就是思维过程的灵活性和多面性。而且，技巧具有十分重要的示范作用和启发作用。在表现性学习中，技巧不仅是一种工具，而且是一种精益求精的价值追求。当然，我们反对奇技淫巧，反对旁门左道的东西，注重的是具备智力开发价值的技巧。比如，学习素描的学生都会经历一个特定阶段，画圆球。为什么要画圆球，好像人们对这个问题并不太在意，只是觉得比画方体要复杂些而已。

我们知道，素描是以黑和白两种极限色彩来塑造物体的。我们选择球体，是因为球体能最完整地体现出光影在物体上的变化规律——高光、亮部、明暗交界线、暗部、反光。所有素描的要素在这里都齐备了，而且是以连续的、渐变的、直观的方式呈现的。

如果学生能把球体画圆了,理解了它是如何通过色调深浅的变化圆起来的,而且进一步认识到,重要的是色调的变化是否符合光线变化的规律,而不是线条的画法如何优美,那么,这个训练就是成功的。可惜的是,往往很多学生仅仅是在学着如何画出一排排优美的线条。其实,线条的价值是服务于色调的,独立的线条再优美也没有价值。因此,在这里作为技巧要训练的,不是线条的画法,而是如何准确地表现出色调的过渡。这里的技巧不是如何画出匀称的线条,而是如何利用匀称的线条来准确地表现色调的变化。不过,线条的运用确实产生了不同的感觉体验和联想。所以,表现方式是很重要的,但应把它建立在规则允许的基础上。

第四,任务设计和评价标准必须明确具体。这一点启发我们,只有明确的具体的学习任务和评价标准才能挑起学生的表现性学习的欲望。含混的、模糊的、模棱两可的任务和标准是导致学生表现性学习兴趣下降的主要原因。如同在游戏中,如果玩家搞不清楚它的具体任务和得分标准,玩游戏的兴致就会下降。因此,玩家最喜欢玩的基本都是自己最熟悉的游戏,百玩不厌。其主要原因正在这里。我们之所以提这样的要求,乃在于传统上我们在学生的表现性学习过程中往往缺乏明确的任务设计和评价标准,指导往往是不得要领、大而不当、缺乏针对性的。例如,语文教师经常向学生提出写作的要求是:主题要鲜明,结构要合理,语言要流畅。这些空洞的标准不会激发出任何写作的欲望。如果我们让学生给四川地震灾区的小朋友写一封慰问信,"主题鲜明"指什么?我们必须把这个主题加以具体化和清晰化才能挑战学生的写作能力。比如,我们可以提出一些有关这个主题的关键词:震惊、悲伤、担忧、思念、盼望、鼓励、支持、爱心、信心、团结、互助、自救、坚持、乐观。要求学生在写慰问信时可以参照这些关键词,在写作中能够把这些有时存在着矛盾和冲突的思想感情自然地、融洽地组织在一起,而不是机械地把它们的内容拼接在一起。也就是说,从悲伤的情感到乐观的情感的变化不能是机械的、生硬的,而应当是有机的、自然的。这样的要求才会具有挑战性。再比如,在历史课程中,要学生分析第一次工业革命的革命性,如果我们不给出具体的分析标准和要求,学生对这类问题往往感觉无从下手。如果我们换种提问方式,这样来问:第一次工业革命是从什么领域开始的? 随后又延伸到了哪些领域? 它对社会各方面产生了哪些重要影响? 这些影响造成了什么样的社会变化? 这些变化是持久性的还是暂时性的? 这样的问题设计才可能激发学生的学习动力。因为他从这些结构性的问题中看到了自己努力研究的方向。

　　基兰教授在故事形式的教学中反对预设一定的教学目标。我认为是很有道理的。但这一主张并不适用于游戏形式的教学。主要原因在于表现性学习必须借助于精细的任务目标和评价标准的控制才能推动学习过程,因为规则本身不能推动游戏。所以,在这个模式中,任务目标和评价标准是必要的教学动力基础。

　　　　（原载《当代教育科学》2009 年第 6 期,人大复印资料
《中小学教育》2009 年第 8 期全文转载）

《背影》教学实录

[背景]2015 年 12 月 3 日至 5 日,第 11 届全国中小学教师文化作文与文化教学优质课大赛暨纪念《背影》诞生 90 周年同课异构高峰论坛在重庆市璧山中学隆重举行。笔者在《背影》同课异构教学大赛中获得特等奖,同时荣获最佳语文课堂"国文"奖。

时间:2015 年 12 月 3 日下午 1—2 节

地点:重庆市璧山中学校老校区多功能教室

班级:七年级 2 班

一、方法引领

师:同学们好,很高兴来到咱们重庆,大家知道重庆有一个别名叫什么吗?

生(异口同声):山城。

师:大家都知道啊,看来都很热爱自己的家乡。还有一个地方被称为"泉城",大家知道是哪儿吗?

生(齐声回答):山东。

师:山东太大了,泉城只能在山东的一个地方……

生:济南。

师:济南被称为泉城。有这么一副对联说的就是泉城风光:

"四面荷花三面柳,一城山色半城湖。"听着就很美吧！同学们有没有到过济南？

生：没有。

师：那放假可以让爸妈带你到济南玩一玩。这副对联就写在大明湖公园里。潘老师来自济南,很高兴认识大家。今天我们一块儿来上一堂课,上课之前,我先跟大家做个交流,我希望今天同学们回答潘老师问题的时候,能够忘掉你从教学参考书、语文全解里看到的关于这篇文章的解释。我希望听到从你自己头脑里发出来的声音。同学们,好不好？

生（异口同声回答）：好。

师：我看今天哪个同学的回答让我能够发现你比那些专家们解读得更贴切,更能打动我。所以,今天同学们上课,一定要认真地听潘老师问的问题,然后好好地想一想,再把你的感受说出来跟大家交流,好吧？

【出示PPT】

浦口车站旧照片

师：下面我们看这样一幅图片,它显示的是——南京火车站北站,也就是浦口火车站的样子。在98年前那个冬天的一个下午,寒风料峭,一个父亲到浦口车站给儿子送行,他的儿子要到北京大学去念书。父子俩上车之后,父亲一再地嘱咐儿子,路上要注意这注意那,夜里不要着凉。一切安排妥当,儿子就对父亲说："爸爸,你走吧。"这时父亲朝窗外看了看说："我买几个橘子去,你就在此处,不要走动。"儿子往窗外一看,对面的栅栏外有几个卖东西的正等着顾客。要走到那边月台须穿过铁道,跳下来,再爬上去,而父亲是一个胖子,要走过去就很不容易。因此儿子本来要去,可是父亲不让,儿子只好让父亲去。只见这位父亲头戴黑布小帽,身穿黑布大马褂,深青布棉袍,蹒跚地走到铁道边,慢慢探身下去,尚不大难,可他穿过铁道爬上对面的月台就不容易了。只见他两手攀住上面,两脚向上缩,他肥胖的身子向左微倾,显出努力的样子。这时儿子恰好看到了父亲的背影,他的泪很快就流了下来。这件事过去了很多年之后,儿子把这一幕写成了一篇文章,在当时的《文学周报》上发表,文章的题目就是《背影》,这个儿子就是朱自清先生。今年恰好是《背影》发表90周年,所以,我们今天学习这篇文章有着特殊的纪念意义。《背影》发表之后,感动了一代又一代的读者,那么,在《背影》的后面到底蕴含着一个怎样的文学和情感的世界? 我们今天就来学习《背影》,探究背影背后的秘密。

【出示 PPT】

怎样学语文

朱自清先生在《怎样学国文》里说:

古人作一篇文章他是有了浓厚的感情,发自他的胸腑,才用文字表现出来的,在文字里隐藏着他的灵魂,使旁人读了能够与作者共感共鸣。

师:朱自清先生北大毕业之后,曾经在江浙一带的中学教过语文课,当时叫国文,后来他写了篇文章——《怎样学国文》。我想他这段话对今天的语文学习来说仍然具有指导意义。下面我请一位同学为大家读一下,请这位同学来读一下。

(生读略)。

师:你讲一下,读了这段话对你的语文学习有什么启发?

生(很有感触):我觉得呀,我们学语文就要发自自己的内心,然后把自己感触到的用真诚的话语写下来,使自己与读者读了这篇文章有共同的感触,感受到自己的这份感情。

师:好,请坐。这个同学谈得很好。谈到了作者要与读者产生情感上的共鸣。我们学语文,要发现文字里面作家的灵魂,要体会胸腑里面蕴藏的深厚的情感。那怎么才能体会出来呢?

师:我们今天介绍两种方法。一个叫联系上下文,第二个叫知人论世。知人论世是什么意思?能不能猜一猜?

生:我觉得就是根据人来评论世界。

师:好,请坐。这个同学讲到了非常重要的一点,至少字面的意思他讲出来了。字面后的意思是什么呢?我们读一位作家的作品,就要了解他生活的世界、他生活的时代,尤其是他的生活阅历和他的写作动机,了解了这些,我们就能更好地理解他的作品。这就叫知人论世。大家懂了吧?

生(纷纷点头):懂了。

师:今天在回答潘老师的问题的时候要想一想,是要联系上下文呢,还是要知人论世。

二、理清脉络

师:下面我们完成一个基础工作,对文章的思路做一个梳理。大家看这篇文章,按照时间的线索,我们把它分成三部分,你觉得应该怎么分?文章里有一些重要的词是与时间有关的,把它找到,我们就根据这些时间词来划分段落。

(生默读思考约 40 秒。)

师:差不多了,可以根据潘老师的提示首先找到与时间有关的词,然后把文章分成三部分。哪个同学与大家交流下?

生:我觉得第一自然段是第一部分。从第二段"那年冬天"一直到倒数第二段"我的眼泪又来了"是第二部分,说的是那年冬天祖母去世了我跟父亲回家,然后父亲送我去火车站发生的事情,最后一段是第三部分,对事情进行了总结。

师:好,你讲得很清楚,我听明白了。这篇文章三部分,第一部分提到一件往事,第二部分就是写这件往事,第三部分写我现在写这篇文章的心情和想法,是这样吗?

生:是的。

师:好,再给大家一个任务,就是给这篇文章每一部分做个概括,起个小标题。希望你用上"背影"这个词,我给大家做个示范,第一部分我们起个小标题叫"点题的背影",第二部分叫什么的背影呢?

(学生拟标题,教师板书:点题的背影。)

生:是父亲买橘子时的背影。

师:好,这个背影是现在发生的吗?

生:不是。

师:是什么时候发生的?

生:是过去的时候。

师:过去的,是不是回忆中的?

生(纷纷点头):是。

(板书:回忆中的背影)

师:第三部分,大家可以用原文中的话概括,什么的背影?哪位同学说一下?

生:我觉得可能是一种想象中的背影。

师:想象中的背影,好,那原文里的词能不能找到?

生:努力的背影。

师:最后一部分,有"努力"吗?

生(摇头):没有。

师:大家应该从最后一部分找。

生:我觉得是"泪光中的背影"。

师:是泪光中的背影,他读了父亲的来信,眼泪又流出来了,我们概括成"泪光中的背影"。

(板书:泪光中的背影)

师:课前有个同学问我:潘老师,我们这篇课文的线索是不是背影啊?大家看是不是背影啊?

生(若有所思):是的。

师:当然啊,还可以有不同的说法,比如第一部分可以是"最难忘记的背影",我们为了简洁就用"点题的背影",那"回忆中的背影"也可以是"记忆中的背影",这都无伤大雅,关键是通过概括我们可以捋清文章的脉络。下面我们读一读这些重点字词。

【出示PPT】

读一读

一、1. 背影

二、2. 差事　交卸　祸不单行　狼藉　簌簌

3. 变卖　典质　亏空惨淡　赋闲

4. 游逛　勾留浦口　妥帖　踌躇

5. 脚夫　讲定　拣定　照应　迂

6. 月台　蹒跚　探身　攀　缩　拭　搀

三、7. 东奔西走　颓唐　触目伤怀　不能自已　情郁于中
　　琐屑　触他之怒　惦记　举箸提笔　大去之期　泪光

师:我读第一行,后面这一列同学依次每人读一行,好不好?

(生读略,个别正音。)

师:通过朗读这些重点字词,我们大体了解了这篇文章的具体内容。下面我们说一说这些重点字词的意思。请你解释一下

"狼藉"的意思。

生：狼藉就是指一种东西变得非常不整齐。

师：好，说得很对，为什么不整齐呢？本来指狼踩踏过的地方，像草一样乱七八糟。有个成语——"杯盘狼藉"，指吃完饭桌上横七竖八地摆着盘子、碟子、杯子和筷子，乱糟糟的。"狼藉"就是乱七八糟的意思。我们再看下一个——典质。

生（有点犹豫地回答）：变卖典质就是拿些东西去卖。

师：请坐。注意区分："变卖"是指把值钱的东西便宜几个钱卖掉；"典质"是指拿着东西到当铺里去换钱，等有了钱之后在规定的时间里还可以把东西赎回来。当然，从当铺换来的钱要比物品的真实价值低很多，这样当铺才能赚钱。我们再看"赋闲"是什么意思？

生：我觉得赋闲可能是说他有空闲。

师：好，请坐，确实有空闲，他是因为什么有空闲？因为没有工作，不能挣钱了，在家里闲着，这是好事还是坏事啊？

生（异口同声）：坏事。

师：我们再选一个"蹒跚"，你来说一下。

生：我觉得蹒跚就是指走路摇摆不定的样子。

师：因为什么摇摆不定呢？

生：因为腿脚不便。

师：好，因为腿脚不便，请坐。蹒跚是指走路不利索，与年龄大了有关系，和体态胖也有关系。我再问大家一个词语，"大去之期"是什么意思？

生：我认为"大去之期"是指那种离别的重要的日子。

（众生笑。）

师：好，请坐，这个同学说到了重要的一点，它确实是很重要的日子,因为这个人的生命到了终点,大去之期是指人要去世了。好,词语解释就到这里。大家如果还有什么不懂的词可以随时问我。

师:想一想,从屏幕上这些蓝色(斜体)的字词,你能读出朱自清现在家里情况怎么样?

【出示 PPT】

一、1. 背影

二、*2. 差事　交卸　祸不单行　狼藉　簌簌*

　　3. 变卖典质　亏空惨淡　赋闲

　　4. 游逛　勾留　浦口　妥帖　踌躇

　　5. 脚夫　讲定　拣定　照应　迂

　　6. 月台　蹒跚　探身　攀　缩　拭　揽

三、*7. 东奔西走　颓唐　触目伤怀　不能自已　情郁于中*

　　琐屑　触他之怒　惦记　举箸提笔　大去之期　泪光

生:惨淡。

师:可以说得再详细一些,你从这些词里读出了朱自清现在家里的情况怎么样?

生:我觉得现在他家里比较惨淡,没有什么收入,所以才会有大把的时间,所以他们才会去变卖典质。

师:是因为没有钱了才去变卖典质,不是因为有大把的时间,这个因果关系我们要注意一下。这个同学发现了他家的经济状况陷入了困难的境地。父亲失业没有工作了,借了债需要还钱,经济出了问题。除了经济出了问题,你发现他的家里还笼罩着怎样的一种氛围啊?下面这两行蓝色的字你再读一读。

生:我从"东奔西走"知道他们父子俩不能团聚。

师:嗯,你看出了父子分离之苦,还有没有别的发现?你觉得父亲的心情怎么样,这里面有没有描写? 不能自已,情郁于中,触他之——怒。好,你说一下。

生:我觉得这个时候,他的父亲作为男人,失去了亲人,经济上自己又发展得不太好,因此情绪上有些暴躁。

师:好,请坐,有些暴躁,脾气不大好。大家通过前面的分析可以发现,朱家不仅经济状况不好,生活负担十分沉重,而且心情还很悲伤,精神也很压抑,可谓惨淡窘迫。下面我们带着这种理解去读《背影》,去理解文中人物的情感,这就是一种“知人论世”。

三、触象感怀

(一)这是一位怎样的父亲

师:我们学习文章第二部分。先看2—5段,回答:

【出示PPT】

在你的眼里,这是一个怎样的父亲?

师:大家自由读课文,你读出了一个怎样的父亲?

(生默读课文,师巡视。)

师:好了,我看大家都有自己的想法了。你觉得这是一个什么样的父亲呢?

生:我从第三段看出了父亲很有担当,是一家之主。

师:父亲很有责任感,很有担当,家里发生了这么大的事,办完丧事马上出去找工作,作为一家之主,是家里的顶梁柱。很好,哪个同学再谈一下。

生:我发现办完丧事他马上去找工作,他是一个坚强、乐观,对生活很积极的一个人。

师:好,她发现了父亲是一个坚强、对生活乐观的人。这是老师刚才没有发现的。现在父亲的形象更丰满了。大家再看前面第二段"那年冬天"这一部分。读一读，你发现父亲是什么样子的？特别是父亲说了一句话，可以读出这是一个什么样的父亲？我给大家读一下："到徐州见着父亲，看见满院狼藉的东西，又想起祖母，不仅簌簌地落下泪。父亲说，事已如此，不必难过，好在天无绝人之路。"你觉得这是一个怎样的父亲？

生：我觉得他是一个坚强、乐观的父亲。

师：嗯，坚强、乐观。从他的话里看出了坚强、乐观，还可以看出他对儿子怎么样？

生：关心。

师：关心、体贴、宽慰。"事已如此，不必难过，好在天无绝人之路。"可以看出他对儿子的安慰。大家看黑板，潘老师写个字。

（板书：篆书"怀"的右半边。）

师：中间画了一只眼睛，眼睛下边是流下的两行眼泪。孩子流泪了，哭了，父亲给他安慰："事已如此，不必难过，好在天无绝人之路。"所以这个字体现了长辈、父亲对孩子的关心、爱护和惦念。明白了吗？中间是儿子在流泪，上下加在一起，是长辈、父母对孩子的体贴、关心和惦念。这是会意字，其实上下加在一起是衣服的"衣"字，就是用衣服把孩子包裹起来，抱在怀里，安慰他，这是它的本意，引申出来就是对孩子的关心和体贴。所以刚才那句话使我想到了这个字。

师：大家看下面一句话，我觉得这句话写的很有意思："回家变卖典质，父亲还了亏空，又借钱办了丧事。"这句话写了几件事？

生：三件。

师：同学们说三句话就写了三件事。好，让我们看一看，"回家变卖典质"写了几件事？回家是从徐州赶到扬州的家；变卖是把家里值钱的首饰卖掉一些;典质是把值钱的东西送到当铺里去换钱。几件事啊?

生(惊愕):三件。

师:那你再看这三句话到底写了几件事?

生:六件?

师:六件!三句话写了六件事,哪六件?后边的"还了亏空",还有"借钱",借了钱再去"办丧事"。那通过这三句话你又读出了一个怎样的父亲?哪位同学来谈一下?

生:我觉得父亲是一个比较有孝心的父亲,他明明做生意已经亏了,他还是变卖典质借钱去办祖母的丧事,足以看出他对祖母很有孝心。

师:嗯,他很有孝心,你觉得他忙碌不忙碌?

生:忙碌!

师:怎么忙碌的?你再来说一下。

生:他在比较短的时间内,又去借钱,又去变卖典质,又去办丧事。

师:是个忙碌的父亲,他的忙碌一半是出于无奈,另外我们也能看出父亲非常的干练,很能干,困难来了我们就想办法解决困难:好在天无绝人之路。这三句话,写了好多的事情,所以我们以后写文章也要言简意赅,对不对?语言很简单,但表达的思想很丰富。

师:大家读"到南京时有朋友约去游逛"这一部分,你觉得又读出了什么样的父亲?本来父亲很忙不去送我,终于决定还是要亲自送我,你觉得这一部分又写出了一个什么样的父亲?哪个同学来说一下?

生:我觉得父亲十分爱我、关心我,他怕茶房不稳妥,还是不放心,所以才去送我。

师:嗯,父亲十分关心他。大家注意一个问题,为什么父亲改了主意,非要亲自去送他,课文里有一句话,你读一读。

生:"但他终于不放心,怕茶房不妥帖。"

师:好,请坐。父亲因为忙本来不想去,可是后来想来想去还得去,因为放心不下,不放心。

(板书:篆书"竖心旁"。)

师(指着竖心旁):不放心,心是悬在哪儿啊? 上边! 放下来就不悬了,所以心悬在上面。左右合在一起这是一个字,这是哪个字啊? 大家猜一猜,可能不好猜。

生:我认为这个像是孩子的"孩"。

师:好,请坐,这个字不是孩子的"孩"。比较困难,我给大家写一下。这边是"竖心",这边是个"不",合在一起是个"怀"字。所以我们看这个"怀"字的时候很难想到父母对你的关心、疼爱和惦记,是不是? 可是看到这个篆书的"懷"字你就能想到,面对孩子的委屈和难过,父母表现出来的不放心、关心、惦记、疼爱和体贴。

师:通过这一段我们看到父亲对朱自清的疼爱、关心、不放心。我问大家一个问题,他说叫旅馆里一个熟识的茶房陪我同去,是到哪儿去啊? 是陪我到什么地方?

生:北京。

师:你怎么知道是陪他去北京呢?

生:看第二段最后一句话:我也要回北京念书。这里定了要去的一个地点,后面熟识的茶房跟他同去,跟他一起去当然是去同一个地方了。

师:好,还有没有从其他地方发现要去哪个地方? 有没有不同意见说不是去北京?

生：我觉得他是要去月台。

师（师生笑）：是去车站，不是月台。

生：去车站，因为我是要去北京读书，而茶房是不会和我一起去读书的。

师：是爸爸让茶房送我到车站，是这个意思吗？还有没有发现？你认为是陪他去哪儿？大家看后面又嘱托茶房好好照应我。找到这句了吗？那在哪儿照应我？已经到了车站了。应该在哪儿？

生：车上。

师：那是去哪儿呢？

生（异口同声）：北京。

师：这种方法就叫——

生（齐声回答）：联系上下文。

师：好，同学们回答得不错，学会了运用这种方法。通过联系上下文我们可以看到，父亲为他想得多么周到。不是让茶房把他送到车站，而是要把他送到北京。为什么要送到北京？他已经二十岁了，是大学生了。这里老师交代一下，新中国成立前，八九十年前从浦口到北京火车要走两天时间，时间很长，而且又是冬天，所以父亲十分不放心。后面还讲到了行李怎么样？

生：行李很多。

师：所以，我们看父亲为儿子想得特别周全，想得很多。我们再看第五段，你又读出了一个怎样的父亲？

（生默读思考。）

师：哪位同学说一下？

生：首先我觉得这个父亲从身材上来说是一个肥胖的父亲，有点愚笨。

师：哪儿愚笨？

生:讲价钱的时候。

师:这个地方不是蠢笨,而是有点迂,是吧?

生:对。

生:我看到的是父亲和脚夫们讲价钱,从这儿看出父亲是一个勤俭持家的好男人。还有从给我拣定了一张靠车门的椅子一直到好好照应我,可以看出他是特别细致、细心,特别体贴我。

师(指向篆书"怀"字):还是对孩子不放心。

生:对,不放心,关心,疼爱。

师:好,同学们从文章里面读出了一个这样的父亲形象,对孩子关心无微不至、勤奋乐观又有担当,还是一个很能干的父亲。

生(点头):是的。

师:这是我们从这一部分读出来的父亲。思考第二个问题,在当时朱自清的眼里,这是一个怎样的父亲?

【出示PPT】

在当时朱自清的眼里,这是一个怎样的父亲?

师:这个问题课文里说得很清楚,结合着课文,大家讲一讲。

生:应该是迂腐,斤斤计较,为了一点小费就讨价还价。

师:在我的眼里他讲话不漂亮,不灵活。还有一个地方写到,他父亲在车上嘱咐茶房的时候怎么写的?从中可以看出来,在朱自清眼里父亲是怎样的?

生:在朱自清眼里父亲很唠叨,因为他写道:像我这样年纪的人难道还不能照顾自己吗?

师:嗯,很唠叨,朱自清甚至有点反感。我们想想看,刚才你们读出了一位多么好的父亲!多么体贴儿子,关心儿子!但在当时朱先生眼里,父亲却有点迂,说话不漂亮,有点啰里啰唆。再看第三个问题。

【出示 PPT】

在写文章时的朱自清先生的眼里,父亲又是怎样的?

师:在写文章时的朱自清先生的眼里,父亲还是那么迂吗?还是那么说话不漂亮吗?

生(态度肯定的回答):不是。

师:那你是怎么看出来不是,不再是青年朱自清眼里的父亲,谁来谈一下?

生:在第七段,"在晶莹的泪光中那黑布棉袍深青布马褂、那肥胖的身躯又出现在眼前,唉,我不知何时再与他相见"。从这里可以看出,他很想和自己的父亲相见。

师:好,这位同学有超前意识,提前读到了后面。还是从刚才的 2—5 段读,比如我那时真是聪明过分,我现在还觉得自己很聪明吗?

生(纷纷摇头):不是。

师:不是了,这是句反语!还有,我现在想想我那时真是太聪明了,这是讽刺还是夸赞自己?

生:讽刺自己。

师:一开始父亲在我眼里是那样迂阔啰唆的形象,最后才体会到父亲对我的爱,所以,对爱的理解是需要时间来慢慢沉淀的。

生(沉思):对。

师:好,刚才我们讲了一个故事,朱先生的父亲送他去车站。

师:那么在这个故事里面,作家是从几个角度讲故事的?

师:其实前面讲过,这个故事里有几个主要人物?

生:(若有所思)父亲和我。

师:一个是写父亲,父亲做了什么说了什么,另一部分是我,写我的所思所想。所以是几个角度?

生:两个角度。

师:几条线索？刚才我们讨论了三个问题,一个是你眼中的父亲的形象,二是年轻的朱自清眼里父亲是什么样子的？第三个是现在的朱自清眼里父亲是什么样子的？这个问题比较难。一共有三个线索:一个父亲,两个朱自清。一个是年轻的朱自清,一个是现在的朱自清。这段文字看起来松松散散,其实在它的背后有很清晰的行文线索。

【出示PPT】

文章题目是"背影",在2—5段没有写背影,能不能把这些删去,使文章更简洁？

师:文章的主线是背影,可是这几段根本就没有写到背影,把它们删去文章不更简练吗？你赞成不赞成这个观点呢？大家谈一谈自己的看法,哪位同学来说一说。

生:我觉得不可以删去,因为这里也是写了父亲对他的关爱。

师:好。他写父亲的背影是为了写自己的感动,可是他的感动不是凭空来的,是由点点滴滴的小事积累起来的,是由量变到质变的。所以这些内容是不能删去的。

(二)走近作者笔下的背影

师:下面我们走近作者笔下的背影,这是文章里面最经典的段落。我先给大家读一下,这是父亲去买橘子时的样子。

(师读略)

【出示PPT】

我看见他戴着黑布小帽,穿着黑布大马褂,深青布棉袍,蹒跚地走到铁道边,慢慢探身下去,尚不大难。可是他穿过铁道,要爬上那边月台,就不容易了。他用两手攀着上面,两脚再向上缩;他肥胖的身子向左微倾,显出努力的样子。

师：大家齐读一遍好不好。

（生有感情且非常认真地齐读。）

师：好，大家读得都很认真，很有感情，下面，我们省略掉一些词，读的时候自己再添加上去。

【出示PPT】

我看见他戴着＿＿＿小帽，穿着＿＿＿大马褂，＿＿＿棉袍，＿＿＿走到铁道边，慢慢＿＿＿下去，尚不大难。可是他穿过铁道，要爬上那边月台，就＿＿＿了。他用两手＿＿＿上面，两脚再向上＿＿＿；他＿＿＿身子向左＿＿＿，显出＿＿＿样子。

师：我先读一遍，大家仔细听。

（师读略）

师：下面，我们再齐读一遍好不好？

（生准确且整齐地读出了原文。）

师：好，同学们真不简单，读了两遍就几乎把它背下来了，潘老师没有这么好的记忆力啊，很羡慕你们。这段写得好不好呀？

生：好。

师：你读了之后有什么感受？能不能说一下，从这段写父亲的话中你感受到了什么样的父亲，从父亲身上，你又感受到了什么东西？

（生举手，师示意回答）

生：我感受到一样，就是父亲十分的朴实。

师：嗯，怎么朴实了？

生：穿着很朴实。

师：你从穿着上看出了父亲特别的朴实，那么从父亲的动作上你又能读出什么呢？

（课堂鸦雀无声，教师提示。）

师:实际上文章都写出来了,父亲去买橘子爬月台的时候……

(生举手。)

师:嗯,你说一下。

生:我是从这几个动作看出来的:戴、穿、蹒跚、攀、缩。我觉得这里可以看出他爬上去是很费力的,为了给朱自清买橘子,可以看出父亲对孩子的那种很强烈的爱!

师:嗯,好,你说得太好了。通过朱自清先生的描写,我们似乎看到了一位肥胖的父亲爬那么高的月台,真的不容易。这段文字很感人,也是文学上的经典段落,它这么感动我们,那么它一定有文学上的修养,请你从这段文字里找出比喻、排比、拟人、夸张这些修辞手法。

(学生低头阅读文本,认真思考,约1分钟。)

师:好了,大家找到没有啊?首先回答我:有还是没有?如果有,在哪里?第一个问题,有还是没有?大家大胆地说。我跟大家说啊,你不要管教参上怎么说,也不要管你看到的其他材料怎么说,你只问自己,有还是没有?

生(小声地胆怯地):没有。

师:你们真的确定没有?

(学生不做声了。)

师:好,同学们很了不起啊! 没有被老师的问题给带偏了。这段文字这么感人,但是它确实(重读)没有使用比喻、排比、拟人、夸张这些手法,不使用这些手段还写得这么感人,那么在文学上它一定得有一种说法,这个说法就是"白描"。

【出示PPT】

白描是中国画技法名,指单用墨色线条勾描形象而不施色彩的画法。

　　白描也是文学表现手法之一,主要用朴素简练的文字描摹形象,不重辞藻修饰与渲染烘托。

　　师:大家第一次接触是不是?

　　生:是。

　　师:什么叫白描?本来是画画的时候不加色彩,只是用线来勾勒,像连环画一样,没有颜色。后来引申到文学里则指一种文学表现手法,即用朴素简练的文字描绘形象,不重辞藻、修饰语。你看,这段文字里边是这样吧?是!用最简练的文字来写父亲,没有用任何的修辞手法,可是仍然打动了我们。

　　因此,散文家林非这样评价这段文字:《背影》用朴素和流畅的文字写出了一种异常真挚和至诚的情感,这又是谈何容易的事情。只要能够达到这一点,肯定就会长久地打动读者的心弦。是这样吧?

　　生:是。

　　师:九十多年过去了,这段文字仍然能打动我们。语言学家朱德熙说:作者描绘父亲的背影,并不借助于什么修饰、陪衬之类,只把当时的情景再现于读者眼前。这种白描的文字,读起来清淡质朴,却情真味浓,蕴藏着一段深情。所谓"于平淡中见神奇"。

　　师:所以以后我们写文章,也可以不使用那些华丽的辞藻,却仍然能写出打动人心的好文章。《背影》就是一个例子,大家记住没有?

　　(生恍然大悟状。)

　　(三)于空白处悟深情

　　师:好了,大家想想看,前面我们读的那一段是父亲买橘子去，父亲买橘子是空着手去的还是拿着东西去的？

生（齐声）：空着手去的。

师：你能不能想象一下父亲买橘子时攀爬月台时的困难。你看原文是怎么写的：他肥胖的身子向左微倾，显出什么的样子啊？

生（齐声）：努力。

师：我想如果我们不用"努力"，你还可以换成什么词，同样体现出父亲那时的状态。如"什么"力？

生：吃力。

师：有的同学说"吃力"，你讲一讲为什么用"吃力"？

（学生站起来，害羞不做声。）

师：你说就行，大胆说就行！

生：因为"他用两手攀着上面，两脚再向上缩，他肥胖的身子向左微倾"，爬过杠杆的同学都知道这种方法其实是很那种……

师：很笨的方法？

生：嗯，虽然说爬杠杆跟这种方法一样。还有另一种方法，但另一种方法比较困难，有技巧性一点。父亲肥胖嘛，肥胖的话就是脂肪过多，行动不便。

（学生笑。）

师（笑）：我明白了，对，行动不便，这位同学说把"努力"改成"吃力"，老师也认为，在今天的现代汉语语境里面，"吃力"要比"努力"好，"吃力"更直观。"努力"和"吃力"的感情色彩不一样，我们说"努力"带有一种褒义，"吃力"当然不是贬义的，但它写出了承担、承受不起，对不对呀？其实，朱自清现在看到的就是"吃力"的父亲，但是写父亲他不忍心写下"吃力"的"吃"来。因为太心痛！所以写成"努力"的样子，是不是呀？

生：是。

师：其实是很吃力，很费力的，对不对呀？

生：对。

师：空着手去就这样吃力，现在，不是空着手去，而是要抱着橘子往回走了。你能不能想象一下他的父亲抱着橘子往回走，你觉得他遇到的困难跟刚才的时候比是多了还是少了？是大了还是小了？

生（齐声）：多了。

师：好，请发挥你的想象力，写一段文字，就写父亲回来的时候，抱着橘子，注意他的动作、神态和表情。就按照课文中的一句话来写：

【出示PPT】

我再向外看时，他已抱了朱红的橘子往回走了，＿＿＿我赶紧去搀他。

师：课文里写了一段，比较简单，我们发挥想象力，帮朱先生把这一部分扩充一下。好不好？

生：好。

师：大家来看（PPT显示铁道照片），这就是当时的铁道。大家看站台就这么高，说他吃力一点也不为过，是不是呀？

生：是的。

师：你要想一想，他的父亲买橘子回来，是提着橘子还是抱着橘子呀？

生（齐声）：抱着。

师：抱着橘子往回走，先要干嘛？把橘子放下，再下这个月台，下来之后再抱起橘子，再穿过这个铁道。大家想，这个铁道是横七竖八的，高低不平，他父亲抱着橘子，眼睛能不能看见脚前的地面啊？

生：看不见。

师：是看不见的，因为他胖，又抱着橘子，所以眼睛只能看到老远老远的地儿，他走的时候，你想一下，应该是怎么走？最后你看，他的儿子说"我赶紧去搀他"。大家发挥想象力，写这一段话，好不好？现在开始写。

（学生写作七分钟。）

师：同学们写得很认真啊，有的写得很长，差不多了吧？写不完也不要紧，你写多少我们就交流多少。课下我们还可以再写。同学们先停下吧，把笔放下，我们交流一下。他在抱着橘子回来的时候应该是什么样子？请这位同学给大家读一读你写的。

生一：我再往外看时，他已抱着朱红的橘子往回走了。他的大手紧紧地抱着橘子，身子一颠一颠的，显得格外滑稽，像一个笨拙的小丑。他到了月台的边缘，先是往下望了望，弯下腰去把橘子放在地上，然后蹲下身来小心的把脚探出去，肥胖的身子一点一点的向下滑动，他吃力的抓着月台的边缘，仿佛承受不了自己的重量。终于，他脚踩到了地面，他拍拍身子的灰，立马去抱起台上的几个橘子，一脚深一脚浅的走了过来。因为他的肥胖，他只能将身子微微前倾，脖子和头努力的向前张望，走得十分困难。橘子在他怀里滚动着，使他的行动变得十分艰难，好不容易才费力地跨过铁道，我赶紧跑过去搀他。

（师生鼓掌。）

师：哇！写得太好了！太感人了！如果朱先生在天有灵，他也会被你感动的。哪位同学再给大家读一下你写的这段文字？这位男同学，给大家读一下。

生二：过铁道时，他先将自己的橘子放下，然后自己一摇一晃地爬下了月台，身子还未站稳，便伸手去抱，将散落在地上的橘子重新放在自己的胸前,随即迈动那粗壮的大腿,在起伏不定的铁路上奔走。偶尔橘子掉了一两个,还要费尽心机地弯下腰去捡,重新放在胸前,继续奔走。我看见他要到这边的月台了,急忙跑过去。父亲见我走来,将橘子放在地上,双手撑在月台的上面,脚向上一跳,我伸手去搀扶他,终于一摇一晃地爬上了月台。父亲抹了抹头上的汗珠,又再一次抱起橘子,和我一起向车门走去。

师:好,为他鼓掌。

(掌声又一次响起。)

师:这位同学笔下的父亲同样感动了我们。再找一位同学给大家读一读,哪位同学想主动跟大家交流一下?

生三:我再向外看时,他已抱了朱红的橘子往回走了。他抱着一大袋橘子,从栅栏外左摇右晃地走到月台来。他轻轻地把橘子放在地上,随即转过身,两手放在冰冷的石块上,先把一只脚放下,探了探,接着又伸出另一只脚,慢慢地从站台上顺着滑下来。还没站稳又赶紧抖了抖身体,拍了拍衣服,伸出手把橘子拿下,紧紧地抱在怀里,一步一步艰难地走着。他肥胖的身躯不支持他那样平稳地走着,一直摇摇摆摆的。他好不容易过了铁道,脸色显得越来越苍白,我赶紧跑过去搀他。

师:好,刚才我们听了三位同学的描写,我觉得大家都已经入境了,来到了当时的现场,看见朱先生的父亲如何艰难地、一步一步地从对面的月台下来,穿过铁道,又走过来,大家写得都很生动、形象。以后在读书的时候,对这样的重点部分可以适当进行想象和写作练习。

师:我们前面讲了父亲空着手去买橘子,大家又描写了他抱着橘子往回走,在这之间有个过渡。"这时我看见他的背影,我的泪很快地流下来了。我赶紧拭干了泪。怕他看见,也怕别人看见。"这是他父亲去买橘子时的背影。接下来,"我再向外看时,他已抱了朱红的橘子往回走了"。

师:"朱红的橘子"! 大家注意一下,当时的火车站是灰暗的,爸爸戴着黑布小帽,黑布大马褂,深青布棉袍,也是灰暗的,是不是呀?

生:是的。

师:整个背景都是灰暗的,可是他再往外看时,父亲抱着的橘子却是什么颜色的?

生(齐声):朱红。

师:朱红色是什么样的一种颜色?

生:很鲜艳的颜色。

师:很鲜艳,看的时候有什么样的感觉,是冷啊,还是暖啊?

生(齐声):暖!

师:在朱先生眼里,父亲抱的仅仅是朱红的橘子吗?

生:不是。

师:那你说一下,还是什么?

生一:我觉得他抱着的、怀揣的还是一颗爱子之心。

师:爱子之心! 太好了,我觉得也是。这个朱红的橘子,自从映入了朱先生的眼帘,接下来就再没有离开过。他后面写的是什么? 父亲把橘子放下,对不对呀? 下去,便抱起橘子走,上了车之后,将橘子一股脑的放在皮大衣上。后边都在写橘子,其实都在写自己的眼睛从这一刻起就再也没离开……

生:父亲。

师:所以,这个怀抱的朱红的橘子是写父亲温暖的胸怀。

(板书:温暖的胸怀)

师:大家再看,刚才这两段话是连在一起的,现在,下面那句话突然掉下来了。

（PPT中"我再向外看时,他已抱了朱红的橘子往回走了"这句话与上句分离,中间留出大片空白。）

师:看到没有? 中间一下子空出来了,这是个过渡啊,一去一来。我的问题是:在这一去一来之间,他写道"我再向外看时",那"我再向外看时"和我刚才看到背影之间相隔多长时间? 我再向外看时,他已经在干嘛?

生(齐声):往回走了。

师:你不觉得这里面应该有点事情要发生吗? 这至少有三四分钟的时间吧,可作者连一个字也没有写,对不对呀? 时间都去哪儿了? 大家能不能前后左右交流交流,在这几分钟里你觉得朱自清是怎么度过的?

（学生交流讨论,约两分钟。）

师:好,我看大家讨论得差不多了。请你汇报一下,你认为这段时间他是怎么样一个状况。

生:他看到父亲去买橘子,心里在想:父亲去买橘子,他身体这么肥胖,为了我他才去买。作者感到了父亲对他的爱。

师:父亲对他的爱! 好,你们组。

生:我觉得可能在这段时间里朱自清先生在想以前他和他父亲的点点滴滴,点点滴滴的一些回忆,关于他父亲关怀他的一些回忆。还有一个想法,我觉得就是刚才他不是说他聪明过分了吗,我觉得他对文章中的那些想法产生了愧疚。

师:好,这位同学又看到了另一个层面,除了感动,还有愧疚。是的,应该是一种很复杂的感情,一两句话说不清楚,说不清咱们就看一看。

（播放《时间都去哪儿了》的配乐沙画视频。）

师：看了之后你是不是觉得内心很温暖啊？

生（感动地）：是的。

师：朱先生当时的内心多多少少也是经历了这样一个过程，经过这几分钟的空白，朱先生变（重读）了。在这篇文章里朱先生变了，对父亲的态度变了。一开始的时候嫌父亲什么？说话不漂亮，嫌父亲迂，是不是呀？

生：是。

师：父亲在车上嘱咐他这，嘱咐他那，让他小心，不要受凉，对不对呀？他当时对父亲说"爸爸，你走吧"，听这句话的时候，你听出惜别之情没有啊？

生：没有。

师：因为爸爸太啰唆了，所以说你走吧，我自己就行了，是这个意思吧？可是大家看啊，当看到父亲的背影，他的泪流了下来，他赶紧拭干了泪，怕人看见，怕爸爸看见，是不是呀？他感动了，但是还有点放不下面子，他还有点小害羞，对不对呀？可是你再看后边，他爸爸回来的时候，他是怎么写的？他是赶紧干嘛？上前搀他，是不是呀？然而他父亲要走的时候，父亲等了一会说："我走了，到那边来信"。

【出示 PPT】

比较：

1.我望着他走出去。他走了几步，回过头看见我，说："进去吧，里边没人。"等他的背影混入来来往往的人里，再找不着了，我便进来坐下，我的眼泪又来了。

2.我望着他走出去。他走了几步，回过头看见我，说："进去吧，里边没人。"等他的背影混入来来往往的人里，再看不着了，我便进来坐下，我的眼泪又来了。

师：大家看，如果把"找"改成"看"，你觉得有什么不一样？哪位同学说一下？

生（举手）：我觉得"看"的话，这个感情就特别的平淡，如果改成"找"的话能更好地突出惜别之情。

师：对，说得好。原来他说"爸爸你走吧！"现在呢？舍不得爸爸走。"找"（重读）不着了，我的泪又来了。大家看，朱先生变了吧？变了！父子之间原来的隔阂现在消融了吧？消融了。

师：那我问大家一个问题，明明儿子是一个大学生，但父亲为什么不肯让儿子去买橘子？非要自己这么大年龄拖着肥胖的身体去买橘子，为什么"不肯"，父亲前面有个"不放心"，这里又来了一个"不肯"，为什么不肯啊？哪位同学说一下，你觉得为什么爸爸不肯，非要自己去啊？

（学生若有所思。）

师：我给大家说一下吧，朱自清现在是一个大学生，穿得特别整洁，像个知识分子，对不对呀？

生：对。

师：大家知道，过铁道去买橘子要跳下去爬上来，大冬天的，穿着学生服或西服去爬那个月台，你觉得好看吗？不好看，而且弄得浑身是土。冬天啊，那个月台是冰冷的。实际上父亲把麻烦留给了自己，把方便让给了——儿子，是不是呀？

（学生纷纷点头。）

师：所以我们从这里可以看出，父亲那温暖的胸怀，舐犊的情怀。

（板书：舐犊的情怀）

师：大家看这个词——"舐犊之情"，是老牛用舌头舔小牛，大家见过这个画面没有啊？就像老猴子用爪子给小猴子捋毛一样，表达了对孩子的喜爱、疼爱。实际上这一段就写出了父亲对儿子的舐犊之情。父子情深啊！

四、知人论世

师：我们最后来探究一下作者的创作动机。

师：朱先生生于1898年，浦口送别是在二十岁，虚岁二十岁，也就是1917年。《背影》写于1925年，中间隔了几年啊？八年，是不是啊？大家想，你八年前在干什么？

生：八年前，我还在……

师：小学还是幼儿园？

生：幼儿园。

（全班大笑。）

师：八年前在幼儿园，对！过了八年朱先生才写这样一篇文章，这里面肯定是有原因的，对不对呀？是，时间这么长，什么原因呢，我们探究一下。最后这一段我给大家读一下，因为时间不多了。

（PPT显示最后一段，师读略。）

师：这一段文字写得比较委婉，也比较晦涩，不大好懂，所以需要知人论世。比如说"东奔西走"指的是什么？朱自清大学毕业后，在江苏浙江几个地方教学，不断换工作，他的爸爸也是，找到工作干不长又失业了，还要再找工作。朱先生曾经写过一首诗《我的南方》，写他大学毕业后五年的经历，其中写道"五年来的跋徨，羽毛般的飞扬"，说自己像羽毛一样飘忽不定。

（板书：跋徨）

师：跋徨，就是彷徨，就是犹豫不决。大家明白了吧？

师：家中光景是一日不如一日，有个成语叫度日如什么？

生（齐声）：年。

师：他写到因为家境不好，他父亲容易生气，待他渐渐不同往日。那么往日父亲是怎么待他的呢？我们看一段文字，看父亲往日怎么对待他的子女。

【出示 PPT】

朱自清《冬天》选段：

说起冬天，忽然想到豆腐。是一"小洋锅"（铝锅）白煮豆腐，热腾腾的。水滚着，像好些鱼眼睛，一小块一小块豆腐养在里面，嫩而滑，仿佛反穿的白狐大衣。锅在"洋炉子"（煤油不打气炉）上，和炉子都熏得乌黑乌黑，越显出豆腐的白。这是晚上，屋子老了，虽点着"洋灯"，也还是阴暗。围着桌子坐的是父亲跟我们哥儿三个。"洋炉子"太高了，父亲得常常站起来，微微地仰着脸，觑着眼睛，从氤氲的热气里伸进筷子，夹起豆腐，一一地放在我们的酱油碟里。我们有时也自己动手，但炉子实在太高了，总还是坐享其成的多。这并不是吃饭，只是玩儿。父亲说晚上冷，吃了大家暖和些。我们都喜欢这种白水豆腐；一上桌就眼巴巴望着那锅，等着那热气，等着热气里从父亲筷子上掉下来的豆腐。

师：温暖吧？

生：温暖。

师：温暖！温馨吧？温馨！这就是他的父亲以前怎么对待他的子女的。所以父亲以前对他特别的好，那"我的不好"是指什么呢？"我的不好"就是我工作之后，想经济独立，给家里寄的钱比较少，父亲不高兴，因为父亲要养一大家子人。朱自清下面还有两个弟弟一个妹妹，除了母亲，还有一个庶母，就是他爸爸的姨太太。一家子没有什么收入，主要靠朱先生一人的工资，所以父子之间啊,因为贫穷产生了一些矛盾。朱先生与父亲产生矛盾之后啊,只身离开了扬州,到了浙江去工作。从此啊,父子之间的感情越来越淡,后来他把自己的夫人、孩子接出来,形成了两个独立的家庭。甚至,有几年啊,朱自清先生与父亲音信全无,基本不再来往。

　　师:大家看,是不是朱先生自身的不好? 是,确实,因为在封建大家族里面,在没分家之前,收入主要由家长来支配,因为人口比较多,需要平衡。当然这里面也与另外的事情有关,将来你们大了,可以去研究一下,为什么他的家这么贫困,都已经是大学老师了,日子过得还这么紧张? 从这个地方我们可以看到,朱先生其实这几年也没有尽到一个真正的孝顺儿子的职责。所以,朱先生承认"我的不好",我确实做得并不好,惹父亲生气。那么父亲原谅没原谅自己的儿子啊? 当朱自清1925年接到清华大学的聘书,从浙江到了北京之后,父亲又担心他了。儿子只身一人又回到北京,举目无亲啊! 又担心儿子,所以父亲主动地给他写信:"但最近两年的不见,他终于忘却我的不好,只是惦记着我,惦记着我的儿子。"父亲不与儿子斤斤计较,他的心怀多么宽大啊!

　　(师板书:宽大的心怀。)

　　师:大家注意,如果我把这句改成"只惦记着我和我的儿子",行不行? 把上面那句话改成底下这句话你觉得好不好?

　　【出示PPT】

　　比较:

　　1.但最近两年的不见,他终于忘却我的不好,只是惦记着我,惦记着我的儿子。

　　2.但最近两年的不见,他终于忘却我的不好,只是惦记着我和我的儿子。

　　(学生思考,个别摇头。)

师：不好。这样的话就不能够突出我的父亲不但惦记我，而且还惦记着我的儿子。儿子与孙子，在老父亲看来有同样的分量。

师：这是父亲那封信："我身体平安，惟膀子疼痛厉害，举箸提笔，诸多不便，大约大去之期不远矣。"

师：读了这一封信，大家看啊，朱先生被感动了，为什么？这封信里面有一个矛盾。大家再看，第一句"我身体平安"，身体好好的，对不对？最后一句"大约大去之期不远矣"，大去是啥？

生：死了。

师：就是去世，你觉得矛盾吗？

生：矛盾。

师：矛盾！对不对啊？为什么矛盾啊，就是父亲写信的时候依旧报着平安，可是又考虑到毕竟要把真实的状况告诉儿子，否则真的有那么一天的话，他会接受不了的，所以最后又写了一句"大去之期不远矣"。体现出了父亲对孩子的那种舐犊的情怀，无微不至的体贴和关心。所以答案就在这里：他为什么写背影。

【出示 PPT】

我写《背影》，就因为文中所引的父亲的来信那句话。当时读了父亲的信，真的泪如泉涌。我父亲待我的许多好处，特别是《背影》里所叙的那一回，想起来跟在眼前一般无二。

师：看到没有啊？父亲的来信促使朱自清反省，反省这么多年来自己承担的家庭责任。我再给大家补充一下：就是在这么困难的情况下，朱自清的父亲不仅培养了朱自清这样一个文学家，而且也把其他子女培养成人。朱自清的二弟叫朱物华，当时家庭很贫困，可是考上了上海交通大学。父亲最后还是支持他去上了这个学，拿了全额奖学金，最后以第一名的成绩毕业，到美国去读硕士和博士，在哈佛大学获得博士学位,1955 年成为我们国家的第一批科学院院士。朱自清的二弟,就是父亲在这种情况下培养出来的。他的三弟叫朱国华,考上了厦门大学,以第一名的成绩从厦门大学毕业,在新中国成立前的政府里做地方检察官,为官清正,两袖清风。他的妹妹考上了南京师范学校,做了教师,一辈子献身教育事业。大家看,父亲就是在这样的背景下把子女们一一培养成人。

【出示 PPT】

朱自清的反思:身为四个孩子的父亲的朱自清,读了父亲的来信后进行了深刻的自省和反思。

师:"去年父亲来信,问起阿九,那时阿九还在白马湖呢;信上说:'我没有耽误你,你也不要耽误他才好。'"我没有耽误你,你现在是大学教师了,你那孩子还在农村呢! 没有人教育他啊,不能这样! 所以"我为这句话哭了一场;我为什么不像父亲的仁慈? 我不该忘记,父亲怎样对待我们来着!"因此,这篇文章也是朱自清人近中年,从一个知识分子,成长为一位有担当的父亲的重要标志。

今天的课就上到这里,谢谢大家! 下课!

(全班鼓掌。)

附:板书

点题的背影　　　　　　　　温暖的胸怀
回忆的背影　　背 ⟹ 懷　　宽大的心怀
泪光中的背影　　　　　　　舐犊的情怀

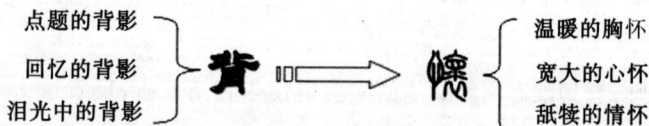

(原载《教学考试》理论实践版 2016 年第 4 期)

《湖心亭看雪》教学实录

[**背景**]2018年11月23日,以"聚焦核心素养,激发教学想象"为主题的第三届"名师名篇"语文教学研讨会在济南市山大附中洪家楼校区顺利举行。本次活动由山东山大基础教育集团、济南高新区凤凰路学校与山东师范大学文学院联合主办。笔者执教的《湖心亭看雪》一课,通过"读中游"、"画中游"、"镜中游"、"梦中游"四个环节,带领学生探寻文中的妙语、俊语、隐语与警语,取得了良好的教学效果。

师:同学们,上午好!我来之前早就听说过一个传说,济南最优秀的初中生都汇集在山大附中,是这样吗?(师生大笑)

师:不要谦虚,说山大附中最优秀的孩子都汇集在我们今天这个班,是这样吗?(师生皆笑,气氛融洽)

师:你们是哪个班?(生小声回答)看来真的是传说啊!是不是传说啊?

生:(笑着说)不是。

师:对,不是。所以我们今天要用行动见证这个事实。那怎样见证这样一个奇迹呢?我想大家要(停顿一秒),看这,(手指向脑袋)开动脑筋,脑袋要高速旋转;再看这,(手指向嘴巴)畅所欲言;再看这,(手指向高空)玉臂林立。懂了没有?(生点头)

师:我看大家点头点得不积极啊!(生笑)想不想见证奇

迹啊？

生：（齐答）想。

师：声音再大点。

生：（高声答）想。

师：我相信你们会创造奇迹的。我们今天学的课文张岱的《湖心亭看……》，看什么？

生：（齐答）雪。

【屏显】播放"雪"的动态效果

师：济南的冬天已经来了，下雪的日子也快到了。我们先看看在张岱笔下的雪是什么样子的，好不好？

【屏显】

张岱（1597 年～1679 年），字宗子，又字石公，号陶庵，又号蝶庵居士，明末清初山阴（今浙江绍兴）人。寓居杭州。出生仕宦世家，少为富贵公子，爱繁华，好山水，晓音乐、戏曲，明亡后不仕，入山著书以终。有《陶庵梦忆》、《西湖梦寻》等。

师：哪位同学给大家读一下张岱的生平？

（生朗读屏幕文字）

师：好，读得很流畅、很准确。读完之后，你觉得张岱是个什么样的人？简单的给大家概括一下。

生：我觉得张岱是一个出身于富贵人家的子弟，并且认为他是很有才情的，也很爱国。

师：你说得太好了。他确实很有才。

【屏显】

茶淫橘虐　书蠹诗魔

师：茶淫橘虐，说张岱喜欢饮茶，而且他发明了一种茶叫兰雪茶。橘虐指下象棋，橘是"橘中秘"棋谱；下面是什么，书蠹诗魔，喜不喜欢读书啊？

生：喜欢。

师：就像是书虫一样，成天沉迷在书里。"诗魔"呢？喜欢读诗、作诗，是不是啊？所以，张岱是一个极其热爱生活，极其有格调的人！用现代的话来说，他是很有调调的，他的前半生生活特别精致。后半生，我们也可以看到，他隐居起来，著书立说，心中是有远大志向的人。（生点头）

师：我们今天学的这篇文章其实是选自他的《陶庵梦忆》的一篇。《陶庵梦忆》是他写的回忆录，也就是讲湖心亭看雪这件事发生在很多年之后，他把它又记下来了。在我们每个人心里，都会有一道属于自己的风景，让我们的灵魂去栖息。所以，这个风景一定是很幽深、宁静的！是不是啊？

生：（齐答）是。

师：那在张岱眼里，西湖可能就是那一片最深情、最让他痴迷的一道风景。那我们怎样学这篇文章呢？

【屏显】

一、读中游

师：第一个方法：读中游。我们通过读，诵读来游览他笔下西湖的雪景。

【屏显】

崇祯五年十二月，余住西湖。大雪三日，湖中人鸟声俱绝。是日更定矣，余挐一小舟，拥毳衣炉火，独往湖心亭看雪。雾凇沆砀，天与云与山与水，上下一白。湖上影子，惟长堤一痕、湖心亭一点、与余舟一芥、舟中人两三粒而已。

到亭上，有两人铺毡对坐，一童子烧酒炉正沸。见余，大喜曰："湖中焉得更有此人！"拉余同饮。余强饮三大白而别。问其姓氏，是金陵人,客此。及下船,舟子喃喃曰:"莫说相公痴,更有痴似相公者!"

师:大家迅速地看一下课文,想一下,这篇课文该怎样读?

(生读课文,师巡视)

师:课文大家都预习过了吗?

生:预习过了。

【屏显】

　　　　　读了这篇小品文,谈谈你的感受?

师:大家刚才浏览了一下,从这篇文章里,读完之后你有什么感受? 你觉得这篇文章写得怎么样?(生沉默)

师:用一个字说,这篇文章写的怎么样?

生:(齐)好。

师:"好"这个词太俗了,"很美!"对不对啊。"特别的美",一种什么样的美? 大声说,我们刚说了,脑袋要飞速旋转,要畅所欲言,是什么样的美啊? 你说一下。

生:我觉得这篇文章是非常的静。

师:对,寂静,幽静。好,另外一个词。

生:我觉得还有一种清新、淡雅、自然的美丽。

师:(重复)清新、淡雅、自然。很好!(重复)幽静、清新、淡雅、自然。这是他读到这样一种感受。所以我们有了这个理解,再来读这篇文章,就应该读出里边的什么?

【屏显】

　　　　　再来读,读出诗情画意!

师:诗情画意! 下面我给大家配乐,然后我读第一段,你们读第二段。好不好?

(配乐朗读)

(师有感情朗读第一段)

（生齐读第二段）

【板书】

师：嗯，我们读完了。通过读，我们大体地把握了这篇文章的基本内容，下面我们梳理一下，它主要写了什么。有两段文字，第一段我们说它写的是什么？

【屏显】

梳理文本结构

景

生：是景。

师：第二段写的是什么？

生：是事。

师：写的是事，这个事主要写的是什么？写人，遇到的人。

【屏显】

梳理文本结构

景

人

师：第一段我们说他写的是什么样的景？湖心亭去看什么？

生：（齐答）雪。

【屏显】

雪景

师：第二段如果我们用一个字形容他遇到的这个人，是哪一个字？

生：（齐答）痴。

师：你是从哪读出来的？你说一下。

生：最后一句说"莫说相公痴，更有痴似相公者！"我认为从这里看出来是"痴人"。

师:好,很好,请坐。有理有据。"痴人"。

【屏显】

痴人

师:第一部分写雪景,给了我们一个很美丽的画面,幽深宁静。第二部分写的是人,他遇到了金陵人。那么"痴人"的"痴"到底指什么? 这就是我们今天,这堂课除了赏雪景之外要探究的一个主要的问题。读这篇文章对大家来讲也是有挑战的,这个挑战不是我说的,是《陶庵梦忆》这本书的注释者栾保群教授说的,他说了这么一句话。

【屏显】

《陶庵梦忆》是才子之文,其中妙语俊语隐语警语,只好凭读者自己的阅读能力和悟性来解决。

——栾保群

师:"《陶庵梦忆》是才子之文",张岱是一个大才子。他写的文字呢,大家看,里边有"妙语俊语隐语警语"。

师:今天我们读《湖心亭看雪》,就看一看哪些语句是又妙又俊,"俊"就是优美,是不是啊? 哪些语句你觉得隐含着深意? 哪些语句能引起我们的警醒? 这就是今天大家在读的时候要抓住的一个线,它的语言和特点:妙、俊、隐、警。明白了吗?

师:前面我们说过,这篇文章我们要读出诗情(停顿一秒)画意,是这样说的吧? 诗情画意。所以从读中游我们要进入到哪儿啊? 画中游,也就是在张岱的笔下,他给我们呈现了怎样的一幅水墨画。

【屏显】

二、____中游

【屏显】

崇祯五年十二月,余住西湖。大雪三日,湖中人鸟声俱绝。

是日更定矣,余挐一小舟,拥毳衣炉火,独往湖心亭看雪。雾凇沆砀,天与云与山与水,上下一白。湖上影子,惟长堤一痕、湖心亭一点、与余舟一芥,舟中人两三粒而已。

师:这是他描写的第一段,我们来读一读,我给大家读一读。"崇祯五年十二月,余住西湖。大雪三日,湖中人鸟声俱绝。"我们读这一句,你觉得这个雪有什么特点?

生:(齐)大。

师:大,有多大?

生:(齐)人鸟声俱绝。

师:你想想,雪连续下三天的后果是什么? 柳宗元有首诗,我们课后最后有:"千山鸟飞绝,万径人踪灭。"整个宇宙都是苍茫一片,是不是啊? 寂静下来。在这个时候,他说:"是日更定矣。"到了傍晚,有人说是到了深夜,大家课下可以去研究一下哪一个你觉得更有意思。"余挐一小舟,拥毳衣炉火,独往湖心亭看雪。"他撑着一个小船,对不对? 这个挐在这个地方就是带着去,撑着小船去。"拥毳衣炉火",带着炉火,穿着皮衣,"独往湖心亭看雪",这是他要做的一个事情。大家看,这个地方出现一个"独往",我们前面已经读完全文,是他一个人去的吗?

生:(齐)不是。

师:不是,还带着谁啊?

生:(小声说)舟子。

师:大胆地说,舟子,对不对? 在文章里面我们看到他是带着舟子去的,但是他说他"独往",这个地方是不是有一点矛盾啊? 为什么有点矛盾,我们现在不讲,后面你们就明白了。那么来到了湖边看到了什么呢? "雾凇沆砀,天与云与山与水,上下一白。湖上影子,惟长堤一痕、湖心亭一点、与余舟一芥、舟中人两三粒而已。"我们看一看，这一部分，是他直接来描写什么？西湖的雪景。

【屏显】

　　＿＿＿，天与云、与山、与水，上下一白。

师：来到西湖边，满眼望去，四个字——

师与生：雾凇沆砀。

师：天与云、与山、与水，上下一白。

师：什么叫雾凇沆砀？大家看黑板上这个字——凇。

【屏显】

篆书的"凇"字

师：凇的偏旁是几点水？

生：两点。

师：两点水（师板书篆书中的两点水）在篆书里面它是这样写的。这个就是冰纹，冰裂了之后的纹路。冰裂了之后是不是特别尖锐啊？

（生点头）

师：对，这个指的就是什么啊，松呢就是树，树上结满了什么呀？冰花、冰溜子，所以看上去晶莹剔透，你们能不能想象一下，整个西湖边上有那么多的树木，全结上了冰花，是什么样的一种景象？什么景象？白茫茫一片，是不是啊？我们要用一些成语的话，大家想一想，这个树上结满了晶莹剔透的冰花，一串一串的，有一个词，叫琳琅满目（生跟着说），这个"琳琅"就指的是各种洁白的宝石，用在这个地方就特别地什么啊——恰当。我们看一看是不是琳琅满目。

【屏显】

（多张雾凇冰花的图片）

师：是不是啊？

（生点头）

师:这还只是一棵树,我们再想象在整个西湖边上,如果是结满了这个冰花,看上去迷茫一片,这个银白的什么啊,冰雕玉砌的世界,是这样的吧?

（生点头）

【屏显】

雾凇沆砀,天与云与山与水,上下一白。

雾凇沆砀,天云山水,上下一白。

师:好了,在大冷的天来到了湖边,他看到了这样一个景象,在他的笔下是什么样子?"天与云与山与水,上下一白。"是这样说的吧?他看的这样一个顺序是什么?大家看一下。他写下的顺序是什么?从哪到哪?

生:(齐)从上到下。

师:从上到下,是不是?如果我们改一下,"雾凇沆砀,天云山水,上下一白。"我们把那个"与"字去掉了,这样读起来更紧凑了是不是?因为带着"与"感觉好像读起来拖沓,那么你觉得这样两种写法有什么不一样?你会喜欢哪一种写法?"天与云与山与水,上下一白。""天云山水,上下一白。"有什么不一样?你说一下。

生:我更喜欢第一种说法,因为第一种说法可以更强调这四种景观都是白茫茫的一片,但是第二种说法就显得有些单调,气势也比较薄弱。

师:你觉得第二种气势不如第一种,你怎么读出气势不如它的?

生:在读这句话的时候,第一种虽然没那么紧凑,但是感觉每一种都可以强调一下。

师：他讲到了一点，因为有了"与"每一种都得到了强调，天与云与山与水，这个"与"相当于停顿了一下，所以使每一层的雪景都得到了强化。

生：我也认为第一种比较好，我感觉第一种多了一个"与"字，多了一种意境美，多了一种静谧。如果说第二种的话，就没有天、云、山、水这四种景物上下交相辉映的感觉，就缺少了一些美感。

师：好，你也赞成他的观点，第三个同学。

生：我也认为第一种更好一些，其实我个人并不认为第一种非常拖沓，我觉得第一种的节奏恰好是非常合适的，第二种反而显得过于迅速，没法把每一部分的景色过渡得使人自觉的品味一下。

师：你们难道没有掌声送给他吗？（生鼓掌）

师：他挑战了老师，我说显得拖沓，他说不是拖沓，赏雪的时候就应该是那个慢悠悠的节奏，这样才能表达内心的那种惬意，是不是？很好，我们的同学好聪明哦。你很懂张岱哈，大家想一想，带个"与"就像画画一样（师边比划边说）天、云、山、水，天云山水，这个画特别有层次感是不是？
（生点头并答是）

师："天"的时候我们就想灰蒙蒙的一片，"云"的时候我们就想云与天是什么？融在了一起，隐隐约约的在飘动，对不对？然后再到"山"，山被什么覆盖？被白雪覆盖。那山与云与天的界线也是什么？模糊的。再是什么？"水"（生答），水倒映着谁的影子？雪的影子，然后再上下一白。先是分镜头，最后再来一个什么？总镜头。对不对？（生点头）

师：好，大家赏析得特别好。所以我们这一个"与"字还是要保留着，因为通过这个"与"我们就看到了张岱赏雪时视线的什么？游移。

【屏显】

与：视线的游移

师：刚才我们说了，我们这是在画中游（师板书画）把他的文字变成一个什么？清晰的画面。

【屏显】

雾凇沆砀，天与云与山与水，上下一白。湖上影子，惟长堤一痕、湖心亭一点、与余舟一芥，舟中人两三粒而已。

师：看下边，前边写的是雪景。我们看到下边他从哪个角度去写的？他从湖上什么？影子。前面如果是正面描写的话后面就是什么描写？

生：（齐答）侧面描写。

师：侧面描写，因为他说湖上影子，影子就是那些景物的什么？影子。我们看一下他怎么说的："湖上影子惟长堤一痕，湖心亭一点，与余舟一芥，舟中人两三粒而已。"大家看，他写堤啊、亭啊、舟啊、人啊，用的这些量词"痕"、"点"、"芥"、"粒"，这些量词有什么特点？你说一下。

生：这些量词都很小。

师：一个是小，除了小，你还能感受到什么？船很小，堤也很小，草芥也很小，痕迹也可以说很小。

生："痕"应该是很轻微，可能是那种隐隐约约的感觉。

师："痕"写出了那种堤的隐隐约约，消失在我们的视线里，对不对？

生：对。

师：痕，一痕，淡淡的，那点呢？

生：我觉得点的话应该是……

师:你说它是什么亭? 这个亭叫什么名字?

生:湖心亭。

师:湖心亭,就是在水的中间有一什么?

生:有一点。

师:对,有个小岛,上面有个亭子。是不是? 所以用这个点就会想象到这个亭子就好像什么在水面上?

生:就像浮在水面上。

师:浮在水面上,飘在水面上,泊在水面上,是不是?

生:对。

师:好,再往下说。

生:然后芥……

师:芥是什么意思? 上面是什么头?

生:草字头。

师:对,那是干什么?

生:它应该也是飘在水面上。

师:芥是什么?

生:芥是草。

师:对,草,草叶,对不对?

生:嗯。

师:船像什么? 草叶一样,芥又写出了船的什么?

生:船的轻巧。

师:对,轻巧,轻盈。

生:然后粒的话应该是……写出了船的小……就像小颗粒一样。

师:是不是觉得它是活泼可爱的?

生:嗯,对。

师:好,请坐。不简单啊,这么短的时间内能够把这四个量词的美给大家描绘出来。

师:你还有其他的话说吗?你来说。

生:我感觉,首先这四个量词表示的量都非常的小,所以它选择这个西湖的雪景把它无限放大出来,就多了一点雪的素雅和静谧的感觉。

师:好。它们越隐约、越模糊、越清明,越反衬出这个雪的大,对吧。(学生点头)你刚才用的词特别好,你再说一遍。

生:素雅和静谧。

师:嗯,素雅和静谧的美。谢谢,坐下(拍拍学生的肩膀)说得特别好。我们刚才说了,一痕、一点、一芥、两三粒,全是湖上的什么?影子。为什么是影子?大家仔细想,什么时间到了湖上来赏雪?你们想,他从家里来到湖上来赏雪,需不需要时间啊?这个时候可能是什么啊?已经比较晚了,对不对?(学生点头)所以看到的事物都比较什么?模糊了。所以,湖上影子,惟长堤一痕、湖心亭一点、与余舟一芥、舟中人两三粒而已。那这个地方,我想问一下,它其实可奇怪了。

师:张岱前面写,天与云与山与水上下一白,结果他写这部分的时候他还出现了一个与字。惟长堤一痕、湖心亭一点、与余舟一芥、舟中人两三粒而已。我总觉得这个"与"字放在这里读起来很绕口,因为后边也是个余,是吧,与余舟一芥。那能不能把这个与拿掉,变成"惟长堤一痕、湖心亭一点、余舟一芥、舟中人两三粒而已",可以吗?我觉得挺好。读起来很干净,很顺口啊。加上这个与我觉得很别扭啊。那如果我们加与的话一般加在哪里啊?一般是第三个和第四个之间。是不是啊?小张、小王和小李,对不对啊?是这样说吧。他把这个与字加在哪儿了?唉,这四个景物中间的位置。你来说一说。

生：我觉得这时候，把这个"与"加到这个地方，前面写得是雪景的景色，后面描写的是作者自身，然后作者就是把自己融入这个雪景之中，在欣赏雪景的同时，他也能够发现自己在雪景中的样子。

师：很好。她发现啊，这个与前边，写得是什么啊？他看到的是远处的景物，长堤、亭，都是远处的，所以长堤是一痕，亭变成了一点，而后边，与后面写的是谁啊？是我，我坐的这个小船。还有什么啊？这个船上的人，他认为这个与，其实体现的是什么啊？由远及近。这是一个发现，还有啊？你没有什么发现，你觉得，老师我还有什么……（同学们举手）啊，这个男同学。

生：我感觉这个舟中人两三粒而已，他把这个他自己也归在这个舟一芥上面了，就是说这个与，就是一种层次感吧，就是说，长堤一痕、湖心亭一点然后前面都是景，与余舟一芥，是他自己驶的船，是他自己在船上。

师：就是由景写到了景中的人是吧。这个同学回答得也很好啊，但我问大家一个问题，就是这里好奇怪？前面看啊，长堤一痕，就是离老远，隐隐约约是不是啊，然后是湖心亭一点，湖心亭也是在中间的，对不对啊，看上去就是很小，与余舟一芥，一芥是一个草叶，它明明是坐在船上，他怎么看到船是一芥呢？后面更奇怪，舟中人两三粒，他就在船上，他说人小得像一粒一粒的东西，发现没有啊，你不觉得这儿很矛盾吗？坐在船上看到的船不会是树叶，是不是啊？（同学们纷纷举手）好多同学想回答，给你机会（指向一个男同学）。

生：嗯，我觉得这个，之所以这么写是因为，周围都是些雪景，雪景已经把他们都包围在其中了，所以他相对于这个大的雪景来说,就显得非常的渺小。

师:他说,他相对于周围白茫茫的世界,太渺小了,是不是啊?嗯,你这是一种感觉,从文字里读出的一种感觉,我要说的是,这个地方,余舟一芥、舟中人两三粒而已,他从哪些地方去看,他才能看到小船像一个树叶一样在飘、在浮,从哪些地方看人就像一粒粒滚动的东西呢?(同学们高高的举起来手)

生:我感觉这个"与"字,如果不加这个"与"字,它就纯粹描写,加上这个"与"字,就相当于作者,他就已经跳出了这个船,相当于是从一个旁观者的角度,把这个景色又描写一番。

师:你说他从哪个角度来写看到的人才是这种?

生:我觉得他应该是跳出来。

师:跳到哪儿去了?

生:嗯……跳到……(思考中)

师:你看我,你从哪看我才变成一粒了?

生:从后面。(学生用手指后面)

(满堂大笑)

从天上。

师:天上,你终于说出来了,我等你好长时间了,你再想想?

生:是。(学生点头)

师:那我问你,现在有几个张岱出现啊?一个张岱是在船里。

生:一个是他本身张岱在船里,另一个他俯瞰事物,应该是在天上。

师:就是,这一句话里读出了两个张岱,对不对啊?(学生点头),用你的话说就是读出了物我合一,是不是啊?(学生点头)或者是天人合一,因为有一个张岱他抽身而出,站在高处来俯瞰这个画面,张岱成了他自己欣赏的一个什么啊?对象。乘坐着那个小舟，变成了他笔下的一个美妙的景物，一叶扁舟，人变成了粒，那我再问你啊。他前面说了，他是几个人到湖心亭的啊？

生：两个人，还有一个舟子。

师：对，两个人，那他为什么说舟中人两三粒？明明就两粒呀，他为什么这样说？

（生摇头）谁能帮助他？他已经很不简单了。

生：我感觉还有一个自己已经跳出来了，在俯瞰这个情景。

师：那又少了一个人。（全班哄笑）

师：他在高处往下看，他看的好像是别人，对不对？看船上的人，一眼就看出来是两个，你觉得是近还是远？（齐声回答近）所以他说我看的好像是两个，又感觉像是三个，说明远不远？（齐声回答远）说明他在高高的上空，俯瞰着整个雪后的西湖，对不对？（学生点头）这个时候我们就感受得到，这个张岱太厉害了，所以，一个"两三粒而已"，让自己从眼前的景跳出来。好了，那他是在哪儿游？

【屏显】

三、＿＿中游

师：我们前面说从画中游，那你觉得他现在是在哪游呢？

生：（小声答）空中游。

师：空中游？

师：空中游那不摔下来了，从物理角度来说是从空中游，可是我们知道那时候没有直升机呀，那你们能不能想到一个词？他能够看到他自己，那我们从哪些地方才能够——唔，吓我一跳，（伴随动作）大胆说（生小声议论），我听到这个词了！

生：（小声）镜中游。

师:我怎么听不到你们声音呢?

生:(加大音量)镜。

师:好。终于让我听清楚了。是哪游?

生:(齐声)镜。

【板书】

镜

师:什么叫镜中游? 我们看美学家宗白华,他是怎么理解镜中游的? 我来给大家读一下。

【屏显】

画家的眼睛不是从固定角度集中于一个透视的焦点,而是流动着飘瞥上下四方,一目千里,把握大自然的内部节奏,把全部景界组织成一幅气韵生动的艺术画面。

——美学家宗白华

师:这个眼睛是什么? 在空中飘来飘去,这个词飘瞥,要记住,把它写下来——飘瞥,你的心是自由的,所以你的眼睛就是自由的,所以你看事物的角度就会不断的变换,明明刚刚还是在船中,还是在湖上,转眼之间到哪去了? 到了高空到了宇宙,对不对? 达到常人达不到的那种境界。

【屏显】

山川使予代山川而言也……
山川与予神遇而迹化也。

师:画家石涛说过,山川使予代山川而言也,意思是我画画是替山河说话,山川与予神遇而迹化也,我的眼睛看到了大自然的美。谁呢? 大自然的美与我的这种审美的眼睛相接触,大自然就迹化变成了我笔下的文字,变成了画图里面的景致,迹化什么意思?升华的意思,我和你们讲,在张岱的笔下写到的西湖的雪景,是经过了他审美的加工,对不对?(学生点头)迹化而成。

【屏显】

在山阴道上行,如在镜中游。

——王羲之

师:王羲之曾经说过,在山阴道上行,如在镜中游,达到了忘我的境界,似乎自己看到了自己在画面中那种悠哉乐哉逍遥的样子。

【屏显】

与

师:所以我们前面讲到的"与"字,通过这个"与"字,与余舟一芥的"与"字,我们揭开了湖心亭看雪中的天人合一的境界,是不是啊?是因为这个"与"字让我发现了视角的变换。

【屏显】

与:视角的变换

师:从湖上一下子来到了高空,来到了宇宙。

【屏显】

崇祯五年十二月,余住西湖。大雪三日,湖中人鸟声俱绝。是日更定矣,余拏一小舟,拥毳衣炉火,独往湖心亭看雪。雾凇沆砀,天与云与山与水,上下一白。湖上影子,惟长堤一痕、湖心亭一点、与余舟一芥,舟中人两三粒而已。

师:下面我们再将这一段请一个同学为我们读一遍(配乐读)。

生:(声情并茂)崇祯五年十二月,余住西湖。大雪三日,湖中人鸟声俱绝。是日更定矣,余拏一小舟,拥毳衣炉火,独往湖心亭看雪。雾凇沆砀，天与云与山与水，上下一白。湖上影子，惟长堤一痕、湖心亭一点、与余舟一芥，舟中人两三粒而已。

（掌声）

师：好。从她的朗读声中，我感受到了镜中游，我体会到了，天人合一境界下，我们应该怎样去读。

师：大家看，（师手指板书）前边刚读的那一部分，回过头来看，他的语言里面有什么语？

生（齐）：妙语。

师：张岱的语言中"一痕、一点"，是不是体现了他文章语言的精妙？"雾凇沆砀，天与云与山与水，上下一白"是不是体现了语言的优美？

生（齐）：是。

师：这是第一段，我们再来看第二段。

到亭上，有两人铺毡对坐，一童子烧酒炉正沸。见余大喜曰："湖中焉得更有此人？"拉余同饮。余强饮三大白而别。问其姓氏，是金陵人，客此。及下船，舟子喃喃曰："莫说相公痴，更有痴似相公者！"

【屏显】

到亭上，有两人铺毡对坐，一童子烧酒炉正沸。见余大喜曰："湖中焉得更有此人？"拉余同饮。余强饮三大白而别。问其姓氏，是金陵人，客此。及下船，舟子喃喃曰："莫说相公痴，更有痴似相公者！"

师：这是写人，那这一部分他又是在哪儿游呢？

【屏显】

四、____中游

师：第一句，到亭上，有两人铺毡对坐，一童子烧酒炉正沸。

这个地方是写到他已经来到了湖心亭上,题目是《湖心亭看雪》,
这里写到在湖心亭看雪了吗?

【屏显】

到亭上,有两人铺毡对坐,一童子烧酒炉正沸。见余大喜曰:
"湖中焉得更有此人?"拉余同饮。余强饮三大白而别。问其姓
氏,是金陵人,客此。及下船,舟子喃喃曰:"莫说相公痴,更有痴
似相公者!"

生(齐):没有。

师:他写的是看到的?

生(齐):人。

师:一到亭上看到了人,有两个人坐在亭子上对侃,然后有一
个童子正在烧酒,炉正沸,火正旺,酒正香,雅趣正浓的时候。大
家思考一下,"有两人铺毡对坐",为什么不是见两人,他明明是看
见两人和童子,动动脑筋,帮老师解决这个疑惑。

【屏显】

到亭上,有两人铺毡对坐,一童子烧酒炉正沸。见余大喜曰:
"湖中焉得更有此人?"拉余同饮。余强饮三大白而别。问其姓
氏,是金陵人,客此。及下船,舟子喃喃曰:"莫说相公痴,更有痴
似相公者!"

生:"见两人"说明是作者看到了这两个人,这时作者是独立
于这两人之外的;而"有两人"则作者和这两人是在一起的。

师:你的心思好缜密啊!这位同学说见两人是把作者和这两
人分开了,有两人则代表作者和这两人是一伙的。你真是了不
起。你的思维非常超前,老师都没有想到这一点。大家思考一
下,作者是从哪个地方往亭子里走?首先船要靠岸,上岸之后,作
者往湖心亭的方向走。那么问题来了,作者是一下子发现了这两

个人和童子,还是这需要有一个过程?

生:(齐)有一个过程。

师:那你给我讲一讲为什么是用"有"而不是"见"两人?

生:张岱的心思已经回来了,他还需要一个适应的过程,他慢慢地发现了这两个人在亭上。

师:他的心思从天上又回到人间了,好,请坐。大家注意一下作者登岸之后,那两个人在赏雪,是不是在聊天? 这是不是就有声音? 那个湖心亭大不大?

生:(齐)不大。

师:对,并不大。炉火在黑夜中是会发出亮光来的,特别是那个酒哇! 这些酒鬼们闻到这个酒味老远就抽鼻子啊。所以,张岱发现这些人是有一定的过程,那张岱心里有没有什么变化,比如刚上岸之后听到有人说话,他心里会怎么想? 哎? 谁呀? 再走近一看,哦,两个人在赏雪。他有可能还会想,哇,和我一样。再走近,他们还在烧着酒嘞。但是张岱并没有写发现他们的这个过程,张岱只写了"到亭上有两人铺毡对坐"。

大家有没有想过,张岱已经知道了这些人的存在,推测出他们在干什么,而这些人,他们谈兴正浓呢,张岱这一出现他们会是什么反应? 后面就是反应:"见余,大喜曰。"我能不能把这个逗号去掉? 大家思考一下。

生:我认为不能把这个逗号去掉,因为没有逗号,就没有那种突然之间看到了很高兴的感觉。

师:他看见张岱就很高兴吗?

生:是反应过来。

师:对,他们正谈得高兴,突然之间来了人,他心里首先是一惊,再转念一想,这个人也是和我干同样的事儿的,转惊为喜,所以这个逗号很重要,这个逗号把亭上人心态调整的过程给大家展示出来了。是不是这个意思?

生:是。

师:所以,断句是有学问的。

【屏显】

"到亭上,有两人铺毡对坐,一童子烧酒炉正沸。见余,大喜曰:"湖中焉得更有此人!"拉余同饮。余强饮三大白而别。问其姓氏,是金陵人,客此。及下船,舟子喃喃曰:"莫说相公痴,更有痴似相公者!"

师:同学们看,"见余,大喜曰……"这里用了一个逗号,我们可以想象一下,他们看到我,也先是一怔! 又转念一想——呀! 和我们雅好相同的人已来到我们的面前! 这是多么意想不到的事情! 所以,他接下来说了一句话,是怎样说的?

【屏显】

　　　　　"湖中焉得更有此人!"

(生抬头)

师:你觉得这句话是自言自语呢? 还是?

(生举手)

生:我觉得这句话是对张岱说的。因为他们发现了与自己有同样雅好的人(即作者),就有一种"同道中人"的感觉。

师:(点头)同道中人! 换句话也可以说成是?(师引导)

生:知己。

师:知音,知己!(师点头)请你继续说。

生:因为雅好相同,所以他们想请作者一同赏雪。

师:很好! 请坐。(师点头)同学们接着看,文中写道:"湖中焉得更有此人!"这个"此人"什么意思呢?

生:和"我们"一样的人。

师:就是像"我们"这样的人。那"我们"是怎样的人?

(生思索)

师:"我们"就是对山水抱有深情的人。

【屏显】

"到亭上,有两人铺毡对坐,一童子烧酒炉正沸。见余,大喜曰:"湖中焉得更有此人!"拉余同饮。余强饮三大白而别。问其姓氏,是金陵人,客此。及下船,舟子喃喃曰:"莫说相公痴,更有痴似相公者!""

师:好,同学们接着看。"问其姓氏,是金陵人",金陵是明朝早期的首都,作者在写这篇文章的时候,明朝已经灭亡了。

(生点头)

师:所以,作者写"问其姓氏,是金陵人,客此",意思就是做客对不对?

生:嗯。(点头)

师:大家想一下,这时,那个西湖,那个杭州,那个祖国的大好河山,现在都已改朝换代,不再是他心心念念的明朝了。他活在这个世上,又何尝不是客居于世呢?

生:哦!(学生恍然大悟)

师:所以,这一个"客此"读来让我们潸然泪下!为什么?因为这句话是有隐情的,是有警语的。

(生思索)

【屏显】

"到亭上,有两人铺毡对坐,一童子烧酒炉正沸。见余,大喜曰:"湖中焉得更有此人!"拉余同饮。余强饮三大白而别。问其姓氏,是金陵人,客此。及下船,舟子喃喃曰:"莫说相公痴,更有痴似相公者！"

师：大家看，问其姓氏，明明问的你姓什么、叫什么，答得却是？

生："金陵人。"

师："金陵人"，可谓答非所问。那作者为什么要写这句话？假如没有这一句，我们读起来是不是会更通顺呢？

（生试读）

师：大家听，余强饮三大白而别。及下船，舟子喃喃曰："莫说相公痴，更有痴似相公者！"好像读起来更通顺。那告别了之后干嘛？下船对不对？

生：对。

师：结果加了这句"问其姓氏，是金陵人"。那么这一句，就是隐语，也是警语。"客居"二字让他意识到，梦里不知身是客，半生繁华半生零落！

（生点头）

师：所以，最后这一游是什么游？

【屏显】

四、＿＿＿＿中游？

生：客？

【板书】

梦

师：梦中游。那个美丽的西湖，永远只能是一个再也难以圆成的梦。好，这节课就上到这里，谢谢大家！

生：起立！老师再见！

知识之源与课程之流

——试论知识观对课程观的影响

引　言

知识与课程是教育学中一对重要的关系范畴。本文将探讨存在于作为人类总体的知识与作为教育内容的课程知识之间的诸种关系,尝试阐明知识观对课程观的影响。

一、知识观的发展与教育的变迁

人类从原始蒙昧状态发展到今天标举科学神话的时代,对知识问题产生了各种各样的认识和看法,形成了形色各异的知识观,对教育观念与实践产生了深远的影响。

(一)神启知识观

法国著名哲学家孔德把人类的认识发展分为三个阶段:神学阶段、形而上学阶段和实证科学阶段。神启的知识观正是处于神学阶段的人类对知识的根本看法。这一阶段,人用人神同形同性论来看待事物，把事物看成是超自然的表现。在古人看来，人类及世界的秘密被神灵所掌握，人类的知识来自神异事物的启示，人类只有通过天人感应才能窥测宇宙的意图，"仰观天象以察时变"。显然，这种知识观是建立在人的直觉洞察与超验的感应能力之上的。在当时，由于文字尚未发明或处于萌芽时期，人类的知识经验只能通过口耳相传，以神话、传说、故事、原始祭祀仪式等形式流传下来，使本来就扑朔迷离的知识更加神秘莫测，知识逐渐被神职人员所垄断，使人类的认识长期处于蒙昧状态。

（二）玄学知识观

文字的发明是人类文明发展史上的大事。文字的出现不仅使思想活动打破了时空的限制而得以传播和发展，而且还带来了新的生活、生产方式和文化式样。借助文字的力量，人们开始在现实世界之上建构起一个独立于人类主体和现实世界的符号世界，这个世界充满了思辨色彩，又称为玄学的世界。人类的理性通过语言文字的折射成为反照人类心灵的镜像，理性之光不断地驱除人类心灵中的神学迷雾和蒙昧思想，人类由此进入了形而上学的知识时代。与原始蒙昧时期不同，具有人格的神被抽象的力量或实体取而代之。这种力量或实体是各种事物所固有的，是在事物中所观察到的现象的必然原因，人类一旦认识这个原因，就可以推知其结果。这样，人类的理性第一次以否定神性的方式走上了历史舞台。中国古代传说，当黄帝的史官仓颉造出象形文字的时候"天雨粟，鬼夜哭"。而在春秋时代，孔子"不语怪力乱神"（《论语·述而》），荀子则提出了人定胜天的思想。神学的阴影逐步从人类理智的中心退出的同时，人类认识的注意力开始转向了自然界与人类社会，自然哲学、伦理学、宗教哲学开始成为人类理智活动的中心。

(三)科学知识观

实证主义哲学拉开了科学知识观的序幕,与神启知识观和玄学知识观不同,实证主义知识观既不认为知识来源于天启神谕,也不认为它来自抽象的思辨和玄思,而是认为人类的知识来自经验事实和科学观察,这种经验具有可证实性。这样,实证主义就宣判了神学和形而上学的死刑。科学知识观自实证主义以来获得了长足发展,经过了新实证主义、证伪主义、科学革命理论、范式理论、科学纲领理论,一直发展到后现代科学观。可以说,这些理论相互之间存在很大的差别,任何一种学说对科学知识的理解都有独到之处。但总的来看,它们之间也存在一些共性:科学知识是对外部世界的一种有用的解释,而不是唯一的解释;它建立在人的经验和观察之上,因而具有可检验性和可证伪性,这保证了科学的不断发展;科学方法是科学知识得以成其为科学的根本决定因素,科学方法总的特征是可重复性、公开性、可测量性;科学知识的创新和发展不只是一个单纯的理智活动过程,而且还是充满探索精神、怀疑精神、批判精神和坚强意志与毅力的情意过程。科学并不完全排斥形而上学,科学知识的整合和发展需要理性思辨的推动;科学知识的发展不是独立于社会历史文化之外的线性发展,而是意识形态的一个组成部分,科学具有社会与精神双重价值。

(四)人文知识观

玄学知识观曾一度造就了辉煌的人文知识传统,但当科学知识借助科学技术的强大威力登上人类知识的最高宝座而睥睨雄视一切精神领域的时候,科学至上的唯科学主义观念又把科学扮演成了上帝的角色,人文知识从此萎靡不振了。真正的人文学者是不能容忍这种局面的,他们独辟蹊径,纷纷从各种哲学背景出发,力争把人文知识提升到不同于科学的科学地位。这种人文知识就是精神科学,是一种不同于自近代以来已经为人们所洞悉并在牛顿、笛卡尔、康德那里获得严格形式的自然科学的真理,而是超越自然科学的真理。正像自然科学是以独立于主体的客体为研究对象,以实验室为研究模式,把对象作为一种死的、静止的、机械的、结构的对象来描述定性,其对象是可以重复的;精神科学则是以主体为研究对象,它的对象是活的、运动的、生命的、非死结构的。这种精神科学或人文知识观,认为人类的精神知识不是来自外部世界和神学世界,也不是来自科学知识的经验世界,而是来自主体精神世界的自我认识和创造性解释。在主体间的对话活动中把历史引入文本,通过移情、体验、理解实现视野的不断融合和意义的持续构建与生成,使阅读和对话进入扩展主体自我认识和建构意义世界的良性解释循环之中。可见,人文知识观确实拥有自己独特的精神世界和知识建构原则。

(五)建构知识观

建构主义知识观发端于皮亚杰的发生认识论,经过维果茨基、布鲁纳等人的发展,到今天已经形成了众多流派。建构主义与以上诸种知识观从哲学认识论的角度来看待知识的方法论不同,它是从个体认识发生论的角度来研究人的认识论问题的。因此,它侧重于儿童心理学的研究。建构主义认为,个体的认识既不来自外界客体、科学事实、科学观察,也不是来自主体的自我认识或神启,而是来自主客体的相互作用。智力的实质是适应,知识是个体适应现实的工具。主体通过同化和顺应两个途径来实现认知的平衡,促进认知图式的不断发展。现代建构主义认为,知识并不是对现实世界的绝对正确的表征,不是放诸各种情境皆准的普遍真理;学习者在以往的生活、学习和交往活动中逐步形成了自己对各种现象的理解和看法,而且,他们具有利用现有知识经验进行推论的智力潜能;相应的,学习不单是知识由外到内的转移和传递,而是学习者主动地建构自己的知识经验的过程,即通过新经验与原有知识经验的相互作用,来充实、丰富和改造自己的知识经验。

(六)对教育的影响

知识观的演变和发展过程对教育产生了实质性的影响。神启的知识观使原始社会的教育带有强烈的神学性质与神秘色彩,教育只是少数神职人员——巫和史的特权。形而上学的知识观推动了人类思辨能力的发展,使哲学、伦理学和宗教神学成为古典教育的核心内容。教育变成了心智的形式训练,较少关注人类生存、生产的实际经验和客观事实,教育带有较强烈的宗教与政治教化色彩。科学主义的知识观使科学教育成为近现代以来教育的中心和重心。学科课程的出现与发展就是科学教育发展的直接后果。自从斯宾塞宣布科学知识最有价值,强调科学教育的社会功能和个体发展价值以来,教育目的学科化、教育过程模式化、教育方法科学化、教育思想功利化,几乎成为现代教育发展的主导趋势。人文主义教育观的出现是反思与对抗强大的科学主义教育思潮的必然结果。人文主义的知识观使教育中的超功利思想、神圣品质、自由主义、非理性精神、个人主义和存在主义因素获得了理论基石,被自然科学长期排挤在教育主流之外的人文学科获得了越来越多的教育学者的同情和关注,人文学科的精神价值逐步得到重视,人文学科独特的理解和诠释方法所具有的教育教学意义也引起了人们的广泛兴趣,科学的人文主义教育观正在形成。建构主义(结构主义)的知识观一经提出就在教育领域产生了非常巨大的影响。建构主义对个体认知图式发展阶段的划分,对主体认知过程同化与顺应规律的阐述,对学科知识结构构成、性质、功能的发现,对发现与掌握知识结构过程关系的论述,均在教育教学领域获得了直接的应用和推广。20世纪60年代美国结构主义教育运动就是很好的体现。当前,建构主义的知识观正成为世界基础教育课程改革普遍的理论基础,我国新课程与教学理念的产生均在一定程度上受到它的影响。

二、源与流:知识与课程

近现代以来,正是人类知识总量迅速增长的时期,也是现代课程制度逐步发展成熟的时期,因此,知识观与课程观的关系日益凸显,成为教育学中重要理论问题之一。知识观主要通过课程这一载体对教育产生实质性影响,因为任何一种课程观都以某种知识观为理论基础,知识观所阐明的知识的性质、分类、功能、价值、边界、发展等根本性问题对课程的价值观、知识体系、结构、分类、组织、编排等方面提供了最基本的理论信条和方法论保证。

(一)知识与课程

知识观从本体论上决定了课程的性质、范围、分类、价值,尽管课程并非总是被动地接受知识观的信条和约束。如果说知识是源的话,那么课程就是流,不过这个流总会在流动的途中注入一些新的成分,同时又蒸发掉一些旧的成分,在沿着固定河道向前流动的过程中又努力开辟新的道路。因此,通过教学过程对课程内容的展开,作为源的知识在特定的教学情境中再现和出场的时候,就不可避免地被转换成了个性化的东西。个性化使其脱离了文本的潜在状态,获得了现实性的心理基础,这种个性化实现了知识自身的再生产。通过知识的再生产,课程观反作用于预设的知识观,二者通过课程实践产生互动,取得发展的平衡。作为源的知识观,它是对人类认识过程、范围、结果、结构与功能的整体性的认识。由于人类的认识发展是十分曲折复杂的过程,人类的知识并不是按照教科书上的逻辑体系一步步发展而来,而是在各种观念、思想永不停息的论争、对抗、竞争中踽踽而行的,因而,作为源的知识具有开放性,时刻面对着新生事物与新生经验的挑战;它是动态发展的,始终被充斥于各种知识体系之间的平衡张力所推动。这种源的知识使我们看到了知识的原生态:知识是植根于人类创造本性的精神之花,是人类生命价值的智慧之果。然而,这种原生态的知识是不可能直接拿到学校里来作为学习的内容的,因为对于儿童来讲,它实在太艰深、粗糙、混沌,以致不可理喻。因此,只有对作为源的知识进行积极的改造和加工,使它能胜任教育儿童的使命,知识的传授和教学才是可能的。这样,如何选取、梳理、编排、评价知识体系便使课程问题成为教育学中的一个重要领域。经过课程专家们加工整合过的知识成为"流"的知识,也就是学科。这种知识不同于作为源的知识,由于肩负特殊的教育使命,它常常被课程专家加工成一个个封闭静止的体系,充满斗争、对抗与竞争的知识发展史被压缩消减为直线式的逻辑陈述;充满对话、怀疑、批判、探究、冒险精神的自由心灵空间被塞满了各种各样的符号和命题。在这个被课程专家们裁剪、修饰得光亮、简洁、有序的知识世界里,知识逐渐被剥离现实生活与生命的土壤,成为可供观赏的精致的花瓶。儿童在学校里可能学到大量的这种知识,但并没有真正理解它们,在教材中,他们看不到人类精神进化的印记,感受不到发现真理的快乐,弄不懂捍卫真理的意义,更难以发展出真正的知识的兴趣。所以,从某种意义上说,人类为了实现知识传授的目的而对知识进行改造所付出的代价也是很沉痛的。课程改革,可以有各种各样的理由,但如何使课程内容保持并发展作为源的知识的生命活力与创造精神,当是一个永恒主题。

(二)课程观的演变及其知识观隐喻

作为源的知识观在不同课程观的流变中会形成各种不同的知识观,任何一种课程观的背后都隐藏着某种知识观的假设。通过对几种代表性课程观的知识观分析,可以加深我们对二者关系的理解。学科课程与"罐装"知识的现代教育在课程领域的最大贡献就是使学科从知识体系的总体中分离出来,获得了独立的合法的教育地位,从而使作为"流"的学科知识一跃成为教育中的知识权威和理性典范。这种学科本位的课程侧重于学术的训练,体现了科学理性至上的知识价值观。在这种课程观看来,知识是密封的罐装的实体,是独立于实践和现实的符号系统,知识自身的体系和结构是最重要的,知识是凌驾于教师和儿童经验之上的先验的世界。兴趣、经验和实践是被排除在课程体系之外的偶然的、不重要的东西。因此,学科课程经常受到儿童中心论者的攻击。目标课程与认知框架的学科课程把知识看作独立于儿童的罐装实体的做法,对那些把课程视为教学过程要达到的目标、教学的预期结果或教学的预先计划的课程专家来讲是难以忍受的。

目标课程观认为，课程是"学习的计划""一组行为目标""一系列有组织的、有意识的学习结果"。这种课程观比学科课程前进了一步，把学习者纳入了课程的知识视野，这样，课程知识体系的建构的立足点就由学科转移到了预设的学习者身上。在这种课程观看来，课程知识不再是无关乎学习者的自足的高高在上的实体，而变成了预设的学习者的认知框架和学习计划。当然，它把课程知识视为教学过程之前或教育情境之外的东西，把课程目标、计划与课程过程、手段割裂开来片面强调前者，同样也忽略了学习者的现实经验。经验课程与经验改造的经验课程观把课程视为学生在教师指导下所获得的经验或体验，以及学生自发获得的经验或体验，把课程知识建构的立足点彻底颠倒过来，学科知识失去了合法的地盘，学生的直接经验和体验成为课程知识的主要来源。在这种课程观看来，知识是基于学习者（主体）与环境相互作用而发生的经验，以及经验的持续不断的改造或改组过程。这种课程观把学生的直接经验置于课程的中心位置，从而消除了课程中"见物不见人"的倾向，消解了内容与过程、目标与手段的二元对立，但容易产生忽视系统知识在儿童发展中的意义的倾向。会话课程与"未定"建构的会话课程观认为，课程不是分门别类的"学校材料"，而是非常复杂的会话。当作为课程材料的知识被生命经验激活的时候，知识就会嬗变为多元课程话语，多元课程话语可以展开复杂的会话，人们可以在复杂会话中寻找课程理解的共同基础。"课程是非常复杂的会话——会话一词则表示开放的、高度个人化的以及受兴趣驱动的人们在其中际遇的事件。"会话课程追求的是人性的解放和主体的觉醒。显然，在这种课程观看来，知识是一种基于多元对话有待生成与建构的未定和未完成的心智活动。课程是开放的、不确定的、充满对话精神和生命活力的知识场。它体现了后现代课程观对知识的根本看法。

三、新知识观对课程观的影响

知识经济时代,人们对知识性质、价值与功能的认识又前进了一大步。基础教育课程改革正是在知识经济的背景下展开的,新时代的知识观必定对课程改革的基本理念产生深远的影响。

(一)新知识观的核心理念

新知识观是对历史上的各种知识观所作的一个阶段性总结,也是对当代知识多元化发展趋势所作的哲学反思。新知识观的核心理念应包含以下几个方面:首先,知识是一个有机的整体。从纵向生成的角度看,它由三部分构成。第一层是显性层,由概念、命题与原理构成,它是知识最基本的表征;第二层是准显性层,由思维方式、方法和过程构成,它是潜隐在知识表征背后,可以通过分析、判断、推理而呈现和展示出来的一组组程序;第三层是隐性层,由态度、情感与价值观构成,它深深地扎根在知识体系和结构的内部,是人类在探索知识的过程中所积淀起来的各种情感和价值体验的浓缩结构和隐蔽形式。人们只有通过类似于知识的原创过程的探究经验才能体验到它的存在,并认识到它的价值和意义。这三个层面并不是彼此孤立、各自封闭的子系统,而是相互映照、支持和关联的开放结构。

从横向分类的角度看,知识因研究对象和方法的不同而分成不同的领域。知识的分类具有重要的哲学意义,它使人类的知识兴趣不断分化、深化与专业化,从而使知识始终处于不平衡的认知张力之下,形成发展的驱动力。从纵向生成的角度看知识的分类,每一类型的知识都具有各自独立的知识特质,表现在三个层面上也是风格迥异的。我们试以哲学上的知识分类来讨论这个问题。真善美是哲学的永恒主题,而科学、人文(伦理)与艺术则相应成为三个独立的知识领域。宽泛的来讲,人类的任何知识都可以归入这三大领域或它们的交叉领域。学校课程的分类亦是以此为蓝本的。那么,这三类知识在纵向生成的三个层面存在哪些差异呢?我们可以通过下表说明这个问题。

知识分类	显性层 (概念、命题和原理)	准显性层 (思维方式、方法和过程)	隐性层 (态度)
科学	严格的逻辑体系	探究、直觉、验证	真实、客观、冷静 怀疑、批判、公正、民主
	精密的知识结构	推理、应用、技术	
人文 (伦理)	绝对律令、原则	移情、感化、体验	友善、正义、责任 爱心、同情、终极关怀
	范例、榜样、权威	对话、解释、实践	
艺术	概念具有模糊性	创造、想象、模仿	审美、沉迷、超越功利 激情、宇宙精神
	命题带有操作性	表现、表达、制作	

　　其次,知识是一种持续的不间断的解释过程,任何解释都是基于某种哲学观、价值观的主观意识活动的结果。知识不是放诸四海而皆准的绝对的不变的真理,而是人类精神通过符号系统赋予客观世界与主体世界以一定意义的过程,在本质上它是一种积极建构和创造。它不仅是人类解释世界的结果,而且解释过程本身正是知识存在的有效方式。作为个体的主体的认识过程也不是单纯的接受过程,而是积极的建构过程,是主体经验世界与认知可能世界互动作用的过程。再次,知识探究、发生、发展的过程并不是单纯的理性认识过程,而且还是想象、情感、意志等综合性

心理因素相伴随参与的过程。人类在知识上的进步不仅拓展着各种认识领域,而且还丰富着人类的情感与价值世界,提升着人类的精神品位。敢于质疑、勇于批判、实事求是、民主公正等品质,是科学发展的内在精神需求;而关注人类命运、强调终极关怀、提倡对话合作、尊重多元文化等,则是人文学科存在与发展的根本鹄的;超越功利的宇宙意识、物我两忘的审美沉迷、执着于完美之境的创造冲动,则深深地植根于最令人心驰神往的艺术领域。

最后,知识具有功利与精神的双重价值。其中功利的价值又分为知识的应用价值和知识的认识价值;精神价值又分为知识的益智价值和知识的陶冶价值。知识的应用价值是一切知识的社会价值的具体体现,是科学知识向科学技术转化的基础。知识的认识价值即知识的解释价值,它使世界成为可以被理解的对象,使人成为能知的主体。知识的益智价值是为知识而知识的纯粹的精神价值,知识成了一种高级的精神游戏,而这个游戏使人类的理智和心灵得到了最大程度的满足。知识的陶冶价值是指在知识学习的过程中,学习者所体验到的处于隐性层面的知识的精神价值。这四种价值是紧密联系,相辅相成的。但人们常常忽视知识的精神价值而过分抬高知识的功利价值。

(二)对课程观的启示和影响

新知识观对课程观的建构所产生的影响是多方面、多层次的。限于篇幅,本文只选取两个基本问题进行讨论,力图揭示知识观对课程建设的深层次影响。新知识观在知识分类问题上的观点对学科课程知识结构的设计具有深刻影响和一定的规范作用。因为不同类的知识在纵向生成层面上存在种种差异,因此,学科课程的知识结构的设计应建立在这种差异之上,使科学类课程、人文类课程和艺术类课程充分体现出本领域知识结构的精髓和精神。根据上文对三类知识的本体论区分，我们认为，科学、人文与艺术类课程的深层知识结构是不同的，如下表：

课程类别	课程深层知识结构
科学类课程	探究——发现
人文类课程	移情——塑造
艺术类课程	创造——表现

　　科学课程的深层知识结构应隐含科学探究与发现的基本逻辑结构，这个结构决定了课程知识显性层面的逻辑架构和结构安排。也就是说，作为科学知识表征的概念、命题、原理在课程知识中的构成原则、呈现序列、呈现方式和呈现顺序，必须遵循科学探究与发现的基本规律与要求。因此，教材就不能仅仅由静态的知识描述构成，更应该包含怀疑、问题、冲突、对话、批判和对未来的憧憬等众多因素，正是这些不确定的、开放性的因素，才真正体现了最基本的科学精神。我们把人文课程的深层知识结构界定为移情与塑造，意味着人文课程特殊的知识旨趣：人文课程最终关注的是人的心灵和精神世界，回答人类自身难以解决的存在问题。因此，人文课程的知识结构应体现知识的人文关怀和反省精神，关注人的心灵的塑造和人格的养成。人文课程的概念、命题与原理仅仅是达到主体移情和文化认同的脚手架，是得月忘指的"指"，是得鱼忘筌的"筌"。因此，人文学科并不把逻辑体系的构造作为最终的追求，而是力图通过这个构造来窥探、触摸、揣测那些仅凭人的理性能力难以诉说与表达的历史、文化、宇宙与人生问题。所以，人文课程的教材编写必须融入历史与文化的大精

神,着眼于移情与塑造,超越文字与概念的纠缠,踏入自由精神的王国。否则,人文知识只能成为陈列在博物馆中供人观赏的古董或摆设而失去生命价值,更有甚者,经过意识形态的扭曲和改造,蜕变为人类心灵的枷锁。这是人文知识最大的悲剧,也是人文教育最糟糕的后果。创造和表现是一切艺术领域的共同主题,二者形成了艺术课程的深层知识结构。在艺术领域,知识性的陈述与概念、命题、原理的运用旨在呈现艺术存在与表现的基本状态和基本规律,它是浮荡在艺术实践之上的理性结构。在艺术理性知识与艺术实践之间存在着一个单凭理性的认识能力不可跨越的鸿沟:体悟、技巧、学养与天赋。正是这个鸿沟把那么多的从艺者终生都挡在了艺术最高殿堂的门外而莫能登堂入室、得其精髓。因此,艺术类课程知识结构的设计应注意以下几点:既要有基于理性的知识性说明,又要有基于艺术实践的生成性体验和感悟,还要渗透文化底蕴与历史意识;既要着眼于对创造力的激发,对表现力的塑造,又要培植创作的激情和训练表现的技巧。因此,艺术类课程的知识结构必须扎根于艺术实践的土壤,关注艺术经验与体验的形成与积累,塑造艺术表现的能力,从广阔的文化历史资源中汲取创造的营养。

对课程功能与价值的深层影响的新知识观认为知识具有实用、解释、益智、陶冶四大价值,这对于我们深入理解课程的多重功能具有重要的启示意义。传统的课程观对课程功能的认识往往从教育功能的抽象层次来把握,忽视了从课程知识内部的微观层次的角度来分析课程的多重功能。基于新知识观对知识价值多重性的认识,我们认为,课程的功能应包含以下几个层次:首先,课程应提供现实生活和未来生活所必需的各种实用知识以及知识的信念。斯宾塞早在一个世纪前就意识到了这个问题,并满怀雄心地开列了各种实用知识的清单。应该说,这个清单奠定了现代教育的课程知识基础。今天我们倡导课程知识的实用与应用价值,已经很难再像斯宾塞那样自信地开出一个清单。英国技术预测专家詹姆斯·马丁测算出人类的科学知识在19世纪是每50年增加1倍,在20世纪中期是每10年增加1倍,而当前是每3—5年增加1倍。人类新知识体系的发展绝不仅仅是数量增长的问题,它的质、量、形态等都在变化。因此,知识已经成为教育的一种巨大的负担和挑战。站在汪洋恣肆的信息与知识海洋的岸边,我们应为课程知识带回些什么?课程专家都在尝试着回答,答案固然有很多种,但有一点却是共同的,那就是课程知识更应该关注知识的质而不是量。我们所选择的知识,应对学生的发展具有终身影响,不仅能适应今天的生活,而且还要面向未来变化中的世界;不仅是为了适应现实,而且还是为了创造未来。因此,必须把这种知识植入坚实的信仰和坚定的信念之中:人类不应为知识所淹没和围剿,而应为知识所激发而创造。其次,课程知识作为世界与人类自身的解释系统,应该使个体通过这种解释过程更加接近世界与人生的真实,洞察隐秘在能指(符号)背后的所指世界。我们应该让学生认识到种种解释都具有局限与偏见,但都是一种可贵的努力和尝试。我们不是要被种种解释所束缚、消耗和扼杀,而是要通过别人的解释寻找自己的解释之途,只有在持续不断的解释过程中我们才可能解放自己、释放自己、发现自己、完成自己。课程知识作为解释的系统应该是敞亮的、面向未来的、充满论争与对话精神的开放架构。基于此,课程知识的价值在于,它在向我们解释这个世界的过程中应该为我们开启更多的认识世界的窗口,使知识成为真正的启智与激励的工具。我们不是生来为了知识而受教育的,而是为了解决我们的各种存在问题而借助于知识进行不懈的探索。

最后,课程知识具有益智和陶冶的精神教育作用。好奇心是教育的起点,但也最容易为失败的教育所扼杀。课程的一个重要功能就是要不断满足主体日益增长的对知识进行探究的兴趣。这种探究是超越任何功利思想的,是为了知识而知识的纯粹理性的高级心理游戏和创造冲动。因此,课程内容不应仅仅取自实用的知识,而且还要取源于文化与思想的经典之作。这些人类的经典历经岁月的淘洗依然闪现着人性的光辉和理性的锋芒,它们是记录人类伟大理性从稚嫩不断走向成熟的足迹的向标,是引领我们的思想穿透历史与宇宙的精神隧道,是检验我们思想深度和广度的试金石。因此,课程的经典知识是益智教育的源头活水,是训练心智的最优良的工具。课程内容的改革在追随科技进步的同时,绝对不能忽视经典教育的永恒价值。除了益智作用,课程知识在教育过程中还会释放出陶冶的价值。那些积淀隐含在各类知识中的隐性的情感与价值因素经过教学活动的激活,会潜移默化地影响到学生的心理品质与精神气质。中国古人云"腹有诗书气自华",道理就在这里。如何使潜隐在课程知识中的各种精神价值在教学过程中呈现出来,使知识学习的过程成为知、情、意综合发展的过程,是当前新的教学方式所关注的核心问题。从某种意义上来说,课程知识的这两种精神价值能不能充分地释放出来,很大程度上取决于我们的教育观念。如果我们抱着强烈的功利主义的态度理解教育,那么,知识就仅仅是一堆没有生命与精神的材料;如果我们怀着期待与理想的渴望看待教育,知识就会幻化成人类精神的写照。因此,从根本上说,教育不能不是一种理想主义的事业。

(原载《山东师范大学学报》社会科学版 2003 年第 4 期)

参考文献

[1]刘大椿.科学哲学[M].北京:人民出版社,1998.

[2]洪成文.现代教育知识论[M].太原:山西教育出版社,2001.

[3]潘庆玉.人格教育中的知识精神价值探析[J].教育研究与实验,1997,(1).

关于教学过程的性质、规律的
哲学思考

　　教学过程的本质是我国近二十多年来教育理论界讨论的一个热点问题，本文力图以马克思的社会历史观为指导，作出哲学的解释。

一、马克思的社会历史观

　　马克思在批判启蒙思想家企图建立像实验室物理学一样的社会历史科学的理论构想和扬弃黑格尔把历史看作理性及其神秘化的形式——绝对理念的自我发展的历史的观念之上，创建了自己的社会历史观。马克思针对社会历史研究中普遍存在的把自然和历史分割对立起来的状况，重申了"人和自然的统一性"[1]。马克思指出："历史可以从两方面来考察，可以把它划分为自然史和人类史。但这两方面是密切相联的：只要有人存在，自然史和人类史就彼此相互制约。"[2]

---

[1]《马克思恩格斯选集》第1卷，人民出版社1972年版，第49页、21页；第2卷，第109页。

[2]《马克思恩格斯选集》第1卷，人民出版社1972年版，第49页、21页；第2卷，第104页。

据此,在马克思看来,历史具有两个层面,一个是指历史是"自然的历史",它不是指社会历史是自然史的延伸,而是指人类的活动成果已经以自然的形式表现出来,经过人的活动改造过的自然已经展示了社会发展的历史;其二是指自然是"历史的自然",它不是指自然的进化过程是独立于人类的意志之外的自在之物,而是指自然展示了人类历史的自然层面,体现了人的本质力量,是人的价值实现的过程。自然和历史是如何被联结的呢? 马克思提出了实践的观点来解决这一问题。马克思说:"全部所谓世界史不外是人通过人的劳动的诞生。"①从而"环境的改变和人的活动或其自我改变的一致,只能被看作是并合理地理解为革命的实践"②。也就是说,正是通过人类的实践活动,自然界才不断地进入人类的历史、成为属人的世界。同时,也正是在人类的实践活动中,人类的本质力量方得以展示,并在自然中打上人类的价值实现的印迹。基于此,马克思说:"历史什么事情也没有做,它'并不拥有任何无穷尽的丰富性',它'并没有在任何战斗中作战!'创造这一切、拥有这一切并为这一切而斗争的,不是'历史',而正是人,现实的、活生生的人。'历史'并不是把人当作达到自己目的的工具来利用的某种特殊的人格。历史不过是追求着自己目的的人的活动而已。"③在马克思看来,社会历史在本质上是人的实践活动。

马克思通过人的能动的实践活动把自然和历史有机地统一起来,从而进一步肯定了社会历史的实践本质。但是,马克思并

①马克思:《1844年经济学—哲学手稿》,人民出版社1979年版,第84页。
②《马克思恩格斯全集》第3卷,人民出版社1960年版,第4页。
③《马克思恩格斯全集》第2卷,人民出版社1957年版,第118—119页。

不是毫无保留地把自然和历史等同起来,他仅仅是在人与自然、人与环境通过人类的实践活动相互作用、相互影响、彼此转化的意义上来说的。其实,马克思在揭示二者统一性的同时,已经敏锐地觉察到了二者的区别。马克思肯定了维柯的观点,"如维柯所说的那样,人类史同自然史的区别在于,人类史是我们自己创造的,而自然史不是我们自己创造的"[①]。可以说,马克思对社会历史现象的理解是相当深刻全面的。

　　马克思关于社会历史本质的认识,内在地孕育着他的方法论思想。在马克思看来,在社会历史研究中,一方面应该像自然科学那样采用一般的普遍概念揭示社会历史发展的规律,通过对这种规律的科学认识说明人的价值实现的条件、可能性和途径;另一方面也要采用人文科学独特的方法理解人的价值,并把对人的价值的理解奠定在对社会历史规律的科学认识的基础之上。在处理这两方面的关系时,马克思强调不能把借助于一般概念所揭示的历史运动规律与人的自我实现活动割裂开来。他批判黑格尔"只是为那种历史的运动找到抽象的、逻辑的、思辨的表达,这种历史还不是作为既定的主体的人的现实的历史"[②]。从这里可以看出,马克思并不满足于运用几个抽象的普遍概念概述历史发展的一般规律,并不满足于从历史中找到抽象的、逻辑的表达。他清醒地认识到,普遍概念和逻辑抽象在社会历史研究中的局限性,他说:"应当时刻把握住:无论在现实中或在头脑中,主体——这里是现代资产阶级社会——都是既定的;因而范畴表现这个一

[①]《资本论》第1卷,人民出版社1975年版,第409—410页。
[②]《马克思恩格斯全集》第3卷,人民出版社2002年版,第316页。

定社会即这个主体的存在形式、存在规定、常常只是个别的侧面。"①这一点是极为重要的，也是最为人们忽视的。因此，马克思还主张"对于世界的艺术精神的、宗教精神的、实践精神的掌握"②。因为社会生活的本质是实践的，因此要把社会历史"作为实践来理解"，对其进行"实践——精神的掌握"，来说明社会历史对于实现人的价值的意义。

马克思的社会历史观，整合了自然科学研究取向的实证主义与精神科学研究取向的人文主义的内在分歧，对于澄清自然、社会与历史的复杂关系具有重大的指导作用。马克思通过实践把自然和社会历史联系起来，但是他并没有主观地消解自然和社会历史现象作为世界本体的不同层面所具有的各自独立性和特殊性，而是在更深层的存在意义上划清了二者的界限。我们尝试按照马克思的社会历史观，对教学过程作出形而上学的分析和抽象，这对于从哲学上把握教学过程的本质规律将有直接的指导作用。

二、对教学过程整体的哲学把握

对教学过程整体的哲学把握主要是指从教学同社会文化的关系、教学的社会历史性质几个方面进行探讨。

1.教学过程的社会性。教学活动作为人类的一种实践活动，它在目的的制定、内容的选择、方法的运用等基本方面，尽管都要考虑到儿童身心发展规律，但是在根本上却要以国家、社会的需

①《马克思恩格斯选集》第2卷，人民出版社1995年版，第24页。
②《马克思恩格斯选集》第2卷，人民出版社1995年版，第43页。

要为转移。当然,教学活动并非只是处于被动的地位,它同样可以通过向社会输入新的社会成员反作用于社会。不过,它对社会的反馈是滞后的、长周期的。更重要的是,教学对社会的反作用并不都是线性的、机械决定论的,往往是间接的、非线性的、曲折的、随机的。在这个意义上讲,教学过程的社会性从横向的角度划定了教学过程本体边界的模糊性、非封闭性。这一本体论的界定决定了教学过程并不是独立于一定社会的政治、经济、文化之外的抽象存在,对它进行抽象研究时必须充分考虑到上述因素对它的先在制约作用。像片面追求升学率、道德教育两难处境等具体问题,仅仅把它们当作教学过程自身的问题来理解并力图通过对教学过程内部因素关系的调整来解决是难以奏效的。必须充分考虑到特定历史条件下社会背景和文化传统的先在制约作用,通过社会各方面的协调和合作寻求解决问题的切实的、可行的途径。

2.教学过程的历史性。教学过程的历史性则从纵向的角度展示了教学作为人类实践活动的历史继承性和发展性。社会和环境经过人类实践活动的介入不断地由低级向高级阶段发展,与之相适应,教学活动的目标、内容、方法及物资条件也不断地发展变化。同时,教学内部的变革也是促进社会历史发展的重要条件。承认教学过程的历史性,有两层含义:一是指从整体上来看,人类的教学活动在形式上、内容上和方法上具有某些共同的永恒的东西,它保障了人类经验的有效传递;二是指从人类的教学活动的历史发展上来看,每一时代都具有其历史创造性,都有超越前人的地方,这是标志教学过程的历史进步性的重要特征。因此,把教学过程看作历史的过程,意味着对它的研究一方面要把握教学过程的一般特征,看到它的结构的稳定性;另一方面又要考虑到在每一特定时代它的创造性是如何产生并表现的,从而揭示推动教学过程自身发展的内在机制。

3.教学过程的文化性。人类通过自身的实践活动不断地创造和生产文化成果的同时,这些文化成果又成为人类赖以生存和发展的客观条件。教学同文化的关系是紧密相关的。文化首先构成了人类的知识宝库,成为教学内容的直接来源。其次,文化化育民族传统,制约着教学的目的和风格。再次,文化的进步直接影响到教学的目的、内容与方法。但是,教学对文化的作用同样是重要的,教学内容是在对文化重新整理、精选、加工的基础上产生出来的,它不是被动地消极地受文化的制约,而是对文化进行了基于价值判断之上的合理超越和扬弃。教学虽然受到一定的文化和民族传统的制约,但教学本身具有对文化的批判功能,因为学校不仅是一个传授既定思想观念和知识的场所,而且还是一个通过理智的平等对话和民主讨论对各种观念和知识进行检讨、论证和批判的自由论坛。文化的进步对教学思想乃至教学目的、内容、方法等要素的影响并不是无条件的绝对作用,它往往是通过政治和经济的曲折折射投影于教学实践的。其实对于现实的教学活动来讲,任何外在的影响只有被教学自身的活动主体所认同才可能真正起到应有的作用。

从动态的发展角度来看,文化的进步对于教学来说是一把双刃剑。人类实践活动的不断拓展和深化带来了人类文化成果的飞速增长,知识爆炸的信息时代已经到来,这在客观上造成了文化的代际、甚至同代间传递的困难,文化成为不断增长的构筑在人类周围的无形的围域,人类要想探究外面的世界,必须首先跨越文化这个障碍,然后站在文化围城的至高点上创造新的作品,而这同时又增加了围城的高度。这样,人类的进步在某种意义上就变成了人类同文化之间的不间断的相互超越。教学作为这种中介，它不断地面临着挑战，一方面来自客观的文化的压力，使教学的负担越来越重，另一方面来自人类学习限度的压力，学习时间、学习能力的限制同样使教学活动必须不断更新教学的方法和手段以适应外在挑战。可见，教学不仅是对文化的被动适应，而且在更根本的意义上来讲，它还是对文化的超越。它是通过对文化的传递来实现超越功能的。由以上的分析可以看出，文化从内容上刻画了教学过程的本体实质。

4.教学过程的实践性。教学过程的历史性和社会性的纵横两种维度是由教学过程的实践性联接起来的，而教学过程的文化性则是教学实践活动的根本内容。教学活动作为实践活动在本质上是人类不断进行的价值选择和实现的过程。在这一过程中，人类植根于自身的价值判断，不断地进行着教学本体与社会文化及环境之间的相互作用，这一过程使社会文化与环境不断地发生着变化；反过来，这种变化又构成了引起教学活动发展变化的外在条件。这种教学与社会文化及环境之间存在着的永不间断的互塑作用便构成了教学活动历史发展的根本动力。

把教学过程看作一种实践活动，具有如下几种含义。

第一，教学过程是一种价值选择和实现的活动。这一界定标志着在教学活动中，价值是贯穿始终、隐藏在事实背后的最终决定因素。教学事实都是关于价值的事实，是价值追求的表现和结果；教学价值也都是植根于教学事实的价值。没有抽象的教学价值存在，也没有纯粹客观的教学事实存在。比如，学生在一种进步的教学方法指导下学习成绩提高较快，从表面上来看这是一种科学事实，但它的背后却隐含着教学价值的选择和实现过程。因此，在教学研究中，并不能认为科学地揭示事实规律就完成了任务,事实上,排斥价值整合的研究根本不可能取得有价值的研究成果。教学研究的最高水准应在于对科学事实研究进行有效的价值理解和整合。

第二,教学过程是一种不断生成变化的过程。这里的生成变化一词不仅是指量的变化,更是指质的提升和飞跃。在科学主义取向的研究中,一般都假定了纷繁复杂的教学现象背后有不变的本质,而且通过对教学现象和事实的量的分析和处理可以达到对这个本质的认识。因此,教学本质规律的客观不变性保证了进行科学量化研究的可能性和有效性。这种对教学过程的形而上的假定是武断的、错误的。因为,教学过程不仅是历史的产物和现实的存在,而且是一种有待给定的潜在。正是这种潜在为人类的创造性和能动性提供了可能的活动空间,为人类的价值实现留下了自由选择的余地。因此,仅仅着眼于教学现象的历史和现实形态进行回顾式的量化分析、客观研究,忽视对教学发展的可能形态的研究,否定具体教学规律的时代创造性,这是违背教学过程发展本性的。

第三,从现实的角度,也就是从教学过程的具体展开的层面来看,教学过程在本质上是一种历时性的经验建构过程,它更多的包含实践智慧,而非系统知识,是以实践中的形而上式探索(方法论意义上的专门的分析式的研究)的不断深入而引起教学过程理论上的辩证思维的质的提升的过程。理论体系知识系统只存在于理性的静态分析中,而形而上的探索永远是实践活动的本性。因为理论体系中的共时性的概念在实践中只能历时性地展开、运作、完成。教学活动在历时性的展开过程中并不是把概念的东西进行简单的逻辑运算和组合,而是不断地使概念的东西获得现实经验中的实在意义,由单调的抽象上升到思维的具体。在这一过程中，抽象的概念可能获得来自实践经验上的新的意义，而经验对于概念的改造往往成为新的理论体系产生的最初动因。正是存在于经验与概念之间的永不间断的规约和观照才真正体现了教学的智慧和艺术，孕育了教学过程理论的生命力和活力。因此，一旦我们用整体、系统的教学理论来规范教师的课堂教学、束缚教师的创造性时，他们往往就会无所适从了。因为，对教师来讲，完美的理论只能是一幅绝妙的图画，而不能提供作画的工具及程序。要画出美丽的图画必须重新操起形而上学的旧笔来涂抹。而事实上，人们对于理论体系的完整认识也只有付诸实践才可能深化，并发现其中的纰漏。可以说，教学理论不是哲学的纯思辨，它的生命只能是现实的合目的性、经验的有效性，而不是思辨的精致性。

三、教学过程本质规律的哲学分析与批判

以上对教学过程的社会历史性质及其特殊的实践本性的清晰界定，确立了它的一般属性，为我们深入地把握教学过程的本体限定了讨论的范围和层面。在此基础上对教学规律的特殊性作出哲学的解释，这将为我们从内部对教学过程的概念作出实质性的刻画打下必要的基础。

教学规律可以说是传统教学论体系的拱心石，以它为核心，依据各种社会价值观制定教学原则、规范教学方法、构建教学模式。教学规律被看作是一组具有必然的因果联系性的教学关系，它们主要揭示了教学目标、教师、学生、课程、教学方法、教学环境等教学要素之间的必然的普遍的不变的联系。从表面看，这种以教学规律为第一原理进行演绎的理论体系是合乎科学理论的逻辑规范的。但是，对于这种体系的形而上依据，却很少有人认真

地反思。笔者认为,这种理论体系隐含了如下的形而上学假设:第一,教学规律是教学现象内部诸因素固有的、不变的、普遍的客观联系,因而通过科学的量化分析可以揭示它的因果必然性。第二,教学规律具有普遍适用性,因而具有经验演绎价值。第三,教学规律对教学实践的指导如同理论科学与应用科学一样,是理论——技术型的,而非哲学思想上的指导。第四,教学规律在教学论的体系构建中具有决定性作用,因而揭示教学规律是教学论理论研究的根本任务。

上述一系列的假设成立吗? 这一直是人们讳莫如深的。看来,要深入探讨教学规律问题,对这一疑问的解答是必需的,而且是首要的。

第一,教学现象作为一种社会历史现象,我们可以从宏观上抽象出它的一般性质,并把这种跨越时间和空间的普遍性上升为规律,但是这种抽象是永远不可能摆脱"片面的、单调的、静止的"性质的,它仅仅是一个使思维上升到具体的中间阶段。而且,这种抽象并不是唯一的,而是多样的。也就是说,抽象的目的并不是为了给逻辑的演绎提供一个永恒的一劳永逸的基础,而是为了给更深入具体地把握事物的本质提供一个垫脚石,抽象在这里仅仅具有过渡的性质,它存在的价值乃在于它为思维的具体化提供了批判和扬弃的基础。为了使人们对现象的认识更全面,对现象的抽象必须是多样的,而非单一的。可见,我们从宏观上对教学现象进行抽象,所揭示的规律性认识永远只是一种单调的逻辑构造,它在实质上是一种哲学命题,而不是经验性的可验证的自然规律。因此,在生动的教学现象上根本无法运用它进行逻辑的演绎。这种抽象仅仅是整理我们的思想的手段,是使我们对教学过程的认识由片面上升到思维具体的中介,而非可供逻辑演绎的第一原理。而且，抽象的多样性也否定了那种追求唯一不变本质的错误思想。

第二，从教学过程的内部组成因素所形成的关系的复杂性来看，教学规律的客观性是建立在主观的价值选择和实现过程之上的。教学目的的拟定、教学内容的选择、教学方法的运用、教学评价的根据，并不是仅仅基于事实判断之上的，尽管生理科学、心理科学、社会学和思维科学给教学研究提供了大量的科学依据，扩展并加固了教学的科学基础，但是它们并不是决定教学的最后的和最高的依据。真正决定教学过程的乃在于教学价值观，它是对于教学所作的哲学的思考。对于教学目的来讲，人们不可能通过实证的方法来遴选，因为实证的研究只关心是什么，而不能确定应当是什么。人们只有求助于哲学。教学要传授什么知识，要培养学生的什么能力和品质，必须借助于对人类文化成果的批判性吸收和选择，也非靠科学的实证。采用什么教学方法，不仅要考虑到教学的效率，还要考虑到教学方法所带来的价值性影响，考虑到教学中的伦理观念。我们不能靠牺牲学生的德性而片面发展他们的知性，也不可能靠非民主的压迫和管制向他们灌输民主的思想。对于教学成果的评价，我们不可能把学生的"分数"当作量化教学效果的唯一指标，我们还要考察学生和教师间的人际关系和内在体验。教学的效果不仅表现在暂时性的认识发展水平上，而且还制约学生长远的思想发展和个性形成。因此，教学规律作为对以上各组成要素之间复杂关系的哲学概括，与其说是客观的存在，毋宁说是各种主观选择相互作用的结果。

第三，即使承认教学规律的客观必然性和普遍适用性，但在解释人们怎样获得这些规律时同样会遇到不可回避的认识论难题，这可以从以下的分析中看出来。首先，教学现象中各组成要素的相互渗透性、规定性给对其进行原子还原论的实证主义研究带来困难，量化的技术无法承担对教学事实中价值因素的解释。教学现象作为一个价值选择、实现的过程使客观中立的研究在现实中难以施行。因为对教学事实的研究必然以一定的价值取向作为预先定位，否则必然陷入价值观念冲突的混乱之中。其次，教学过程的历史生成性、主观创造性的实践性质使教学规律失去了严格决定论的意义。马克思也仅仅强调了历史发展规律只能对革命实践提供有关社会历史条件的说明，而并没有说历史发展的合规律性可以脱离现实的人的能动活动而得以自动实现。可见，社会历史规律的客观性、普遍性是不可脱离特定历史条件下的现实的人的实践活动的。因果联系的根据不再仅仅是自然本性，还包括人的主观创造性。因此，教学规律脱离具体的教学情景和教师与学生之间有条件的积极主动的协作，并不能保证它的普遍有效性和可验证性。教师和教师、教师和学生以及学生和学生之间的文化和个性差异则使具体的教学情境呈现出无比丰富的多样性、复杂性。而教学过程正是在这些具体的情境中发生并展开的。在这个意义上说，教学是由各种偶然的、情境性的因素组成，各种普遍的必然规律只能隐含在偶然当中，借助教学情境的力量得以实现。再次，教学现象中变量的难控制性与难分离性使对教学现象进行的分析和描述缺乏精确性，从而使因果关系的揭示存在着模糊性。一因多果、多因一果、多因多果等各种关系的交织使线性因果解释处于危险的境地，科学实证的研究常常会导致有违常识的结果可能，教学的实证研究所取得的规律性认识在严格的意义上来讲，缺乏应有的条件说明，往往成为经验的注解，而不具备独立的知识价值。

　　通过以上的几点分析,不难看出传统教学论犯了维特根斯坦所说的"本质主义"的错误。所谓"本质主义",就是认为每一类事物都有唯一不变的普遍本质。其要害在于"渴求共性,蔑视个性"。从事实上来看,我国对于教学过程本质的争论以及有关教学规律的研究,确实曾经陷入了不可自拔的逻辑怪圈。当人们发现通过实证的研究只能揭示心理发展规律,而不能有效地揭示教学规律时,便从哲学思辨的角度进行所谓的逻辑分类研究。但是,哲学的命题只具有思想的指导意义,并没有经验演绎价值,因此通过哲学的研究所揭示的与其说是教学现象所具有的特定规律,倒不如说是对教学经验进行了哲学上的总结。因此,在有关教育学或教学论的著作中,教学规律常常沦为常识的精致表述,缺乏实证研究的有力支持,而且各规律之间的关系往往是人为制定的,缺乏深刻的逻辑统一性。

　　这样看来,传统教学论中的关于教学规律的观念和研究取向走进了死胡同。这种追求普遍性、永恒性、客观必然性的学术取向只能使教学理论丧失"生殖"能力。那么,我们是否据此而放弃对教学规律的研究呢? 如果真的放弃了对教学过程的本质规律的研究,那教学论的理论根基又将置于何地? 教学论岂不自取灭亡了吗? 不,并不是这样。注意,我们否认的只是脱离了具体社会历史条件的一般的抽象的僵死的不变规律,而并没有否定由人的主观能动的教学实践活动不断创造出来的现实的教学关系。也就是说,我们对于教学规律的认识并不是单纯静态的逻辑分析与归纳活动,而是在现实的教学实践中,通过对教学活动的直接作用而不断加深对它的认识,使抽象的概念获得现实的实在性,并通过实践活动的创造性而赋予概念以崭新的意义。这样,教学过程的本质及其规律不断地被扬弃和批判,通过对它的扬弃和批判促进教学实践的发展,从而使教学规律的研究从单纯的思辨走向积极的实践,从单调的抽象走向思维的具体。

（原载《山东师范大学学报》社会科学版 1998 年第 2 期）

人格教育中的知识精神价值探析

一

现代教育的一个根本特征是重视人格的养成。这不仅是对唯智育论或智育中心论的历史超越,而且也是教育实践对于时代的发展要求所作出的积极反应。现代社会的发展远景对人才的需求并不止于数量和专业,更重要的是综合素质的提高。其中最核心的是现代人的价值观念、社会意识及社会适应力。这些均源于现代观念的人的人格养成。人格是一个很难定义的概念,这里仅就人的内在精神世界而言,可认为人格是以价值观念为核心的个人心理、社会、文化素质的综合。

马克思主义者把科学知识看作认识世界、改造世界的重要手段。知识作为人类在社会实践过程中积累起来的经验总结,除科学知识外,当然还包括道德知识、艺术知识、哲学知识等。知识的作用不仅表现在认识改造世界以推动社会进步,而且还包括认识和改造人自身从而丰富人的精神生活,塑造人的健全人格。

知识精神价值按纵的方向来看,可分为本然精神价值和附属精神价值。前者是作为人类知识总体在创造性的认识过程中积淀起来的人的主体性精神风貌和价值体验。后者是指作为教育内容的学科知识在教育过程中被传授、吸收、转化的运作时序里呈现出来且被师生共同体验到的精神价值。二者既有联系又有区别,前者对个体的影响是根本性的、长远的、潜在的,后者对个体的影响是即时的、情景性的、具体的。同时,知识的本然精神价值不是抽象存在的,而是蕴含在附属精神价值之内并在其中展开的。从横的方面来看,知识精神价值又表现为科学精神、道德精神、艺术精神等。从知识精神价值的结构来看,纵横两维诸方面是两两交叉的,共同构成知识精神价值这一整体。

　　知识精神价值作为一个教育研究课题被提出,是有其历史背景的。其一,传统的知识论的探讨侧重于知识的来源,表现为历史上的经验主义与理性主义之争。目前的知识论争论的重点已经不在知识的来源上,而是重视为知识的真理性去探究和争辩,重视知识对人的精神价值影响等方面。其二,近现代的教育理论界长期受科学主义或理性主义思潮的影响,忽视人的精神价值的追求和人格的完善。近代唯科学主义,它既是一种科学观,更主要的是一种文化观,它把近代自然科学,特别是物理学看作知识、智慧的真理的唯一合理形式,进而用自然科学的观念和方法来取代甚至否定其他非自然科学的知识或文化形式,否定人文科学的地位和作用。唯科学主义以牛顿的力学体系的机械论做世界观,坚持还原论和因果决定论。其代表人物霍布斯把整个世界看作一部巨大的机器,人体也不过是一架精密的小机器,与任何钟表没有什么不同。"心脏无非就是发条,神经只是些游丝,关节不过是些齿轮。"①正是在这种世界观的影响下,在心理学上引发了行为主义思潮,在教育领域出现了结构主义、程序教学等教育思想。

---

① [英]霍布斯著:《利维坦》,1923 年英文版,第 1 页。

在教学实践中不仅科学课程的比重大大加强,而且整个教学过程的运作都遵照严格的科学规定,学校成为智慧的加工厂,学生被看作统一标准的系列产品,个性培养被忽略了,价值追求也遭到冷落。在知识价值问题上,极其重视知识的显性功能,即能使个体获得知识、技能,为将来的生活就业打下必要的基础,然而却忽视了知识的精神价值,忽视了使学生在获取知识的同时体验到精神上的熏陶激励。厌学风之所以一直是普通教育中的痼疾,知识之所以成为难以下咽的"精神食粮",成为异己的力量,其中最重要的原因就在于知识的精神价值在教育过程中被忽视或被歪曲,不能引发学生积极的情绪体验。接受教育仅为了获得对某些概念定理的理解和技能的运用,而没有受到科学知识本身所蕴含的、人类伟大理性的创造力量的积极影响。其三,一般的教育理论,通常把学生获得的知识精神价值归入道德领域进行研究,而不是归入形成健全的人格方面。这样知识精神价值就只表现在形成某些优良的道德品质上,如勇于探索、持之以恒、坚持真理等,而不是把它作为一种综合的精神力量来影响人格的形成,知识精神价值的重要性便受到某种程度的忽视。

二

知识的精神价值不是抽象存在的,它凝结在人类所创造的文化成果之中,蕴含在科学、道德、艺术等知识体系及知识教育的过程中,构筑成了一个非知识的以体验为特征的精神价值王国。

对科学、道德、艺术三者之间的关系及在知识体系中的地位进行分析是理解知识精神价值在人格养成中重要作用的必要前提。科学、道德、艺术是人类把握自然界、人类社会、人类自身的关系的三种有效方式和手段,一直是哲学家构建其理论体系的必然框架,真、善、美也就相应地成为人类理性的最高追求。科学解决的是人类对客观世界的认识问题,它以探求物质世界的普遍规律为使命;道德解决的是人类社会中的伦理关系问题,它以追求人类社会的和平、友爱、团结、幸福为目的;艺术则是人类的一种特殊的实践,它是扎根于人的情感体验探索美的精神创造活动。三者虽然彼此各具特征,但因其具有共同的人类精神创造性这一基础,它们又都和谐地统一起来。科学知识的体系是人类理性的最高成就,但是科学认识过程则是理性和感性相互作用的过程。科学知识上的每一次重大的进步的发现几乎都是在非理性的直觉灵感状态获得的。诚如爱因斯坦所说,想象力比知识更重要。因为知识是有限的,想象力是科学研究中的实在因素。道德知识在理性与感性统一的方面更具代表性。尽管道德教育中的主知主义自苏格拉底提出"知识即美德"至今反映在"价值澄清"学派、斯克里文的"认知的道德教育"、威尔逊的"理性功利主义道德教育理论"中,但为了弥补道德理性在实践中的脆弱性则不得不给情感教育留出相应的理论空间。同样,艺术领域也不纯然是情感活动的领域,"艺术在感性中沉醉,哲学在理性思辨中徘徊"的时代已经过去了。艺术家们也自觉不自觉地运用理性的批判精神来反映、探求那神秘的美。同时,艺术中的审美体验已经被视为道德境界的最高追求,从善行中不仅能感受到善的幸福,更要领悟到人格美的力量和价值,这是道德的真境界。更令人惊异的是,现代的科学成就越来越表明美感同科学理论的成熟有内在的一致性。也许可以这样说,以科学、道德、艺术三大根基建立的知识大厦是人类的精神创造性统一的反映。但三者的统一并不意味着三者的等同。它们各自都是对人类创造性的不同层次、不同侧面的反应,因此各自具有不同的精神价值。下面分述之。

科学知识从实质上来讲,是人类认识客观世界的知识总和,是人类处理经验的一种卓有成效的方式,它以揭示现象世界的客观规律作为自己的使命。科学认识的每一次大的飞跃都是对以前的科学知识在根本上进行了一次大的综合和扬弃。同时,人们的科学观念也经历着巨大的变化:其一,世界观的转变。自牛顿力学体系的世界模式以来,还原论、决定论、机械论一直是支配科学家探索世界终极实在的坚实信念。但是,当前科学自身却面临自身新发现的挑战。旧的世界模式论逐渐被打破,新的世界模式论尚在形成之中。量子力学和非平衡力学所揭示的因果性否定了斯宾诺莎的机械因果决定论,提出了几率因果性概念。哥本哈根学派的某些研究者认为,在微观领域中,物质已经消灭,电子的本质就是几波率以及它的表现形式波函数和物质运动没关系。关于原子核内部无限可分性的假设,近年来遭到物理学的严重挑战。夸克禁闭、完备局域隐变量理论都提出了与此向左的例证。大爆炸宇宙则从另一角度对无限性的概念提出质疑,认为在宇宙爆炸过程中“整个物质和能量能够从无产生”。这些学说不仅冲击了传统的天文学、天体物理学、哲学等,而且深刻地影响了人们的科学观。科学知识不再被奉为绝对的真理,而是被理解为科学家们关于自然现象的一种方便的有用的解释。其二,科学知识的统一遇到新的障碍。正如威廉·布拉格爵士所说:“我们在星斯一、三、五应用古典的理论,而在二、四、六应用量子理论,所谓自身的一致性,至少是在目前被抛入大海,我们只看我们遇到什么问题来决定采用这两套观念中的哪一套,以求得结果。”①其实,

————————

① [英]W. C. 丹皮尔著:《科学史》下册,商务印书馆1985年版,第636页。

早在牛顿创造他的力学体系时,就预言了机械论的悖论:"自然哲学的任务,是从现象中求论证,从结果中寻原因,直到我们求得最初的原因为止。这个最初的原因肯定不是机械的。"①其三,科学就其自身来讲意味着不断地革命。单纯从逻辑来讲,任何一门科学都有一个基本的理论假设,以它为起点演绎推论出一套理论体系,而这个理论假设(公设)总不能完全归纳出来,因此总是相对正确的。这个假设不能靠逻辑来证实,只能进行证伪,这样就必然给发现新理论推翻旧理论留下一个缺口。而新理论同样是一种假设性的逻辑体系,只不过它能暂时弥合旧理论的不可调和的逻辑矛盾而已。如此往复,科学知识面临着不断被证伪的命运,同时又不断地接近真理,故科学知识的增长一方面表现为知识大厦不断地添砖加瓦,另一方面则表现为革命性的脱胎换骨。从科学知识的个体发生来讲,它是科学家创造性工作的结晶。科学家在广泛占有资料、信息的基础上,在创造性直觉状态中获得灵感并通过细致严谨的分性论证形成一定的理论。任何一种新的理论的产生都必然包含着革命性因素。

顾准认为,科学知识的本然精神价值应包含以下几点②:第一,承认人对于自然、人类、社会的认识永无止境。第二,每一个时代的人,都在人类知识的宝库中添加一点东西。第三,科学知识,没有尊卑贵贱之分。第四,每一门知识的每一进步,都是由小到大,由片面到全面的过程。正确与错误的区分,永远不过是相对的。第五,每一门类的知识技术,在每一时代都有一种统治权威性的学说或工艺制度,但大家必须无条件地承认,唯有违反或

①[英]W.C.丹皮尔著:《科学史》下册,商务印书馆1985年版,第634页。
②顾准著:《顾准文集》,贵州人民出版社1994年版,第344页。

超过这种权威的探究和研究,才能保证继续进步。所以,权威是不可没有的,权威主义则必须打倒。以上五点可以概括为怀疑批判精神、民主自由精神、实证实验精神、冒险献身精神、谦虚包容精神、坚持真理精神。

　　道德知识的本然精神价值隐含在道德知识的本体之内。道德知识较之科学知识是更为纷繁复杂的体系。它既有理性的色彩,又具有感性的特征。既强调认识的作用,又强调实践的功效。因此,道德知识领域一直是历代先哲学者争论最为激烈的领域之一,在历史上,把道德还原成认识问题,一直是人类理性的一种偏执。苏格拉底的名言"知识即美德"开了道德教育主知主义的先河。罗素指出:"德行与知识之间的这种密切联系,乃是苏格拉底和柏拉图的特色。在某种程度上,它也存在于一切的希腊思想之中,而且与基督教的思想相对立,在基督教的伦理里,内心的纯洁才是本质的东西,并且至少是在无知的人和有学问的人之间同样地也可以找得到的东西,希腊伦理学与基督教伦理学之间的这一区别,一直贯穿到今天。"①这就是 20 世纪道德教育中的主知主义和非理性主义之争的历史渊源。19 世纪末 20 世纪初,法国社会学家涂尔干指出:"我们所能接受的唯一称呼就是'理性主义'。诚然,我们的目的就是要把科学的理性主义扩展到人类行为中去。"②他所极力论证的道德教育,"就是不以默启的宗教原理为基础,而仅以理性所承认的观点、情感和实践为基础的教育。一

---

① [英]罗素著:《西方哲学史》上卷,商务印书馆 1963 年版,第 128 页。
② Chazan. Barry, *Contemporary Approaches To Moral Education*. New York:Teachers College Press,1985,16.

言以蔽之,即纯粹的理性主义教育"①。20世纪中期以后,主知主义仍很有影响。如迈克尔·斯克里文主张,道德教育的任务是要教会学生如何进行道德分析,而不是向他呈现别人的结果,他要建立的是一种"有严格的正式大纲的认知的道德教育方法"。威尔逊的"理性功利主义道德教育理论",科尔伯格的"认知—发展理论"等都带有强烈的主知主义色彩。但是,道德同科学不同。科学所依据的理论假设在没被证伪以前,按逻辑可以推理出必然的科学知识,并能有效地应用于实践。而在道德问题上,最初的逻辑前提一直是理论家们最伤脑筋的问题,因为这个前提正是哲学史上争论不休的人性善恶及上帝有无问题。而且,无论以哪种观点作为逻辑前提,都可以按逻辑推导出道德的知识体系及行为规范,但却不能决定道德行为本身。由于道德的落脚点在行上,而知未必行,因此,道德教育面临的一个核心问题便是很明确的,即把情感与审美引入道德教育领域。事实上,在现实生活中,道德行为时刻都离不开情感活动。在理论研究中,引入情感与审美则是有目的有意识地弥补道德知识逻辑力量的先天脆弱性。由于道德的前提不可诉诸理性方法来证明,因此也不可能被推翻,这样通过文学艺术形象的感染力量来强化人们对道德前提的认同感,通过社会舆论力量来诱导人们对道德原则的情感支持,即通过"动之以情"而达"认同其理",从而使个体在日常行为中有道德实在感,一种由道德信念及情感体验形成的力量感,而不至于成为空洞的道德的教条的奴隶。作为更高层次的道德追求,使个体不仅能从道德行为中体验到充实感、幸福感,更要体悟到一种至善的美感,达到一种超功利的道德审美境界。即不是为了避免

①Durkheim, Emile. *Moral Education*. New York:Free Press,1961,3.

社会舆论的谴责和良心的自我责备消极地去行动,而是自觉自愿地去行动。这种境界的获得不只是在于道德认识能力的提高,更主要的是在于向善的情感力量的增长,在于对道德理想人格的崇高审美境界的追求。中国儒家"孔颜乐处"、"圣贤气象"在一定程度就是知识分子追求的道德理想人格的写照。当然,其内容是封建落后的,但对这种道德理想人格的追求是维系中国传统人文精神的强大精神支柱。现代道德教育的弱点似乎也正暴露在这里:空洞的说教太多,缺乏形象化的强大道德人格力量来支撑善的大厦,物质主义的洪流连同泛泛的苍白无力的道德劝导之词充塞了清朗的精神田园。挣脱这种局面的出路不只在于道德文章的多寡,更在于文学艺术作品所塑造的艺术形象以及舆论传媒所宣扬的精神价值所汇聚而成的道德力量是否能唤醒沉于物质享乐迷雾的心灵。如果艺术连同时代一起堕落,那么整个文明也就衰微了。而这正是人类的崇高理性所不能容忍的,也是人类的情感所不能接受的。道德的精神价值作为人类文明得以延续的基本动力,作为人类社会各种族、民族、国家、阶级共同生存的精神纽带和粘合剂,其意义不仅被证实是伟大的,而且将永远伴随人类的文明历程。

通过对道德知识体系内诸多矛盾的分析,可以从中看出,道德知识的本然精神价值表现在以下几个方面:第一,人作为理性的动物区别于其他动物界的本质之一在于人有信仰、有追求、精神有所寄托,而对于信仰的虔诚则体现了人格力量的价值。但是信仰不能靠科学理性的分析而达到终极的实在(本质),而是靠个体在日常行为中所直观把握住的一种高尚的审美意境或体验来体认其精髓。第二,道德不是僵死的教条,而是生命存在的一种方式。概念和逻辑是人的思维工具,但不等同于行动的智慧。人的道德行为植根于敏感的心灵、无畏的勇气、坚韧的毅力、热忱的信念。第三，人是道德目的，不是道德手段。道德是使个体的人格达到完善境界的津梁，不是套在人头上的枷锁，追求精神的和谐是人生的最高目的。第四，言行一致是一种优良的品质，知行统一则是对一个人的道德品质的必然要求。

艺术，较之于科学、道德，在理性的层面上对其进行分析更为复杂困难。在中外美学史上，关于艺术本质的界定有三种代表性的观点。第一，客观精神说。这种观点认为艺术是"理念"或者"客观精神"的体现，以柏拉图、黑格尔为代表。第二，主观精神说。这种观点认为艺术是"自我意识的表现"，"是生命本体的冲动"，以康德、尼采为代表。第三，摹仿说或再现说。这种观点认为艺术是对现实的摹仿，发展到后来，更认为艺术是社会生活的再现，以亚里士多德、车尔尼雪夫斯基为代表。此外，还有"形象说"、"情感说"等多种颇有影响的说法。尽管这些理论都不能圆满解决美的根本问题，但却不乏精辟深刻的见解。马克思从艺术生产的唯物史观来考察艺术问题，把艺术看作一种特殊的精神生产，这在美学史上、艺术史上是一个前所未有的创举。艺术生产的理论认为，艺术的本质是实践基础上的审美主客体的统一。从历史发生的角度来看，艺术的价值是主体（社会的人）与客体（自然界）漫长生产实践活动的产物；从艺术创作的具体角度来看，艺术的价值又是艺术创作主体（艺术家）与艺术的创作客体（社会生活）相互作用的结果。艺术具有形象性、主体性、审美性等基本特征。形象性指艺术家借助具体生动感人的艺术形象来反映社会生活表现艺术家的思想感情。主体性指用艺术形象来反映社会生活，但这种反应不是单纯地"模仿"或"再现"，而是融入了创作主体乃至欣赏主体的思想情感。审美性指艺术作品具有一定的审美价值。

艺术知识作为人类特殊的精神生产的结晶,其本然精神价值表现在以下几个方面:第一,艺术是一种创造性的精神活动,它是非功利性的精神追求。"美不是诗(泛指艺术——笔者注)的对象,而是它的'目的之外的目的'。"①美是对艰苦的艺术创作所作的最昂贵的回报。第二,艺术创作离不开知识和理性,但在本质上艺术活动是非理性的。马利坦强调艺术家的情感体验、艺术感悟、直觉思维、创作热情和鲜明个性在艺术活动中的作用。任何按照逻辑理性的分析方法来制造"美"的作品的尝试都是愚蠢的,必定要失败的。没有冲动和激情的艺术创作是不可思议的。第三,艺术创作需要天赋,更需要生活的磨炼,每一件艺术品诞生都蕴含着作者过去岁月的心灵历程,都渗透着作者的精神气质、个性追求以及风格特征。第四,艺术思维不同于科学的理性思维,重视形象性、直观性、不确定性、情感性等。艺术精神常表现为一种非理性的类宗教信仰的沉迷状态。

教学要取得最佳效果必须使教材的知识精神价值与教学模式的精神影响相互之间积极作用、渗透、转化,同时使教学模式的结构适应知识技能的传授。这样才能使教学取得良好的陶冶性效果,既有利于学生对知识技能的掌握,又有利于学生健康人格的养成。

把知识的精神价值看作影响人格教育的重要因素,是个体人格发展的合乎逻辑的要求。在教育领域,人格基本上等同于人的精神世界。因此,知识中所包含的科学、道德、艺术的精神价值天

---

① [法]雅克·马利坦著:《艺术与诗中的创造性直觉》,刘有元、罗选民等译,生活·读书·新知三联书店 1991 年版,第 140 页。

然地是人格健康成长的养料。教育作为一种塑造人格的活动,理应挖掘和弘扬教学中的知识精神价值。在教育理论研究中,确立知识的精神价值在人格教育中的重要地位,将是一件很有意义的工作。

（原载《教育研究与实验》1997 年第 1 期）

试论教育研究方法论的整合

一、教育研究方法论的整合趋势

目前的教育研究方法论基本上有两种对立的研究倾向,即科学主义的定量研究和人文主义的定性研究。科学主义的定量研究在我国主要包括观察、调查、测量、实验等方法,在国外主要指"过程—结果"研究,也叫教学效能研究。人文主义的定性研究在我国主要指历史文献研究、个案研究、课堂跟踪研究、教育哲学研究等。在国外主要指教育的人类学研究、诠释学研究、教室俗民志研究等。

在研究方法论上,科学主义定量取向的研究从"经验—分析"立场出发,坚持以下几种原则。第一,以自然科学特别是数学化的物理学作为一切科学方法的标准或理想,教育科学应以此为蓝本。第二,采取事实与价值二分立场,主张教育研究过程中不带价值判断。第三,认为教育教学规律应符合既定的教育教学经验事实。第四,量化是达到真理确定性的必要手段。

这种研究方法论尽管在目前占有绝对的优势,但是它存在的问题也是人所共知的。首先,教育科学的数学化的理想并不能保证教育理论的科学性。数学化是科学演绎系统的内在要求,而教育理论在实质上并不具备经验演绎的价值,这是由教育活动的实践本性所决定的。这种对教育教学事实的量化研究取向其实仅仅适用于教育教学现象的表层存在,不可能到达意义与价值层面。第二,由于教育教学研究中存在着研究主体、研究客体与研究中介的相互缠绕和相互渗透的认识论"怪圈",教育教学研究从根本上来讲不可能做到主客二分、事实与价值的彻底分离。教育教学事实不仅是客体的存在,而且是价值选择、实现等主观活动的过程与结果,教育教学研究不仅要抽象出基于既定事实的一般特征,更要洞察事实背后的意义根源并进行有效的评判和选择,以创制新的教育教学事实以超越既定的经验。第三,教育教学规律符合既定的教育教学经验事实只能造成教育教学的宿命论思想。教育教学规律从本质来讲并不是对客观不变的既定教育教学事实的一种滞后的抽象,而是处于教育教学实践的不断制作、生成中的历时性的不可逆的过程性存在。它是教育教学理想与现实相互作用的产物。第四,量化所带来的是对教育教学现象复杂性的过分化约,同时也消除了教育教学中的意义与价值因素。第五,该研究取向大体上是依据传统行为主义心理学的理论基础,因此较忽视认知心理学的观点以及教育社会学与文化人类学有关人际关系的微观研究。这一模式偏重教师的行为表现,相对忽视教师的个性、素养与教学风格;对学生而言,重视学习的最后结果,而忽略了学生的学习体验和个性差异。从整体而言,偏重于对教育教学效能的研究,而忽视了教育价值的研究。可见,科学主义的定量研究必须得到应有的限定和制约,否则,教育研究将失去真正的现实意义。

　　人文主义定性研究从"价值—理解"的立场出发,坚持以下几种原则。第一,教育教学过程及现象是一种主观的存在,研究教育教学规律并不是研究的终极目的,不可能以抽象的教育教学规律为核心建构教育教学理论。除了教育教学规律,还有教育艺术、教育伦理和教育理想等更根本的东西。最终决定教育教学过程的乃是最深刻的价值层次,即教育理念或教育理想。因此,单纯的量化研究对于教育过程是不足用的。第二,在教育研究中,不可能保持主客分离和价值中立的立场,研究主体的自我反省、参与式研究和对于教育过程及现象的直觉理解等方式不仅是必要的,而且是积极的、深刻的、整体的。第三,要重视对于教育教学现象的微观研究,因为从宏观上进行量化分析的技术破坏了教育教学过程的完整性、意义性和真实性。他们主张在自然情境中,进行长期的"田野"研究或个案研究,并透过"理解"的程序,来探讨师生双方如何"磋商"教学过程,深入了解他们如何诠释教育教学情境的意义。第四,研究注重批判性和建设性。把一般视为"理所当然"的事情,重新当作问题加以处理。因此,研究态度是由以往被动地接收问题转而注意到主动地发现或提出问题,由以往注重"事实"的问题,进一步探讨"如何与为何"等深层问题。

　　人文主义的定性研究取向尽管具有上述几种优点。但是仍有许多局限和困难。第一,人文主义的定性研究一般侧重于描述具体学校和班级生活中师生间的生活景象,过分强调研究对象的独特性,因而无法解释班级活动的整体结构和功能,目前还无法形成理论体系。其次,所采用的"田野观察法"通常仅适合特定情境中对小样本深入的观察,研究者要集观察者、晤谈者、记录者与分析者于一身,需要有较高的专业素养和"拟情"能力,能够对主观的经验与感受进行不带偏见的整理和研究。否则,研究的结论便会丧失真实的价值。再次,研究过程是由参与观察、访问、记录与文件分析等组成,取得的研究资料缺乏严谨研究设计,没有标准化的测量工具，研究过程也是随时变化的。因此，研究结果带有极强的主观的、感性的、印象的特征，缺乏严格的学术性。最后，人文主义的定性研究侧重于对于教育的内容价值和意义的诠释与理解，忽视了对教育作为社会有机组成部分的外在价值的研究，从而使内部的研究取向带有很大的理想色彩，缺乏现实可能性的论证。

比较而言，科学主义研究取向是一种实证的研究，它是以心理学为研究基础，进行单向因果联系的研究，重视知识学习层面，注重对外在行为的分析。人文主义研究取向是一种诠释与理解的研究，它以人类学、诠释学为指导，进行双向复杂情境的研究，注重对内在意义的探究。

针对科学主义和人文主义两种研究方法论之间存在的对立互补关系，学术界提出了对二者进行整合研究的观点，以图消解二者之间的悖谬和冲突。但是，在如何整合上，大家莫衷一是，各持己见。有的把二者看作是并列的互补关系，提倡对教育进行多元化研究，分别解释教育教学现象的不同本体层面。有的把二者看作是交叉关系，主张价值取向的研究要渗透科学分析实证的精神，科学研究中要贯穿价值指导原则。也有人把二者看作是包容关系，认为应把价值取向的研究包容进科学研究中去，使科学研究成为兼容事实描述与价值规范的综合体。以上的几种模式都是可喜的尝试，在实践中还都处于探索阶段。笔者认为，上述几种主张都不同程度地存在着问题。第一种观点把二者看成是并列的互补关系是不妥的，价值的研究和事实的研究是处于不同的本体论层次的，不可能具有同等地位，没有统一的理论基础的多元化研究最终将导致教育研究的内在分裂与冲突。第二种观点其实是对二者无原则的调和，尽管科学研究和价值研究二者都不适用于教育教学的整全本体,但并不意味着通过人为改变科学研究和人文研究的性质就能达到整合的目的,科学研究和价值批判的调和将使教学研究既丧失了科学求真的品质,又造成价值标准上的混乱。第三种观点其实是对传统科学研究的一种修正,但同第二种观点一样,在实践中是难以操作的。笔者认为,构建教育研究的模式既不能简单化地消解事实研究与价值研究之间的矛盾,也不能以多元化的研究模式取消教育教学本体各层次之间的内在统一性,更不能坚持各自为战、相互攻讦的立场。我们应该合理划定科学研究和价值研究、理论研究和应用研究的有效的本体范围和层面,对各种研究方法作出来自本体论的约束和规范。基于这种考虑,笔者尝试建构一种综合的教育研究方法论模式。

二、综合教育研究方法论构建

笔者所提出的综合教育研究方法论的建构,是以对教育过程及现象的本体论所进行的广泛而深刻的考察与研究为基础的。从哲学的角度对教育过程及现象的本体进行形而上分析,可以从以下两种维度进行描述。

从横向解剖教育现象可把它分为四个层面。一是教育的物质—环境层面,它包括进入教育过程中的各种物质环境、教学设备及教学媒体等。它提供了教育得以进行的物质上的保证,但是并不具有决定意义。二是教育的生理—心理层面,它指向教育过程的微观发生领域,从受教育者身心发展变化的角度刻画了教学所带来的直接效果。三是教育的社会—文化层面,它包含了特定历史条件下的教育教学活动所反映出来的政治、经济、文化特征及社区、家庭、校园文化、同伴群体等因素同教育教学活动形成的复杂关系。这些特征与关系是客观存在的,它们从宏观和中观的层面铺设了教育过程的现实基础。四是教育的精神—价值层面。精神价值层面是教育本体中最深层的结构,它统摄着上述三个层面。教育精神价值层面指明了教育教学对于社会及人生的终极意义——教育教学要以培养人的幸福生活能力为最终追求。因此,它在整个教育教学的本体结构中具有最终的决定意义。

从纵向的角度来解剖教育过程,可把它看作是由几组相互对立的范畴组成的集合体。它具有以下几个侧面。第一,教育过程是规范化与创造性相互作用、转化的过程。规范化要求教育活动开展必须遵循基本的教育教学原则,符合学生身心发展的规律,有计划、有步骤地实施;创造性是指充分发挥师生的积极主动性,不断打破程式化的教育教学模式,防止教学活动的机械化、僵硬化。第二,教育过程是植根于事实判断追求价值的活动。教育教学活动要依据科学事实所揭示的规律,但不能局限于事实,而是要以事实为依据追求正当的价值,不能为消极的落后的目的服务。第三,教育过程是历史继承性与时代创造性相同一的过程。教育过程的时代创造性不断地转化为历史事实,丰富着历史,也创造着历史。

从以上两点本体论定位中,我们可以隐约地发觉教育过程及现象本体背后所隐藏的方法论的脉络,察悟出价值论的走向:横向的解剖结构对于划定教育的哲学研究、科学研究所适用的本体层面有极为重要的决定作用,而纵向解剖结构则为教育教学的应用或行动研究提供了本体论的依据。我们将从上述教育过程及现象的形而上阐释出发,探讨研究方法论和价值论问题,使隐含的脉络走向清晰起来、突出起来并贯通起来,在这同时,教育教学过程及现象的本体将逐步显现它的丰富性、层次性、可塑性。根据上述本体论的界定,我们提出如下的综合研究方法论的模式图。

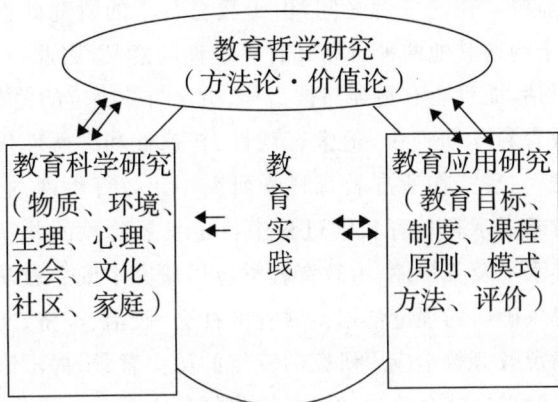

在上述综合研究模式结构中,教育哲学研究适用于教育现象的精神价值层面,教育科学研究适用于教育现象的物质—环境、生理—心理、社会—文化层面,而教育应用研究则以对教育过程的纵向解剖结构的分析为依据。

在上述综合研究结构中,教育科学的研究和教育应用的研究是以教育哲学及教育目的的研究为对称轴左右对称展开的。教育科学的研究是一种理论研究,它着重揭示影响教育的各种内外因素对教育教学过程的制约作用;教育应用的研究着重利用教育科学研究的成果进行教育教学行动研究,以干预教育教学实践;教育哲学和教育目的的研究则是联系教育科学和教育应用研究的中介环节,它一方面对教育科学研究的成果进行形而上学的理性批判和价值选择,一方面为教育应用研究提供直接的规范和价值指导。三者之间是一种对话互动关系。所谓对话,就是指各研究主体之间要放弃各自为政、互不相干的研究态度,保持经常的信息交流,进行平等的对话。所谓互动就是指在具体的研究过程中,三种研究一方面要相互协作,相互促进,另一方面要相互批评,相互监督。在这三者之间,由于教育哲学的研究处于核心的位置,对于沟通其他两种研究具有决定性的意义,因此,三者之间不仅有对话,而且还有指导与被指导、决定与被决定的关系。

在教育科学研究中,追求客观性、普遍性和必然性仍然是首要的标准,它贯穿在所有教育科学研究中。教育生理、心理学的研究侧重于揭示在教育教学过程中特定发展阶段的儿童身心发展的现实水平及其规律,为教育教学应用研究中确立教学的最近发展区提供确凿的理论依据。教育的社会、政治、经济、文化的研究在于确定教育教学应用研究的特定的历史背景,揭示影响教育教学过程的来自社会政治、经济、文化等各方面的制约作用,为教育教学的应用研究提供现实的可能性社会基础,为选择符合时代特征的教育内容框定合理的范围,有利于保障教育社会功能的正常发挥。教育的社区、社团、家庭因素的研究侧重揭示特定地区、文化团体和家庭背景等因素对教育教学过程的影响作用,为教育教学应用研究的地方性、特殊性提供依据与参照。

教育哲学研究,一方面对教育科学研究的过程和成果进行形而上学的理性批判和价值选择,揭示教育科学研究的哲学依据和前提,进行方法论上的检讨,并通过价值论的批评确立科学研究成果对于教育应用研究的意义;另一方面为教育目的的制定提供直接的价值依据,为课程的编制、教学模式的建构、教学方法的选择提供价值参照。教育哲学研究一方面要保持积极的批判意识,一方面要进行建设性研究,通过价值论的探讨不断地向教育教学实践注入精神的活力,结合时代精神构建教育教学价值观。

教育的应用研究,是真正意义上的教育研究,因为它是对教育教学过程内部各组成因素的直接研究。如果说教育科学研究重在对既定事实进行分析和归纳，那么应用研究则是对教育发展可能形态的研究。它奠基在教育教学的可能性、潜在性和可塑性之上，是以追求价值意识的现实实现为根本目的的。教育教学目标的研究主要是把抽象的教育目的转化为切实可行的、具体鲜明的教学目标和教学要求，用实质性的内容充实空洞的框架，使教育目的真正地转化、渗透到教学实践中去。课程的研究是教育过程中最重要的研究，因为课程既是知识的载体，也是价值的寓所。它是教育过程中对学生发展产生实质性影响的最关键最核心的部分。按照协同学的观点，它就是整个教育过程的序参量。课程的研究必须以教育价值的研究为指导，以教育科学研究所提供的影响教育教学发展的各种因素的制约作用为前提。教育模式和教学方法的研究是直接针对教育教学实践的研究，它是使静态的课程获得现实的意义，实现教育教学目标的重要环节。它应在科学研究所揭示的客观规律和事实基础之上，充分发挥师生的主体性，以近似于艺术的方式创造生动的、现实的教学过程。教育评价研究其实质是对具体的教育效果和现实问题而进行的对教育理论与实践的整体性反思，它既要评价结果，又要评价过程，既要评价学生，又要评价老师，既要评价实践，又要评价理论，而且又要把上述各种评价统一起来，形成综合的、全面的认识。教育评价为下一步的教育理论研究和实践提供宝贵的反馈信息和建议。由此可见，教育应用研究的实施和实践直接形成了教育科学研究的新的事实，为教育科学研究的发展提供了根本的本体论依据，从而使整个研究过程形成了一个良性的循环。

在整个研究结构中，科学研究的内部存在着互释现象，应用研究的内部诸因素之间存在着相互制约性，哲学研究和教育目的的研究更是内在地交织在一起。同时,科学研究、应用研究和哲学—目的研究之间在本体论意义上来讲,构成了一种逻辑的圆环,使本体的各种层面在整个研究的过程中均有相应的方法论依据。我们不难发现,这个圆环并不是在同一平面内呈封闭状态,而是在立体的架构中呈螺旋型上升趋势。在这个结构中,不存在固定不变的起点和终点,而只有连续不断地向前发展。这种综合研究模式对科学主义与人文主义研究取向的整合不是通过对二者研究性质的同化实现的,而是在严格限定各自适用的本体层面基础之上,充分加强各自的研究个性和特色,形成巨大的张力,为实现二者的平等对话创造条件,使事实研究与价值评判真正地能处于动态的相互作用之中,使相互沟通成为内在于研究主体的现实需要。在这种方法论的连续运作和相互作用下,教育教学过程的本体的生命力才得以充分展示,教育教学过程的价值才得以健康地实现。

三、教学研究方法论与价值论的契合

　　教育研究认识论上的困难不只是单纯的认识论问题,还存在价值论上的根源。因为教育既不是完全物化、丧失主体价值、促进社会发展的纯粹工具,也不是完全脱离开社会发展和儿童身心发展规律的任意价值选择与实现过程。把教育看作纯粹的工具来研究往往陷入科学主义的追求外在功效而忽视主体价值的误区,把教育看作纯粹的理想实现过程则往往陷入人文主义追求人生意义而忽视现实可能性的幻境。因此,教育教学本体的价值往往在理想与现实、外在与内在、工具与目的、社会与个人之间摇摆动荡,教育发展史已经清晰地表明了这一点。面对如此困境,我们所提出的教育综合研究模式并不妄图设计一种完美的方案,采用逻辑上的辩证思维从理论上消解冲突,而是主张通过研究主体之间的对话和交流,疏通内外价值论的隔阂,取得彼此的理解。综合研究方法论尝试在教育的目的价值和工具价值相互映照的基础上,以现实社会发展为根据,以教育教学内部主体的价值实现为媒介,使教育教学过程处于价值选择和实现的动态决策之中。它主张以内在价值的实现作为外在价值实现的前提和保障,以外在价值的要求作为内在价值实现的依据。这样,教育教学的功效价值的实现必须以不伤害内在价值的形成为转移,内在价值的选择和实现又必须充分考虑到外在价值所提供的社会可能性。当然,这只是理论上的一种理想情境,在教育教学实践中,教育的内外价值必定是通过不断的相互作用、相互干预、相互转化来实现的。

　　如何在内外价值之间找到一个理想的平衡点,是我们所关注的重要理论问题。笔者认为,教育的价值实现是集中体现在教育教学的应用研究与教育实践之中的。教育价值只有经过教育教学实施过程的一系列环节的转化才可能真正地实现。首先,教育目标的设定是教育价值观最直接的体现,它从抽象的意义上确定了整个教育教学过程的基本价值走向。它往往受到特定历史条件的限制而具有每个时代不同的特色。因此,教育目标的制定要充分考虑到现实与未来、社会与个人、生存与发展等基本价值取向的关系,而教育制度的制定则要充分体现教育目标的精神实质,既不能教条化,也不能违背基本教育原则和要求。其次,课程的设置与编制要明确价值取向,采取相对宽容的态度,力求通过多元的竞争使学生获得价值选择、评价的能力。因此,在具体的教育教学过程中,所采用的教学方法和教学模式不应只追求知识技能的学习效率,而且要强化知识技能本身所蕴含的精神价值,使教学过程成为一种价值熏陶和转化的过程。当然,师生之间良

好的人际关系和情感交流,同样是促进价值认同、内化及实现的
重要条件。在教育评价方面,在加强对学生知识技能的量化考察
之上,更要关心学生的学习态度和学习体验。我们要警惕因对学
生学业成绩的片面强化而带来的普遍的厌学情绪和反社会倾向。
可见,只有我们在教育教学过程的各个环节上,都保持自觉反省
和积极的价值意识,教育的内外价值才可能获得积极的相互作
用,教育的功能才可能得以充分发挥。

（原载《山东师范大学学报》社会科学版 2001 年第 4 期）

新课程高考制度改革应妥善
处理的若干矛盾

引　言

　　2007 年我国将在山东、广东、海南、宁夏四个首批高中课改实验省份实行第一次新课标高考。四个省份陆续公布了各自的高考改革方案,在社会上和教育界引发了热烈而持久的讨论,高考改革又一次成为公共话题和社会关注的焦点。笔者根据自身参与新课程高考方案研制与考试说明制定工作的经验与体会,就新课程高考制度改革中应注意解决和处理好的若干关系问题作些探讨,供大家批评与参考。

一、高考政策的连续性与课程改革的颠覆性

　　我国自从 1977 年恢复高考以来,高考政策基本上是在稳步中求发展,在继承中求创新。但最近十多年来,随着社会转型的加剧和教育事业整体发展的加快,高考制度面临着越来越多的质疑与责难,高考改革的呼声也一浪高过一浪。由于不同的社会主

体对高考抱有不同的期望和需求,在改革的发展方向上始终难以找到一个清晰而稳健的道路,因而也出现了在科目设置、考试次数、分数计算方式、录取办法等具体问题上改过来又改回去的现象。这些都说明,高考改革任重而道远,绝非一项靠头脑发热、盲目激情就能解决好的工作。

从2001年秋季开始,我国在义务教育阶段有计划、有步骤地推行新课程,2004年开始在四个试点省份推行高中新课程。新课程在课程目标、课程功能、知识体系、教材教法、教学过程与评价方式等所有环节都对原有课程体制进行了"颠覆性"重建和拓展,广大学校在新课程的理念引领与制度推进下正在逐步生成一种新的学校文化与教学体制,尽管发展状态极不平衡,改革成果尚未成熟,但这一轰轰烈烈的"革命"性改革所引发的一系列问题和后果却都必然会遭遇到基础教育的最大关口——高考的挑战与检验。高考改革的理念能否真实、真正地反映课程改革的理念与方向,能否通过这个"无形而万能"的指挥棒对正处于进退维谷的高中新课程给予"第一推动",还是恰恰相反,任你千变万化,我自岿然不动,或者只是象征性地作些表面的调整,在原有高考制度上抹上几道鲜亮的新课程的油彩,以换来一些喜欢热闹却不知就里的人士的廉价吆喝。这确实是一个很现实却也很尖锐的问题。据我看,这个问题并没有得到很好的解决。

强调平稳过渡和政策连续性的高考改革面对课程改革尤其是高中新课程的"颠覆性"冲击,能否做好过渡的平稳性和继承的有效性,关键要看新旧之间的制度鸿沟是"突变"还是"渐变"造成的。我看新旧课程之间不是渐变而是突变。主要表现在:第一,高中新课程的培养目标较原有课程目标有了实质性跨越,既强调为学生的终身发展打下全面的知识、能力和科学与人文素养基础,又突出了学生的个性发展。这一目标并没有像原有课程体系那样仅仅停留在政策文本与宣传口号上,而是渗透进了高中新课程的所有环节。无论是课程结构上的选择性、课程内容上的模块化,还是课程实施上的走班制、课程评价上的综合性,都体现了"适应社会需求的多样化和学生全面而有个性的发展"的特点。因此,高校招生考试改革必须研究如何把考查学生的全面基础与个性发展结合起来的问题,如何在考试方式、科目设置、命题思路、录取标准等方面深刻体现这一要求。因为这一要求是内在于新课程的,不是强加上去的。不坚持这一点,新课程也就失去了灵魂,失去了最根本的价值与意义。这无疑是对原有的统一高考最深刻的挑战。众所周知,原有统一高考制度,无论是在考查的全面性还是在考查的个性化上都缺乏足够的说服力和有效性。第二,高中新课程较原有课程体系在课程结构上发生了实质性转变:高中新课程强调并凸现了课程的选择性,选修课程的比重与分量大大加重,成为高中课程的半壁江山。与普通的补充性、边缘性的选修课程不同,选修学分Ⅰ课程是一类特殊的选修课程,它是在原有学科课程的基础上发展而来的。它源于原有的学科课程而又超越和发展了学科课程。无论是在课程知识的范围上,还是在知识的数量与难度上,选修学分Ⅰ课程都是原有的学科课程所不可比拟的。因此,这种课程结构上的变化不仅会影响到高考科目的设置,更会影响到高考命题的原则和思路,甚至还会影响到录取标准的变化。高考科目设置在形式上发生的变化只是表面的现象,其内容所发生的变化才是问题的关键所在。这就意味着,试卷将打破原有的封闭结构,出现一定量的选做题目,试题分数赋值的科学性与公平性问题也就不可避免地成为将来命题时争论的焦点。因此,课程结构的变化对高考方案的影响是最根本的。第三,高中新课程的知识内容较原有课程知识内容发生了根本变化,像过去那种全国或全省使用一套统一教材的时代一去不复返了。从义务教育阶段开始,新课程改革的最大亮点可能就是教材的变脸和多样化。义务教育在教材改革方面已经积累了一些经验,但是对于高中课程改革来说,教材内部的知识问题不是最主要的问题,教材的多样化所带来的内容的多样化问题才是最根本的问题。正是因为教材的多样化,才使得未来高考在知识内容的取舍上变得神秘莫测。尽管所有的教材都是按照统一的课程标准编写的,但是由于编写水平不一,各版本的教材在知识的范围、数量、难度、梯度的把握上还是有很大差别的。尤其是许多选修学分Ⅰ课程的教材,更是存在很大的变数。因为很多学科的课程标准只给出了原则性的要求,有的甚至提倡不编教材,只是从现有的专著或相关的教材中选择适合的内容即可。因此,不管命题专家的水平多高,面对如此纷繁复杂的课程内容来提炼出普遍适用高考内容也不是一件轻而易举的事。第四,高中新课程在学业评价方面突破了原有课程单纯以学习成绩为评价标准的单一评价方式,实行学生学业成绩与成长记录相结合的综合评价方式,要求学校根据目标多元、方式多样、注重过程的评价原则,综合运用观察、交流、测验、实际操作、作品展示、自评与互评等多种方式,为学生建立综合、动态的成长记录手册,全面反映学生的成长历程。这种评价理念无疑是理想化的,目前的高考尚不具备采纳这种评价方式的社会与历史条件。但是,既然在新课程的实施过程中已经要求学校对学生进行了为期三年的这种评价,且让学校和老师为此付出了相当多的心血和汗水,结果在高考时没有丝毫的反映,恐怕这是说不过去的。因此,高考改革必须要体现新的评价理念,也就是学生在学校中所获得的过程性评价的结果不应是与学生的高考无关的东西,必须以某种方式把二者结合起来。如何结合?以书面笔答为主要考试方式的高考能够在多大范围、多大程度上体现新课程的评价理念?学生在新课程实施过程中所获得的综合性评价结果在高考录取时要不要发挥作用,要发挥多大的作用?这些都是不可回避的棘手问题。之所以棘手,不仅在于理论研究上的难度,而且还在于如何保障制度上的公正、公平、安全和实施操作过程中的公开、透明。当然,所有以上这些问题,都可以用"高考不可能改变一切"这样一句托辞来回避和化解,但这种化解最终化解的不是矛盾本身,而可能是彻彻底底地消解尽了新课程的改革精神与改革成果。

二、教育事业的统筹性与职能部门的分割性

高考制度改革与课程改革之间存在的龃龉和隔膜,不仅反映了目前教育理论界课程研究与高考制度研究之间的脱节和割裂,而且还反映了教育职能部门缺乏宏观统筹、部门本位主义严重的管理缺陷。在我国,课程改革主要是由基础教育管理部门负责的工作,高考招生则是由学生管理部门下属的考试中心或省级考试院具体负责。由于这些部门工作的出发点和看待问题的角度存在各自的特殊性和差异性,因而面对课程改革与高考改革这一重大关系问题时都有一定的局限性和"盲区",甚至是"误区"。有时在处理一些关键问题上甚至是一些具体问题上难免发生观念的冲突和工作的摩擦,难以达成共同协议。新课程高考改革要取得积极进展,必须有一个统筹全局的机构进行分工和协调,它的地位应高于具体职能部门,否则在一些关键问题上就会出现"踢皮球"或者是各执一词、互不相让的局面。目前来看,新课程的高考

研究工作确实多多少少地反映了这个问题的客观存在。比如,从基础教育管理部门的角度看,高考应该尽可能地反映新课程的选择性要求,在卷面中增大选做题的比重,以鼓励学校开齐开全选修课程,真正把课程方案落在实处。而从考试管理部门的角度看,高考是一种选拔性考试,必须有较高的信度、效度和区分度,过多的选做题的出现可能会降低考试的科学性,不利于人才选拔的客观性和统一性,因而坚持把选做题目的数量和分值尽可能地压缩在较小的比例内。再比如,从基础教育管理部门来看,省级学业水平考试更能真实全面地反映一个学生在校三年的课程学习水平,因而应该加强这种考试,并要以一定的方式与高考硬挂钩,即以一定比例的分数计入高考总分,甚至有人提出用这种考试成绩逐步取代高考成绩作为录取依据。但是从考试管理部门来看,学业水平测试组织起来成本高、耗时长、安全性低、命题质量难以保证,其信度、效度尤其是区分度不如统一高考高,不宜计入高考总分。像上述这些观念上的分歧,一方面要通过积极的对话与深入的调研进行沟通和协商;另一方面,必须有一个统筹性的研究和领导组织对相关敏感与关键问题进行最后的判断和裁决。这个判断与裁决应该从全局出发,超越部门利益和本位主义的狭隘视野,对一些重大问题提出一套或几套解决规划方案,把问题分步骤、分阶段、分层次地逐步解决,要有长远打算和实施策略,而不能头疼医头、脚疼医脚,更不能朝令夕改、反复无常。如果是高中新课程方案本身就存在问题,比如选修学分所占比重过高,课程模块化过于零散和机械,综合性评价方式不适合高中学生的年龄特征,且操作起来费时费力效果不好等问题,确实给高中新课程的推进带来了先天性的障碍,那么,要想通过高考制度改革消解这些问题可能是不现实的,统筹性的领导机构就应责成

大学乃至其他大学的自主招生而言都具有深刻的启示意义。总之，高考改革要真正地深入下去，大学必须实质性地介入。只有越来越多的大学真正关心人才的科学选拔而不仅仅是录取分数线的高低，我想高考的改革才算真正走上了健康而光明的道路。当然，要想让高校在高考改革中有所作为，还有许多制度上的改革必须跟上以作为保障。我们相信，当高校都具有了强烈的鲜明的个性化的人才选拔标准意识的时候，我们的高考就会呈现百花齐放的局面。当然，也可以借鉴国外的一些高考模式，比如把高考交给一些专业性的、信誉高的教育评价中介机构去承担。这样既可以节约高考的成本，也可以通过形成竞争机制提高高考命题的质量，同时也相应地减轻了教育行政部门的负担，有利于把考试的监督权和执行权彻底分开。但目前我们尚不具备采用这种模式的一系列主客观条件，诸如考试研究的专业化水平、中介单位的归属性质，政府、学校与中介机构之间的关系定位，高考监管体制与社会诚信体系等问题都是些富有挑战性的新课题。但这种方式应是一个积极的发展方向。无论是高校自主招生，还是通过中介机构招生，我所要强调的都是高校作为人才选拔的主体对自身的角色与责任是否有一个清晰而具体的概念，在行动上是否有一套科学而可靠的程序和方法。这是问题的关键。没有这种意识与能力，我们的大学就很难办出自己的特色，也很难树立自己的形象。

四、高校需求的多元性与考试方式的单一性

由于种种原因，我国的高校是分各种层次的，不仅有行政级别的差异，也有民族、地域与专业倾向的区别。这些不同类别的

高校对考生的需求是不同的。但过去的统一高考体制在一定程度上掩盖了大学对新生需求的这种多样性差异。由于高考在我国具有最重要的社会公平的象征意义，高考的同一性被认同为公平性和民主性的化身，因而在这种社会舆论下高校招生的多元化需求的呼声是很微弱的。在我国，不仅学生考大学是在挤独木桥，其实各大学在生源竞争中也是在挤"高考分数"这根独木桥。分数不仅决定考生的一切，也决定了大学的一切。即便北大、清华这样的知名院校也不能免俗，不也是靠每年录取多少文理科状元来壮门面？为此，有人曾提出大学分类考试，比如一些名牌大学可以实行联考，这有利于这些学校招收到符合自身需要的高水平学生；而那些职业高校则可以免除入学考试，学生可凭借高中毕业成绩直接注册入学，这样有利于保障职业院校的生源。这些主张虽然没大规模的实行，却也以各种"变式"存在着，发展着。比如小语种考试、奥赛获奖者提前录取等等方式，多少体现了这种多元化录取标准特征。在新课程下，课程评价倡导多元化评价方式，要求用多把尺子评价学生。高考改革如何解决标准的同一性与评价方式的多元性的矛盾又一次从高考论争的声浪中浮现出来。我认为，这个问题与第三个问题具有内在的关系，要视具体情况而定。大学在人才选拔中的主体意识的觉醒是一件好事，但并不是所有的高校目前都具备这种自主招生的意识和能力。真正有这种意识和能力独立进行人才选拔的高校目前并不多。对大多数高校而言，通过统一高考录取新生是一种比自主招生更节约、更安全、更有效的办法，同时也是一种更务实的做法。因而，在考试多元化问题上不能搞一刀切，要因地制宜、因时制宜。真正有条件的可以尝试进行多元化探索，但并不能盲目取代统一高考。

　　在新课程下,高考分省命题是必然趋势,这是高中课程方案的基本要求决定的。其实,高考分省命题的探索从上海自主命题(1987年)算起已经进行了二十年了,截止2006年止约有十六个省份实行自主命题。分省命题可以看作是高考改革多元化的一个重大举措,在一定程度上缓解了全国统一高考的压力,转化了一定的社会矛盾,也激发了地方政府与教育主管部门对高考的社会责任感,有利于体现统一高考对各省基础教育发展水平差异性的适应。但是,也要看到,分省命题在实质上与全国统一命题并没有多大的区别,高校在这个过程中仍然处在原来的位置,除了派出专家参与高考命题工作之外,作为招生的主体并没有发挥多大的作用。从逻辑上讲,分省命题的质量并不一定比全国统一命题的质量高,可能还会有所降低。因为高考命题是一项专业性很强的研究与制作活动,需要不断创新和超越。它需要一个相对稳定的研究和开发团队,需要大笔研究经费。目前实行自主命题的各省教育部门尚不具备教育部考试中心这样的研究规模和研究实力,也缺乏相应的专项资金资助这项工作。而且,高考命题研究是一项带有保密性质的工作,分省命题实际上使命题泄密的风险性提高了。目前,各省的考试院基本上属于行政机构,尽管也带有事业性质,但其研究人员无论从数量还是质量来看都存在不少问题。如果平时没有专门的研究作为基础,仅仅靠考前临时从学校和研究机构中推荐出来的学科专家来命题,其质量是可想而知的。总的来看,这个探索虽然还在继续,但存在的这些问题依然存在着。因此,如果在一项高考改革措施中高校被置于缺席或旁听的位置,这一方案就不可能真正解决高考面临的各种问题,它只不过是在不断地转化和转移着那些固有的矛盾。

五、高考命题的选拔性与以考定教的应试性

近二十年来,素质教育与应试教育的争论从未停息,基础教育基本上在左右摇摆中艰难前行,有人戏称目前的教育局面是"素质教育搞得轰轰烈烈,应试教育抓得扎扎实实"。在众多评论者眼中,统一高考是导致中国基础教育"全面应试"的罪魁祸首,是中国推行素质教育的根本障碍。这个判断显然带有情绪化色彩,但也说出了部分的真理。不过,废除高考就能搞好素质教育,应试教育就会销声匿迹? 问题肯定没有这么简单。只要高校选拔人才过程中有竞争、有淘汰,只要存在明确的选拔标准和录取依据,应试就会存在,只不过是随着形势发展不断变换方式而已。比如,2006年复旦大学通过面试自主录取新生成为高校招生改革的一大亮点,被认为是对应试教育的一次公开宣战,但时隔不久,上海市很多中学和社会上的培训班就开始开设有关高考面试技巧方面的课程,对学生进行专门培训。再比如,由于各种奥赛获奖者可以提前录取,因此学校里和社会上就兴起了各种专门面向奥赛的培训班和加强班,甚至小学一年级就开设奥赛数学兴趣班。因此,不能简单地把高考当作应试教育的替罪羊,培养应试能力本身就是教育的一种内在功能,只不过不能把它放大到不适当的程度,以致掩盖和遮蔽了教育的其他重要功能。

素质教育的道理很难简单,对学生终身发展的深远意义老师、家长、学生也都明白,对应试教育戕害身心健康的危害性更是心知肚明,比谁都清楚,根本用不着专家教授们连篇累牍地研究、阐释、辩论、解疑、答惑。那为什么我们还会义无反顾地搞应试教育,把学校办成文明的"监狱",加班加点,题海苦战? 这确实是一

个有苦难言的问题。尽管素质教育已经被某些末流的教育理论家标榜为几近不食人间烟火的教育理想,但我们到底有多少学校有这个能力来实现这个理想,我们的社会又为这种理想的生存留下了多大的现实空间? 即便那些具备条件的学校"认真"地实施素质教育了,我们"简陋"的高考到底能考查出多少真正的"综合"素质和个性特长? 如果它不但考查不出来这种素质和个性,反而背道而驰,考查的是看谁做的题多,看谁掌握的技巧多,看谁更擅长卷面上的"纸上谈兵"而不是社会生活中的实践能力与创新精神,那么,我们又有什么理由要求我们的学校只去搞素质教育而不要去搞应试教育呢? 因此,命题改革是高考改革诸环节中最最重要的一环,命题的导向和暗示作用对学校教学具有根本性的指导乃至决定意义,我们必须重视高考命题这一核心问题。但是,我们的问题恰恰出在这个地方,大家花了很多时间与精力辩论的问题往往是一些表面的现象,而恰恰忽视了高考最本质的内核:命题作为选拔人才的标准是否得到了科学的检验与哲学的批评。这一环节的重要性是不言而喻的。即便在我国古代的科举时代,对命题的重视程度都大大超出了我们的认识。科举时代朝廷所任命的主考官多为当朝的宰辅鸿儒,不像今天主考官只挂个虚名,他们是要亲自命题,亲自阅卷,亲定名次的。有时科考甚至是皇帝亲自出题,亲自阅卷,亲定三甲。可见对考试命题与阅卷的重视程度非同一般。今天,高考命题已经发展成为一个相当专业化的活动,其话语权也仅为少数命题专家和学界权威所掌握,一般人士和大众对于高考命题质量难以置喙。因此,大家只好去争论那些不那么专业的问题了。问题正出在此,如果我们的命题导向和方向出了问题,试卷不能客观反映教育的价值追求和学生的综合发展水平,那么,我们在没有讨论这个问题之前争论其他的问题还有什么意义呢? 就笔者看来,我们确实应该好好地研究一下高考命题的问题了,它不但存在问题,而且还可能存在比较严重的问题。限于篇幅,我这里只说一点:高考命题是否考查出了某一学科最核心的最重要的知识、技能与素养? 为什么问这个问题,因为许多命题专家在这个问题上并没有做过严肃的思考,更有许多专家只是按照固定的卷面结构和思维模式来命题,根本不是站在整个学科知能体系的高度来审视所考查内容的性质、地位与作用的。由于过分重视高考的选拔性、淘汰性定位,许多专家在设计题目的时候往往忽视了最基础最重要的东西,把精力用在了对一些所谓技巧性东西的考查上。似乎只有这样才能考出区分度,才能显示出题人的水平,这其实是一种错误的心态。人们之所以忽视基础性的东西,主要是因为认为基础性的东西考查不出区分度。这是观念上的错误。基础不但能考查区分度,而且考查出的是一种更真实的区分度,关键要看命题的设计者自身是否深刻地理解了本学科中的最基本、最重要的基础知识、基本技能与专业素养。比如,现在语文考试中考查字词一般是通过选择题的形式让学生选择正确的或错误的一项,这样考查似乎很客观,很有效。但是,这种考查并没有考查出语文最基本最重要的能力与素养,反而不如科举制时代的"贴经"和"墨义"更能考查一个人的语文水平。"贴经"既考查了考生对经典文献的熟悉与记忆程度,也考查了考生的书写能力与书法修养。"墨义"既考查了考生对经典文献的理解程度,也考查了考生注解经典阐发思想的能力。科举时代甚至考诗赋创作,想一想这得需要多么厚重的文化自信、多么博大的文学胸襟(当然,这种考试模式化之后也会贻害无穷)! 反观今天的语文考试,我感觉到一种莫名的悲哀,从卷面上我们根本感受不到汉语文的文化魅力与艺术精神,看到的更多的是矫揉造作、无病呻吟的问题设计和歪歪斜斜、僵硬死板、心浮气躁的"爬行"文字。须知,通过这种考试,我们不仅丢弃了对经典文献的记忆与怀念、汉字的书写能力与文学修养,我们还丢掉了人文传统和书卷气息。因此,应试教育并不可怕,可怕的是对考试命题导向的无知和盲从。从这个意义上讲,新课程高考改革的首要任务应是确立新课程下高考命题的价值追求、指导思想与原则,继而是深入研究在学科命题中如何落实体现这些命题思想和原则,最后则是要探索与研制出符合要求的卷面结构与题型实例。这是一项复杂的系统的需要高度责任感和深厚专业素养的创造性工作。目前来看,这项工作才刚刚起步,困难很多,但希望也很多。真正心系教育、关心人才、有胆识、有才华的专家和学者应该在这个领域安营扎寨,辟疆拓土,奉献智慧与爱心,只有这样做,我们的高考论争才能走出喧哗浮躁的窘境。

六、课标考纲的统一性与考试说明的地方性

　　新课程高考改革要依据国家的有关政策、文件与规定进行。其中,"高中课程方案"、各科"课程标准"是由教育部基础教育司组织专家研究制定的课程管理方面文件;"新课标考试大纲"是教育部考试中心组织专家负责制定的高考命题管理方面的文件;各学科的"考试说明"是由参加高中新课改的各省教育厅组织专家制定的高考具体实施方面的文件(个别省是由教育部考试中心与本省教育厅联合制定)。这些文件之间是一种什么关系呢?从理论上讲,课程改革与高考改革应是相辅相成的,其文件精神应该具有内在的一致性和协调性。但是,由于在实践上是高中新课程实施在前,高考改革在后,因此,高考改革必然带有一定程度的被

动性和适应性特征。所以，上述文件在一些问题的论述上不可能做到完全一致，在一些问题的处理上也会有不同的看法。这是正常的，也是必然的。一般来讲，"高中课程方案"在所有文件中应该处于核心的位置，无论是"课标"，还是"高考大纲"和"考试说明"，都不能违背方案本身的基本要求，否则，课程改革也就失去了正确的方向。"课程标准"其实是把"课程方案"的精神和要求落实在具体的学科中，它是课程方案的具体化和现实化。"高中课程方案"与各科"课程标准"（个别学科除外）一般不对高考做直接的硬性的要求，只是对参加高考的学习条件提出相应的建议。"新课标高考大纲"是教育部考试中心专门为参加高中新课改的省份制定的国家级高考指导性文件，对新课程高考的性质、能力要求、考试内容等作出详细规定。各省教育厅组织制定的"考试说明"是按照教育部的"考试大纲"的规定，结合本省的实际情况制定的指导本省高考命题的工作文件。

在新课程高考改革中，要处理好两组文件的关系。一是各科"课程标准"与"考试大纲"的关系。从理论上讲，各科考试大纲应该在相应各科"课程标准"的基础上制定，不能与课程标的要求相抵触。考试大纲在考试内容上应该等于或小于课程标准的规定，而不能超出课程标准的规定。考试大纲应该能够反映各学科课程标准的核心知识、技能与素养，同时不改变必修课程与选修课程的性质。二是考试大纲与考试说明的关系。从理论上讲，考试说明应严格按照考试大纲的要求并灵活地结合本省实际进行制定，考试能力要求与范围不能与考试说明相违背，考试内容应该等于或少于大纲的规定。以上都是理想化的情况，在具体实践过程中，问题要复杂得多，还要视具体情况而定。在第一组关系中，课程标准与考试大纲的矛盾主要反映在对待选修课程的态度上。

课程标准是把选修课课程作为高中课程的重要组成部分来设计的,占有比较高的学分。而在考试大纲中,考虑到命题的公平性与科学性,选修内容考查的比重是大大低于课程标准的规定的。还有,考虑到有些学科的某些选修课模块具有重要的基础性地位,高考大纲是把它列在必考范围内的,这样其实在某种程度上已经改变了这一模块的选修性质,把它变成了必修模块。这一点很重要,它对学校的课程开设有着直接的影响。不过,从实施新课程的角度来看,这样的规定应该严格控制,尽量压缩在最小的范围内,否则会造成课程管理上的无序和混乱。在第二组关系中,考试大纲与考试说明的矛盾主要表现在大纲是对所有参加新课程的省份制定的一份公共性的指导文件,缺乏针对性和灵活性,如果规定制定得过细,管理得太死,那么各省的考试说明就很难根据自身的需要做出特色。目前四个课改省份采用了四种完全不同的科目设置方式,各省考查的学科数量与内容范围各不相同,差异很大,统一的考试大纲很难完全适用于各省的实际需要,因此各省制定的考试说明基本上都对大纲进行了地方性的解读和说明,甚至进行了必要的补充和拓展。从高考命题与备考来看,各省的考试说明应当是最关键最核心的指导性文件。

关于高考科目的设置问题,近来争论得很激烈。在教育部的新课标考试大纲中对于各省的考试科目没有提出具体要求,科目设置权实际上已经下放到了省一级。目前来看,考试科目的争论主要围绕着"增"负还是"减"负而进行。客观地看,科目设置不是一个纯科学问题,而是一个价值判断与选择问题。无论考多少学科,都有它的优点,也有它的缺点。没有绝对正确与错误之分,只有适合与不适合之分。关键还是看怎样考,考什么,为什么考。如,山东省 2007 年增设"基本能力"测试科目,内容覆盖六大学习领域的全部必修内容,按说考得算最多的了。但就这一门科目的命题思路、考查方式及其公布的高考样题来看,人们反倒觉得这种考试是一种真正能力考试,尽管考查的知识面很宽,考查的能力很多,考察的角度很新,但却不需要死记硬背,也不需要题海战术,只要真正具备这种"基本能力",就能应对自如。反而,像语文、数学、英语这些学科,尽管只是一门学科,学生们往往感觉到负担很重。我们还必须看到,在目前应试教育风气比较浓厚的时代,高考科目设置的多少还直接地影响到学校课程的开设状况与开设水平,关系到高中课程方案能否贯彻落实到实处。有人认为科目设置过多过全必然增加学生的学习负担,也不利于学生的个性发展。但是,科目设置减少就一定能够降低学生的学习负担吗?我看,问题没有这么简单。考得全只要考得合理,未必增加负担,考得少如果考得不合理,反而会导致更加彻底的应试教育,因为科目少更有利于一心一意地进行应试训练。因此,高考科目的多与少和学习负担的增与减是一对辩证关系,不宜绝对化、机械化。我们应鼓励在高考科目设置上作些探索,对各种高考科目设置模式都应抱有一定的宽容心态,静观其变,再下结论,这样高考改革才能真正走上多元化之路。

（原载《当代教育科学》2017年第5—6期）

新课程下高考命题改革的有益探索

——关于山东省 2007 年高考设置"基本能力测试"的思考

引　言

　　自从山东省教育厅 2005 年初公布《山东省 2007 年度普通高校招生考试工作指导方案》以来,"基本能力测试"一直是教育界及社会上最为关注的热点问题之一。其原因人所共知,即"基本能力测试"是全国高考首次增设的科目,与其他科目不同,它不是国家课程方案与课程标准中明确规定的独立设置的学习领域或学科,而是从众多学习领域、学科与学生的学习生活及社会实践中抽象出来的一种综合性的运用所学知识解决实际问题的能力。由于这是一种全新的考试科目,尚没有成熟的命题经验和理想的样题,也缺少相应的研究队伍,对于 2007 年的高考来讲,显然是一个不小的挑战。无论是命题专家、教科研人员,还是广大师生,都必然要经历一个不断学习、研究、探索、调整、适应的过程。任何一种有生命力的新生事物的诞生与发展都注定是要经历一番风雨与磨难的,教育改革亦是如此,没有先驱者的筚路蓝缕、敢为天下先，就永远迈不出高考改革的关键一步，素质教育的梦想就永远只能停留在教育专家们的高声呼吁与老生常谈的文字游戏当中。

一、本质与内涵：在批评、反思、调查
与研究中不断调整定位

要深入讨论基本能力测试问题，前提是准确把握它的本质与内涵。对于基本能力本质与内涵的认识，并不是一步到位的。从最初公布方案时的抽象模糊到征集样题时较为科学明确的界定，对基本能力内涵的认识经历了一系列的调研讨论、反馈调整、研究攻关的过程。

我省最初公布的关于"基本能力测试"的界定有两处。第一处："'1'指基本能力，内容涉及高中课程的技术、体育与健康、艺术、综合实践等以及运用所学知识解决生活和社会实际问题的能力。"这个界定指出了基本能力考试的内容范围是"四个领域＋解决实际问题的能力"，但从字面来看，解决生活和社会实际问题的能力所涉及的具体范围是不清楚的。而且，四个领域的内容与解决实际问题的能力之间的关系也没有说明，是交叉还是并列，不得而知。第二处："基本能力考试的必做题主要涉及技术、艺术、体育与健康、综合实践活动四个学习领域的必修内容；选做题分人文与社会、科学两个部分，内容分别涉及两个领域的必修内容。文史方向的考生只做科学部分的题目，理工方向的考生只做人文与社会部分的题目。"这里是从考试范围的角度界定基本能力，显然与第一处的界定存在不一致的地方。在这里，考生分文理科报考和考试，技术、艺术等四个领域是文理科必考的内容，但并没有

说是否按文理分科单独命题，只是说必做。选做部分则文理科学生进行反向选择，其实也是必做，因为选择是唯一的。问题是，必做部分的四个领域与选做部分的科学或人文与社会两个领域到底是怎样的一种关系，基本能力是如何通过命题来体现的？如果按字面要求来看，基本能力考试的内容是立足必修内容的各学科知识的拼接组合，从中根本看不出基本能力考试的方向与思路，给人的感觉更多的是一种各学科知识的大杂烩，而不是一种综合素质的考查，更看不出能力立意的导向。因此，方案一公布，对基本能力的猜测与疑惑远远多于对基本能力的科学研究，等待与观望是很多学校不得已而为之的无奈之举。

社会上对基本能力测试所展开的广泛议论、研讨与质疑在一定程度上也为教育主管部门下定决心对基本能力进行进一步的深入研究提供了心理支持与舆论环境，促使后继研究者能够更多地站在学校、教师与学生的层面思考问题。从 2005 年 9 月份开始，针对基本能力测试问题，教育厅重新组织命题研究专家进行广泛的调查和研究。专家们深入基层与学校，面对面地与教育局长、校长、教研员、教师、学生探讨基本能力测试的必要性、可行性、导向性、操作性、公平性等诸多实质性问题。在调研的同时，教育厅在媒体上公开向全省各界征集 2007 年高考科目"1"的样题，产生了巨大的反响，短短的 20 多天内，就征集到各类试题2000 多道，这不仅说明基本能力测试具有广泛的群众基础，而且表明我省蕴藏着一定的命题研究的智力资源。

征题活动之所以得到了社会各界的广泛支持，其中一个最根本的原因，是人们从媒体上公开的样题征集"通知"上看到了一个全新的"基本能力"，对基本能力测试的方向和思路有了一个较为清晰的了解，而且从中看到了基本能力测试作为一种新生事物所具有的生机与希望。《关于公开征集 2007 年度高考"基本能力"考试科目样题的通知》(以下简称《通知》)对基本能力测试重新给出了界定:"基本能力"是指高中毕业生应具备的适应社会生活的最基本、最重要的知识、技能与素养。具体包括观察社会生活、分析社会问题、参与社会实践的能力;通过搜集、分析、组织信息进行推理与判断的能力,运用信息技术与通用技术的意识和能力,综合运用所学知识解决一般实际问题的能力;基本的艺术欣赏与鉴别能力;强壮体魄、健全心理、保持身心健康的能力;以及基本的科学精神、人文素养与主动的创新精神。"这一界定首先指出了基本能力的纵向本体构成及其属性,使人们认识到,基本能力并不神秘,它与其他学科能力一样,也是由知识、技能与素养三个相互关联的水平层面构成。其属性有三点,一是从能力发展水平的角度指出这种能力是与高中毕业生心智发展水平相适应的;二是从能力的性质角度指出这是一种适应社会生活,满足学生基本生存、生活需要的能力。它不是一般的学科能力,而是综合运用自身的知识与经验解决实际问题的能力;三是从能力重要性的角度指出这种能力是最基本、最重要的生活能力和学习能力。其次,这一界定概括地说明了基本能力包含的基本类型和范围。《通知》中所列出的各种具体能力是按照高中课程标准规定的对所要考查的相关必修内容的评价要求提出来的,并对各领域和学科间的相关能力进行了整合和归纳,使基本能力不至于变得琐碎零乱,难以把握。总的来看,基本能力的重新界定在一定程度上端正了人们的认识,有助于问题的深入研究。

　　要真正地从本质上把握基本能力,笔者认为,《通知》中的命题思路是最为关键的途径,是体现基本能力测试的根本特征之所在。《通知》规定:"1. 命题全部采用综合题的形式,打破学习领域与学科界限，以研究主题的形式对各种相关领域与学科知识进行适度的整合。2.命题采用混合题型，在每道综合题内部按照实际需要灵活地设计各种题型，包括单项选择题、填空题、问答题等各种题型。3.命题应在重视对学生基本能力与基础素养进行考察的同时，加强对学生研究性学习能力的考察。不出现靠死记硬背、机械训练就能得分的题目。4.努力做到试题设计与评价目标相一致，努力增强试题的基础性、灵活性和开放性，使试题的解答过程反映出学生的知识与技能、思维过程与方法、情感态度与价值观的发展水平。"从上述规定可以清晰地看出，基本能力测试绝对不是学科知识的机械拼盘，不是各类知识的大杂烩，而是围绕特定研究主题或情境而展开的对学生进行多学科、多角度、多层面的综合考查和检测。鼓励学生整合知识、运用知识、解决问题、动手创新应是基本能力测试的价值取向。

《通知》关于基本能力的说明中还有一个重要信息，即基本能力测试不再分文理科进行反向选做。这一修订使得基本能力测试更能凸显其能力考查的基本性和基础性，淡化了文理界限和文理倾向，使得考查范围更加宽泛，命题思路更加灵活，题目综合性也更强。但同时会在客观上增加一些命题的难度和阅卷的难度，应引起命题研究专家的特别注意。

基本能力样题征集通知中对基本能力内涵的重新界定是一件值得注意的事，这是对原有基本能力测试内涵作出的重要修订和导向性的说明，它反映了基本能力测试研究的最新水平和成果，是决定未来2007年基本能力测试命题思路与原则的根本指导思想，也是制定基本能力测试考试说明的重要依据。因此，它应该成为基本能力测试研究与备考的最重要的参考依据。

从发展的角度来讲，基本能力内涵的界定除了要包含知识、技能与素养三个层面,还应特别强调学生的终身学习能力、实践创新能力与情感、态度、价值观等方面的内容,因为这些能力是体现当代教育时代精神的最主要的方面,在将来公布的基本能力考试说明中应增加这方面的内容。

二、意义与反响:在命题改革中探索素质教育评价的新突破

笔者认为,山东省 2007 年高考增设基本能力测试,并非单纯地为改革而改革,为出新而出新,而是出于各方面的综合考虑。从某种意义上讲,这是对高考命题改革所进行的一次大胆而有益的探索,是从根本上落实素质教育理念,贯彻新课程方案,促进学生全面发展,鼓励思维创新和动手实践的重要举措。尽管可能因实践经验不足会带来一些具体问题和困难,但从长远来看,这种考试的方向与命题理念无疑是正确的,是符合我国决定在未来十五年内建设成创新型国家的发展目标的,值得肯定和鼓励。

从理论的视角看,高考科目增设基本能力测试,具有以下几个方面的意义。

首先,以高考科目设置与命题改革为切入点,较之以高考录取制度改革为切入点来推进新课程实施,能更有效地减轻高考改革风险,起到积极发挥高考指挥棒的正面引导作用。尽管有的学者和官员一再坚持认为高中教学应与高考脱离,不能用高考成绩来评价学校的教学水平,这种观点显然带有主观主义的、形而上学的色彩。新课程改革刚刚实施,就急于让高中的课堂教学与高考脱离关系,使教学过程与高考评价各行其道,互不关联,这恐怕不是一个实事求是、科学务实的态度,社会各界恐怕也不会认可。

在合理的范围内发挥高考指挥棒的积极作用,有意识地体现新课程的评价理念与培养目标,应是高考改革的一个着眼点。尽管高考不是万能的,不可能承载太多的使命,但在应试教育不断加剧、素质教育出现滑坡的特定的历史阶段,它必须勇敢地肩负起通过自身观念与机制的调整,正确引导教学改革、促进学生健康发展的责任。

　　高考改革主要包括两个方面,一是考试内容与方式的改革,二是录取标准与程序的改革。在新课程背景下,高考改革是全方位的、整体性的,但必须有重点、有步骤、分阶段地进行,否则必将带来不必要的混乱。科目设置与命题思路的改革是高考改革的重要内容,设置基本能力测试科目,是我省 2007 年高考改革的一个亮点,也是一个新的切入点。以它为基点,可以把新课程的评价理念逐步辐射到其他学科中去,最终形成新课程下的高考命题思想的新体系与新标准,从而从根本上起到积极促进高中教学的作用。相对于录取改革,命题改革是考试内部的调整与变革,有一定的客观尺度和标准,能较好地体现公平竞争的原则。录取改革,尽管是新课程下高考改革的重要环节,但是,由于录取体制是在长期的历史传统中形成的,尤其作为最主要的录取依据的高考总分在人们的心理上占据着重要的位置,在处理过程性评价(成长记录)与终结性评价(高考分数)作为录取标准的关系问题上存在各种利益间的博弈,再加上脆弱的社会诚信体制的潜在影响,高考录取体制与名额分配格局在短时期内很难根本性地得到改变,甚至有区域差别不断加剧的趋势,因而,作为高考改革的重要一环,录取改革应当更为慎重和稳妥,应当分批次、分层次地通过试点改革来逐步摸索经验,然后再推广,不宜搞一刀切和齐步走。可见,科目设置与命题改革较录取改革可以先走一步,在取得一定经验的基础上为录取改革提供参照,逐步做到录取的评价标准、价值导向与命题的导向相一致。

其次,高考科目增设基本能力测试,有利于贯彻落实高中课程方案,督促学校开齐、开全、开好所有必修课程,促进学生全面均衡而有个性的发展。在传统高考科目中,普通考生只考查一些传统的优势学科,如语、数、外、文综或理综,其他科目则不作为考试内容。长期以来,造成了以高考科目设置与学科赋值比例为参照标准的课程开设模式。那些高考不考的科目在教学中很难得到时间上与质量上的保证,在个别学校这些科目甚至是名存实亡。尽管有会考这种监测形式,但实际上收效甚微。这样以来,在整个高中教育阶段学生很难打下一个广博的知识基础,也缺乏本应具备的文化素养与动手实践的经验。在新课程下,如果高考仍然只考传统科目,而不对其他领域与科目作考试要求,那么,新课程的理念很可能就会扭曲变形,教学就会退回到原有状态中去,改革也就只是形式上的了。增加基本能力测试,不是为了全学全考,更不是要增加学生负担,而是在提倡一种健康的教育价值导向,即:让那些真正兴趣广泛、知识视野开阔、思路灵活、关注社会生活、关注科学技术发展、具有较强的动手实践能力与研究创新能力的学生在高考的选拔中能脱颖而出,为高校选拔出真正需要培养的可造之才,而不仅仅是输送大量的高分低能的新书呆子。

再次,有利于鼓励学生的多元创新思维,引导学生的研究性学习能力与动手实践能力,从而把素质教育的理念落在实处。基本能力测试立足对学生进行综合性的学习、实践与创新能力的考查,强调在特定的问题情境中从多学科的角度考查学生能否准确获取信息、整合信息并根据题目情境利用信息进行合乎逻辑的推理和判断的能力,还考查学生运用所学知识设计问题解决方案并予以解决的能力。因此,在题目材料的选择上特别注重真实性、情境性与生活性,在问题设计上注重研究性、开放性和跨学科性,在答案设计上注重在题目所限定的答题空间内充分尊重学生思想的独特性,体验的个人性,反应的多元性。因此,这种命题导向有助于引导学校真正地按照素质教育的要求来培养学生的个性,开发学生的潜能,有利于促进学生创新思维与动手能力的发展。

最后,有利于鼓励学生关注社会生活,参与社会实践,培养其责任感和爱心。与传统高考科目不同,基本能力测试不直接考查学生所掌握的学科知识与技能,而是通过一定的研究主题或问题结合具体情境综合性地考查学生的知识、技能与素养。试题设计强调从日常生活与学习生活中选择材料和内容,注重问题情境的社会性、复合性与开放性,测试不仅着眼于对学生界定问题、分析问题、解决问题的理性思维能力的考察,而且还注重对学生的情感、态度、价值观等方面内容的考察。问题解决的过程不仅是学生整合并运用知识的思维过程,而且还是通过对典型事件与具体情境的感知,激发学生的社会责任感与爱国心,进行核心价值观感染与教育的过程。

从实践的角度来看,人们对基本能力测试的意义是能够理解和接受的,但同时也普遍存在一个担心和顾虑,那就是基本能力测试是否会增加学生的学业负担。如果只是从备考科目的多少来看,增加基本能力"测试"显然是增加了学生的学业负担,因为它涉及的考试内容实在是宽泛至极,难以应对。但是,我们要看这是怎样的一种"负担"。其实,基本能力测试的本意是以一种较为合理的考试方式缓解目前这种过重的机械的应试训练,把学生从题海战术中解放出来,使教学回归到素质教育的理念上来。如果说让学生按照素质教育的方向发展也是增加学习负担的话,那么,这个负担不是重了,而是轻了。也只有逐步增加这个"负担"在高考中的比重与分值,真正的学习负担才可能减下来。

三、目标与范围:从评价理论上的抽象到命题实践中的具体

高考是选拔性考试,考试目标设计是否合理对人才选拔至关重要。由于基本能力测试没有相应的独立的课程评价目标,因此,确立基本能力测试的考试目标,必须对所要考查的所有学习领域的知识、技能与素养进行高度的抽象和概括,提炼出基本能力的基本类型与发展水平,形成一个科学合理的基本能力体系。考查目标的设计应努力做到既有理论上的科学基础,又有实践上的可操作性。

《通知》关于基本能力的界定在一定程度上已经对基本能力的测试目标进行了初步概括与分类。即"具体包括观察社会生活、分析社会问题、参与社会实践的能力;通过搜集、分析、组织信息进行推理与判断的能力,运用信息技术与通用技术的意识和能力,综合运用所学知识解决一般实际问题的能力;基本的艺术欣赏与鉴别能力;强壮体魄、健全心理、保持身心健康的能力,以及基本的科学精神、人文素养与主动的创新精神。"尽管这个分类还只是初步的,但从中我们还是可以看出其中的基本思路。《通知》对基本能力的分类大体上是按照学习领域的分类标准从横向组成的角度进行的,分别对六大学习领域中最基本的能力与素养进行了抽取和概括。沿着这个思路,可以推测,未来命题的考试目标应按照学习领域而不是具体学科进行分类,以避免能力体系的

琐碎和零乱。同时，还可以预测，未来考试目标可能会对各个学习领域和学科中的具体能力进行进一步的分解与整合，以体现基本能力的综合性要求。比如，以信息获取、分析、加工为主要特征的学习能力应是所有领域都需要的能力，它应该属于一般能力而与其他具体能力相区别；再有，情感、态度、价值观作为所有学科课程标准都强调的课程目标应该在基本能力测试的考试目标中相对独立出来，体现出科学精神与人文关怀的基本价值导向。当然，任何详尽的分类都不能穷尽事物的多样性与复杂性，基本能力测试对考试目标的分类，也只能是从某种程度上体现基本能力测试的要求，不可能完全反映出基本能力的内部构成和考查要点。对考试目标真正全面而具体的体现和反映应是通过命题思路的设计与命题的实践操作来完成的。这就意味着，考试目标在试题中应根据命题的实际需要和具体情境而考查，各种考试目标很可能被整合进同一问题情境中从不同的侧面和角度加以考查，考查形式应该是多种多样的，或明或暗、或深或浅、或集中或分散。这一点是与其他学科考试不同的地方，基本能力目标很难进行学科化的肢解与划分。因此，从理论上看基本能力内部的能力分类泾渭分明，但从命题实践上看则是水乳交融，浑然一体的。

四、思路与方向：走向整合、创新、迁移、开放的命题改革之路

如前文所述，《通知》从四个角度阐释了命题思路，这四个方面是相互关联的。我们可以概括为学科知能整合原则、能力立意与鼓励创新原则、积极引导学科教学原则、题型开放灵活原则。

学科知能整合原则。这是基本能力测试最基本、最重要的命

题指导思想，是区分它与语、数、外、文综和理综考试的关键所在。学科知能整合不是对各种不相关的基本能力的机械拼合，而是对围绕特定情境和问题而触发的具有内在关联的不同领域与学科间的知识、能力的互动互证。整合的切入点在于某种知识技能与社会生活具体而有机的联系，整合的目的在于通过多学科的知识与能力的互动互证解释自然或社会现象、解决实际问题。如，以2008年我国举办第28届奥运会为题材，可以考查有关的体育常识、体育道德风尚、古希腊历史文化的发祥与发展、体育场馆的设计、宣传海报的设计、比赛期间交通路线的管理、通讯报道的主题设计、纪念品的设计与开发、开幕式的设计与主持等诸多方面的知识与能力，从而把体育与健康、人文与社会、艺术、技术与综合实践活动等融合在同一个主题情境中进行多角度的考查。

能力立意与鼓励创新原则。基本能力测试不直接、孤立地考查各学科知识，尤其不直接考查教科书中的知识与技能。题目设计着眼于让学生在具体情境中灵活地综合运用所学知识中解决各种实际问题，在问题解决过程中实现知识、能力与素养的多层面、多角度整合。每大题内各题目之间存在一定的内在关联，但是每个问题所指向的学科知识与能力则是多向的、多样的。题目设计追求一定程度的开放性，旨在考查学生的创新意识与创造能力。这类题目所涉及的问题有一定程度的不确定性和多样性，回答问题有一定的弹性空间，答案标准的制定鼓励发表创新性思想和个性化见解。比如针对一些与青少年学习生活密切相关的社会现象或热点问题，让学生联系一定的理论知识与个人实践经验阐述自己的观点与主张，重在考查学生在解释与解决具体问题时所反映出来的思维广度、深度、灵活性与辩证性，而不是只看观点不管论证过程。有些题目的设计甚至是直接给出观点，让学生从各种不同的角度来分析和论证,考查学生的随机反应能力、逻辑思维能力、探究创新能力。

积极引导学科教学的原则。由于基本能力测试把技术领域、艺术领域、体育与健康领域、综合实践活动领域等纸笔测验难度较大的科目都包括进去了,很容易引起人们的误解,即似乎只有把那些原本应在技能训练、社会实践、课外活动中获得知识与技能全部搬进课堂与书本,变成知识记忆与习题解答,才能应对将来的考试。这种认识是错误的,基本能力测试尽管采用书面笔答的形式,但题目设计所要引导的方向仍然是遵循学科课程标准的,不会在测试时改变学科知识与技能的性质。无论是体育、艺术还是技术领域,都不直接考查学生的知识记忆能力,而是通过提供新材料或问题情境,从知识的实际运用、技能迁移的角度考查学生的基本能力与素养,不直接考查书本知识,更不会把技能当成知识来考查。技能学科的题目设计要求学生必须具备一定的实践经验和一定的技能训练,否则就很难理解题目的材料与情境,难以解决所给问题。当然,这一指导思想必然给命题工作带了一定的困难,但只要设计巧妙科学,困难还是可以逐步克服的。宁可少出技能性题目,也不能把技能学科的教学引导进死记硬背的死胡同,这应该成为命题者的基本价值取向。

题型开放灵活原则。按照《通知》的规定,基本能力测试的卷面结构是以综合题为基本单元组成试卷的,不出现零散单个的小题。因此,卷面呈现不按照题型的变化分成不同的大题,而是按照大的主题的变化来排列题目顺序。大题内部则按照考查需要灵活设计多种题型。从理论上讲,这种设计主要考虑到了命题的科学性与灵活性的需要,体现了跨学科知识技能整合的特征,给具体题目的设计留下了足够的空间。不过,从阅卷操作的角度讲，这必然提高了阅卷的难度和成本。从实践操作的合理性角度来看，基本能力测试的卷面应当适当作些调整：把整个卷面分成第I卷与第II卷。第I卷为客观题，由若干大题组成，每道大题由若干小题组成，全部以单项选择题的形式呈现。第II卷由若干大题组成，每大题由若干小题组成，题型不限，根据考查需要可以灵活设计。这样设计卷面，与传统高考试卷的卷面结构有一定程度的继承性和连续性，不仅有利于组织阅卷，尽量减少阅卷误差，而且有利于学生逐步适应、接受这种新的考试形式。

　　基本能力测试除了坚持以上四个原则，还应注意命题的基础性与时代性。基础性是指不能考查过分专业化、学科化的知识与能力，不能人为增加测试的难度，要体现"满足社会生活需要"这一基本的能力定位。时代性是指试题选材要贴近学生的日常生活与学习生活，题目所要考查的各种基本能力和情感、态度、价值观要反映当代先进文化的发展方向，体现时代精神的要求。要多采用新材料，多创设新情境，多设计新问题，让整个卷面充满时代气息。

（原载《当代教育科学》2006年第10期）

新课程・新高考・新起点・新希望

——关于《山东省 2007 年度普通高校招生考试指导方案》的几点思考

备受瞩目的《山东省 2007 年度普通高校招生考试指导方案》于 2004 年 12 月 24 日（教育厅网站公布日期）终于公布于世了。这不仅是自 2004 年 9 月份始实施新课程的所有山东省普通高中的领导、老师、学生及家长们翘首以盼的大事，而且也是那些即将加入到高中新课程队伍中来的其他省份的高中学校的师生们所关注的敏感话题。山东省作为高中新课程改革首批实验省份中的教育大省，在全国尚无经验可借鉴的情况下，出台这个方案无疑是一个创新，这充分体现了山东省教育行政部门与广大高中学校坚决贯彻执行国家课程改革政策及高中课程方案的决心和信心。从某种意义上说，山东省出台这一具有长远眼光的指导性政策，不仅给山东省内的高中学校吃了"定心丸"，也为在全国更大的范围内推行高中新课程打下了坚实的心理与制度基础。

该方案是在对山东省教育厅所属四个课程研究中心所提交的四套方案进行整合研究的基础上反复论证修改后形成的，它不仅吸收了省内课程研究专家的意见，而且还吸纳了北京大学、清华大学、北京师范大学、山东大学等国内著名高校领导与专家的意见,同时还广泛听取了其他高校、中学、家长、学生以及社会各界的意见,也征求了教育部有关方面的意见。因此,本方案的研制过程是严谨而慎重的,本方案作为研究成果是集体智慧的结晶。

由于众所周知的原因,目前高中教学还严重地受到高考这个指挥棒的影响。无论承认与否,高考方案对高中教学具有重要的引导与制约作用。高中实施新课程,肯定对原有的紧紧围绕高考转的教学观念带来一定程度的冲击,新的课程与教学理念确实也受到了广大教师和学生们的欢迎,但是,新课程的实施必然也会遇到未来高考如何改革问题的困扰,高考改革的方向与力度肯定是制约新课程贯彻落实的现实"瓶颈"。因此,实施新课程,不可能把高考拒之门外而孤芳自赏。所以,如何在课程改革与高考改革之间找到一个平衡点和结合点,使新课程实施避免出现"穿新鞋走老路"的现象,不仅是一个理论问题,更是一个实践智慧和制度建设问题。山东省教育厅所出台的这套方案,之所以意义重大而且影响深远,这是其中最重要的原因之一。

为了尽可能全面地把握方案研制的思路与特点,更深入地进行有关问题的讨论,笔者分以下五个方面进行分析和论证。

一、新课程对高校招生考试改革提出了哪些新要求?

高考改革已经不是一个新鲜话题了,可以说,近几年来高考一直处在不断的改革与调整状态之中。从全国统一命题考试到部分省市单独命题考试,从传统的分科考试到强调综合考试,从每年一次高考到春夏两次高考,高考政策基本上每年都有一些新的变化。但是,所有这些变化,都还只是在原有课程体制内发生的变化,与新课程的要求相比较,还处在一种封闭的状态。那么,新课程对原有高考体制带了哪些冲击,提出了哪些新要求呢? 概而言之,主要表现在以下几个方面。

首先,高中新课程的培养目标既强调了为学生的终身发展打下全面的知识、能力和科学与人文素养基础,又突出了学生的个性发展。新课程所追求的这一目标并不是单单停留在口号上,而是渗透进了高中新课程的所有环节。无论是课程结构上的灵活性、课程内容上模块化,还是课程实施上的选择性、课程评价上的综合性,都体现了"适应社会需求的多样化和学生全面而有个性的发展"的特点。因此,高校招生考试改革必须研究如何把考察学生的全面基础与个性发展结合起来的问题,如何在考试方式、科目设置、命题思路、录取标注等方面深刻体现这一要求。

其次,高中新课程在课程结构上的根本转变必然使高考科目的结构随之发生形式与内容上的变化。与义务教育阶段课程结构以必修课程为主体不同,高中新课程的结构强调并凸现了课程的选择性,选修课程的比重与份量大大加重,成为高中课程的半壁江山。需注意的是,高中新课程的选修课与一般意义上的选修课有着根本的差别。表现在,一般意义上的选修课是并行孤立的,往往作为核心课程和必修课程的补充而发挥作用,在课程结构中一般处在边缘位置。但是,高中新课程所开设的两类选修课程,只有选修学分Ⅱ课程,即学校课程没有特定学科背景,属于这种性质,而选修学分Ⅰ课程则不属于这种性质。选修学分Ⅰ课程是一类特殊的选修课程,它是在原有学科课程的基础上发展而来的。新课程把原有的语文、外语、数学、思想政治、历史、地理、物理、化学、生物、技术(含信息技术和通用技术)、艺术、体育与健康等学科课程全部拦腰斩断为两截,前一半为必修课程,后一半为丰富多彩的选修学分Ⅰ课程。这就意味着,不能肤浅地把选修学分Ⅰ课程看作必修课程的简单补充,而应当把它看作高中课程结构中最重要的组成部分,因为它源于原有的学科课程而又超越和发展了学科课程。无论是在课程知识的范围上,还是在知识的数量与难度上,选修学分Ⅰ课程都是原有的学科课程所不可比拟的。因此,这种课程结构上的变化不仅会影响到高考科目的设置,更会影响到高考命题的原则和思路,甚至还会影响到录取标准的变化。以考试科目为例,即便是语文、数学、外语仍然单科考试,但是这种单科与原来的单科已经有了本质的不同,现在的单科是由必修与选修模块组合成的,基于选修的原因,这个单科只是一个形式,其内容是千变万化的。综合科的情况比单科将会更加复杂多变。因此,高考科目设置在形式上发生的变化只是表面的现象,其内容所发生的变化才是问题的关键所在。这就意味着,试卷将打破原有的封闭结构,出现大量的选做题目,试题分数赋值的科学性与公平性问题也就不可避免地成为将来命题时争论的焦点。因此,课程结构的变化对高考方案的影响是最根本的。

再次,高中新课程的知识内容发生了重大变化,像过去那种全国或全省使用一套统一教材的时代一去不复返了。从义务教育阶段开始,新课程改革的最大亮点可能就是教材的变脸和多样化。义务教育在教材改革方面已经积累了一些经验,但是对于高中课程改革来说,教材内部的知识问题不是最主要的问题,因教材的多样化所带来的内容的多样化问题才是最根本的问题。正是因为教材的多样化,才使得未来高考在知识内容的取舍上变得神秘莫测。尽管所有的教材都是按照统一的课程标准编写的,但是由于编写水平不一,各版本的教材在知识的范围、数量、难度、梯度的把握上还是有很大差别的。尤其是许多选修学分Ⅰ课程的教材,更是存在很大的变数。因为很多学科的课程标准只给出了原则性的要求,有的甚至提倡不编教材,只是从现有的专著或相关的教材中选择适合的内容即可。因此,不管命题专家的水平多高,面对如此纷繁复杂的课程内容来提炼出课程标准所要求的内容来也不是一件轻而易举的事。

最后,高中新课程提倡实行学生学业成绩与成长记录相结合的综合评价方式,要求学校根据目标多元、方式多样、注重过程的评价原则,综合运用观察、交流、测验、实际操作、作品展示、自评与互评等多种方式,为学生建立综合、动态的成长记录手册,全面反映学生的成长历程。这种评价理念无疑是理想化的,目前的高考尚不具备完全采纳这种评价方式的社会与历史条件。但是,既然在新课程的实施过程中已经对学生进行了为期三年的这种评价,如果在高考时没有丝毫的反映,恐怕是说不过去的。因此,高考改革必须要体现新的评价理念,也就是学生在学校中所获得的过程性评价的结果不应是与学生的高考无关的东西,必须以某种方式把二者结合起来。如何结合?以书面笔答为主要考试方式的高考能够在多大范围、多大程度上体现新课程的评价理念?学生在新课程实施过中所获得的综合性评价结果在高考录取时要不要发挥作用,要发挥多大的作用?这些都是不可回避的棘手问题。之所以棘手不在于理论研究上的难度,而在于如何保障制度上的公正、公平、安全和实施操作过程中的公开、透明。

二、为什么高校招生考试改革要坚持四个"有利于"原则？

以上这些问题都是极其尖锐的,对于现行的高考制度无疑是一个巨大的挑战。解决这些问题不仅需要在理论上进行深入具体的论证,在实践中进行检验和修正,而且还需要获得社会各界的理解和支持。因此,山东省出台的这个方案的名称使用的是"指导方案"一词,从中可以看出其坚定而又慎重的态度。问题是明确的,但要解决好,还必须确定几个基本价值准则,否则就可能在研制过程中因受各种利害因素的侵扰而左右摇摆、前后抵触、莫衷一是。因此,指导方案中明确规定了研制本方案的基本原则,即四个"有利于":坚持有利于高等学校选拔优秀新生,有利于减轻学生负担、提高学生综合素质,有利于高考的公平、公正、安全、有效,有利于高中新课改与高考的有机结合、平稳过渡的原则。要评价这个方案的科学性与合理性,这些原则是一个起码的尺度。

为什么要坚持四个"有利于"的原则？这好像是一个大而空的问题,但深究起来,则并非如此,而是大有文章可做。我们先看第一个"有利于":"有利于高等学校选拔新生。"这句话实质上是对新课程下的高考性质给了一个定位,即高考仍然是选拔性、淘汰性考试。既然是给高校选拔新生,就要看看高校目前对新生质量的要求。众所周知,我国高等教育目前正处在由"精英教育"模式向"大众教育"模式过渡的时期,本科教育越来越重视"厚基础"和"宽口径",在专业与课程设置上逐步由原来的学科过细、专业过多向学科综合、科际整合的方向发展,尤其在大学起始阶段,淡化专业,强调学科间的贯通和融合已成发展趋势。目前,高等教育"专才"教育的重心实际上已经上移到研究生阶段。因此,高考不仅应加强对学生进行全面的知识文化素质的考察,而且还要考查学生综合运用各种知识技能解决跨学科问题的能力,只有这样,才能为高校选拔那些具有较大发展潜力和发展空间的学生。因此,拓宽高考考查的知识与能力范围,就成为新高考努力改进的方向。

第二个"有利于"是"有利于减轻学生负担、提高学生综合素质"。在我国,由于优质的高等教育资源比较匮乏,高考存在残酷的竞争。现在,竞争的重点由原来能不能上大学转移到了上什么样的大学之争上。学生的学习负担重、心理压力大是不争的事实。高考无论怎样改革,都不可能从根本扭转这一局面。但是,高考改革还是可以在某种程度上正确引导学生学习竞争的重点和焦点的,能化解一部分的矛盾。国外学生要考名牌大学存在的竞争并不亚于我们,甚至还要甚于我们,为什么没有出现我们这么严重的"应试"教育? 这很大程度上取决于他们所考察的内容是无法通过"应试"训练获得的。最近复旦大学附中一个学习成绩一般的学生因其综合素质全面发展被哈佛大学提前录取,就是一个很好的例证。因此,新课程下的高考应该深入研究如何设计出高质量的题目来,这些题目不是单靠机械的训练就可以解决的,要解决它还需要具备综合性的知识背景,甚至需要学生的生活感悟与体验。也就是说,试题应给教师和学生这样一种感觉:高考不仅仅在考察你已经掌握了什么,而且还考察你从已经掌握的知识中获得了什么,感受到了什么,改变了什么,希望着什么。因此,要减少学生的学习负担,仅仅靠减少考试的科目和内容恐怕不是最有效的办法。只要命题的思路不变,不管考多少,学生都要拼命地练。要考虑如何在题目的设计上下功夫,让"应试训练"抓不住"把手",摸不着"门路",找不到"捷径",让那些真正素质全面、综合能力强、特长突出、个性丰满的学生在考场能发挥好。做到这一点,高中教学的风气就会慢慢地发生变化,教学就会真正恢复到其适当的位置上来。

第三个"有利于"是"有利于高考的公平、公正、安全、有效"。高考在我国具有不同寻常的政治意义,是社会主义民主制度在教育上的重要体现。正是由于高考的存在,不知改变了多少人的命运。不管有多少人批评它、指责它、怨恨它、攻击它,但是,如果没有高考,恐怕很多批评指责它的这些人也获得不了这种批评资格与公开发表言论的机会。在我看来,20世纪70年代末恢复高考是我国建国以来在教育领域发生的最重大的事件,没有任何一件事可以与之相比。尽管高考在制度建设上存在一些问题,在利益分配方面存在一些地区差异,但这并不能成为取消统一高考的理由。搞新课程改革不是要否定高考,而是要改进它、完善它、发展它。因此,新课程与高考改革不应该是彼此分离、井水不犯河水的两件事,而是一件事,做好了将是一件真正功德无量的善事。新课程下的高考应尊重学生的个性发展、对学生进行综合评价,这并不意味着高考公正性、公平性的降低,恰恰相反,新课程下的高考改革应更加突出强调考试的公平、公正与科学性。只不过,这里的公正、公平、科学不是简单的一张卷子定终身、一个分数决命运的武断做法,而是要做到让这张卷子能够满足每个学生的个性需要,让每个学生都发挥出自己的最高水平,让考试变成每个人自我选择、自我实现的过程,让每一个分数都具有人性化的意义。因此,考试的公正、公平、安全、有效将被赋予新的时代内涵,考试将更具人性化与个性化。

这里交代一句,在方案研制初期,基本原则一直是"三个有利于",没有"有利于高考的公平、公正、安全、有效"这一项内容。但是随着研究的深入,大家越来越感觉到高考改革的严肃性和影响的广泛性,认为有必要加上这样一个原则。从中也可以看出研制过程的科学性和复杂性。

第四个有利于是"有利于高中新课改与高考的有机结合、平稳过渡"。新课程实施是一个渐进的过程,高考改革的研究工作也可以一步步地进行,但高考政策不能朝令夕改、左右摇摆。因此,新课程改革与高考必须实现有机结合、平稳过渡,高考政策或方案一经公布就轻易不能修改,以维护高考的严肃性与稳定性。要真正做到二者的有机结合与平稳过渡,就要分析好新课程的特点与现有高考的局限,还要考虑到学校、教师、学生及家长的心理承受力。但是,我们还要看到,高考仅仅是一种考试,如果把新课程改革成败的重心全放在高考改革身上这也是不公平的,不理智的。因此,对于高考改革我们还须用一种宽容与理智的眼光来看待,不能希望通过高考改革解决所有问题。新课程实施不能因在高考改革过程中出现一些问题而半途而废,转嫁责任。因此,无论是课程改革与高考改革,都不能抱着立竿见影、急功近利的想法,否则,任何改革都会夭折的。

三、如何理解高考科目设置"3+X+1"?

高校招生考试改革有两个关键点,一是科目设置,二是录取依据。在新课程背景下,由于课程结构的灵活多变,课程模块的丰富多变,对于学校、教师与学生来讲,他们关心"考什么"甚于"为什么这样考"的问题,更甚于"依据什么录取"的问题。也就说，高考的科目设置是指导学校教学工作的头等大事，是教师下力的"指挥棒"，是学生奋斗的"方向盘"。指导方案公布了2007年高考的科目设置："3＋X＋1"，这多少给处在渴望中的师生们带来了一点慰藉。

我们怎样来理解这个"3＋X＋1"呢？在笔者看来，此"3＋X＋1"非彼"3＋X＋1"。也就是说，新课程下的高考科目的设置与原有高考的科目设置存在本质的不同。尽管在形式上没多大差别，但在每一个具体科目的结构与内容上都发生了根本变化。

先看"3"。方案规定"3"指语文、数学和外语三个科目，"是所有考生的必考科目"。其中，语文和外语不分文理科，数学分文理科。这在形式上与以往没有什么大的变化。但是，正如笔者前文所述，这种单科形式却蕴含着丰富的变量。因为所有学科都是由必修与选修内容组成，只要学生达到毕业学分的规定和要求，选修课程是可以任选择的，这就意味着这三科试卷在命题上要保持足够的弹性，方能满足学生的需要。因此，方案对试卷的结构作了如下规定："各科试卷分卷Ⅰ和卷Ⅱ，卷Ⅰ是必做题，以选择题型呈现，主要考查必修内容；卷Ⅱ含必做题和选做题，以非选择题型呈现。必做题考查必修内容，选做题考查选修内容。"为了对高中教学进行必要的引导，方案规定了考试考查的范围，如"数学分文科数学、理科数学两种试卷。文科数学适用于文史方向，选修内容侧重系列1；理科数学适用于理工方向，选修内容侧重系列2"。不过，这仅仅是一个大致的概念，从理论上讲不可能具体到每一个模块的内容，而且前文的"主要考查"、"侧重"等词的使用也表明命题不可能严格按照具体模块来进行，应该存在一些调节与整合空间，否则将违背"淡化高考指挥棒作用"的初衷，使命题工作陷入按模块内容"对号入座"的窘境，变得繁难琐细，也会给阅卷工作带来诸多麻烦。

再看"X"，即文科综合或理科综合。从形式看，也没有什么大的变化，但是其实质内容则存在很大的变数。方案规定："文科综合包括政治、历史、地理三个科目的必修内容和部分选修内容；理科综合包括物理、化学、生物三个科目的必修内容和部分选修内容。报考文史类、文科艺术类的考生须参加文科综合的考试，报考理工农医类、理科艺术类、体育类的考生须参加理科综合的考试。"在这些科目中，有些必修学分是从选修模块中获得的。也就是说，在试卷中公共必修课程的考察内容的分量将减低，选修课程考查内容的成分将会增加。因此，选修课程在考查中占据着很重要的位置。由于每一学科都有若干选修模块，"X"又是由三个学科组成，这就意味着，作为综合科的"X"的选做题目将会呈现十分丰富的组合与变化形式。

最后看"1"，即基本能力。这个"1"可能是本方案最大的特色，是集中体现新课程精神的关键点。尽管分值只有 100 分，但可能是最受关注的。方案规定："基本能力考试的必做题主要涉及技术、艺术、体育与健康、综合实践活动四个学习领域的必修内容；选做题分人文与社会、科学两个部分，内容分别涉及两个领域的必修内容。文史方向的考生只做科学部分的题目，理工方向的考生只做人文与社会部分的题目。"基本能力旨在考查学生的宽基础与文理均衡发展的水平。尽管只是涉及五个学习领域（科学领域、人文与社会领域二者择一）的必修内容，但其中的变数同样是很大的。因为它侧重在考查学生"运用所学知识解决生活和社会实际问题的能力"，这是对"应试"教育一个不小的挑战。当然，如果处理不好，很可能在某程度上加重学生的学习负担。

总的看来，科目设置及考试范围的规定既体现了文理分化的学科发展倾向，又反映了文理均衡的宽厚基础；既考查共同的知识与能力素养，又考查学生的个性发展水平；既给出了大致的考查范围，又不拘泥于具体课程模块的限制。应该说，这种设置还是比较符合新课程要求的。当然，我们也不能忽视可能由于误解所带来的加重学生学习负担的倾向：把学生的个性发展变成更为严重的变本加厉的应试训练。基于这种担忧，教育主管部门还需认真对方案进行宣传和介绍。

四、新高考在命题上将会发生哪些变化？

命题工作将成为高考改革的关键点。前文提到的各种矛盾和问题最终都会在命题环节集中而尖锐地暴露出来。可以说，高考命题的科学与否、适当与否，将成为本方案在执行过程中遇到的最大问题。基于对命题难度的认识和估量，研究者提出了五条命题原则，作为将来学科专家命题的依据。我们试分析一下这五个方面。

命题的第一个原则是"依据课程标准命题"。方案对必修与选修内容的考察提出了不同要求："对于必修内容，着重考查基础知识和基本能力；对于选修内容，着重考查学生对知识的深层次理解能力、应用相关知识解决问题的能力、研究性学习和创造性解决问题的能力。试题注重问题的真实性和情境性，密切联系学生生活经验和社会实际。"所谓依据课程标准命题，只是一个基本的指导思想。因为课程标准不是一个知识与能力的体系，而是一个知识与能力的"指标体系"。在这个统一的"指标体系"指导下可以编制出多种多样的教材知识体系，也就是可以有多种教材。所以说，课程标准本身并没有严格限定具体的课程内容，而只是提出了对学习内容的基本要求和所要达到的目标。因此,依据课程标准命题并不意味着"课程标准"就是"考试大纲"。客观地讲,将来的命题工作将是"依据标准而不拘泥于标准"。还有一点,由于高考是选拔性考试,命题将采用常模参照而不是标准参照。也就是说,试题应有较高的的区分度,把优秀的学生选拔出来。对于必修与选修内容的考查之所以做一个区分,主要是为了明确必修与选修的不同课程功能。按照国家标准,必修主要是为学生打基础的,选修则应鼓励个性发展。选修课命题要求注重问题的真实性与情境性,密切学生生活经验和社会实际,旨在突出考查学生通过选修课程的学习是否获得了真正的发展,经验世界是否得到了积极的改造,还是仅仅停留在知识的表面。

命题的第二个标准指"试卷结构尽力做到科学合理"。为什么把试卷的结构作为一个问题单独提出来呢？由此可见卷面的设计对于命题的科学性和合理性是有很大影响的。由于要考查学生选修课程,试题必然会出现大量的选做题。这些题目如何组织,不仅关系到学生如何选择,分值如何匹配,试题长度如何控制,而且还关系到阅卷如何分工、如何记分、如何统一标准等问题。方案规定试卷结构"必做题与选做题相结合,涉及选修内容的试卷采取长试卷命题,考生从中选做规定分值的题目"。这个规定只是一个一般性要求,具体到各个考试科目,还会有一些适当的变化和调整。尤其是各科目将根据课程标准的相关规定,对必做题目分值与选做题目规定分值之间的比例、选做题目总分值与规定选做分值之间的比例提出不同的设计要求。

命题的第三个原则是"体现公平性"。主要是指试题应具有普遍适应性,避免需要特殊背景知识和特殊解答方式的题目,尽力考虑城市和农村不同教学条件和能力对题目设计的要求,避免偏题、怪题。当然，这也不意味着降低试题的难度和科学性。公平还有一个重要的方面就是不同选做题目之间分数赋值的科学合理与份量的均衡性。一方面，题目的难易程度与所赋分值应该呈一种高相关性；另一方面，各选修模块所相关的题目的数量与分值应比较接近，避免出现有的模块内容出的题目过多或分值过高，有的模块出的题目过少或分值过少的现象。因此，命题工作不仅技术性很强，而且还关系到教育的价值导向。

命题的第四个原则是"提高考试的有效性"，第五个原则是"重视考试和评卷的可操作性"。这两个原则是高考的常规性要求。在新课程下，高考的有效性应侧重考查"试题的解答过程反映"的"学生的知识与技能、思维过程与方法、情感态度和价值观"，因此，除了考查一般的知识与能力，还要重点考查学生的分析问题、解决问题、系统思考的能力以及大胆创新、勇于探索的精神。题目设计应体现对思维过程的考察，不能仅仅重视思维的结果。对思维过程的重视是新课程学习方式改革的重要方面，良好的思维习惯与科学的思维过程是高中生应具有的重要学习能力。研究性学习活动在高中课程中占有很大的比重，高考的命题设计应增加对学生的研究性学习能力进行考查的内容，命题者应加大对这类题目的开发和研制，提高人才选拔的科学性和有效性。高考命题还应坚持可操作性原则，尽量降低考试成本，努力实现试题结构和容量的科学、合理、适度。

通过对以上命题原则的分析，我们可以认识到命题工作的意义重大，是一件高利害、高风险的工作。为了保障命题工作的科学有效、合理公正，省教育厅应当尽快组织2007年的高考命题专家队伍进行深入细致的研究和探索，尽量防止出现一些因研究不到位而带来的问题和风险。

五、高中学校应做好哪些必要的准备？

高考方案尚未公布出来时,有些高中学校的领导可能常常抱怨工作没有明确的目标,找不到感觉,没有抓手。现在高考方案公布了,是不是问题就能解决了,就没有困惑了,就知道怎样干了？我看未必。事实上,这套指导方案的公布,与其说给了高中学校一个可以看得清清楚楚的指挥棒,倒不如说是给了学校更多的责任和希望,为学校的发展提供了更加广阔的空间。在新课程下,高中学校应该彻底转变自己的办学思想,不要把高考与课程改革对立起来,不要把学生的个性发展看作是虚无缥缈的东西。应该认识到,如果没有对新课程实质精神的深刻体认与把握,没有高质量的课程建设与管理水平,开设不出大量的高质量的选修课程,只凭机械的应试训练就能在高考中取得好的成绩,这只不过是一个过时的"神话",一个现代版的"守株待兔"的故事而已。笔者提以下几个建议,供高中学校参考。

首先,端正工作态度,处理好高考与新课程实施的关系。在新课程背景下,一个学校如果不能开发出一整套具有自己特色和优势的高质量的课程,实现国家课程与学校课程的科学规划与有机整合,为学生提供大量优质的选修课供学生自主选择,仅仅把精力用在高考的研究和应试的训练上是没有出路的和发展前景的。也就是说,课程开发与建设不仅不是高考的障碍,而且是提高学生学习水平和升学能力的有力保障。没有高质量的课程管理和建设,学生的就业、升学和发展就会受到根本的限制。因此,高中学校应当积极主动地迎接挑战,调动一切力量,抓住当前时机,创造良好的课程改革的内外环境,加强校本课程研究及与教育科研机构的横向联系,加强学校课程实施方案的研究,进行中、长、远期的课程建设的规划,出台本校课程改革的相关政策与规章制度,逐步建立开放而灵活的,具有自身特色的课程开发、建设与实施体制。

其次,加强各类课程开发与建设,构建高质量的课程体系。从高考方案的考查范围来看,必修课程与选修学分Ⅰ课程是考查的重点,尤其是选修学分Ⅰ课程将是未来高考竞争的"热点"与"难点"。比较来看,由于选修学分Ⅱ课程属于学校课程,带有较大的自由度与个别差异性,高考很难直接考查,但是这并不意味着这类课程与高考就没有关系。应该看到,这种课程由于是学校自主开发与设计的,这正好是学校可以直接掌握控制的一个有力竞争武器。如果学校能把这类课程设计好,它们同样可以在高考中发挥巨大的作用。学校进行课程建设时应注意,由于高中新课程实行模块化教学,造成了课程内容的凌乱与松散,不利于学生知识与能力的整合与综合。因此,学校应按照高考科目设置的要求,对学校所开设的各种模块按照内在逻辑关系进行整合,形成课程的集成板块,供学生选择。这有利于集中优势课程资源打造品牌课程,提高教学质量,促进学生的在专业上的纵深发展。

再次,加强对学生的选课指导,优化班级与教学管理。高考方案在继承传统高考文理分科的科目设置模式的基础上加以改进,体现了文理均衡考察的特点。这种考试的科目设置方式不仅有利于教师指导学生有效地选择课程,而且也有利于学校对课程与模块进行适当的集中管理和优化设置。在方案公布之前,学校设计和研制课程设置方案尚无十分明确的方向,课程安排带有很大的随机性和盲目性,这是可以理解的。但是,现在方案公布了,所有学校都应该根据高考科目的要求重新调整和改进本校的课程设置方案,突出自身的优势课程,形成各种培养方向明确、高考针对性强的课程集成板块,以此为基础对学生进行有效的选课指导。在充分尊重学生选择课程的基础上,学校应根据自身的办学条件和师资力量,以课程集成板块为依据进行行政班与教学班的规划,尽可能地在保证课程选择开放性的前提下,使学生有一个比较稳定的学习环境和人际环境,这既有利于教师的教学与辅导,也有益于学校的课程建设与教学管理。

（原载《当代教育科学》2005年第4期）

教育的时代精神与师范教育的
当前使命

一、当代教育的历史境遇

当前,东西方的冲突更加多样化、复杂化和经常化。诚如某些西方学者所指出的,西方与东方的冲突,第一个回合是以军事战争的形态出现,第二回合是以经济竞争的形态出现,而在 21 世纪第三个回合将表现为文化上的战争。事实上,前两个回合远没有结束,它还将以不同的形态表现出来甚至会空前激化,而第三个回合,即文化上的新一轮的入侵和反击却早已悄悄地拉开帷幕。中西方的冲突现在已经不仅仅是少数专家学者头脑中的思想之物,而且已经成为麦当劳、肯德基、日本卡通、韩国明星、好莱坞大片等日常出现的事物。我们深深地感到,文化上的争夺和较量远比军事、经济上的复杂、持久,它对我们教育事业提出了范围更广、影响更深的挑战。面对借助知识经济与网络文化的时代飓风汹涌而来的全球化浪潮,无论是大学还是中小学,都被无情地推到了挑战的最前线,退避之路已经被彻底斩断。教育,从来没有面临着如此大的挑战,也从来没有面临着这么多的困惑。从这个意义上说,教育改革,不仅需要实践热情的推动,更需要冷静的沉思和理性的批评。

为了中华民族的伟大复兴,为了每一个孩子的健康发展,教育应当承担它理应承担的神圣的历史使命。在笔者看来,教育不仅仅是一种经济产业,也不仅仅是一种社会服务,更是一种精神实践,一种历史进程。我们在教育上能表现出多大的想象力和创造力,也就决定了我们能在文化创造和精神建设上拥有多大的发展潜力和空间。我们在今天的教育上能赢得多少,也就决定了我们在不久的将来能取得多大的胜利。因此,发展教育事业,必须有一种高境界、长眼光、大精神。

二、当代教育的时代精神

在今天的中国教育界,我们最需要哪些观念来引领我们的教育改革和教育实践呢? 也就是说,哪些教育的时代精神最能引发我们对教育进行深刻的反思和积极的关注,最能激发我们教育改革的热情、想象力和创造力? 笔者认为,以下几个方面,无论是对大学还是对中小学,都是值得注意的。

1.教育的国际意识

今天的教育与以往教育的一个最根本的区别就在这里。面对全球化时代激烈的国际竞争,我们已经不能再像以往那样闭门造车地来设计我们的教育培养目标和人才标准了,因为全球化已经把世界各国的教育卷进了共同的发展轨道。盲目追随西方是行不通的,但夜郎自大更危险。我们应在世界科学技术与文化发展的大背景下来定位我国人才培养的根本方向,把培养具有国际视野与民族精神、具有真才实学和国际竞争力的人才作为当前教育的重要目标。我们不能再仅仅以数量作为教育发展的尺度,更要追求教育的高质量和高水准。应该让我们的孩子从小就树立国际竞争意识,肩负"天下兴亡,匹夫有责"的使命感,养成雍容大度、开放敏锐的精神气质。让卑鄙萎缩、消极沉沦、狭隘自私的东西从校园里遁逃,还校园一片精神的晴空和思想的灿烂。

2.教育的创新精神

未来不是我们要去的地方,而是我们要创造的地方。教育要发展,必须要创新。教育创新是教育改革的核心。创新绝对不能停留在时髦的宣传和表面的形式上,而是要深入教育弊端的骨髓,从根本上兴利除弊,消除那些长期以来在教育领域中普遍存在的令人人愤怒但又人人无奈最后则习以为常将错就错的恶习和症结,从思想、体制、管理、教育、教学等各个方面来扭转被动麻木的局面。各级教育主管部门和学校应该认识到,教育创新就是要探索具有个性色彩和开拓精神的教育改革之路,这是一个主动的过程,不应当是一个被动的过程。创新的目的在于解放教育的生命活力,解放校长、教师与学生的创造力和想象力。唯有不断创新,教育才能不断获得发展的动力,创造发展的契机,我们的学校才能充满生机和活力。

3.教育的人本意识

以人为本,这是教育事业永恒的价值依据。康德说,"只有通过教育,才能使人成为人"。然而,不幸的是,不良的教育却把人变成了"非人"。在极端功利主义的教育视野里,学生只是为工业社会准备的不同于自然资源、能源的另一种有待加工的原材料而已,教育的过程就是大批量生产专业技术人员的过程。教育中人性的丧失,最终带来了教育自身的异化和教育手段与目标的背离。我们应当警醒,当人类社会以丧失教育的人性为代价取得物质世界的进步的同时,最终却给人类自身的生存带来了无穷的灾难。丧失人性的教育最终也将把教育从人类文化的中心驱逐到文化的边沿,使其丧失自我确证的能力和不断反省的精神力量,从而沦落为现实利益的工具,这不仅是教育的悲哀,更是人类自身的悲哀。以人为本,不仅是教育改革的现实目标,而且是教育改革应当遵循的基本价值规范和精神向标。

4. 教育的超越精神

超越精神是教育最根本的精神。如果没有超越功利和否定自身的勇气,教育中一切美好的方面都将消失。只有把超越作为教育的基本价值尺度,教育才能是创造性的事业,才能关注人的存在状态,才能容许社会的批判。超越精神能激励教育从现实的困顿中探寻前进的光明,从众声喧哗中聆听来自未来的声声召唤。正是由于坚持超越精神,教育才是可贵的、可敬的、可爱的。当我们因各种外部因素的干扰而放弃这一原则时,便常常会看到教育丑恶的一面。面对市场经济大潮的冲击,教育能否坚持超越的立场,已经成为一个令决策者难以抉择的实际问题。对这个问题的不同回答,反映了我们对教育质量和教育理想的不同期望。我想,对于中国的教育,是应该多讲一些超越性的,因为在过去很长的时期里我们忽视了这个问题。

5. 教育的批判精神

没有批判,就不会有清醒的选择和理智的实践。教育不同于别的社会实践活动,它直接影响着文化主体的生成与发展的方向和路径,影响着国民精神的发展状态和质量。批判精神的缺席,会给教育带来不可估量的损失。丧失自我批判力的教育,最容易丧失发展的动力,迷失前进的方向。批判是教育的清醒剂。我国的教育改革,尤其需要健康开放的批评和批判,只有在积极的批评与对话中,教育的意义才会从混沌中显现和敞亮,创新意识才会冲破传统的羁绊,超越精神才能得到真正的辩护。没有批判的引导,教育最终只能是步入宗教神学般的昏暗世界,或者是坠入铜臭熏天的市井中。

6. 教育的宽容精神

美国学者房龙在他的《宽容》后记中说过:"宽容这个词从来就是奢侈品,购买它的只是智力特别发达的人。"教育中的宽容尤其重要。没有宽容,思想的火花就会被冷漠的空气所窒息;没有宽容,创造的梦想就会被陈腐的教条陈规所弹压;没有宽容,生命的激情就会被保守和衰老的意识钳制在枯燥僵死的说教里。因此,让宽容的精神成为教育的基本价值,为更多学生创造更多的可能生活,为更多孩子的发展创造更广阔的自由空间,是大中小学应追求的一个基本目标。

三、教育精神的融通与现实困境

教育精神的以上这些方面,在我看来,是当前所有学校都应当追求的基本价值和基本精神。事实上,从幼儿园到大学,教育是一个连贯的、整体性的事业,教育精神也应当是一脉相承、前后贯通的。尽管不同的学校具体的教育教学任务不同,但它们有共同的育人目标,承担着共同的历史使命。然而,不幸的是,在教育实践中,我们常常自觉不自觉地把教育精神因学校的不同而分裂成不同的东西。大学似乎高高在上,研究高深学问,哪管中小学的小儿科;中学则一门心思盯着高考,唯分数是求,哪管得了大学的"高深"学问与科学研究。而目前更有甚者,许多大学不求以提高自身的教学与研究水平来提高办学质量,而把主要精力放在所谓优秀生源(高考状元)的争夺上,并以获得多少优秀生源为荣,似乎大学的荣耀系于招生而无关乎培养与研究,实在有失大学的声威。这一极端功利主义的做法,不仅对大学的教育精神是一种严重威胁,而且更助长了在中小学普遍存在的强烈的应试教育风气。因此,从某种意义上说,不仅是中小学中存在偏离教育时代精神的现象,就是位居教育金字塔顶尖的大学,也普遍存在着有悖教育时代精神的现象。如果我们不正视这一现实窘境,回避教育价值批判的追问,那么,教育的时代精神只能是口头上的作秀,于事于世都是无补的。当然,我们可以找出种种理由为自己的所作所为来辩护和开脱,比如僵化的教育管理体制、功利主义的教育评价导向、教育决策中的长官意志、精英主义的教育模式、教育投入的匮乏、家庭与社会对教育不正当的期望等等问题,这些确实是制约教育发展的不利因素。但是,它们并不能构成我们以丧失教育的基本精神为代价来办教育的充分理由。教育从来就不是在真空中进行的,而是在不断地克服各种各样的困难,不断地与各种落后意识和观念作斗争的过程中前进的。无论是大学,还是中小学,面对教育时代精神的失落,都肩负有义不容辞的责任,如果回避这个问题,那就是对历史的不负责任。

　　当我们把目光移向大学与中学的现实纽带——大学新生——来考察教育精神之体现时,不难发现,我们的中小学教育尽管成绩很大,但问题也是不容忽视的。大学应该关注中小学中出现的各种问题,并积极地与中小学一道来解决这些问题,尤其是师范大学,应该自觉地承担更多的责任和义务。

随着我国高等教育大众化时代的到来,高校扩招的速度不断加快,大学新生的综合素质面临着客观上的下降趋势。过去大学是精英教育,大学生少之又少,被称为"天之骄子",但这种耀眼的光环已经从今天的大学生身上消失了,社会留给他们的是价格不菲的学费、激烈的考研竞争和越来越大的就业压力。踌躇满志地跨进高校的大门,新鲜感一过,各种问题便暴露出来了。生活上不适应,学习上不得要领,同学之间交往困难,贫富差距造成心理上失衡,诸多问题纷至沓来。学生出现上述问题不是偶然的个别现象,带有较强的普遍性。这些都是过去长期实行应试教育、教育实践背离教育理想的必然后果。

在笔者看来,从今天大学新生身上反映出来的中小学的教育问题集中在以下三个方面。

一是知识与德行的分裂。知识与德行的分裂,不仅是中小学教育的问题,而且也是大学教育的问题。只不过,中小学处在青少年成长的关键时期,对他们的思想品德的形成起着更为重要的作用,知识与德行分裂的问题也就显得更严重了。知识是重要的,这几乎是一个不言而喻的问题。但是人生如果没有德行的引导,人就会在现实利欲场中迷失自己。知识与德行应当是合而为一的,也就是中国传统文化中讲的智慧,这是教育应当追求的人生最高价值。知识与德行之所以分离,最主要的原因在于教育中的功利主义、工具理性的东西占有很大的市场。因此,倡导智慧的教育,离不开教育的超越精神。

教育改革,应当关注怎样让学生通过知识的教育获得理性探究的精神,再从理性精神上升到德性的信仰。知识、探究、体验、情感、价值观、人生观应当是一以贯之的过程。唯其如此,我们培养的人才不仅高分高能,而且还能具有良好的德性修养和人文素养,大学生在动物园用浓硫酸泼熊的恶劣事件也就不会发生了。

二是知识与生活的分裂。古人有"为人之学"与"为己之学"之分。"为人之学"带有强烈的沽名邀誉的实用主义色彩,求学为的是货与帝王家;为己之学强调的是为了真理而真理的精神,关注教育中自我价值的确认和体验,关注知识与人生的统一。今天的教育很少有为己之学了。在科学教育的体制内,知识与生活世界的脱离几乎是一个不可避免的问题。因此,杜威在20世纪初期所提出的"教育即生活"的哲学命题,仍然具有现实意义。我国的中小学教育,知识与生活的分裂已经达到了令人吃惊的程度。在课堂上学到了大量的科学知识,但是一离开课本、课堂和实验室,当面对着一个纷繁芜杂的常识世界时,所学的一切似乎都与现实格格不入,找不到它应有的位置。在我们学生的意识里,知识世界是一个与现实世界没有多大关系的虚拟世界,在这个虚拟世界里苦苦奋斗十多年,只不过是为了将来在现实世界里找个饭碗,至于这个虚拟世界与现实世界是怎样的一种关系,这是很少关注的。这种知识与生活脱节的教育,很容易把孩子们培养成死读书、读死书、读书死的一类人。思想狭隘固执、神情呆滞麻木、缺乏生活趣味和人文情趣,除了读书做题,几乎别无他技,这种状况值得我们反思。

当然,这种状况与我们过去落后的课程理论及僵化的教材教学体系具有很大的关系。长期以来,我们只重视学科课程,强调专家知识体系,忽视了知识与生活、知识与经验的联系,忽视了实践活动在知识学习过程中的建构作用。今天的基础教育课程改革在很大程度上对这一弊端进行了根本性的扭转,不过其作用和

影响要等一段时间才能表现出来,我们将拭目以待,以期进行更
加成熟的改进。

　　三是知识与实践的分裂。实践是人存在的根本方式。从根
本上来说,知识来自人类的实践及对实践的反思。然而在中小学
教育中,具有知识探究性质的以学生为主体的实践活动是少之又
少的。实践活动不是简单的体力劳动,也不是到田间工厂去参
观,更不是到马路上去学雷锋做好事。实践是学生认知世界的一
种根本方式,是培养学生的主体精神、探究精神、创造意识、合作
意识的最好途径。因此,教育的场所不只是教室,而且还包括整
个世界。教室只是引领学生走向知识世界的一个窗口,要想让学
生真正的了解这个世界,只站在窗口观望是不够的,还要亲自出
去看一看,闻一闻,摸一摸,做一做。陶行知先生早就提出,我们
要解放孩子的口,解放孩子的手,解放孩子的脑。从长远来看,如
果不重视学生的动手实践能力的培养,我们的社会上就会出现越
来越多的坐而论道的空谈家,而实干家、革新家则会越来越少。
马克思说过,"哲学家们只是以不同的方式解释世界,而问题在于
改变世界"。是的,改变世界,建设美好的新生活,离开踏踏实实
的实践,没有什么捷径可走。这次我国正在进行的基础教育课程
改革,提出从小学三年级到高中毕业都要开设综合实践活动课,
尤其强调研究学习的重要性,应该说是很正确的,卓有远见的。

　　以上所列中小学种种问题,在大学阶段并没用随着升学压力
的缓解而消失,而是在大学相对宽松自由的环境里继续延续和发
展。这里就不再赘述。我想,大学教育除了重视专业教育外,应
该更多地关注大学生的精神道德生活,关注他们的社会实践活
动,关注他们的科学研究和文化创造活动。由于大学所处的特殊
位置,较之中小学,大学,尤其是师范大学,应该带头弘扬教育的

时代精神,落实教育的先进理念,体现教育的人文关怀。

四、重新认识师范大学的当前使命

1.守护教育的精神家园

在笔者看来,师范大学不仅是培养未来教师的摇篮,而且是培育教育时代精神的家园。师范大学不仅要关心教师教育专业大学生的教育教学技能的训练和提升,更应当关心教育理念的革新和教育情怀的张扬。中国古代有一句话:"经师易遇,人师难遭。"我们不仅要培养"经师",而且要培养"人师"。在我国目前高等教育的框架内,师范大学仍然肩负着教师教育的重任。尽管个别综合性大学也开始试办教育学院,但从近期看,师范大学在教师教育中的核心位置是不容置换,也是不可置换的。师范院校是教师的摇篮,守护住教育的精神家园,是师范大学天然而光荣的使命。守护教育的精神家园,并不是一句空话。在今天市场经济的社会背景下,功利主义、实用主义、非理性主义对高校,尤其是师范院校带来了很大的冲击。贯彻教育的时代精神,就意味着要学会放弃,学会忍耐,学会宽容,学会下笨功夫,学会做长打算。做到不为利欲所动,做到坚守住教育的最后道德防线,这不是轻而易举的事情。前两年,英国牛津大学为了维护自身纯粹学术的尊严和独立,拒绝了印度一家想同它联合办 MBA 学院的跨国公司的高额资助。牛津大学认为,学术的声望是多少美金也换不来的。面对外部的诱惑,我们应当慎重决策,不能为了一时的利益而丢掉根本的东西。一个大学形成自己的学术传统要经历一个较长的历史过程,如我国先秦时期的稷下学宫历经百余年才孕育出了百家争鸣的学术精神,不知凝结了多少天才人物的智慧和创造。因此,我们应珍视自己来之不易的学术传统和声望,尽管好多大学并没有形成自己的学术传统和教育精神。

2.打造教师教育的主阵地

师范大学不仅要在教育精神上领导时代的新潮流,而且要在教师教育实践上探索切实可行的道路。当前,教师教育的专业化已经是一个世界趋势,师范教育发展问题也在一个新的层面上被重新提起。我们师范大学在过去较长时间里,教师教育的专业特色不突出,专业划分、课程体系结构、培养模式等诸多方面都模仿综合性大学,师范性课程所占比例很低,教育教学技能的培养与训练缺乏足够的时间保证,因此,所培养的师范生真正具备优秀教师素质和能力的并不多。大部分学生毕业后还要在工作中适应很长的时间才能胜任教学与班级管理工作。目前师范教育还仍然在不同程度上存在上述问题,这种状况显然是不能满足基础教育的需要的。因此,师范大学必须立足教育精神的基本要求和基础教育课程改革的现实需要,端正办学方向和培养目标,重组教师教育的各种资源,调整专业设置与课程结构,改进培养模式与评价标准,加强师范生的教师教育的专业思想和观念教育,完善教师教育的职前与职后相连贯的培训体制,逐步提高教师教育的学历层次,加大教育学科的建设,着力把师范大学建设成教师教育的主阵地。

3.引领教育理论创新的前沿

师范大学不仅肩负着未来教师的培养工作,而且还是教育理论创新的前沿阵地。在我国,教育学科是师范大学的特色学科,它是我国从事教育理论研究的最重要的学术力量。过去的教育理论研究曾经为我国的基础教育的历次改革做出过积极贡献。今天,师范大学的教育学科仍然是教育理论研究与教育改革研究的中心。目前,我国的教育理论研究介入教育实践的程度和范围越来越深,越来越广。教育实践对教育理论研究提出的问题也越来越尖锐,越来越迫切。这正是刺激教育理论研究大发展的好时机。我们应该抓住这个时机,调动盘活现有的教育理论研究力量,集中精力搞教育科学攻关,为创建具有中国特色的社会主义教育理论而不断努力。我们只有在教育理论上取得了重大突破,教育的改革和实践才会走出低水平、盲目性、随意性的误区。

4.成为教育实验研究的中心

教育是一门艺术,更是一门科学。当我们要在教育实践经验的基础上再前进一步时,教育的科学性就会凸显出来。要对教育的经验和教训进行总结、归纳和理论提升,就必须通过教育实验研究过程的检验才能得出可靠、科学的结论。因此,师范大学不仅要进行理论创新,而且还要和中小学结合,进行教育的实验研究,扩大教育科学的经验与事实基础,提升教育理论的科学品位。这是目前教育研究中相对薄弱的环节。大学教授和中小学教师的合作有待加强,这不仅有利于提高中小学教师的教育科研与教学水平,而且更有助于提高大学教育研究者的研究质量和社会效益。因为教育研究是一种实践性很强的社会科学,它不可能进行纯粹的书斋式的学术研究,离开了中小学的教育现实,教育研究也就丧失了生机和活力。因此,师范大学,不仅要致力于成为教育学术研究的前沿,而且还要致力于成为教育实验研究的中心。

(原载《山东师范大学学报》社会科学版 2004 年第 2 期)